《Excel 统计分析》编委会

主　编：陈青山　顾大勇
副主编：赵庆国　程锦泉　袁世新　杨　哲　胡　军　程光文
编　委：杨　剑　王　锋　李晓珍　徐云庆　郑宏海
王峰娟　钟倩红　林佩贤　王　维　管红云
卢玲玲　刘春晓　赵纯中　史　蕾　何建安
季永佩　吴家栋　廖喜明　张维蔚　徐　波
陈文诗　张　莉　黄优娴　唐岱琨　刘　婧

Excel 统计分析

陈青山　顾大勇　主编

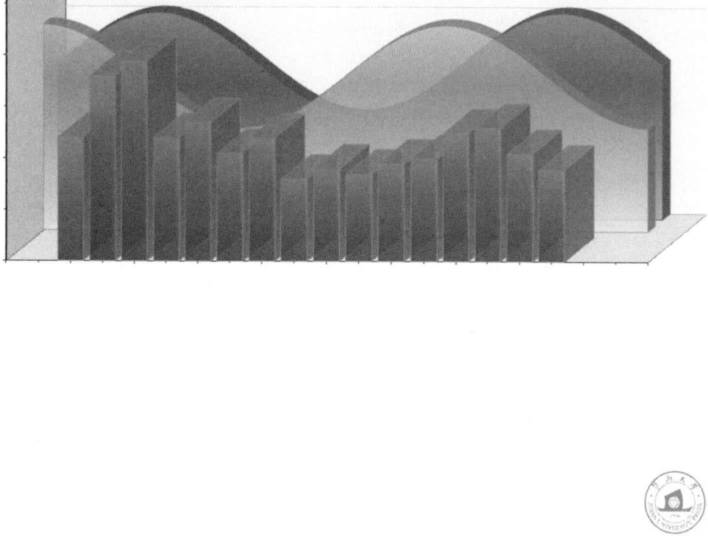

暨南大學出版社
JINAN UNIVERSITY PRESS
中国·广州

图书在版编目（CIP）数据

Excel统计分析/陈青山，顾大勇主编．—广州：暨南大学出版社，2012.11（2019.1重印）
ISBN 978－7－5668－0345－0

Ⅰ．①Excel… Ⅱ．①陈…②顾… Ⅲ．①表处理软件—应用—统计分析Ⅳ．①C819

中国版本图书馆CIP数据核字（2012）第211363号

Excel **统计分析**
Excel TONGJI FENXI
主　编：陈青山　顾大勇

出 版 人：徐义雄
责任编辑：曾鑫华　秦　妙
责任校对：黄　斯
责任印制：汤慧君　周一丹

出版发行：暨南大学出版社（510630）
电　　话：总编室（8620）85221601
营销部（8620）85225284　85228291　85228292（邮购）
传　　真：（8620）85221583（办公室）　85223774（营销部）
网　　址：http://www.jnupress.com
排　　版：广州市天河星辰文化发展部照排中心
印　　刷：佛山市浩文彩色印刷有限公司
开　　本：787mm×1092mm　1/16
印　　张：19.5
字　　数：475千
版　　次：2012年11月第1版
印　　次：2019年1月第3次
定　　价：45.00元

序

每一个医学科学工作者都离不开医学统计学的应用，因此，医学统计学是医学本科生和研究生的必修课程。然而，不少学生对医学统计学望而生畏，毕业后到医疗卫生机构从事医疗、卫生、研究或管理工作时，大多数会在使用医学统计学时望洋兴叹。在20世纪90年代以前的医学统计学是一大堆枯燥无味的公式演算，当今的医学统计学却需要借助于从国外引进各式各样的计算软件。总而言之，对医疗卫生工作者和科学研究工作者来说，医学统计学就像一道不可逾越的鸿沟，过程烦琐、难以操作、不易运算，必须求助于专业统计或熟悉计算软件的人员。

医学统计学真的是这么难吗？医学统计是不是只属于少数人的专利？有什么办法能够让更多的医学科学工作者轻而易举地掌握和使用医学统计学方法？有从事医学统计学教学和研究的老师在思索这个问题：能不能就像使用傻瓜相机一样，只需把所想要显现的人物和景色锁定，不需设定焦距也不必调整光圈，只要一按快门就能马上成像。这些老师萦绕着淳朴而幼稚的想法：相机—便捷—简单—实用—快门—成像，于是想到采用Excel软件的平台作为“相机”，把计算机的鼠标作为“快门”，研制出一套“便捷—简单—实用”的软件，只要把数据输入，一点鼠标，结果和图表就跳出来了。说起来轻松，这个“傻瓜软件”可不是一蹴而就的工程啊。

1996年陈青山及其团队开始涉足这项研究，从比较常用的均数标准差的计算、t检验、方差分析、χ^2检验，到直线相关回归、秩和检验、Ridit分析、随机化分组、寿命表计算、样本含量计算……一项项一步步地摸索、试用、验证和推广。经过来自学生、老师、研究人员、医疗卫生人员的实践与反馈，评价结果是：“傻瓜软件”好用！于是更加坚定了他们向更复杂和难度更高的Meta分析、Delphi法评价、Logistic回归、Cox模型和灰色序列模型预测等深入研究的决心。无数次失败的懊丧，一次次成功的喜悦，没有停止他们的步伐。整整15个年头的探究、考证、实践、修改、完善，从在医学生中的试用和学术会议上的介绍，到深圳高交会展出和各级医学教育培训项目的推广应用，聚沙成塔，集腋成裘，目前已成为一套成熟、完整的Excel统计分析程序。这套Excel统计分析程序，不仅方便于各级医药卫生人员、医学生和医学科技工作者在工作、学习与研究中使用，而且为导师、专家、编审在评价、验证、审定一项结果、一组数字或一个图表时提供了方便快捷的方法。

今天，《Excel统计分析》及其软件终于出版了，这是广大医药卫生工作者和医学生的一大幸事。相信她将很快成为您的好朋友，而且也将成为与您的工作朝夕相伴、密不可分的好朋友。

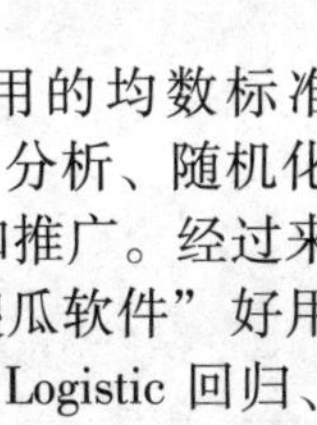

国家教学名师　暨南大学资深教授

2012年仲夏于暨南园

前 言

科研工作者在科研过程中记录的数据、收集的资料，大多需要统计分析，提取有用的信息撰写论文。SAS、SPSS是当今公认的、最具权威的计算软件，其显著特点是功能强大、应用复杂、无中文版、不便普及。因此，获得一套简单实用的统计软件（比如只要录入数据，就会得到统计结果的计算软件）是科研工作者的迫切要求，也是统计工作者的不懈追求。

Micro Office中Excel软件的应用为这一设想变为现实提供了可能。经过十多年来的努力，借助于该软件平台，完成了从最初开始的方差分析、均数标准差的计算、t检验，到χ^2检验、直线相关回归、Ridit分析、序贯检验，直至Meta分析、寿命表计算、灰色序列模型预测等内容的计算编程工作，得到了一套较为实用的Excel统计分析程序。2001年初小范围开始试用，2002年、2003年在一些学术会议上交流，2003年10月在深圳高交会展出，2008—2011年先后多年作为省级、国家级继续医学教育项目的培训内容，至今已有高校、医疗卫生部门的数百家单位或个人使用。在不断修改和完善中，2012年推出新版Excel统计分析程序。

本书是Excel统计分析程序的配套教材，在简要介绍Excel常规操作和函数公式的基础上，结合教材或科研中的实例、应用统计学原理和计算公式，详细地讲述如何使用Excel函数以及公式编写不同统计分析的Excel程序。它是Excel统计分析程序的“源代码”，也是该程序的操作指南，可作为在校学生（包括硕士生、博士生）及广大科研工作者学习和应用统计学、Excel的参考书或工具书。

本书内容包括：第一章　Excel的安装及基本操作；第二章　Excel函数；第三章　资料的统计描述；第四章　t检验；第五章　方差分析；第六章　χ^2检验；第七章　秩和检验；第八章　Ridit分析；第九章　序贯检验；第十章　秩和比法；第十一章　直线回归与相关；第十二章　圆形分布；第十三章　诊断试验评价；第十四章　样本量估算；第十五章　Meta分析；第十六章　实验对象的随机化分组；第十七章　统计图表；第十八章　寿命表；第十九章　灰色序列预测模型；第二十章　德尔菲法。

本书除了前两章外，其余章节原则上按“实例—方法—编程—结果”的模板结构编写，各个章节互有联系，也自成一体。读者可以根据自己的需要选择其中的某一章节阅读，做到按需所学、按选所用。

本书部分引用了相关医学统计学、卫生统计学、循证医学等教材和互联网络上的内容，特别是实例，由于未能详细列举文献，在此向原作者致以深深的歉意和诚挚的谢意。

本书尽管力求完美，但限于时间和水平，不足之处在所难免，恳请读者不吝指教。

陈青山

2012年6月于暨南园

目 录

第一章　Excel的安装及基本操作

第一节　Excel 简介与安装

Excel 即指 Microsoft Excel，是美国微软公司基于 Windows 环境下开发的电子表格系统，是目前应用较为广泛的办公室表格处理软件之一。其特点是：与 Office 办公软件捆绑销售，应用较为广泛；与专业统计软件相比，操作更为简便；输入数据和计算结果可以同步显示、同时变化，浏览更加直观。本书以 Excel 2003 版本为例，介绍 Excel 的一些基本功能，特别介绍 Excel 在统计计算方面的应用。

Excel 的安装步骤：

第一步，在 CD－ROM 中放入安装光盘。

第二步，双击“我的电脑”，显示“SETUP. EXE”后单击“确定”按钮。如果光盘自动运行，直接点击屏幕上的“开始安装”按钮。

第三步，选择安装模式。安装模式有“典型”、“自定义”、“快速”3 种。选择“典型”安装方式，安装最常用的 Office 组件；选择“自定义”安装方式，定制安装所需要的组件；“快速”安装方式是一种最节约磁盘空间的安装方式，它仅装入 Office 运行中不能缺少的组件。

其他过程则可按屏幕提示选择操作。

第二节　Excel 的基本操作

一、启动和退出

（一）启动

常用的启动方式如下：

（1）单击桌面左下角“开始”→“程序”→“Microsoft Office Excel”选项，即可启动。

（2）双击桌面上的 Microsoft Office Excel 快捷图标。

（3）在“资源管理器”或“我的电脑”中，双击已存在的电子表格文件。

上述任何一种方式均可启动 Excel，并同时打开该电子表格文件。

（二）退出

退出 Excel 有以下 4 种方法：

（1）单击 Excel 标题栏右端的“关闭”按钮。

(2) 在“文件”下拉菜单中选择“退出”命令。

(3) 双击标题栏左上角的“控制菜单”按钮。

(4) 按“Alt + F4”键。

二、窗口组成

启动 Excel 后，即可打开如图 1 – 1 所示的窗口。

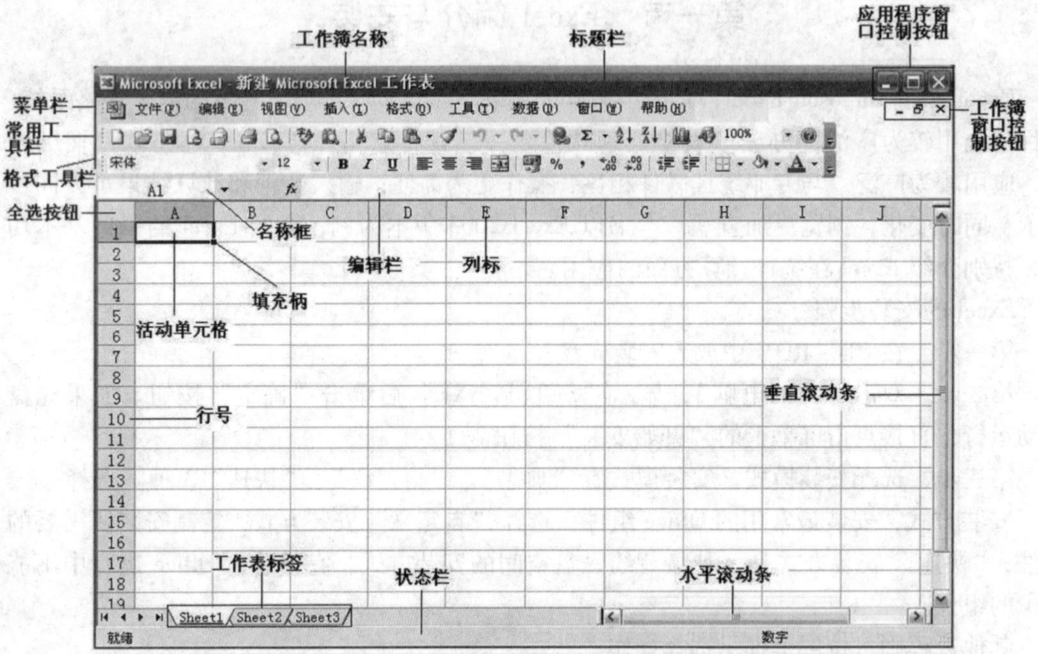

图 1 – 1　Excel 的窗口组成

(一) 应用程序窗口

应用程序窗口包括：标题栏、菜单栏、工具栏、编辑栏和状态栏。

1. 标题栏

显示正在运行的程序名称和正在打开的文件名称。

2. 菜单栏

Excel 的菜单栏共有 9 组菜单，分别是“文件”、“编辑”、“视图”、“插入”、“格式”、“工具”、“数据”、“窗口”和“帮助”菜单。单击菜单中的命令可以执行相关的操作，完成不同的任务。

3. 工具栏

为了简化操作，用按钮的方式列出菜单中的常用命令。当鼠标指向某一按钮后，稍等片刻在按钮右下方会显示该按钮命令的含义。用户可以配置“工具”栏的内容，通过“视图”菜单中的“工具”栏子菜单来选择显示不同类型的“工具”或全部显示出来。

在Excel开始屏幕中有两种“工具”栏。

(1)“常用”工具栏：访问Excel最常用命令的快捷按钮，包括“新建文件”按钮、“打开文件”按扭、“保存文件”按钮等。

(2)“格式”工具栏：专门放置那些和文本外观有关的命令，如字体、字号、对齐方式及其他选项。

4. 编辑栏

提供活动单元格的信息。在“编辑”栏中可以输入和编辑公式。“编辑”栏由“名字”栏和“公式”栏组成。位于“编辑”栏左侧的“名字”栏中显示的是活动单元格的坐标，也可在“名字”栏中直接输入一个或一块单元格的地址进行单元格的快速选定；位于“编辑”栏右侧的“公式”栏可用于编辑活动单元格的内容，它包含3个按钮和一个编辑区。当向活动单元格输入数据时，“公式”栏中便出现3个按钮，3个按钮从左至右分别是：“×”(取消)按钮、“√”(确认)按钮和“=”(公式指南)按钮。通常Excel在工作区中显示“编辑”栏。在“视图”菜单中的“编辑”栏命令是一个开关命令，它可以用于隐藏或显示“编辑”栏。

5. 状态栏

显示当前工作表的状态。

(二)工作簿窗口

工作簿窗口包括了工作表区、单元格、工作表标签等元素。

(三)任务窗格

点击“视图”，在下拉菜单中勾选“任务窗格”，在工作表的右侧就会出现任务窗格，提供应用程序的一些常用命令，可一边使用这些命令，一边处理文件。

三、Excel的基本概念

(一)工作簿

一个Excel文件就是一个工作簿，其扩展名为.xls，由一个或多个(最多为255个)工作表组成。启动Excel后会自动生成名为Book1的空白工作簿，在保存时可重新命名。当打开某一工作簿时，它包含的所有工作表也同时被打开。默认情况下，一个新工作簿中只包含3个工作表：Sheet1、Sheet2和Sheet3，分别显示在工作表标签中。右键单击工作表名，即可对该表进行编辑。

(二)工作表

工作表也称为电子表格，是Excel用来存储和处理数据的地方。每个工作表都是由行和列组成的一个二维表格，列标题用字母A，B，C，…，Z，AA，AB，AC，…，IA，IB，…，IV表示，共256列；行标题用数字1，2，3，…，65536表示，共65536行，这样，一个工作表就有256×65536=16777216个单元格。

(三)单元格

工作表中行与列交叉处的矩形框称为单元格，是Excel工作的基本单位。每个单元格都有唯一的地址，按所在的行和列的位置来命名，即列标+行号。例如，单元格C3就是位于第C列和第3行交叉处的单元格。单击单元格可使其成为活动单元格，其四周有一个黑方框，其列标和行号处于突出显示状态，右下角有一黑色填充柄。活动单元格地址显示在名称框中，只有在活动单元格中才能输入数据。

（四）单元格区域

单元格区域由多个连续的单元格构成。单元格区域的地址是由其任意对角线上的两个单元格地址表示，中间用“:”分隔。例如，“B3: D8”表示从单元格 B3 到 D8 的矩形区域。从选定的某个单元格开始拖动鼠标可选定一个单元格区域，它被黑方框包围并反像显示，有且仅有一个反白的单元格是活动单元格。

从上面的叙述中可知，工作簿由工作表组成，而工作表则由单元格组成。

四、工作簿的管理

（一）创建新工作簿

启动 Excel 时，系统会自动创建一个新的名为“Book1”的空白工作簿，Excel 按常用工作簿创建的先后顺序定义默认名为“Book 1”，1 为顺序号，可在保存时对其重新命名。还可以通过下面两种方法创建新的工作簿文件：

（1）单击常用工具栏上的“新建”按钮，可直接创建一个新的空白工作簿。

（2）使用菜单命令创建。具体操作如下：

①执行“文件”→“新建”命令或单击位于任务窗格右上方的下拉按钮，选择“新建工作簿”，打开如图 1－2所示的“新建工作簿”任务窗格。

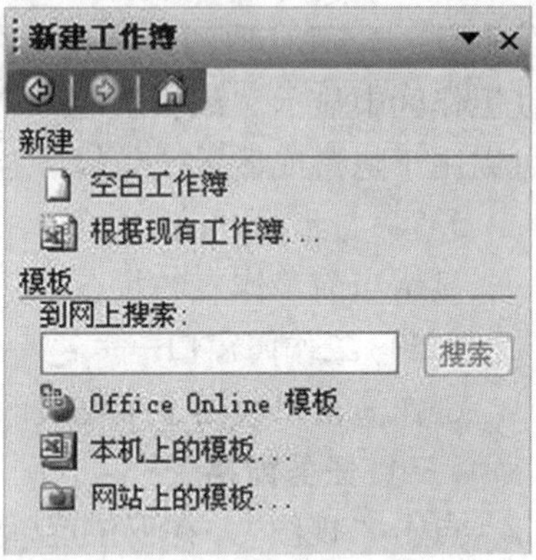

图 1－2　“新建工作簿”任务窗格

②如果要创建一个空白工作簿，单击任务窗格中的“空白工作簿”选项。

③如果要建立基于模板的工作簿，单击窗格中的“本机上的模板”选项。打开“模板”对话框，如图 1－3 所示。

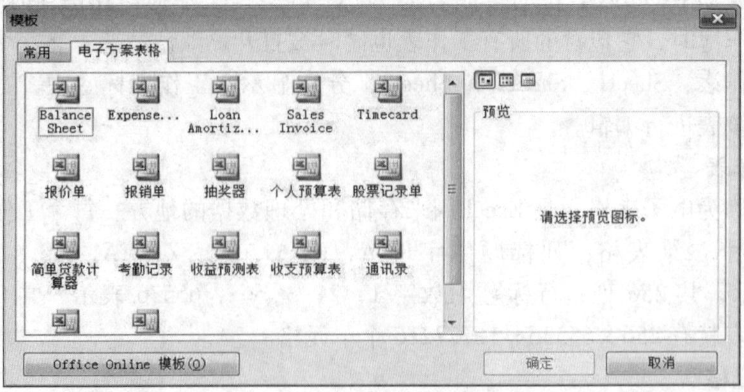

图 1－3　“模板”对话框

④在“电子方案表格”标签中，双击创建工作簿所需的模板即可。

（二）打开工作簿

要对已有的工作簿进行操作，必须先打开工作簿。按下述操作可以打开已有工作簿：

（1）执行“文件”→“打开”命令（或单击常用工具栏上的“打开”按钮），弹出“打开”对话框，如图 1－4 所示。

（2）同时选定要打开的一个或多个工作簿文件，然后单击“打开”按钮即可。另外，在“打开”按钮右侧有一个小箭头，单击它会出现一个菜单，其中提供了多种打开工作簿的方式，见图 1－4。

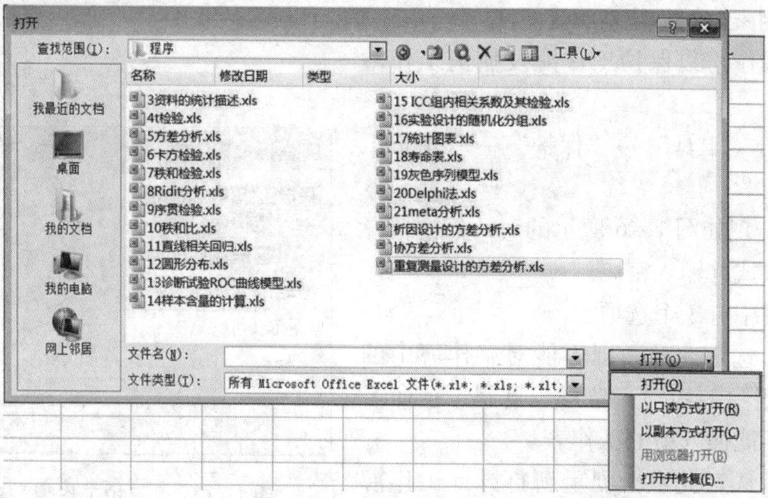

图 1－4　“打开”对话框

（三）保存工作簿

要保存工作簿，只需单击常用工具栏上的“保存”按钮或执行“文件”菜单“保存”命令即可。若此工作簿是第一次保存，则会出现“另存为”对话框，如图 1－5 所示，需要在对话框中为该工作簿输入文件名，然后单击“保存”按钮。如果要对已保存过的工作簿以新路径、新文件名保存，可执行“文件”→“另存为”命令，同样出现“另存为”对话框，在此对话框中选择新路径，输入新文件名，再单击“保存”按钮。

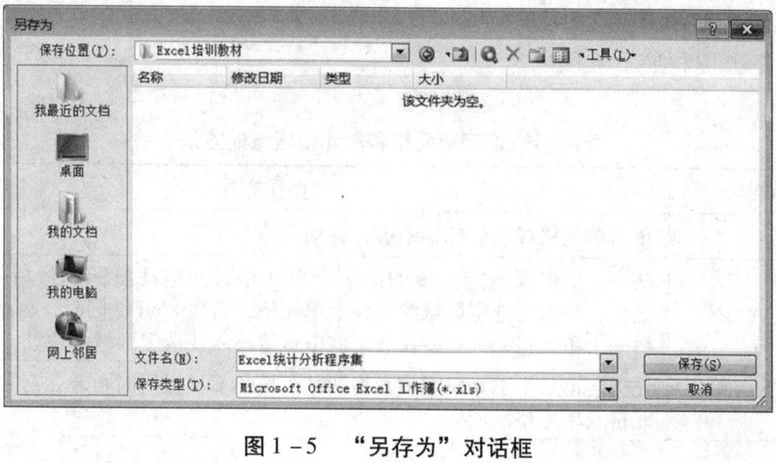

图 1－5　“另存为”对话框

为了避免在输入数据的过程中碰到意外关机的情况而丢失数据，Excel 提供了定时自动保存的功能。若要使用该功能，则单击“工具”菜单上的“选项”命令，然后在出现的对话框中单击“保存”选项卡，选定“保存自动恢复信息，每隔”项并在其右侧的输入框内输入自动保存的间隔时间。

（四）关闭工作簿

在完成操作后，单击“文件”菜单中的“关闭”命令可以关闭当前工作簿。若此工作簿还未对其内容进行保存，则会弹出一个对话框，确认是否保存。

（五）保护工作簿

按下述操作可以保护工作簿及撤消工作簿的保护状态：

（1）执行“工具”→“保护”→“保护工作簿”命令。

（2）在出现如图 1－6 所示的对话框中选择保护工作簿方式并输入密码。

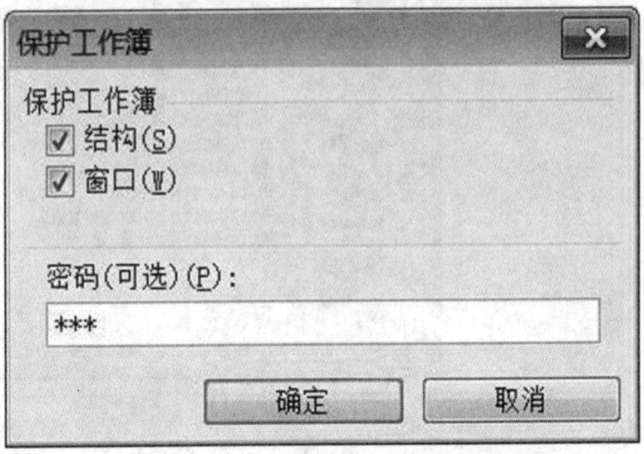

图 1－6 “保护工作簿”对话框

此对话框中有 3 个选项：

①结构：选定此项，则不能对工作簿中的工作表进行删除、移动、隐藏、复制、重命名等操作，也不能插入新的工作表。

②窗口：选定此项，则重新打开此工作簿时，窗口将缩小，而且不能移动和缩放工作簿窗口。

③密码：设置密码后，只有输入正确的密码才能撤消工作簿的保护状态。若忘记了该密码，则永远不能撤消该工作簿的保护状态。

若要撤消工作簿的保护状态，则单击“工具”→“保护”→“撤消”工作簿“保护”命令，然后在出现的对话框中输入密码并单击“确定”按钮。

五、工作表的建立、编辑与管理

（一）工作表的建立

1．选定单元格和单元格区域

表 1－1 选定单元格和单元格区域的方法

选定对象	操作方法
单个单元格	单击单元格或按光标移动键，移动到该单元格
连续单元格区域	法一，单击要选定区域的第一个单元格，并拖动鼠标到最后一个单元格；法二，单击要选定区域的第一个单元格，按住 Shift 键同时，再单击区域的最后一个单元格；法三，在名称框中直接输入要选定区域的地址，按回车键
非连续单元格或单元格区域	先选定第一个单元格或单元格区域，按住 Ctrl 键同时再单击分别选定其他单元格或单元格区域

（续上表）

选定对象	操作方法
单行或单列	单击行号或列标
连续的多行或多列	沿行号或列标从第一行或第一列开始拖动鼠标到最后一行或最后一列；或者先选定第一行或第一列，然后按住 Shift 键同时，再选定最后一行或最后一列
非连续的多行或多列	先选定第一行或第一列，然后按住 Ctrl 键同时再选定其他行或列
所有单元格	单击工作表左上角行号和列标交叉处的全选按钮

2. 选定单元格内容

双击单元格，待光标出现后，在单元格内拖动鼠标选取单元格内容。

3. 手工输入数据

（1）输入数字：在单元格中输入数字后，系统会自动地将它们在单元格中右对齐。输入正数时可省略“+”号；输入负数时，须在数字前加“-”号或者将数字置于圆括号中；输入分数时，须先输入“0”和一个空格，然后再输入分数。当输入的数值位数太多时，系统会自动表示成科学计数法（如输入“314000”将显示成“3.14E+05”）。

提示：在输入和处理数据之后，若单元格中出现“####”标记，则说明该单元格所在列的列宽太小，不够显示整个数值，只需增大列宽即可显示全部数值。

（2）输入文本：文本数据包括字母、汉字、数字、空格以及其他可从键盘输入的符号。默认情况下，文本数据在单元格中是左对齐。若要将输入的数字视为文本，则需在输入的数字前加一个英文单引号“'”。例如，输入邮政编码“510632”时，应该输入“'510632”。

（3）输入日期和时间：Excel 将日期和时间均按数字处理。默认情况下，在单元格中右对齐。输入日期时用“/”分隔年、月、日。例如，2008/08/03。输入时间时用“:”分隔时、分、秒。例如，17:08:36 PM，其中 PM 代表下午，AM 代表上午。若要输入当前日期可用“Ctrl+;”组合键，输入当前时间可用“Ctrl+Shift+;”组合键。

4. 公式生成数据

Excel 中的数据也可由公式直接生成。例如，在当前工作表中 A1 和 B1 单元格中已输入了数值数据，欲将 A1 与 B1 单元格的数据相加的结果放入 C1 单元格中，可按如下步骤操作：用鼠标选定 C1 单元格，然后输入公式“=A1+B1”或输入“=SUM（A1:B1）”，回车之后即可完成操作。C1 单元格此时存放的实际上是一个数学公式“A1+B1”，因此 C1 单元格的数值将随着 A1、B1 单元格的数值的改变而变化。Excel 提供了完整的算术运算符，如+（加）、-（减）、*（乘）、/（除）、%（百分比）、^（指数）和其他函数，如 SUM（求和）、CORREL（求相关系数）、STDEV（求标准差）等，供用户对数据执行各种形式的计算操作，在 Excel 帮助文件中可以查到各类算术运算符和函数的完整使用说明。

5. 自动填充数据

(1) 填充相同的数据。

①在同一行或同一列中填充相同的数据：选中要填充数据的行或列的第一个单元格，输入数据，然后拖动填充柄至要填充的最后一个单元格，松开鼠标左键。

②在不连续的单元格区域中填充相同的数据：先选定要填充数据的不连续单元格区域，然后在活动单元格中输入数据，再按下“Ctrl + Enter”键即可。

(2) 填充序列。

Excel 填充序列的方法有：

①使用“序列”对话框填充序列。

第一，在第一个单元格中输入初始值。

第二，选定包含初始值单元格在内的要填充序列的单元格区域。

第三，执行“编辑”→“填充”→“序列”命令，打开如图 1 -7 所示对话框。

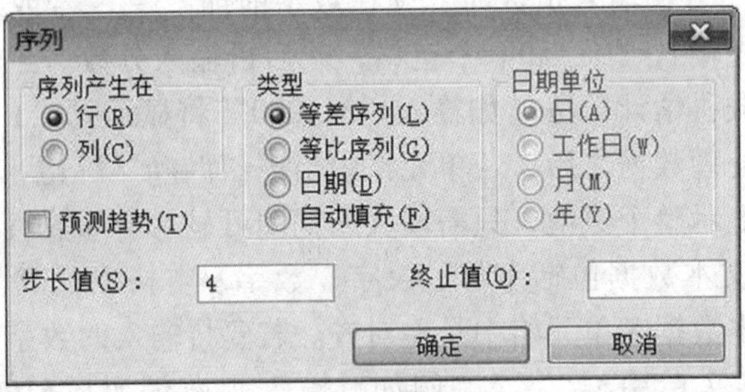

图 1 -7 “序列”对话框

第四，在对话框的“序列产生在”栏中选择一种序列填充方向，在“类型”栏中选择一种序列类型，并在“步长值”框中输入步长。

第五，单击“确定”按钮。选定的单元格区域自动按要求填充数据。

提示：如果不先选定填充数据的单元格区域，则需要在对话框中的“终止值”输入框中输入终止值。

②使用填充柄填充序列。

对于建立等差序列数据最简单的方法是先在单元格区域的第一、第二个单元格中分别输入初始值和第二个值，然后选定这两个单元格并拖动填充柄到整个单元格区域，Excel 将自动填充以第二个值与第一个值之差作为步长值的等差序列。

对于自动填充序列，可以直接在起始单元格中输入初始值，再拖动填充柄到整个单元格区域即可。

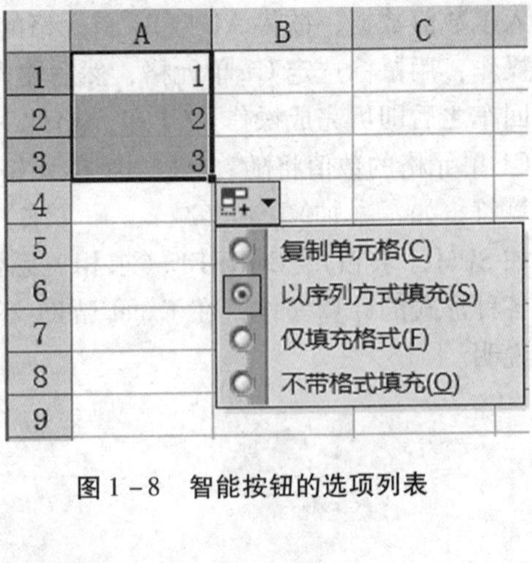

图 1 -8 智能按钮的选项列表

提示：当使用填充柄填充数据时，拖动填充

柄至最后一个单元格后松开鼠标，会在最后一个单元格右下角出现一个智能按钮，单击此按钮会出现一个选项列表，如图 1－8 所示，有若干个选项可供填充数据时使用。

（3）自定义序列。

用户可以将经常使用且具有一定顺序或某种规律的文本设定为自定义序列。自定义的序列可用上述拖动填充柄的方法进行填充。操作方法如下所述：

①执行“工具”→“选项”命令，打开“选项”对话框，单击“自定义序列”选项卡。

②选定“自定义序列”列表框中的“新序列”，然后在“输入序列”列表框中输入自定义的序列，在每输入一项之后按 Enter 键。

③在输入完毕后，单击“添加”按钮。

④也可以把工作表中已输入的文本定义为新序列。此时需先单击“导入”按钮左侧有红箭头的“折叠”按钮，然后在工作表中选定文本，再单击“打开”按钮，最后单击“导入”按钮即可。

⑤若要删除自定义序列，则在“自定义序列”列表框中选中它，单击“删除”按钮。

6．预置小数位数输入数字

如果输入的数字都具有相同的小数位数，或者都具有相同个数的尾数 0 时，则可以执行“工具”→“选项”命令，在弹出的“选项”对话框中选择“编辑”选项卡，如图 1－9所示。在其中选择“自动设置小数点项”，在“位数”框中输入正数表示小数位数，输入负数表示尾数为 0 的个数。

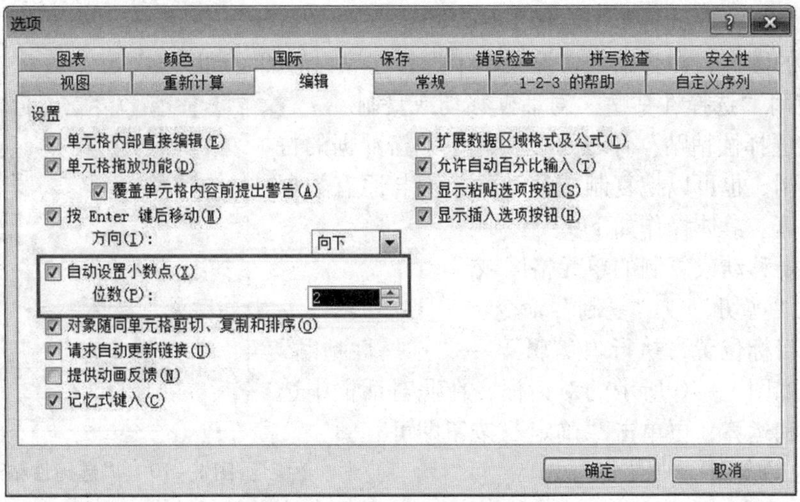

图 1－9　设置预置小数位数

（二）工作表的编辑

1．清除单元格内的数据

若仅删除单元格内的数据，最简单的方法是选定要删除内容的单元格之后，直接按 Delete 键。另外还可以使用菜单命令来清除单元格数据，具体操作如下：

（1）选定要清除数据的单元格。

（2）执行“编辑”→“清除”命令，弹出子菜单。

（3）该子菜单中有 4 个选项，若选定“全部”，则清除单元格中的格式、内容和批注，也可以单独选择清除格式、内容或批注。

2. 修改单元格内的数据

修改时可以在选定的单元格中直接进行，也可以在编辑栏中进行。

双击单元格进入编辑状态，用户可以用 Backspace 键删除光标前的字符，用 Delete 键删除光标后面的字符，然后输入新的内容完成修改。如果要替换单元格中的全部内容，只需选定该单元格并重新输入内容即可。

3. 移动和复制单元格数据

（1）用鼠标拖动的方法移动或复制。

①选定要移动或复制的单元格区域。

②把鼠标指针指向选定单元格区域的边框上。

③当指针变成双向十字箭头“”时，拖动已选定的单元格。

④到达目标位置时松开鼠标左键，即可完成数据的移动。若要复制数据，则在拖动鼠标时按住 Ctrl 键。

（2）使用剪贴板移动或复制。

①选定要移动或复制的单元格区域。

②单击常用工具栏上的“剪切”或“复制”按钮，或在右键下拉菜单中点选“剪切”或“复制”。

③选定目标位置，再单击右键下拉菜单中点选“粘贴”，或点击“剪贴板”任务窗格中需要粘贴的图标，在弹出的快捷菜单中选择“粘贴”命令即可。

（3）使用“选择性粘贴”对话框移动或复制。

使用“选择性粘贴”命令可以实现单元格数据的特殊移动或复制，也可以把复制或移动的数据与原有数据进行算术运算。具体操作如下：

①选定要移动或复制的单元格区域。

②执行“剪切”或“复制”命令。

③选定目标位置，执行“编辑”→“选择性粘贴”命令，出现如图 1－10 所示的对话框，在此对话框中选择粘贴方式和运算，再单击“确定”按钮即可。

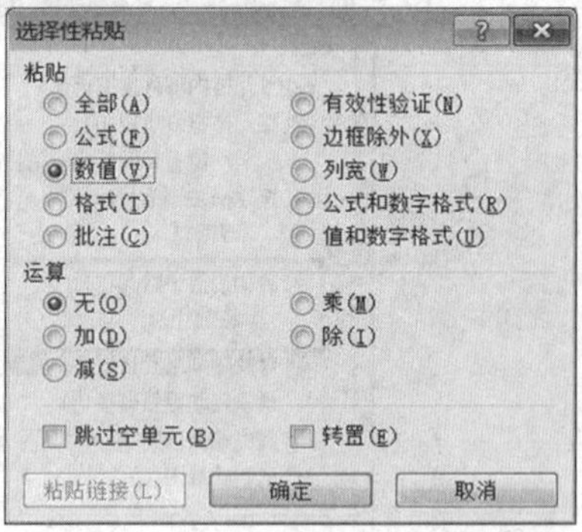

图 1－10　“选择性粘贴”对话框

4. 公式的复制

Excel 中的公式一般都会引用到别的单元格的数值，公式引用有两种类型：

（1）相对引用——当公式复制到别的区域时，公式引用单元格也随之变动。在公式中直接输入单元格的地址，则默认相对引用单元格，例如：在工作表中选定 C1 单元格，输入公式“＝A1＋B1”，此公式引用的便是两个相对的单元格 A1、B1。也就是说，若将该公式复制到 C2 的单元格，则公式所引用的单元格的地址将随着发生变化，公式将变为“＝A2＋B2”；若将该公式复制到 F100 的单元格，则公式将变为“＝D100＋E100”。

（2）绝对引用——当公式复制到别的区域时，公式引用单元格不会随之变动。在单元格的地址之前加入“ $ ”符号则意味着绝对引用单元格，例如：在工作表中选定 C1 单元格，输入公式“ = $A$1 + $B$1”，此公式引用的是绝对单元格，不论将该公式复制到何处，公式的内容都不会发生变化。

当然，绝对引用和相对引用亦可在同一公式中混合交叉使用，例如，在 C1 单元中输入的是公式“ = A$1 + B $1”，则公式的内容不会随着公式的垂直移动而变动，而将随着公式的水平移动而变动；如果将该公式复制到 F100 单元格，那么公式将变为“ = D$1 + E$1”。所以，可以作这样的归纳：公式中“ $ ”符号后面的单元格坐标不会随着公式的移动而变动，而不带“ $ ”符号后面的单元格坐标会随着公式的移动而变动。在实际的使用中，单元格的相对引用与绝对引用在 Excel 的公式中的灵活应用，能为数据成批准确运算带来极大的方便。

5. 查找与替换

执行“编辑”→“查找”命令或“替换”命令，打开“查找和替换”对话框，如图 1－11 所示，在此对话框中输入要查找或替换的内容，即可快速查找或替换数据。

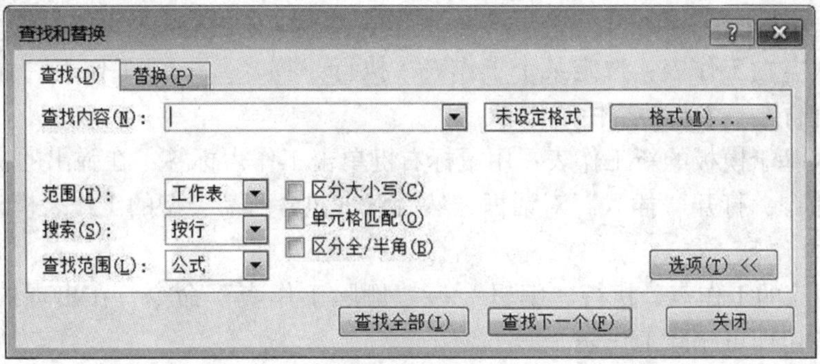

图 1－11 “查找和替换”对话框中的“查找”选项卡

提示：在“查找内容”文本框中输入要查找的数据时，可使用通配符“ * ”和“?”，其中“ * ”可代替任意多个字符，而“?”只能代替一个任意字符。

6. 单元格、行或列的插入

（1）单元格的插入：单击插入位置的单元格，执行“插入”→“单元格”命令或右键单击单元格，在弹出的快捷菜单中选择“插入”命令，打开如图 1－12 所示的对话框，在对话框中选择一种插入方式后按“确定”按钮即可。

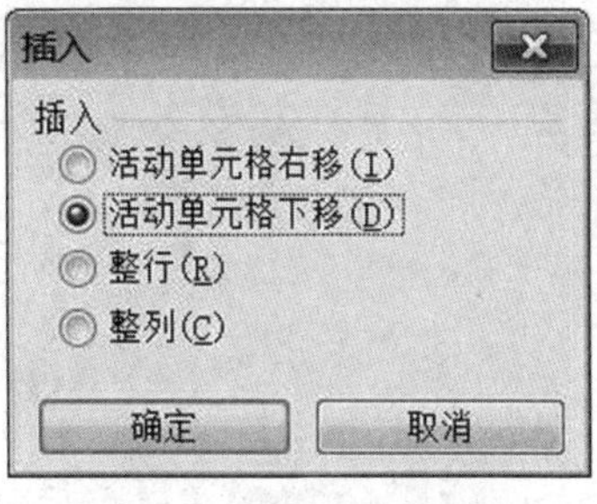

图 1－12 “插入”对话框

（2）行或列的插入：在插入新行或新列的位置处选定一整行或一整列，或者选定该行或该列中的一个单元格，执行“插入”→“行”或“列”命令，新的空行或空列自动插入到原行或原列的上面或左侧。如果插入前选定的是多行或多列，将插入与所选数目相同的空行或空列。

7. 单元格、行或列的删除

选定要删除的单元格/行/列，执行“编辑”→“删除”命令，打开“删除”对话框，选取一种删除方式，再单击“确定”按钮。

8. 隐藏和取消隐藏行或列

（1）隐藏行或列：选定要隐藏的行/列，执行“格式”→“行/列”命令→“隐藏”命令，则所选定的行或列被隐藏起来。

（2）取消隐藏行或列：选定被隐藏的行/列两侧的行/列，执行“格式”→“行/列”→“取消隐藏”命令，即可显示被隐藏的行/列。

（三）工作表的管理

1. 选定工作表

（1）选定一个工作表：直接单击该工作表标签即可，此时该工作表标签反白显示，表示已经选定且成为当前活动工作表。

（2）同时选定多个工作表：按住 Ctrl 键的同时单击这些工作表标签。

（3）选定全部工作表：右键单击任一个工作表标签，然后在弹出的快捷菜单中选择“选定全部工作表”命令。

2. 插入工作表

（1）插入空白工作表：选定某个工作表，执行“插入”→“工作表”命令，即可在该工作表前面插入一个新的空白工作表。

（2）插入基于模板的新工作表：用鼠标右键单击工作表标签，在弹出的快捷菜单中选择“插入”命令，打开“插入”对话框，然后双击包含所需类型的工作表模板。

3. 删除工作表

选定要删除的工作表，执行“编辑”→“删除工作表”命令，在出现的提示框中单击“确定”按钮即可删除工作表。

4. 重命名工作表

插入工作表时，系统会按插入的顺序自动地给工作表命名为“Sheet1”，根据需要可以对这些工作表重新命名。

提示：右键单击工作表标签会弹出一个快捷菜单，使用菜单中的命令可以快速插入、删除、移动、复制和重命名工作表及全部选定工作表等，如图 1－13 所示。

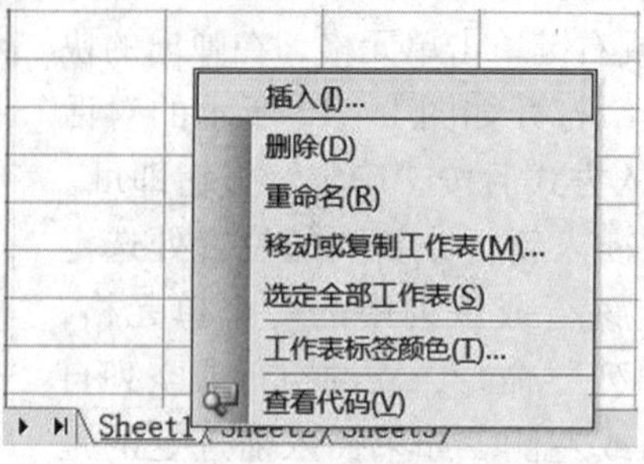

图 1－13　工作表标签快捷菜单

5. 移动和复制工作表

在 Excel 中，既可以在同一工作簿中移动和复制工作表，也可以在不同的工作簿之间移动和复制工作表。

(1) 在同一工作簿中移动和复制工作表：选定工作表后，用鼠标拖动至目标位置即可移动该工作表。若要复制工作表，则需在拖动时按住 Ctrl 键。

(2) 在不同的工作簿之间移动和复制工作表，具体操作如下：

①首先打开要移动或复制的工作表。

②执行“编辑”→“移动或复制工作表”命令，打开如图 1－14 所示的对话框。

③在对话框的“将选定工作表移至工作簿”下拉列表中选定要移动或复制到的目标工作簿，若选定“新工作簿”项，则是创建一个新工作簿并把选定的工作表移动或复制到该工作簿中。

④在对话框的“下列选定工作表之前”列表框中选定某个工作表，则要移动或复制的工作表将出现在该工作表之前。

⑤若要复制工作表，则需选定“建立副本”项。

⑥设置完毕后单击“确定”按钮。

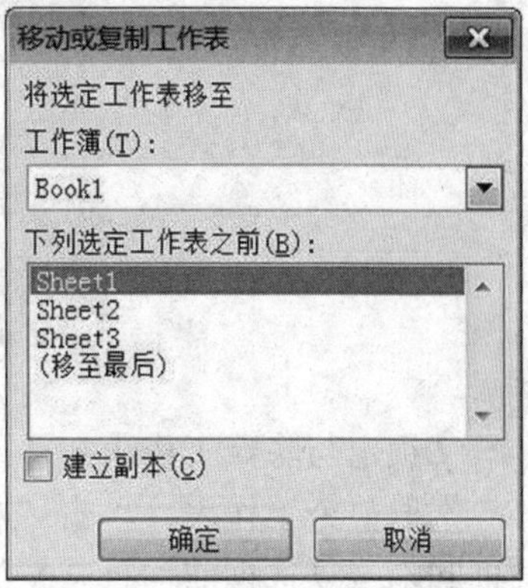

图 1－14　“移动或复制工作表”对话框

6. 隐藏和取消隐藏工作表

(1) 隐藏工作表：选定要隐藏的工作表，执行“格式”→“工作表”→“隐藏”命令，即可将工作表隐藏。

(2) 取消隐藏：执行“格式”→“工作表”→“取消隐藏”命令，打开“取消隐藏”对话框，然后在“取消隐藏工作表”列表框中，双击需要取消隐藏的工作表名称。

7. 拆分工作表窗口

当工作表中有大量数据时，查看起来很不方便，Excel 提供拆分窗口的功能，可以将工作表窗口拆分成若干个相互独立的窗口，并且每个窗口都有滚动条，操作如下：

选定某一行，执行“窗口”→“拆分”命令，可水平拆分成两个窗口；选定某一列，执行“窗口”→“拆分”命令，可垂直拆分成两个窗口；选定某个单元格，执行“窗口”→“拆分”命令，可拆分成 4 个窗口。

8. 保护工作表、单元格

出于安全和保密的目的，不想让他人修改或看到自己的公式，可以将公式进行锁定和隐藏，也可以限制对单张工作表的访问权限。在默认情况下，整个工作表的单元格都是锁定的，但是由于工作表没有被保护，因此锁定不起作用。

(1) 工作表的保护。

①锁定工作表。

执行“工具”→“保护”→“保护工作表”命令，打开如图 1－15 所示的对话框，两次重复输入相同密码后，单击“确定”按钮，单元格锁定即生效。

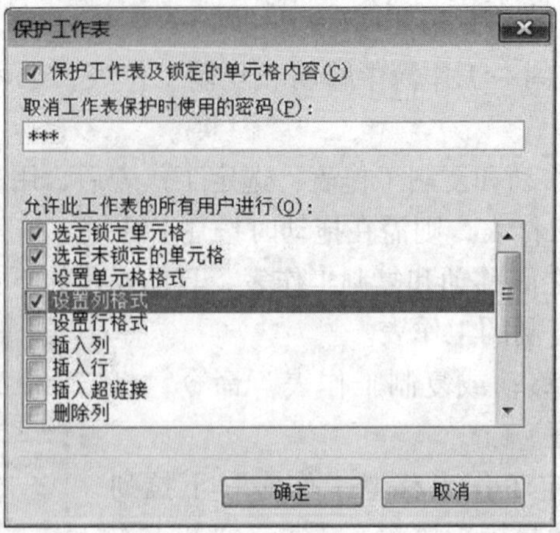

图 1－15　“保护工作表”对话框

②锁定与隐藏工作表。

选取整个工作表，单击“格式”→“单元格”命令，选择“保护”选项，在锁定复选框和隐藏复选框前均打“√”，单击“确定”，单击“工具”→“保护”→“保护工作表”命令，重复输入两次密码，单击“确定”即可。

（2）单元格的保护。

若只想对部分单元格进行保护，且将单元格内公式隐藏，可先选定所有单元格，单击“格式”→“单元格”→“保护”，去掉锁定和隐藏复选框前的“√”；再选定想要保护的单元格，单击“格式”→“单元格”→“保护”，在锁定和隐藏复选框前均打“√”，单击“确定”，在单击“工具”→“保护”→“保护工作表”命令，重复输入两次密码，单击“确定”即可。

（3）撤消保护。

对工作表设定保护后，当用户需要对工作表进行编辑时，此时需要取消工作表的保护状态，执行“工具”→“保护”→“撤消保护工作表”命令，在弹出的“撤消工作表保护”对话框中输入密码即可。

六、格式化工作表

（一）数据的格式化

1. 数字的格式化

（1）使用格式工具栏中的按钮设置数字格式：先选定单元格区域，再单击格式工具栏中相应的按钮，则选定区域中的数字将按指定格式表示。以下是格式工具栏中的 5 个数字格式按钮：

①货币样式按钮：在数字前加货币“￥”符号，且保留两位小数。

②百分比样式按钮：将数据以百分数形式显示。

③千位分隔样式按钮：数字从小数点开始向左每 3 位数之间用千分号分隔，且保留两位小数。

④增加小数位数按钮：数据的小数位数加 1。

⑤减少小数位数按钮：数据的小数位数减 1。

（2）使用“单元格格式”对话框设置数字格式：执行“格式”→“单元格”命令，在打开的“单元格格式”对话框中选择“数字”选项卡，如图 1－16 所示，同样可以设置数字格式。

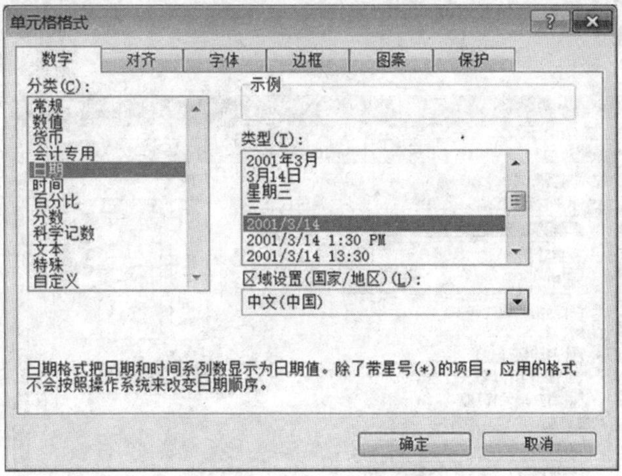

图 1－16　“单元格格式”对话框的“数字”选项卡

2. 字体设置

（1）使用格式工具栏中的按钮设置字体：格式工具栏中列出了字体、字号、字形、字体颜色 4 种工具按钮。

（2）使用“单元格格式”对话框设置字体：在“单元格格式”对话框的“字体”选项卡中进行设置，如图 1－17 所示。

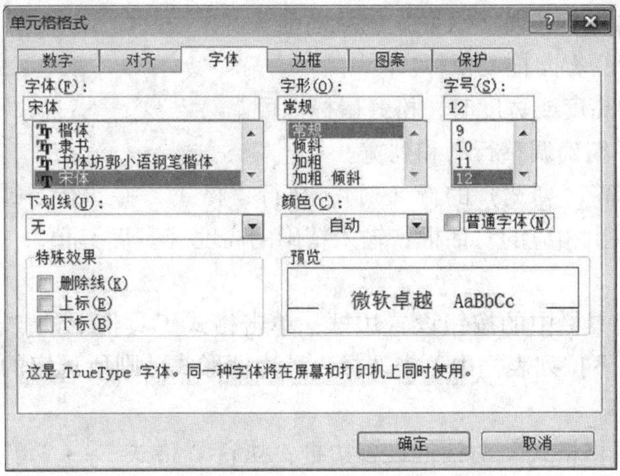

图 1－17　“单元格格式”对话框的“字体”选项卡

3. 对齐方式的设置

（1）使用格式工具栏中的按钮：格式工具栏中有 4 个对齐设置按钮：左对齐、居中、右对齐、合并及居中。

（2）使用“单元格格式”对话框：在“单元格格式”对话框的“对齐”选项卡中，可以对单元格进行水平与垂直方向上的对齐设置、单元格的合并和文字方向及角度设置，如图 1－18 所示。

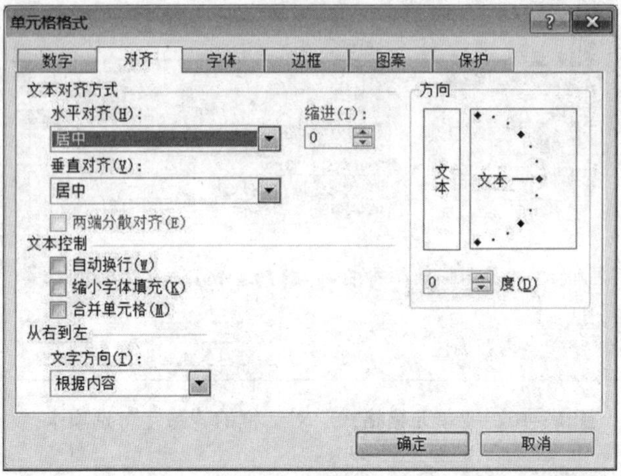

图 1－18　“单元格格式”对话框的“对齐”选项卡

（二）表格的格式化

1. 调整行高和列宽

（1）用鼠标拖动的方法粗略调整行高和列宽。调整的方法是：

①将鼠标指针移到需要调整行高（列宽）的行号框（列标框）的下边线（右边线），这时，鼠标指针变成一个垂直（水平）的双向箭头。

②沿鼠标指针箭头方向拖动鼠标。

③当达到合适的高度或宽度时，松开鼠标即可。

（2）用菜单命令精确调整行高和列宽。

选定需要调整行高（列宽）的行（列），执行“格式”→“行”或“列”→“行高”或“列宽”命令，弹出相应的对话框，输入精确的高度（宽度）值。

2. 设置边框

（1）使用格式工具栏中的按钮设置边框：单击格式工具栏上的“边框”按钮右边的下拉箭头，在弹出的下拉列表框中单击选择一种边框形式，则所选定的单元格区域就可添加这种边框。

（2）使用“单元格格式”对话框设置边框：执行“格式”→“单元格”命令，弹出“单元格格式”对话框，选择“边框”选项卡，如图 1－19 所示。可以为选定区域的单元格添加不同颜色、线形和类型的边框。

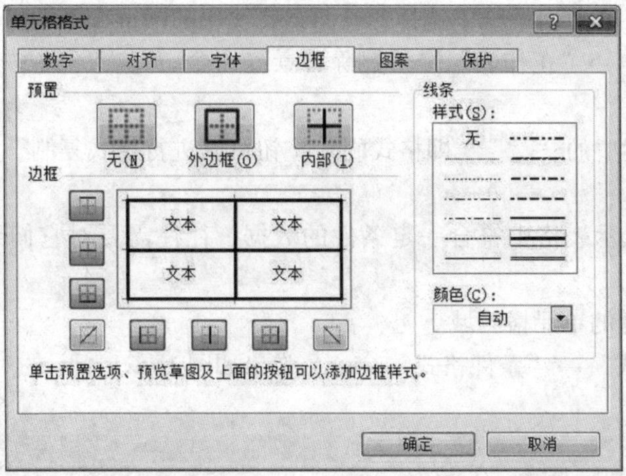

图1－19　“单元格格式”对话框的“边框”选项卡

(3) 使用“边框”工具栏绘制边框，具体操作如下：

①执行“视图”→“工具栏”→“边框”命令，打开“边框”工具栏。

②单击“边框”工具栏上“绘图边框”按钮右侧的下拉箭头。

③单击“绘图边框”命令或“绘图边框网格”命令。

④在单元格区域上拖动鼠标即可绘制边框线。

3. 设置底纹

执行“格式”→“单元格”命令，弹出“单元格格式”对话框，选择“图案”选项卡，如图1－20所示。可以为选定的单元格区域添加不同颜色和图案的底纹。

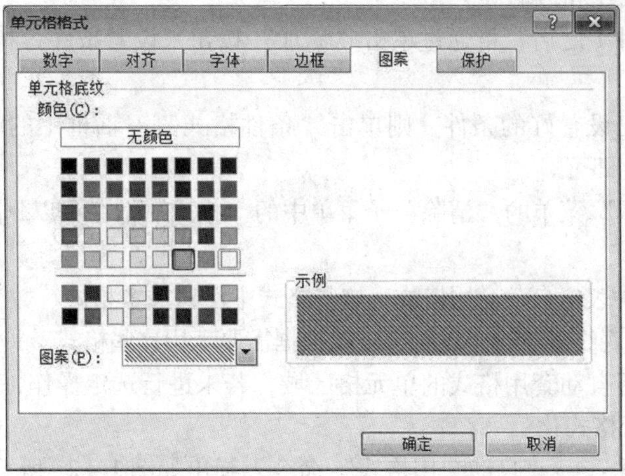

图1－20　“单元格格式”对话框的“图案”选项卡

4. 设置工作表背景

选定要添加背景的工作表，执行“格式”→“工作表”→“背景”命令，打开“工作表背景”对话框，在此对话框中选择背景图案要使用的图形文件即可。如果要删除背景图案，执行“格式”→“工作表”→“删除背景”命令。

5. 复制格式

使用常用工具栏中的“ ”（即格式刷）按钮可以进行格式复制。

6. 条件格式

有时为了突出显示表格中符合一定条件的数据，往往需要对它们单独进行条件格式化。具体操作如下：

（1）选定要处理的单元格区域。

（2）执行“格式”→“条件格式”命令，弹出如图 1－21 所示的对话框。

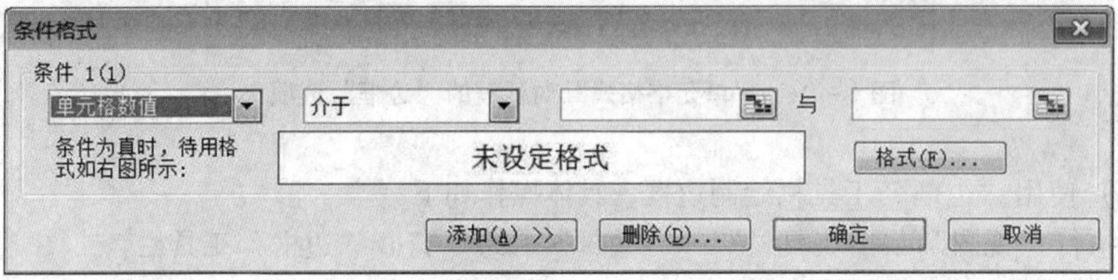

图 1－21　选定单元格区域及“条件格式”对话框

（3）首先对条件 1 进行设置：在左侧第一个下拉列表中选择是对“单元格数值”还是对“公式”进行格式化；在第二个下拉列表框中选择逻辑判断符（有“介于”、“大于”、“小于”等），本例中选择“介于”；在右侧的两个文本框中输入具体的数值。

（4）单击“格式”按钮，弹出“单元格格式”对话框，然后在此对话框中设置字形、字体、字体颜色、底纹和边框等。

（5）设置好条件 1 之后，可通过单击“添加”按钮来设置条件 2 和条件 3，最多只能设置 3 个条件。

（6）若要删除已设置好的条件，则单击“条件格式”对话框中的“删除”按钮，然后选择要删除的条件即可。

（7）使用“编辑”菜单的“清除”子菜单中的“格式”命令可以删除选定单元格格式。

7. 自动套用格式

Excel 提供了各种表格自动套用格式，这些格式中已对文本格式、数字格式、对齐方式、列宽、行高、边框和底纹等进行了设置，可以根据需要套用这些格式。具体操作如下：

（1）选定要使用自动套用格式的单元格区域，若未进行选定操作，则是对当前工作表中的所有数据区进行格式化。

（2）执行“格式”→“自动套用格式”命令，弹出如图 1－22 所示的对话框。

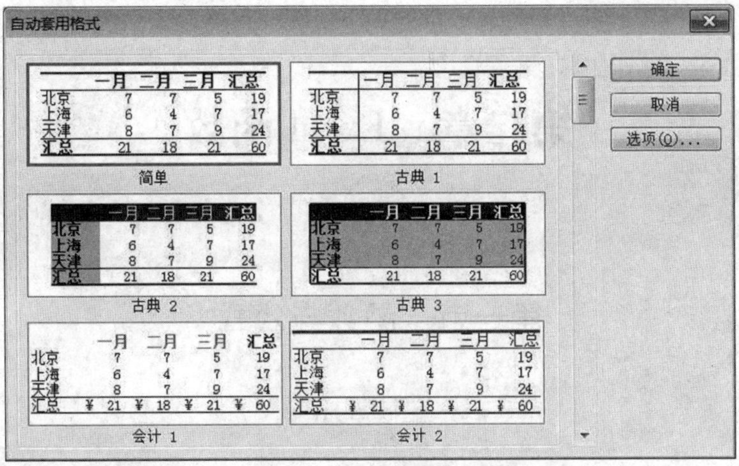

图 1－22　“自动套用格式”对话框

（3）在该对话框的 17 种格式中单击选定一种。

（4）若只需要使用自动套用格式中的部分格式选项，则单击“选项”按钮，在打开的格式选项复选框中根据实际需要选用。

（5）选择好格式后单击“确定”按钮，则该格式就套用到选定的单元格区域上。

（6）若要删除自动套用格式，则要打开“自动套用格式”对话框，然后在“格式”列表框底部选定“无”格式即可。

七、打印工作表

进入“文件”菜单栏，选择“打印”，可打印当前的工作簿文件。打印之前，可以选择“文件”菜单栏的“页面设置”和“打印预览”选项，进行打印前的页面设置操作和打印效果的预先浏览。

第二章　Excel 函数

第一节　函数与公式

一、概念

（一）什么是函数

Excel 函数是预先定义、执行计算和分析功能的数学算式。例如，“SUM（number1，number2，…）”是 Excel 的求和函数。其中“SUM”为函数名称，决定函数的功能和用途；在左、右括号之间，用逗号分隔的内容称为函数的参数，它规定了函数的运算对象、顺序或结构等。参数可以是常量（数字和文本）、逻辑值、数组、错误值或单元格引用（如 A1:H1），甚至可以是另一个或几个函数等。

（二）什么是公式

Excel 公式是由用户按一定规则自行设计、执行计算分析功能的数学算式。例如，“=SUM(E1:H1)*A1+26”。公式以等号“=”开始，其内部可以包括函数、引用、运算符和常量。式中的“SUM(E1:H1)”是函数，“A1”则是对单元格 A1 的引用，“26”则是常量，“*”和“+”则是算术运算符。

二、函数参数的要求

一个函数可以使用多个参数，参数与参数之间使用英文逗号进行分隔，参数的类型和位置必须满足函数语法的要求，否则将返回错误信息。

三、函数输入方法

（一）“插入函数”对话框

首先选中存放计算结果（即需要应用公式）的单元格，单击编辑栏（或工具栏）中的“f_x”（即插入函数）按钮，则表示公式开始的“=”出现在单元格和编辑栏，然后在打开的“插入函数”对话框中的“选择函数”列表找到相应函数。如果你需要的函数不在里面，可以打开“或选择类别”下拉列表进行选择。最后单击“确定”按钮，打开“函数参数”对话框。

注意：如果需要进一步地了解该函数，可以点击“函数参数”对话框中“有关该函数的帮助（H）”的链接，关于该函数有较详细的介绍。

（二）编辑栏输入

首先选中存放计算结果的单元格；鼠标单击 Excel 编辑栏，按照公式的组成顺序依次输入各个部分，公式输入完毕后，单击编辑栏中的“√”（即输入）按钮或回车即可。

第二节 常用的Excel函数

Excel 函数包括财务函数、日期与时间函数、数学和三角函数、统计函数、查找和引用函数、文本和数据库函数、逻辑运算符、信息函数、外部函数、工程函数等，本章主要介绍逻辑运算符、数学和三角函数、统计函数、数据库函数、查找和引用函数等部分函数。

一、逻辑运算符

1. AND

用途：所有参数的逻辑值为真时返回 TRUE；只要有一个参数的逻辑值为假，则返回 FALSE。

语法：AND（logical1，logical2，…，logical30）。

参数：logical1，logical2，…，logical30 为待检验的 1 ~30 个逻辑表达式，它们的结论或为 TRUE 或为 FALSE。参数必须是逻辑值或者包含逻辑值的数组或引用，如果数组或引用内含有文字或空白单元格，则忽略它的值。如果指定的单元格区域内包括非逻辑值，AND 将返回错误值#VALUE!。

实例：如果 A1 =2、A2 =6，那么公式“ = AND（A1，A2）”返回 FALSE。如果 B4 = 104，那么公式“ = AND（1 < B4，B4 < 150）”返回 TRUE。

2. IF

用途：执行逻辑判断，它可以根据逻辑表达式的真假，返回不同的结果，从而执行数值或公式的条件检测任务。

语法：IF（logical_test，value_if_true，value_if_false）。

参数：logical_test 计算结果为 TRUE 或 FALSE 的任何数值或表达式；value_if_true 是 logical_test 为 TRUE 时函数的返回值，而 value_if_false 是 logical_test 为 FALSE 时函数的返回值。value_if_false 也可以是一个表达式。

实例：在 D2 单元格输入公式“ = IF（C2 > =85，“A”，IF（C2 =70，“B”，IF（C2 > = 60，“C”，“D”)))”，其中第二个 IF 语句同时也是第一个 IF 语句的参数。同样，第三个 IF 语句是第二个 IF 语句的参数，依此类推。例如，若第一个逻辑判断表达式 C2 > =85 成立，则 D2 单元格被赋值“A”；如果第一个逻辑判断表达式 C2 > = 85 不成立，则计算第二个 IF 语句“C2 > = 70”；依此类推。

3. OR

用途：所有参数中的任意一个逻辑值为真时即返回 TRUE。

语法：OR（logical1，logical2，…，logical30）。

参数：logical1，logical2，…，logical30 是需要进行检验的 1 ~30 个逻辑表达式，其结论分别为 TRUE 或 FALSE。如果数组或引用的参数包含文本、数字或空白单元格，它们将被忽略。如果指定的区域中不包含逻辑值，OR 函数将返回错误#VALUE!。

实例：如果 A1 =2、A2 =8，则公式“ =OR((A1 + A2 > A2，A1 = A2))”返回 TRUE；而公式“ =OR（A1 > A2，A1 = A2）”返回 FALSE。

二、数学和三角函数

1. ABS

用途：返回某一参数的绝对值。

语法：ABS（number）。

参数：number 是需要计算其绝对值的一个实数。

实例：如果 A1 = -16，则公式“ =ABS（A1）”返回 16。

2. EXP

用途：返回 e 的 n 次幂。

语法：EXP（number）。

参数：number 为底数 e 的指数。

注意：EXP 函数是计算自然对数的 LN 函数的反函数。

实例：如果 A1 =3，则公式“ =EXP（A1）”返回 20.085537 即 e^3。

3. FACT

用途：返回一个数的阶乘，即从 1 开始到该数的连乘积。

语法：FACT（number）。

注意：number 是计算其阶乘的非负数。如果输入的 number 不是整数，则截去小数部分取整数。

实例：如果 A1 =3，则公式“ =FACT（A1）”返回 1 * 2 * 3 即 6；“ =FACT（5.5）”返回 1 * 2 * 3 * 4 * 5 即 120。

4. INT

用途：将任意实数取不大于该数且最接近该数的整数。

语法：INT（number）。

参数：number 为需要处理的任意一个实数。

实例：如果 A1 =16.24、A2 = -28.389，则公式“ =INT（A1）”返回 16，“ =INT（A2）”返回 -29。

5. LN

用途：返回一个数的自然对数，即以 e（2.71828182845904）为底的对数（LN 函数是 EXP 函数的反函数）。

语法：LN（number）。

参数：number 是待计算其自然对数的正实数。

实例：如果 A1 =100、A2 =67，则公式“ =LN（A1 + A2）”返回 5.117993812；“ =LN（EXP（3））”返回 3；“ =EXP（LN（4））”返回 4。

6. LOG

用途：按所指定的底数，返回某个数的对数。

语法：LOG（number，base）。

参数：number 是计算对数的任意实数，base 是对数的底数。如果省略底数，则默认它的值为 10。

实例：如果 A1 =8，则公式“ =LOG（A1，2）”返回3；“ =LOG（100，10）”返回2。

7. LOG10

用途：返回以 10 为底的对数。

语法：LOG10（number）。

参数：number 是待计算常用对数的一个正实数。

实例：如果 A1 =1000，则公式“ =LOG10（A1）”返回3；“ =LOG10（10^5）”返回5。

8. MDETERM

用途：返回一个数组的矩阵行列式的值。

语法：MDETERM（array）。

参数：array 是一个行列数相等的数值数组。array 可以是单元格区域，例如 A1:C3；或是一个数组常量，如 {1，2，3；4，5，6；7，8，9}；也可以是区域或数组常量的名称。矩阵行列式的值多用于求解多元联立方程。

实例：如果 A1 =1、A2 =2、B1 =3、B2 =4，则公式“ =MDETERM（A1:B2）”返回 −2。

9. MINVERSE

用途：返回数组矩阵的逆矩阵。

语法：MINVERSE（array）。

参数：array 是具有相等行列数的数值数组，它可以是单元格区域，例如 A1:C3；也可以是常数数组如 {1，2，3；4，5，6；7，8，9}；或者是两者的名称。

实例：公式“ =MINVERSE({4，−1；2，0})”返回 {0，0.5；−1，2}；“ =MINVERSE({1，2，1；3，4，−1；0，2，0；1，2，1；3，4，−1；0，2，0})”返回 {0.25，0.25，−0.75；0，0，0.5；0.75，−0.25，−0.25}。

10. MOD

用途：返回两数相除的余数，其结果的正负号与除数相同。

语法：MOD（number，divisor）。

参数：number 为被除数，divisor 为除数（divisor 不能为零）。

实例：如果 A1 =51，则公式“ =MOD（A1，4）”返回3；“ =MOD（−101，−2）”返回 −1。

11. PI

用途：返回圆周率 π，精确到小数点后 14 位。

语法：PI（ ）。

参数：不需要。

实例：公式“ =PI（ ）”返回3.14159265358979。

12. RADIANS

用途：将一个表示角度的数值或参数转换为弧度。

语法：RADIANS（angle）。

参数：angle 为需要转换成弧度的角度。

实例：如果 A1 =90，则公式“ =RADIANS（A1）”返回 1.57，“ =RADIANS（360）”返回 6.28（均取两位小数）。

13. SIN

用途：返回某一角度的正弦值。

语法：SIN（number）。

参数：number 是待求正弦值的一个角度（采用弧度单位），如果它的单位是度，则必须乘以 PI（ ）/180 转换为弧度。

实例：如果 A1 =60，则公式“ =SIN（A1 * PI（ ）/180）”返回 0.866，即 60 度角的正弦值。

14. COS

用途：返回某一角度的余弦值。

语法：COS（number）。

参数：number 为需要求余弦值的一个角度，必须用弧度表示。如果 number 的单位是度，可以乘以 PI（ ）/180 转换为弧度。

实例：如果 A1 =1，则公式“ =COS（A1）”返回 0.540302；若 A2 =60，则公式“ =COS（A2 * PI（ ）/180）”返回 0.5。

15. TAN

用途：返回某一角度的正切值。

语法：TAN（number）。

参数：number 为需要求正切的角度，以弧度表示。如果参数的单位是度，可以乘以 PI（ ）/180 转换为弧度。

实例：如果 A1 =60，则公式“ =TAN（A1 * PI（ ）/180）”返回 1.732050808；“ =TAN（1）”返回 1.557407725。

16. ASIN

用途：返回参数的反正弦值。

语法：ASIN（number）。

参数：number 为某一角度的正弦值，其大小介于 -1 ~1 之间。

实例：如果 A1 = -0.5，则公式“= ASIN（A1）”返回 -0.5236（-π/6 弧度）；而公式“ = ASIN（A1） * 180/PI（ ）”返回 -30°。

17. ACOS

用途：返回以弧度表示的参数的反余弦值，范围是 0 ~ π。

语法：ACOS（number）。

参数：number 是某一角度的余弦值，大小在 -1 ~1 之间。

实例：如果 A1 =0.5，则公式“ =ACOS（A1）”返回 1.047197551（即 π/3 弧度，也就是 60°）；而公式“ =ACOS（-0.5） * 180/PI（ ）”返回 120°。

18. ATAN

用途：返回参数的反正切值。返回的数值以弧度表示，大小在 -π/2 ~ π/2 之间。

语法：ATAN（number）。

参数：number 为某一角度的正切值。如果要用度表示返回的反正切值，需将结果乘以180/PI（ ）。

实例：公式“=ATAN（1）”返回0.785398（π/4 弧度）；“=ATAN（1）*180/PI（ ）”返回45°。

19. POWER

用途：返回给定数字的乘幂。

语法：POWER（number，power）。

参数：其中 number 为底数，power 为指数，均可以为任意实数。

注意：可以用“^”运算符代替 POWER 函数执行乘幂运算，例如公式“=5^2”与“=POWER（5，2）”等价。

实例：如果 A1=25.37，则公式“=POWER（A1，7）”返回6764617901；“=POWER（4，5/4）”返回5.656854。

20. PRODUCT

用途：将所有数字形式给出的参数相乘，然后返回乘积值。

语法：PRODUCT（number1，number2，…，number30）。

参数：number1，number2，…，number30 为 1~30 个需要相乘的数字参数。

实例：如果单元格 A1=24、A2=36、A3=80，则公式“=PRODUCT（A1:A3）”返回69120；“=PRODUCT（12，26，39）”返回12168。

21. QUOTIENT

用途：返回商的整数部分，即舍去商的小数部分。

语法：QUOTIENT（numerator，denominator）。

参数：numerator 为被除数，denominator 为除数。

注意：该函数只有加载“分析工具库”方可使用。

实例：如果 A1=86、A2=9，则公式“=QUOTIENT（A1，A2）”返回9；“=QUOTIENT（-10，3）”返回-3。

22. RAND

用途：返回一个大于等于0 小于1 的随机数，每次计算工作表（按 F9 键）将返回一个新的数值。

语法：RAND（ ）。

参数：不需要。

注意：如果要生成 a，b 之间的随机实数，可以使用公式“=RAND（ ）*（$b-a$）+a”。如果在某一单元格内应用公式“=RAND( )”，然后在编辑状态下按住“F9”键，将会产生一个变化的随机数。

实例：公式“=RAND( )*1000”返回一个大于等于0、小于1000 的随机数。

23. ROUND

用途：按指定位数四舍五入某个数字。

语法：ROUND（number，num_digits）。

参数：number 是需要四舍五入的数字；num_digits 为指定的位数，number 按此位数进行处理。

注意：如果 num_digits 大于 0，则四舍五入到指定的小数位；如果 num_digits 等于 0，则四舍五入到最接近的整数；如果 num_digits 小于 0，则在小数点左侧按指定位数四舍五入。

实例：如果 A1 = 65.25，则公式 " = ROUND (A1, 1)" 返回 65.3；" = ROUND (82.149, 2)" 返回 82.15；" = ROUND (21.5, -1)" 返回 20。

24. ROUNDDOWN

用途：按绝对值减小的方向舍入某一数字。

语法：ROUNDDOWN (number, num_digits)。

参数：number 是需要向下舍入的任意实数，num_digits 指定计算的小数位数。

注意：ROUNDDOWN 函数和 ROUND 函数的用途相似，不同之处是 ROUNDDOWN 函数总是向下舍入数字。

实例：如果 A1 =65.251，则公式 " = ROUNDDOWN (A1, 0)" 返回 65；" = ROUNDDOWN (A1, 2)" 返回 65.25；" = ROUNDDOWN (3.14159, 3)" 返回 3.141；" = ROUNDDOWN (- 3.14159, 1)" 返回 - 3.1；" = ROUNDDOWN (31415.92654, - 2)" 返回 31400。

25. ROUNDUP

用途：按绝对值增大的方向舍入一个数字。

语法：ROUNDUP (number, num_digits)。

参数：number 为需要舍入的任意实数，num_digits 指定舍入的数字位数。

注意：如果 num_digits 为 0 或省略，则将数字向上舍入到最接近的整数。如果 num_digits 小于 0，则将数字向上舍入到小数点左边的相应位数。

实例：如果 A1 =65.251，则公式 " = ROUNDUPA10" 返回 66； " = ROUNDUPA11" 返回 65.3；" = ROUNDUPA12" 返回 65.26； " = ROUNDUP -3.14159, 1)" 返回 -3.2；" = ROUNDUP (31415.92654, -2)" 返回 31500。

26. SQRT

用途：返回某一正数的算术平方根。

语法：SQRT (number)。

参数：number 为需要求平方根的一个正数。

实例：如果 A1 =81，则公式 " =SQRT (A1)" 返回 9；" =SQRT (4 +12)" 返回 4。

27. SUM

用途：返回某一单元格区域中所有数字之和。

语法：SUM (number1, number2, …, number30)。

参数：number1, number2, …, number30 为 1 ~ 30 个需要求和的数值（包括逻辑值及文本表达式）、区域或引用。

注意：参数表中的数字、逻辑值及数字的文本表达式可以参与计算，其中逻辑值被转换为 1、文本被转换为数字。如果参数为数组或引用，只有其中的数字将被计算，数组或引用中的空白单元格、逻辑值、文本或错误值将被忽略。

实例：如果 A1 = 1、A2 = 2、A3 = 3，则公式“ = SUM（A1: A3）”返回 6；“ = SUM（“3”，2，TRUE）”返回 6，因为“3”被转换成数字 3，而逻辑值 TRUE 被转换成数字 1。

28. SUMIF

用途：根据指定条件对若干单元格、区域或引用求和。

语法：SUMIF（range，criteria，sum_range）。

参数：range 为用于条件判断的单元格区域，criteria 是由数字、逻辑表达式等组成的判定条件，sum_range 为需要求和的单元格、区域或引用。

实例：某单位统计工资报表中职称为“中级”的员工工资总额。假设工资总额存放在工作表的 F 列，员工职称存放在工作表 B 列。则公式为“ = SUMIF（B1: B1000，“中级”，F1: F1000）”，其中“B1: B1000”为提供逻辑判断依据的单元格区域，“中级”为判断条件，就是仅仅统计 B1: B1000 区域中职称为“中级”的单元格，F1: F1000 为实际求和的单元格区域。

29. SUMPRODUCT

用途：在给定的几组数组中，将数组间对应的元素相乘，并返回乘积之和。

语法：SUMPRODUCT（array1，array2，…，array30）。

参数：array1，array2，…，array30 为 2 ~ 30 个数组，其相应元素需要进行相乘并求和。

实例：公式“ = SUMPRODUCT({3, 4; 8, 6; 1, 9}, {2, 7; 6, 7; 5, 3})”的计算结果是 156。

30. SUMSQ

用途：返回所有参数的平方和。

语法：SUMSQ（number1，number2，…，number30）。

参数：number1，number2，…，number30 为 1 ~ 30 个需要求平方和的参数，它可以是数值、区域、引用或数组。

实例：如果 A1 = 1、A2 = 2、A3 = 3，则公式“ = SUMSQ（A1: A3）”返回 14（即 $1^2 + 2^2 + 3^2 = 14$）。

31. SUMX2MY2

用途：返回两数组中对应数值的平方差之和。

语法：SUMX2MY2（array_x，array_y）。

参数：array_x 为第一个数组或数值区域，array_y 为第二个数组或数值区域。

实例：如果 A1 = 1、A2 = 2、A3 = 3、B1 = 4、B2 = 5、B3 = 6，则公式“ = SUMX2MY2（A1: A3，B1: B3）”返回 -63。

32. SUMX2PY2

用途：返回两数组中对应数值的平方和的总和，此类运算在统计中经常遇到。

语法：SUMX2PY2（array_x，array_y）。

参数：array_x 为第一个数组或数值区域，array_y 为第二个数组或数值区域。

实例：如果 A1 = 1、A2 = 2、A3 = 3、B1 = 4、B2 = 5、B3 = 6，则公式“ = SUMX2PY2（A1: A3，B1: B3）”返回 91。

33. SUMXMY2

用途：返回两数组中对应数值之差的平方和。

语法：SUMXMY2（array_x，array_y）。

参数：array_x 为第一个数组或数值区域，array_y 为第二个数组或数值区域。

实例：如果 A1 = 1、A2 = 2、A3 = 3、B1 = 4、B2 = 5、B3 = 6，则公式“= SUMXMY2（A1: A3，B1: B3）”返回 27。

34. TRUNC

用途：将数字的小数部分截去，返回整数。

语法：TRUNC（number，num_digits）。

参数：number 是需要截去小数部分的数字，num_digits 则指定保留小数的精度（几位小数）。

注意：TRUNC 函数可以按需要截取数字的小数部分，而 INT 函数则将数字向下舍入到最接近的整数。INT 和 TRUNC 函数在处理负数时有所不同：TRUNC（-4.3）返回 -4，而 INT（-4.3）返回 -5。

实例：如果 A1 = 78.652，则公式“= TRUNC（A1，1）”返回 78.6，“= TRUNC(A1，2)”返回 78.65，“= TRUNC（-8.963，2）”返回 -8.96。

三、统计函数

1. AVERAGE

用途：计算所有参数的算术平均值。

语法：AVERAGE（number1，number2，…，number30）。

实例：将 A1: A5 区域命名为分数，其中的数值分别为 100、70、92、47 和 82，则公式“= AVERAGE（分数）”返回 78.2。

2. BETADIST

用途：返回 beta 分布累积函数的函数值。beta 分布累积函数通常用于研究样本集合中某些事物的发生和变化情况。例如，人们一天中看电视的时间比率。

语法：BETADIST（x，alpha，beta，A，B）。

参数：x 用来进行函数计算的值，须居于可选性上下界（A 和 B）之间；alpha 是分布的参数；beta 是分布的参数；A 是数值 x 所属区间的可选下界，B 是数值 x 所属区间的可选上界。

实例：公式“= BETADIST（2，8，10，1，3）”返回 0.685470581。

3. BETAINV

用途：返回 beta 分布累积函数的逆函数值。即如果 probability = BETADIST（x，…），则 BETAINV（probability，…）= x。beta 分布累积函数可用于项目设计，在给出期望的完成时间和变化参数后，模拟可能的完成时间。

语法：BETAINV（probability，alpha，beta，A，B）。

参数：probability 为 beta 分布的概率值，alpha 是分布的参数，beta 是分布的参数，A 是数值 x 所属区间的可选下界，B 是数值 x 所属区间的可选上界。

实例：公式“=BETAINV（0.685470581，8，10，1，3）”返回2。

4. BINOMDIST

用途：返回一元二项式分布的概率值。BINOMDIST 函数适用于固定次数的独立实验，实验的结果只包含成功或失败两种情况，且成功的概率在实验期间固定不变。例如，它可以计算掷 10 次硬币时正面朝上 6 次的概率。

语法：BINOMDIST（number_s，trials，probability_s，cumulative）。

参数：number_s 为实验成功的次数，trials 为独立实验的次数，probability_s 为一次实验中成功的概率，cumulative 是一个逻辑值，用于确定函数的形式。如果 cumulative 为 TRUE，则 BINOMDIST 函数返回累积分布函数，即至多 number_s 次成功的概率；如果为 FALSE，返回概率密度函数，即 number_s 次成功的概率。

实例：抛硬币的结果不是正面就是反面，第一次抛硬币为正面的概率是0.5。则掷硬币10次中6次正面朝上的概率的计算公式为“=BINOMDIST（6，10，0.5，FALSE）”，计算的结果等于0.205078。

5. CHIDIST

用途：返回χ^2分布的单尾概率。χ^2分布与χ^2检验相关，使用χ^2检验可以比较观察值和期望值。例如，某项遗传学实验假设下一代植物将呈现出某一组颜色。使用此函数比较观测结果和期望值，可以确定初始假设是否有效。

语法：CHIDIST（x，degrees_freedom）。

参数：x 是用来计算χ^2分布单尾概率的数值，degrees_freedom 是自由度。

实例：公式“=CHIDIST（1，2）”的计算结果等于0.606530663。

6. CHIINV

用途：返回χ^2分布单尾概率的逆函数。如果 probability = CHIDIST（x，degrees_freedom），则 CHIINV（probability，degrees_freedom）= x。使用此函数比较观测结果和期望值，可以确定初始假设是否有效。

语法：CHIINV（probability，degrees_freedom）。

参数：probability 为χ^2分布的单尾概率，degrees_freedom 为自由度。

实例：公式“=CHIINV（0.5，2）”返回1.386293564。

7. CHITEST

用途：返回相关性检验值，即返回χ^2分布的统计值和相应的自由度，可使用χ^2检验确定假设值是否被实验所证实。

语法：CHITEST（actual_range，expected_range）。

参数：actual_range 是包含观察值的数据区域，expected_range 是包含行列汇总的乘积与总计值之比的数据区域。

实例：如果 A1=1、A2=2、A3=3、B1=4、B2=5、B3=6，则公式“=CHITEST（A1:A3，B1:B3）”返回0.062349477。

8. CORREL

用途：返回单元格区域 array1 和 array2 之间的相关系数。它可以确定两个不同事物之间的关系，例如检测学生的物理与数学学习成绩之间是否关联。

语法：CORREL（array1，array2）。

参数：array1 为第一组数值单元格区域，array2 为第二组数值单元格区域。

实例：如果 A1 = 90、A2 = 86、A3 = 65、A4 = 54、A5 = 36、B1 = 89、B2 = 83、B3 = 60、B4 = 50、B5 = 32，则公式“ = CORREL（A1:A5，B1:B5）”返回 0.998876229，可以看出 A、B 两列数据具有很高的相关性。

9. COUNT

用途：返回数字参数的个数。它可以统计数组或单元格区域中含有数字的单元格个数。

语法：COUNT（value1，value2，…，value30）。

参数：value1，value2，…，value30 是包含或引用各种类型数据的参数（1～30 个），其中只有数字类型的数据才能被统计。

实例：如果 A1 = 90、A2 = 人数、A3 =“”、A4 = 54、A5 = 36，则公式“ = COUNT（A1:A5）”返回 3。

10. COUNTIF

用途：统计某一区域中符合条件的单元格数目。

语法：COUNTIF（range，criteria）。

参数：range 为需要统计的符合条件的单元格数目的区域；criteria 为参与计算的单元格条件，其形式可以为数字、表达式或文本（如 36、“ >160”或“男”等）。其中数字可以直接写入，表达式和文本必须加引号。

实例：假设 A1:A5 区域内存放的文本分别为女、男、女、男、女，则公式“ = COUNTIF（A1:A5，“女”）”返回 3。

11. COVAR

用途：返回协方差，即每对数据点的偏差乘积的平均数。利用协方差可以研究两个数据集合之间的关系。

语法：COVAR（array1，array2）。

参数：array1 是第一个所含数据为整数的单元格区域，array2 是第二个所含数据为整数的单元格区域。

实例：如果 A1 = 3、A2 = 2、A3 = 1、B1 = 3600、B2 = 1500、B3 = 800，则公式“ = COVAR（A1:A3，B1:B3）”返回 933.3333333。

12. FDIST

用途：返回 F 概率分布。它可以确定两个数据系列是否存在变化程度上的不同，例如，通过分析某一班级男、女生的考试分数，确定女生分数的变化程度是否与男生不同。

语法：FDIST（x，degrees_freedom1，degrees_freedom2）。

参数：x 是用来计算概率分布的区间点，degrees_freedom1 是分子自由度，degrees_freedom2 是分母自由度。

实例：公式“ = FDIST（1，90，89）”返回 0.500157305。

13. FINV

用途：返回 F 概率分布的逆函数值，即 F 分布的临界值。如果 p = FDIST（x，…），则 FINV（p，…）$=x$。

语法：FINV（probability，degrees_freedom1，degrees_freedom2）。

参数：probability 是累积 F 分布的概率值，degrees_freedom1 是分子自由度，degrees_freedom2 是分母自由度。

实例：公式“=FINV（0.1，86，74）”返回 1.337888023。

14. FISHER

用途：返回点 x 的 FISHER 变换。该变换生成一个近似正态分布而非偏斜的函数，使用此函数可以完成相关系数的假设性检验。

语法：FISHER（x）

参数：x 为一个数字，在该点进行变换。

实例：公式“=FISHER（0.55）”返回 0.618381314。

15. FISHERINV

用途：返回 FISHER 变换的逆函数值，如果 y = FISHER（x），则 FISHERINV(y) = x。上述变换可以分析数据区域或数组之间的相关性。

语法：FISHERINV（y）。

参数：y 为一个数值，在该点进行反变换。

实例：公式“=FISHERINV（0.765）”返回 0.644012628。

16. FREQUENCY

用途：以一列垂直数组返回某个区域中数据的频率分布。它可以计算出在给定的值域和接收区间内，每个区间包含的数据个数。

语法：FREQUENCY（data_array，bins_array）。

参数：data_array 是用来计算频率的一个数组，或对数组单元区域的引用；bins_array 是数据接收区间，为一数组或对数组区域的引用，设定对 data_array 进行频率计算的分段点。

17. FTEST

用途：返回 F 检验的结果。它返回的是当数组 1 和数组 2 的方差无明显差异时的单尾概率，可以判断两个样本的方差是否不同。例如，给出两个班级同一学科考试成绩，从而检验是否存在差别。

语法：FTEST（array1，array2）。

参数：array1 是第一个数组或数据区域，array2 是第二个数组或数据区域。

实例：如果 A1=71、A2=83、A3=76、A4=49、A5=92、A6=88、A7=96，B1=59、B2=70、B3=80、B4=90、B5=89、B6=84、B7=92，则公式“=FTEST（A1:A7，B1:B7）”返回 0.519298931。

18. GAMMADIST

用途：返回伽玛分布。可用它研究具有偏态分布的变量，通常用于排队分析。

语法：GAMMADIST（x，alpha，beta，cumulative）。

参数：x 为用来计算 γ 分布的数值，alpha 是 γ 分布参数，beta 是 γ 分布的一个参数。如果 beta=1，GAMMADIST 函数返回标准伽玛分布。cumulative 为一逻辑值，决定函数的形式。如果 cumulative 为 TRUE，GAMMADIST 函数返回累积分布函数；如果为 FALSE，则返回概率密度函数。

实例：公式“=GAMMADIST（10，9，2，FALSE）”的计算结果等于 0.032639，“=GAMMADIST（10，9，2，TRUE）”返回 0.068094。

19. GAMMAINV

用途：返回具有给定概率的伽玛分布的区间点，用来研究出现分布偏斜的变量。如果 p = GAMMADIST（x，…），则 GAMMAINV（p，…）= x。

语法：GAMMAINV（probability，alpha，beta）。

参数：probability 为伽玛分布的概率值，alpha 是 γ 分布参数，beta 是 γ 分布参数。如果 beta = 1，函数 GAMMAINV 返回标准伽玛分布。

实例：公式“=GAMMAINV（0.05，8，2）”返回 7.96164557。

20. GAMMALN

用途：返回伽玛函数的自然对数 Γ（x）。

语法：GAMMALN（x）

参数：x 为需要计算 GAMMALN 函数的数值。

实例：公式“=GAMMALN（6）”返回 4.787491743。

21. GEOMEAN

用途：返回正数数组或数据区域的几何平均值。可用于计算可变复利的平均增长率。

语法：GEOMEAN（number1，number2，…，number30）。

参数：number1，number2，…，number30 为需要计算其平均值的 1～30 个参数，除了使用逗号分隔数值的形式外，还可使用数组或对数组的引用。

实例：公式“=GEOMEAN（1.2，1.5，1.8，2.3，2.6，2.8，3）”的计算结果是 2.069818248。

22. HYPGEOMDIST

用途：返回超几何分布。给定样本容量、样本总体容量和样本总体中成功的次数，HYPGEOMDIST 函数返回样本取得给定成功次数的概率。

语法：HYPGEOMDIST（sample_s，number_sample，population_s，number_population）。

参数：sample_s 为样本中成功的次数，number_sample 为样本容量，population_s 为样本总体中成功的次数，number_population 为样本总体的容量。

实例：某个班级有 42 名学生，其中 22 名是男生，20 名是女生。如果随机选出 6 人，则其中恰好有 3 名女生的概率公式是：“=HYPGEOMDIST（3，6，20，42）”，返回的结果为 0.334668627。

23. INTERCEPT

用途：利用已知的 x 值与 y 值计算直线与 y 轴的截距。当已知自变量为 0 时，利用截距可以求得因变量的值。

语法：INTERCEPT（known_y's，known_x's）。

参数：known_y's 是一组因变量数据或数据组，known_x's 是一组自变量数据或数据组。

实例：如果 A1 =71、A2 =83、A3 =76、A4 =49、A5 =92、A6 =88、A7 =96，B1 =59、B2 =70、B3 =80、B4 =90、B5 =89、B6 =84、B7 =92，则公式“=INTERCEPT（A1:A7，B1:B7）”返回 62.44657356。

24. KURT

用途：返回数据集的峰值。它反映与正态分布相比时某一分布的尖锐程度或平坦程度，正峰值表示相对尖锐的分布，负峰值表示相对平坦的分布。

语法：KURT（number1，number2，…，number30）。

参数：number1，number2，…，number30 为需要计算其峰值的 1～30 个参数。它们可以使用逗号分隔参数的形式，也可以使用单一数组，即对数组单元格的引用。

实例：如果某次学生考试的成绩为 A1 =71、A2 =83、A3 =76、A4 =49、A5 =92、A6 =88、A7 =96，则公式“=KURT（A1:A7）”返回 1.485982408，说明这次的成绩相对正态分布是一个比较尖锐的分布。

25. MAX

用途：返回数据集中的最大数值。

语法：MAX（number1，number2，…，number30）。

参数：number1，number2，…，number30 是需要找出最大数值的 1～30 个数值。

实例：如果 A1 =71、A2 =83、A3 =76、A4 =49、A5 =92、A6 =88、A7 =96，则公式“=MAX（A1:A7）”返回 96。

26. MEDIAN

用途：返回给定数值集合的中位数（它是在一组数据中居于中间的数。换句话说，在这组数据中，有一半的数据比它大，有一半的数据比它小）。

语法：MEDIAN（number1，number2，…，number30）。

参数：number1，number2，…，number30 是需要找出中位数的 1～30 个数字参数。

实例：“=MEDIAN（11，12，13，14，15）”返回 13；“=MEDIAN（1，2，3，4，5，6）”返回 3.5，即 3 与 4 的平均值。

27. MIN

用途：返回给定参数表中的最小值。

语法：MIN（number1，number2，…，number30）。

参数：number1，number2，…，number30 是要从中找出最小值的 1～30 个数字参数。

实例：如果 A1 =71、A2 =83、A3 =76、A4 =49、A5 =92、A6 =88、A7 =96，则公式“=MIN（A1:A7）”返回 49；而“=MIN（A1:A5，0，-8）”返回 -8。

28. MODE

用途：返回在某一数组或数据区域中的众数。

语法：MODE（number1，number2，…，number30）。

参数：number1，number2，…，number30 是用于众数计算的 1～30 个参数。

实例：如果 A1 =71、A2 =83、A3 =71、A4 =49、A5 =92、A6 =88，则公式“=MODE（A1:A6）”返回 71。

29. NEGBINOMDIST

用途：返回负二项式分布。当成功概率为常数 probability_s 时，函数 NEGBINOMDIST

返回在到达 number_s 次成功之前，出现 number_f 次失败的概率。此函数与二项式分布相似，只是它的成功次数固定，试验总数为变量。与二项分布类似的是，试验次数被假设为自变量。

语法：NEGBINOMDIST（number_f，number_s，probability_s）。

参数：number_f 是失败次数，number_s 为成功的临界次数，probability_s 是成功的概率。

实例：如果要找 10 个反应敏捷的人，且已知具有这种特征的候选人的概率为 0.3。那么，找到 10 个合格候选人之前，需要对不合格候选人进行面试的概率公式为“=NEGBINOMDIST（40，10，0.3）”，计算结果是 0.007723798。

30. NORMDIST

用途：返回给定平均值和标准偏差的正态分布的累积函数。

语法：NORMDIST（x，mean，standard_dev，cumulative）。

参数：x 为用于计算正态分布函数的区间点；mean 是分布的算术平均值；standard_dev 是分布的标准方差；cumulative 为一逻辑值，指明函数的形式。如果 cumulative 为 TRUE，则 NORMDIST 函数返回累积分布函数；如果为 FALSE，则返回概率密度函数。

实例：公式“=NORMDIST（46，35，2.5，TRUE）”返回 0.999994587。

31. NORMINV

用途：返回指定平均值、标准偏差的正态分布累积函数的逆函数。

语法：NORMINV（probability，mean，standard_dev）。

参数：probability 指定正态分布的概率值，mean 指定正态分布的算术平均值，standard_dev 指定正态分布的标准偏差。

实例：公式“=NORMINV（0.908789，40，1.5）”返回 42。

32. NORMSDIST

用途：返回标准正态分布的累积函数。该分布的平均值为 0，标准偏差为 1。

语法：NORMSDIST（z）。

参数：z 为需要计算其分布的数值。

实例：公式“=NORMSDIST（1.5）”的计算结果为 0.933192799。

33. NORMSINV

用途：返回标准正态分布累积函数的逆函数。该分布的平均值为 0，标准偏差为 1。

语法：NORMSINV（probability）。

参数：probability 是正态分布的概率值。

实例：公式“=NORMSINV（0.933192799）”返回 1.500000002（即 1.5）。

34. PEARSON

用途：返回 Pearson（皮尔森）乘积矩相关系数 r，它是一个范围在 -1.0～1.0 之间（包括 -1.0 和 1.0 在内）的无量纲指数，反映了两个数据集合之间的线性相关程度。

语法：PEARSON（array1，array2）。

参数：array1 为自变量集合，array2 为因变量集合。

实例：如果 A1=71、A2=83、A3=71、A4=49、A5=92、A6=88，B1=69、B2=80、B3=76、B4=40、B5=90、B6=81，则公式“=PEARSON（A1:A6，B1:B6）”返回

0.96229628。

35. PERCENTILE

用途：返回数值区域的 k 百分比数值点。例如确定考试排名在 80 个百分点以上的分数。

语法：PERCENTILE（array，k）。

参数：array 为定义相对位置的数值数组或数值区域，k 为数组中需要得到其排位的值。

实例：如果某次考试成绩为 A1＝71、A2＝83、A3＝71、A4＝49、A5＝92、A6＝88，则公式“＝PERCENTILE（A1:A6,0.8）”返回 88，即考试排名要想在 80 个百分点以上，则分数至少应当为 88 分。

36. POISSON

用途：返回泊松分布。泊松分布通常用于预测一段时间内事件发生的次数，比如一分钟内通过收费站的轿车的数量。

语法：POISSON（x，mean，cumulative）。

参数：x 是某一事件出现的次数，mean 是期望值，cumulative 为确定返回的概率分布形式的逻辑值。

实例：公式“＝POISSON（5，10，TRUE）”返回 0.067085963，“＝POISSON（3，12，FALSE）”返回 0.001769533。

37. PROB

用途：返回一概率事件组中落在指定区域内的事件所对应的概率之和。

语法：PROB（x_range，prob_range，lower_limit，upper_limit）。

参数：x_range 是具有各自相应概率值的 x 数值区域，prob_range 是与 x_range 中的数值相对应的一组概率值，lower_limit 是用于概率求和计算的数值下界，upper_limit 是用于概率求和计算的数值可选上界。

实例：公式“＝PROB({0，1，2，3}，{0.2，0.3，0.1，0.4}，2)”返回 0.1，“＝PROB({0，1，2，3}，{0.2，0.3，0.1，0.4}，1，3)”返回 0.8。

38. QUARTILE

用途：返回一组数据的四分位点。四分位数通常用于在考试成绩之类的数据集中对总体进行分组，如求出一组分数中前 25% 的分数。

语法：QUARTILE（array，quart）。

参数：array 为需要求得四分位数值的数组或数字引用区域，quart 决定返回哪一个四分位值。如果 quart 取 0、1、2、3 或 4，则函数 QUARTILE 返回最小值、第一个四分位数（第 25 个百分排位）、中分位数（第 50 个百分排位）、第三个四分位数（第 75 个百分排位）和最大数值。

实例：如果 A1＝78、A2＝45、A3＝90、A4＝12、A5＝85，则公式“＝QUARTILE（A1:A5，3）”返回 85。

39. RANK

用途：返回一个数值在一组数值中的排位（如果数据清单已经排过序了，则数值的排位就是它当前的位置）。

语法：RANK（number，ref，order）。

参数：number 是需要计算其排位的一个数字；ref 是包含一组数字的数组或引用（其中的非数值型参数将被忽略）；order 为一数字，指明排位的方式。如果 order 为 0 或省略，则按降序排列的数据清单进行排位。如果 order 不为 0，ref 当按升序排列的数据清单进行排位。

注意：函数 RANK 对重复数值的排位相同。但重复数的存在将影响后续数值的排位。如在一列整数中，若整数 60 出现两次，其排位为 5，则 61 的排位为 7（没有排位为 6 的数值）。

实例：如果 A1 = 78、A2 = 45、A3 = 90、A4 = 12、A5 = 85，则公式“ = RANK（A1，A1: A5）”返回 3。

40. SKEW

用途：返回一个分布的不对称度。它反映以平均值为中心的分布的不对称程度，正不对称度表示不对称边的分布更趋向正值，负不对称度表示不对称边的分布更趋向负值。

语法：SKEW（number1，number2，…，number30）。

参数：number1，number2，…，number30 是需要计算不对称度的 1 ~ 30 个参数，包括逗号分隔的数值、单一数组和名称等。

实例：公式“ = SKEW({22，23，29，19，38，27，25}，{16，15，19，17，15，14，34})”返回 0. 854631382。

41. SLOPE

用途：返回经过给定数据点的线性回归拟合线方程的斜率（它是直线上任意两点的垂直距离与水平距离的比值，也就是回归直线的变化率）。

语法：SLOPE（known_y’s，known_x’s）。

参数：known_y’s 为数字型因变量数组或单元格区域，known_x’s 为自变量数据点集合。

实例：公式“ = SLOPE({22，23，29，19，38，27，25}，{16，15，19，17，15，14，34})”返回 -0. 100680934。

42. STANDARDIZE

用途：返回以 mean 为平均值，以 standard_dev 为标准偏差的分布的正态化数值。

语法：STANDARDIZE（x，mean，standard_dev）。

参数：x 为需要进行正态化的数值，mean 为分布的算术平均值，standard_dev 为分布的标准偏差。

实例：公式“ = STANDARDIZE（62，60，10）”返回 0. 2。

43. STDEV

用途：估算样本的标准偏差。它反映了数据相对于平均值（mean）的离散程度。

语法：STDEV（number1，number2，…，number30）。

参数：number1，number2，…，number30 为对应于总体样本的 1 ~ 30 个参数。可以使用逗号分隔的参数形式，也可使用数组，即对数组单元格的引用。

注意：STDEV 函数假设其参数是总体中的样本。如果数据是全部样本总体，则应该使用 STDEVP 函数计算标准偏差。同时，函数忽略参数中的逻辑值（TRUE 或 FALSE）和文本。如果不能忽略逻辑值和文本，应使用 STDEVA 函数。

实例：假设某次考试的成绩样本为 A1 =78、A2 =45、A3 =90、A4 =12、A5 =85，则估算所有成绩标准偏差的公式为“ =STDEV（A1:A5）”，其结果等于 33.00757489。

44. TDIST

用途：返回学生氏 t 分布的百分点（概率），t 分布中的数值（x）是 t 的计算值（将计算其百分点）。t 分布用于小样本数据集合的假设检验，使用此函数可以代替 t 分布的临界值表。

语法：TDIST（x，degrees_freedom，tails）。

参数：x 为需要计算分布的数字，degrees_freedom 为表示自由度的整数，tails 说明返回的分布函数是单尾分布还是双尾分布。如果 tails =1，函数 TDIST 返回单尾分布；如果 tails =2，函数 TDIST 返回双尾分布。

实例：公式“ =TDIST（60，2，1）”返回 0.000138831。

45. TINV

用途：返回作为概率和自由度函数的学生氏 t 分布的 t 值。

语法：TINV（probability，degrees_freedom）。

参数：probability 为对应于双尾学生氏 t 分布的概率，degrees_freedom 为分布的自由度。

实例：公式“ =TINV（0.5，60）”返回 0.678600721。

46. TTEST

用途：返回与学生氏 t 检验相关的概率。它可以判断两个样本是否来自两个具有相同均值的总体。

语法：TTEST（array1，array2，tails，type）。

参数：array1 是第一个数据集，array2 是第二个数据集，tails 指明分布曲线的尾数。如果 tails =1，TTEST 函数使用单尾分布；如果 tails =2，TTEST 函数使用双尾分布。type 为 t 检验的类型，即 type 等于（1、2、3）检验方法（成对、等方差双样本检验、异方差双样本检验）。

实例：公式“ =TTEST({3，4，5，8，9，1，2，4，5}，{6，19，3，2，14，4，5，17，1}，2，1)”返回 0.196016。

47. VAR

用途：估算样本方差。

语法：VAR（number1，number2，…，number30）。

参数：number1，number2，…，number30 对应于与总体样本的 1 ~30 个参数。

实例：假设抽取某次考试中的 5 个分数，并将其作为随机样本，用 VAR 函数估算成绩方差，样本值为 A1 =78、A2 =45、A3 =90、A4 =12、A5 =85，则公式“ =VAR(A1:A5)”返回 1089.5。

48. VARP

用途：计算样本总体的方差。

语法：VARP（number1，number2，…，number30）。

参数：number1，number2，…，number30 为对应于样本总体的 1 ~ 30 个参数。其中的逻辑值（TRUE 和 FALSE）和文本将被忽略。

实例：如果某次补考只有 5 名学生参加，成绩为 A1 = 88、A2 = 55、A3 = 90、A4 = 72、A5 = 85，用 VARP 函数估算成绩方差，则公式“ = VARP（A1:A5）”返回 171.6。

49. ZTEST

用途：返回 z 检验的双尾 P 值。z 检验根据数据集或数组生成 x 的标准得分，并返回正态分布的双尾概率。可以使用此函数返回从某总体中抽取特定观测值的似然估计。

语法：ZTEST（array，x，sigma）。

参数：array 为用来检验 x 的数组或数据区域，x 为被检验的值，sigma 为总体（已知）标准偏差，如果省略，则使用样本标准偏差。

实例：公式“ = ZTEST({3，6，7，8，6，5，4，2，1，9}，4)”返回 0.090574。

四、数据库函数

1. DAVERAGE

用途：返回数据库或数据清单中满足指定条件的列中数值的平均值。

语法：DAVERAGE（database，field，criteria）。

参数：database 构成列表或数据库的单元格区域，field 指定函数所使用的数据列，criteria 为一组包含给定条件的单元格区域。

2. DCOUNT

用途：返回数据库或数据清单的指定字段中，满足给定条件并且包含数字的单元格数目。

语法：DCOUNT（database，field，criteria）。

参数：database 构成列表或数据库的单元格区域，field 指定函数所使用的数据列，criteria 为一组包含给定条件的单元格区域。

3. DSTDEV

用途：将列表或数据库的列中满足指定条件的数字作为一个样本，估算样本总体的标准偏差。

语法：DSTDEV（database，field，criteria）。

参数：database 构成列表或数据库的单元格区域，field 指定函数所使用的数据列，criteria 为一组包含给定条件的单元格区域。

4. DGET

用途：从数据清单或数据库中提取符合指定条件的单个值。

语法：DGET（database，field，criteria）。

参数：database 构成列表或数据库的单元格区域，field 指定函数所使用的数据列，criteria 为一组包含给定条件的单元格区域。

5. DMAX、DMIN、DPRODUCT、DCOUNTA、DSTDEVP、DSUM、DVAR、DVARP、GETPIVOTDATA 等

上述函数，同属有条件计算函数，读者可以比照使用。

五、查找和引用函数

1. CHOOSE

用途：可以根据给定的索引值，从多达 29 个待选参数中选出相应的值或操作。

语法：CHOOSE（index_num，value1，value2，…，value29）。

参数：index_num 是用来指明待选参数序号的值，它必须是 1 ~ 29 之间的数字，或者是包含数字 1 ~ 29 的公式或单元格引用；value1，value2，…，value29 为 1 ~ 29 个数值参数，可以是数字、单元格、已定义的名称、公式、函数或文本。

实例：公式“ = CHOOSE（2，“电脑”，“爱好者”）”返回“爱好者”。公式“ = SUM（A1: CHOOSE（3，A10，A20，A30））”与公式“ = SUM（A1: A30）”等价（因为 CHOOSE（3，A10，A20，A30）返回 A30）。

2. HLOOKUP

用途：在表格或数值数组的首行查找指定的数值，并由此返回表格或数组当前列中指定行处的数值。

语法：HLOOKUP（lookup_value，table_array，row_index_num，range_lookup）。

参数：lookup_value 是需要在数据表第一行中查找的数值，它可以是数值、引用或文字串；table_array 是需要在其中查找数据的数据表，可以使用对区域或区域名称的引用，table_array 的第一行的数值可以是文本、数字或逻辑值；row_index_num 为 table_array 中待返回的匹配值的行序号；range_lookup 为一逻辑值，指明函数 HLOOKUP 查找时是精确匹配，还是近似匹配。

实例：如果 A1: B3 区域存放的数据为 34、23、68、69、92、36，则公式“ = HLOOKUP（34，A1: B3，1，FALSE）”返回 34；“ = HLOOKUP（3，{1，2，3；a，b，c；d，e，f}，2，TRUE）”返回“c”。

3. INDEX

用途：返回表格或区域中的数值或对数值的引用。函数 INDEX（ ）有两种形式：数组和引用。数组形式通常返回数值或数值数组，引用形式通常返回引用。

语法：INDEX（array，row_num，column_num）返回数组中指定的单元格或单元格数组的数值。INDEX（reference，row_num，column_num，area_num）返回引用中指定单元格或单元格区域的引用。

参数：array 为单元格区域或数组常数。row_num 为数组中某行的行序号，函数从该行返回数值，如果省略 row_num，则必须有 column_num。column_num 是数组中某列的列序号，函数从该列返回数值，如果省略 column_num，则必须有 row_num。reference 是对一个或多个单元格区域的引用，如果为引用输入一个不连续的选定区域，必须用括号括起来。area_num 是选择引用中的一个区域，并返回该区域中 row_num 和 column_num 的交叉区域。选中或输入的第一个区域序号为 1，第二个为 2，依此类推。如果省略 area_num，则 INDEX 函数使用区域 1。

实例：如果 A1 = 68、A2 = 96、A3 = 90，则公式“ = INDEX（A1: A3，1，1）”返回 68。

4. INDIRECT

用途：返回由文字串指定的引用。此函数立即对引用进行计算，并显示其内容。当需要更改公式中单元格的引用，而不更改公式本身，即可使用 INDIRECT 函数。

语法：INDIRECT（ref_text，*a*1）。

参数：ref_text 是对单元格的引用，此单元格可以包含 A1 样式的引用、R1C1 样式的引用、定义为引用的名称或对文字串单元格的引用；A1 为一逻辑值，指明包含在单元格 ref_text 中的引用的类型。如果 *a*1 为 TRUE 或省略，ref_text 被解释为 A1 - 样式的引用。如果 *a*1 为 FALSE，ref_text 被解释为 R1C1 - 样式的引用。

实例：如果单元格 A1 存放有文本 B1，而 B1 单元格中存放了数值 68.75，则公式“=INDIRECT（$A$1）”返回 68.75。

5. LOOKUP

用途：返回向量（单行区域或单列区域）或数组中的数值。该函数有两种语法形式：向量和数组，其向量形式是在单行区域或单列区域（向量）中查找数值，然后返回第二个单行区域或单列区域中相同位置的数值；其数组形式在数组的第一行或第一列查找指定的数值，然后返回数组的最后一行或最后一列中相同位置的数值。

语法 1（向量形式）：LOOKUP（lookup_value，lookup_vector，result_vector）。

语法 2（数组形式）：LOOKUP（lookup_value，array）。

参数 1（向量形式）：lookup_value 为函数 LOOKUP 在第一个向量中所要查找的数值。lookup_value 可以为数字、文本、逻辑值或包含数值的名称或引用。lookup_vector 为只包含一行或一列的区域。lookup_vector 的数值可以为文本、数字或逻辑值。

参数 2（数组形式）：lookup_value 为函数 LOOKUP 在数组中所要查找的数值。lookup_value 可以为数字、文本、逻辑值或包含数值的名称或引用。若函数 LOOKUP 找不到 lookup_value，则使用数组中小于或等于 lookup_value 的最大数值。array 为包含文本、数字或逻辑值的单元格区域，它的值用于与 lookup_value 进行比较。

注意：lookup_vector 的数值必须按升序排列，否则 LOOKUP 函数不能返回正确的结果，参数中的文本不区分大小写。

实例：如果 A1 =68、A2 =76、A3 =85、A4 =90，则公式“=LOOKUP（76，A1：A4）”返回 76，“=LOOKUP（bump，{*a*，1；*b*，2；*c*，3}）”返回 2。

6. MATCH

用途：返回在指定方式下与指定数值匹配的数组中元素的相应位置。如果需要找出匹配元素的位置而不是匹配元素本身，则应该使用 MATCH 函数。

语法：MATCH（lookup_value，lookup_array，match_type）。

参数：lookup_value 为需要在数据表中查找的数值，它可以是数值（数字、文本或逻辑值）或对数字、文本、逻辑值的单元格引用。lookup_array 是可能包含所要查找的数值的连续单元格区域，lookup_array 可以是数组或数组引用；match_type 为数字 -1、0 或 1，它说明 Excel 如何在 lookup_array 中查找 lookup_value。如果 match_type 为 1，函数 MATCH 查找小于或等于 lookup_value 的最大数值。如果 match_type 为 0，函数 MATCH 查找等于 lookup_value 的第一个数值。如果 match_type 为 -1，函数 MATCH 查找大于或等于 lookup_value 的最小数值。

注意：MATCH 函数返回 lookup_array 中目标值的位置，而不是数值本身。如果 match_type

为0且lookup_value为文本，lookup_value可以包含通配符（“ * ”和“?”）。星号可以匹配任何字符序列，问号可以匹配单个字符。

实例：如果A1=68、A2=76、A3=85、A4=90，则公式“=MATCH（90，A1:A4，0)”返回4。

7. ROW

用途：返回给定引用的行号。

语法：ROW（reference）。

参数：reference为需要得到其行号的单元格或单元格区域。

实例：公式“=ROW（A6)”返回6，如果在C5单元格中输入公式“=ROW（)”，其计算结果为5。

8. ROWS

用途：返回引用或数组的行数。

语法：ROWS（array）。

参数：array是需要得到其行数的数组、数组公式或对单元格区域的引用。

实例：公式“=ROWS（A1:A9)”返回9，“=ROWS({1，2，3；4，5，6；1，2，3})”返回3。

9. TRANSPOSE

用途：返回区域的转置（所谓转置就是将数组的第一行作为新数组的第一列，数组的第二行作为新数组的第二列，以此类推）。

语法：TRANSPOSE（array）。

参数：array是需要转置的数组或工作表中的单元格区域。

实例：如果A1=68、A2=76、B1=85、B2=90，那么公式“{=TRANSPOSE（A1:B2)}”返回C1=68、C2=85、D1=76、D2=90。

10. VLOOKUP

用途：在表格或数值数组的首列查找指定的数值，并由此返回表格或数组当前行中指定列处的数值。当比较值位于数据表首列时，可以使用函数VLOOKUP代替函数HLOOKUP。

语法：VLOOKUP（lookup_value，table_array，col_index_num，range_lookup）

参数：lookup_value为需要在数据表第一列中查找的数值，它可以是数值、引用或文字串。table_array为需要在其中查找数据的数据表，可以使用对区域或区域名称的引用。col_index_num为table_array中待返回的匹配值的列序号。col_index_num为1时，返回table_array第一列中的数值；col_index_num为2，返回table_array第二列中的数值，以此类推。range_lookup为一逻辑值，指明函数VLOOKUP返回时是精确匹配还是近似匹配。如果为TRUE或省略，则返回近似匹配值，也就是说，如果找不到精确匹配值，则返回小于lookup_value的最大数值；如果range_value为FALSE，函数VLOOKUP将返回精确匹配值。如果找不到，则返回错误值#N/A。

实例：如果A1=23、A2=45、A3=50、A4=65，则公式“=VLOOKUP（50，A1:A4，1，TRUE)”返回50。

第三章 资料的统计描述

资料的统计描述是用适当的统计图、统计表和统计指标来描述资料的分布规律及其数量特征，其目的是用直观、简单的形式揭示数据的内在信息。因此常作如下分析：

(1) 将原始资料转换为频数表资料并绘制频数分布图。

(2) 计算下列统计指标：均数 ($\overline{X}$)、标准差 (S)、例数 (n)、最大值 (X_{max})、最小值 (X_{min})、极差 (R)、中位数 (M)、几何均数 (G)、偏度系数 (g_1)、峰度系数 (g_2)、偏度系数 u 界值 (u_{g_1})、峰度系数 u 界值 (u_{g_2})、正态检验 D 值、变异系数 (CV)、$P_{2.5}$、P_{25}、P_{75}、$P_{97.5}$、95% 的可信区间 (95% C. I. $_L$ ~95% C. I. $_U$)。

(3) 绘制统计表、统计图。

第一节 应用原始资料制作频数分布表、频数分布图

资料根据是否分组统计各组例数，可分为原始资料和频数表资料。

原始资料是直接按观察对象的变量值或指标值逐一记录的数据，没有进行分组统计，它是数据库的基本资料。

频数表资料将研究对象的变量值或指标值出现的次数（即频数）与所对应的变量值编制而成频数分布表，进一步反映变量值与其频数间的关系以及观察资料的分布类型；根据频数表资料绘制的频数分布图，可以更直观、形象地反映资料分布特征。

一、实例

【例 3-1】某地 2012 年 100 名 5 岁女孩身高资料如下，依据资料制作频数分布表、绘制频数分布图。

110.9	112.3	103.9	95.1	115.0	118.5	116.6	112.9	105.2	108.1	124.8	106.8
107.5	109.6	113.5	118.7	114.4	108.7	115.3	119.1	109.3	101.4	107.3	115.0
119.6	105.7	108.1	100.6	102.1	116.3	114.7	113.9	108.7	105.7	119.1	109.1
108.1	113.2	109.1	102.7	115.5	107.9	105.5	99.5	114.9	108.3	106.0	105.8
99.1	107.9	99.6	101.0	112.7	114.6	107.4	112.7	120.0	111.0	114.7	103.1
110.5	118.2	109.4	108.8	114.5	105.1	110.6	116.5	102.8	109.0	106.2	108.8
104.2	117.0	118.2	103.8	110.4	112.8	110.7	112.9	111.3	108.8	115.2	111.0
104.8	104.8	109.3	112.1	103.5	121.4	118.4	106.7	103.4	113.0	111.9	105.0
105.5	110.4	109.1	108.6								

二、Excel 程序

1. 录入原始数据

设定在 Excel 工作表中原始数据的编号、原始值分别占据 B3、C3 单元格。编号的程序以及原始值的录入，见表 3-1。

表 3－1　数据编号与原始数据录入

	B	C
2	原始数据	
3	编号	原始值
4	=IF(C4<>"",1,"")	110.9
5	=IF(C5<>"",B4+1,"")	112.3
6	=IF(C6<>"",B5+1,"")	103.9
7	=IF(C7<>"",B6+1,"")	95.1
8	=IF(C8<>"",B7+1,"")	115.0
9	=IF(C9<>"",B8+1,"")	118.5
10	=IF(C10<>"",B9+1,"")	116.6
11	=IF(C11<>"",B10+1,"")	112.9
12	=IF(C12<>"",B11+1,"")	105.2
13	=IF(C13<>"",B12+1,"")	108.1
14	=IF(C14<>"",B13+1,"")	124.8
15	=IF(C15<>"",B14+1,"")	106.8
…	…	…

2. 频数分布表的编制

设定组段、组段高值、频数、频率（%）、累计频数、累计频率（%）分别占据 I3、J3、K3、L3、M3、N3 单元格，频数分布表的 Excel 程序，见表 3－2 和表 3－3。

表 3－2　频数分布表的 Excel 程序（1）

	I	J
3	组段	组段高值
4	（1）	（2）
5	=INT(MIN(C:C))&"～"	=INT(MIN(C:C))+INT((MAX(C:C)-MIN(C:C))/10+1)-0.0001
6	=INT(J5+1)&"～"	=J5+INT((MAX(C:C)-MIN(C:C))/10+1)-0.0001
7	=INT(J6+1)&"～"	=J6+INT((MAX(C:C)-MIN(C:C))/10+1)-0.0001
8	=INT(J7+1)&"～"	=J7+INT((MAX(C:C)-MIN(C:C))/10+1)-0.0001
9	=INT(J8+1)&"～"	=J8+INT((MAX(C:C)-MIN(C:C))/10+1)-0.0001
10	=INT(J9+1)&"～"	=J9+INT((MAX(C:C)-MIN(C:C))/10+1)-0.0001
11	=INT(J10+1)&"～"	=J10+INT((MAX(C:C)-MIN(C:C))/10+1)-0.0001
12	=INT(J11+1)&"～"	=J11+INT((MAX(C:C)-MIN(C:C))/10+1)-0.0001
13	=INT(J12+1)&"～"	=J12+INT((MAX(C:C)-MIN(C:C))/10+1)-0.0001
14	=INT(J13+1)&"及以上"	=J13+INT((MAX(C:C)-MIN(C:C))/10+1)-0.0001

表 3－3　频数分布表的 Excel 程序（2）

	K	L	M	N
3	频数	频率%	累计频数	累计频率%
4	（3）	（4）	（5）	（6）
5	=M5	=K5/M14*100	=FREQUENCY(C:C,J5:J14)	=M5/M14*100
6	=M6-M5	=K6/M14*100	=FREQUENCY(C:C,J6:J14)	=M6/M14*100
7	=M7-M6	=K7/M14*100	=FREQUENCY(C:C,J7:J14)	=M7/M14*100
8	=M8-M7	=K8/M14*100	=FREQUENCY(C:C,J8:J14)	=M8/M14*100
9	=M9-M8	=K9/M14*100	=FREQUENCY(C:C,J9:J14)	=M9/M14*100
10	=M10-M9	=K10/M14*100	=FREQUENCY(C:C,J10:J14)	=M10/M14*100
11	=M11-M10	=K11/M14*100	=FREQUENCY(C:C,J11:J14)	=M11/M14*100
12	=M12-M11	=K12/M14*100	=FREQUENCY(C:C,J12:J14)	=M12/M14*100
13	=M13-M12	=K13/M14*100	=FREQUENCY(C:C,J13:J14)	=M13/M14*100
14	=M14-M13	=K14/M14*100	=FREQUENCY(C:C,J14:J14）	=M14/M14*100

3. 频数分布图的制作

（1）点击“图表向导”中“图表类型”的“柱形图”，如图 3－1 所示。

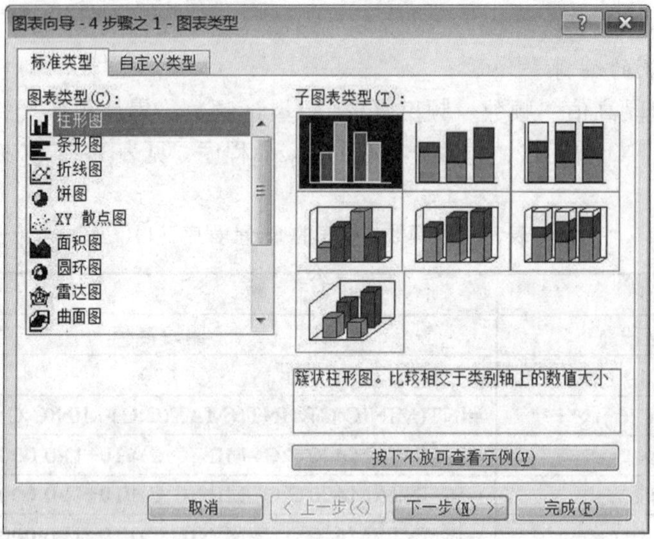

图 3－1　频数分布图的“图表向导”对话框

（2）图表区源数据的数据区域，如图 3－2 所示。

图 3－2　频数分布图的数据区域

（3）调整绘图区、图表区的相关设置（参见十七章），完成频数分布图的编制，如图3－3所示。

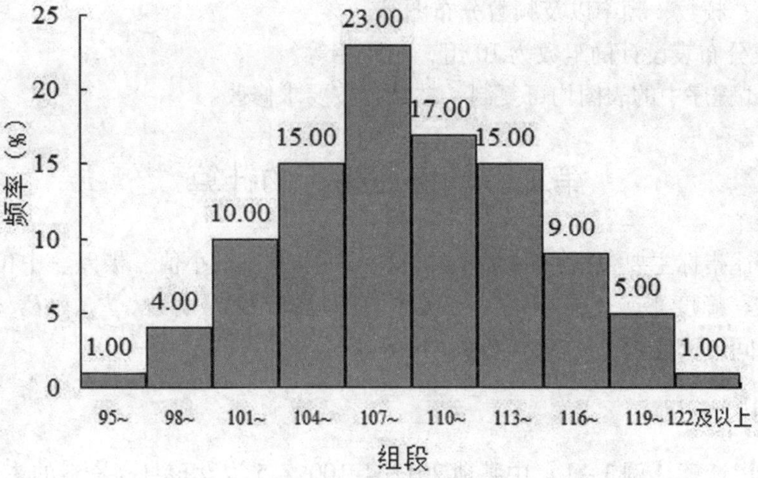

图3－3　频数分布图

三、显示结果

频数分布表、频数分布图的显示结果，见图3－4。

	B	C	E	I	J	K	L	M	N
1	统计描述与频数分布表图								
2	原始数据			频数分布表					
3	编号	原始值		组段	组段高值	频数	频率%	累计频数	累计频率%
4	1	110.9		（1）	（2）	（3）	（4）	（5）	（6）
5	2	112.3		95~	98.00	1	1.00	1	1.00
6	3	103.9		98~	101.00	4	4.00	5	5.00
7	4	95.1		101~	104.00	10	10.00	15	15.00
8	5	115.0		104~	107.00	15	15.00	30	30.00
9	6	118.5		107~	110.00	23	23.00	53	53.00
10	7	116.6		110~	113.00	17	17.00	70	70.00
11	8	112.9		113~	116.00	15	15.00	85	85.00
12	9	105.2		116~	119.00	9	9.00	94	94.00
13	10	108.1		119~	122.00	5	5.00	99	99.00
14	11	124.8		122及以上	125.00	1	1.00	100	100.00
15	12	106.8							
16	13	113.5							
17	14	109.6							
18	15	107.5							
19	16	118.7							
20	17	114.4							
21	18	108.7							
22	19	115.3							
23	20	119.1							

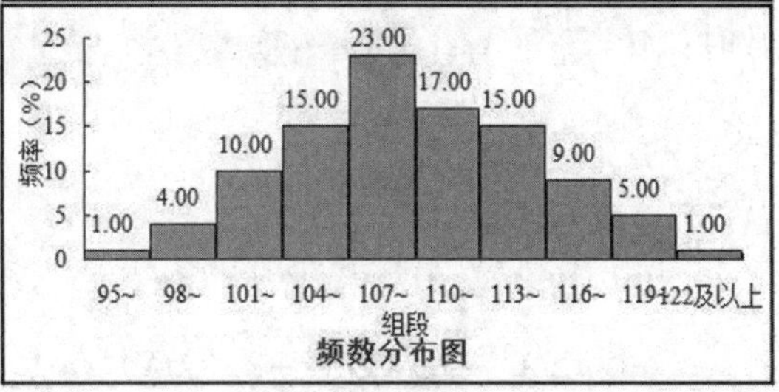

图3－4　Excel的频数分布表图

四、提示

（1）表中只需要输入原始值（C4 单元格及以下），其他按编制程序要求自动生成，包括编号、组段、频数、频率以及频数分布图等。

（2）频数分布表设计的组数为 10 组，组距相等。

（3）Excel 程序中的表图均可复制、粘贴，按要求修改。

第二节　描述指标的计算

资料的描述指标主要包括：均数、标准差、最大值、最小值、极差、中位数、几何均数、偏度系数、峰度系数、u_{g_1}、u_{g_2}、正态检验 D 值、变异系数、$P_{2.5}$、P_{25}、P_{75}、$P_{97.5}$、95% 的可信区间（95% C. I.$_L$ ~95% C. I.$_U$）等。

一、实例

【例 3－2】计算【例 3－1】中某地 2012 年 100 名 5 岁女孩身高资料的主要描述指标：均数、标准差、最大值、最小值、极差、中位数、几何均数、偏度系数、峰度系数、u_{g_1}、u_{g_2}、正态检验 D 值、变异系数、$P_{2.5}$、P_{25}、P_{75}、$P_{97.5}$、95% 可信区间。

二、公式

1. 均数

$$\overline{X}=\frac{\Sigma X}{n} \text{或} \overline{X}=\frac{\Sigma fX}{\Sigma f}$$

2. 标准差

$$s=\sqrt{\frac{\Sigma(X-\overline{X})^2}{n-1}} \text{或} s=\frac{\Sigma fX^2-\frac{(\Sigma fX)^2}{\Sigma f}}{\Sigma f-1}$$

3. 极差

$$R=|X_{\max}-X_{\min}|$$

4. 中位数

n 为奇数时：$M=X_{(\frac{n+1}{2})}$

n 为偶数时：$M=\frac{1}{2}(X_{(\frac{n}{2})}+X_{(\frac{n}{2}+1)})$

5. 几何均数

$$G=\lg^{-1}(\frac{\Sigma \lg X}{n}) \text{或} G=\lg^{-1}(\frac{\Sigma f\lg X}{\Sigma f})$$

6. 偏度系数

$$g_1=\frac{n\Sigma fX^3-3\Sigma fX\Sigma fX^2+2(\Sigma fX)^3/n}{(n-1)(n-2)\sqrt{\{[\Sigma fX^2-(\Sigma fX)^2/n]/(n-1)\}^3}}$$

7. 偏度系数的标准误

$$S_{g_1}=\sqrt{\frac{6n\ (n-1)}{(n-2)\ (n+1)\ (n+3)}}$$

8. 偏度检验的 u 值

$$u_{g_1}=\frac{g_1}{S_{g_1}}$$

9. 峰度系数

$$g_2=\frac{(n+1)[n\Sigma fX^4-4\Sigma fX\Sigma fX^3+6(\Sigma fX)^2\Sigma fX^2/n-3(\Sigma fX)^4/n^2]}{(n-1)(n-2)(n-3)\{[\Sigma fX^2-(\Sigma fX)^2/n]/(n-1)\}^2}-\frac{3(n-1)^2}{(n-2)(n-3)}$$

10. 峰度系数的标准误

$$S_{g_2}=\sqrt{\frac{24n\ (n-1)^2}{(n-3)\ (n-2)\ (n+3)\ (n+5)}}$$

11. 峰度检验的 u 值

$$u_{g_2}=\frac{g_2}{S_{g_2}}$$

12. 变异系数

$$CV=\frac{S}{X}\times 100\%$$

13. 百分位数

$$P_X=L_X+\frac{i_X}{f_X}\ (nX\%-\Sigma f_L)$$

P_X是一种位置指标，表示在不包含 P_X的全部变量值中有 $X\%$ 的变量值小于 P_X，$(100-X)\%$ 变量值大于 P_X，常见的有 $P_{2.5}$、P_{25}、P_{75}、$P_{97.5}$。

14. 总体均数 95% 可信区间上限值 95% C. I. $_L$、下限值 95% C. I. $_U$

95% C. I. $_L=\mu-t_{0.05(v)}S/\sqrt{n}$；$95\%$ C. I. $_u=\mu+t_{0.05(v)}S/\sqrt{n}$

三、Excel 程序

1. 录入原始数据

同表 3－1。

2. 编制描述指标的计算程序

设定均数、标准差、例数、最大值、最小值、极差、中位数、几何均数、偏度系数、峰度系数、u_{g_1}、u_{g_2}正态检验、变异系数、$P_{2.5}$、P_{25}、P_{75}、$P_{97.5}$、95% C. I. $_L$、95% C. I. $_U$分别占据 F4～F23 单元格，相应各指标的 Excel 计算程序见表 3－4。

其中 D 列对原始值求对数值，即“＝IF（C<>“”，LOG（ABS（C）），“”）”，为了简洁，程序予以隐藏。

表 3－4　描述指标计算的 Excel 程序

	F	G
2		统计描述
3	计算指标	计算结果
4	均数=	=AVERAGE(C:C)
5	标准差=	=STDEV(C:C)
6	例数=	=COUNT(C:C)
7	最大值=	=MAX(C:C)
8	最小值=	=MIN(C:C)
9	极差=	=MAX(C:C)-MIN(C:C)
10	中位数=	=QUARTILE(C:C,2)
11	几何均数=	=10^AVERAGE (D: D)
12	偏度系数=	=SKEW(C:C)
13	峰度系数=	=KURT(C:C)
14	u_{g1}=	=ABS(G12/SQRT(6*G6*(G6-1)/((G6-2)*(G6+1)*(G6+3))))
15	u_{g2}=	=ABS(G13/SQRT(24*G6*(G6-1)^2/((G6-3)*(G6-2)*(G6+3)*(G6+5))))
16	正态检验:	=IF(AND(G14<1.96,G15<1.96),"服从正态分布","不服从正态分布")
17	变异系数=	=G5/G4
18	$P_{2.5}$=	=PERCENTILE(C:C,0.025)
19	P_{25}=	=PERCENTILE(C:C,0.25)
20	P_{75}=	=PERCENTILE(C:C,0.75)
21	P_{975}=	=PERCENTILE(C:C,0.975)
22	95%C.I.$_L$=	=G4-TINV(0.05,G6-1)*G5/G6^0.5
23	95%C.I.$_U$=	=G4+TINV(0.05,G6-1)*G5/G6^0.5

四、结果显示

数据描述指标的计算结果，见图 3－5。

	B	C	E	F	G
1	统计描述与频数分布表图				
2	原始数据			统计描述	
3	编号	原始值		计算指标	计算结果
4	1	110.9		均数=	109.98
5	2	112.3		标准差=	5.64
6	3	103.9		例数=	100.00
7	4	95.1		最大值=	124.80
8	5	115.0		最小值=	95.10
9	6	118.5		极差=	29.70
10	7	116.6		中位数=	109.30
11	8	112.9		几何均数=	109.84
12	9	105.2		偏度系数=	0.04
13	10	108.1		峰度系数=	-0.23
14	11	124.8		u_{g_1}=	0.18
15	12	106.8		u_{g_2}=	0.48
16	13	113.5		正态检验:	服从正态分布
17	14	109.6		变异系数=	0.05
18	15	107.5		$P_{2.5}$=	99.55
19	16	118.7		P_{25}=	105.78
20	17	114.4		P_{75}=	114.43
21	18	108.7		$P_{97.5}$=	119.81
22	19	115.3		95%C.I.$_L$=	108.87
23	20	119.1		95%C.I.$_U$=	111.10

图 3－5　Excel 统计描述的计算结果

【例3-2】的计算结果为：均数 $\overline{X} = 109.98$；标准差 $S = 5.64$；例数 $n = 100$；最大值 $X_{max} = 124.80$；最小值 $X_{min} = 95.10$；极差 $R = 29.70$；中位数 $M = 109.30$；几何均数 $G = 109.84$；偏度系数 $g_1 = 0.04$；峰度系数 $g_2 = -0.23$；$u_{g_1} = 0.18$；$u_{g_2} = 0.48$；正态检验：服从正态分布；$CV = 0.05$；$P_{2.5} = 99.55$；$P_{25} = 105.78$；$P_{75} = 114.43$；$P_{97.5} = 119.81$；95% $C.I._L = 108.87$；95% $C.I._U = 111.10$。

五、提示

（1）原始数据（即C4单元格及以下）是输入的数据，可以录入也可以粘贴；右边是相应的计算结果。

（2）程序中隐藏D列，该列为原始数据的对数值，即“=IF(C<>“”，LOG(ABS(C))，“”)”。

（3）必要时，通过下拉方法补充数据编号。

第四章　t 检验

t 检验（t - test / Student's - test）是一种对计量资料进行假设检验的方法，主要包括总体均数与样本均数的比较、配对资料样本均数的比较和两个独立样本均数的比较等。应用 t 检验，原则上要求检验样本具有随机性、正态性和方差齐同性，不符合条件则不宜应用 t 检验，而用 t'检验或秩和检验等。

第一节　总体均数与样本均数的比较

总体均数与样本均数比较，又称为单样本 t 检验，目的是推断样本所代表的未知总体均数与已知总体均数（一般指大量观测所得到的稳定值或理论值）是否相同。

一、实例

【例 4-1】已知某地婴儿出生体重均数 μ 为 3.30kg，今测得 35 名难产儿的平均出生体重 $\bar{X}$ 为 3.42kg，标准差 S 为 0.40kg，问该地难产儿出生体重是否不同于一般婴儿出生体重？

二、公式

总体均数与样本均数比较的统计量 t 计算公式为：

$$t=\frac{\bar{X}-\mu}{S/\sqrt{n}},\ v=n-1$$

式中，$\bar{X}$：样本均数，μ：总体均数，S：样本标准差，n：样本例数。

三、编程

1. 录入数据

在总体均数与样本均数比较 t 检验的程序中，B5 ~ E5 单元格依次录入 3.30（总体均数 μ）、3.42（样本均数 $\bar{X}$）、0.40（样本标准差 S）和 35（样本例数 n），F5 选择“0.05”（检验水准选项），G5 选择“双侧”（单侧或双侧检验选项），见图 4-1。

	B	C	D	E	F	G
2	总体均数与样本均数比较的 t 检验					
3	总体	样　本			检验水准	单双侧
4	μ	$\bar{X}$	S	n		
5	3.30	3.42	0.40	35	0.05	双侧

图 4-1　总体均数与样本均数比较 Excel 程序的数据录入

2. 编写程序

统计量 t 值、P 值以及给出参考建议的 Excel 程序，见表 4－1。

表 4－1　总体均数与样本均数比较的 Excel 程序

	B	…	H	I
3		…	***t***	***P***
4				
5		…	=IF(B5="","",ABS(C5-B5)/(D5/SQRT(E5)))	=IF(H5="","",IF(G5="单侧",TDIST(ABS(H5),E5-1,1),TDIST(ABS(H5),E5-1,2)))
6	=IF(I5="","",IF(I5>F5,"参考结论：在 a="&F5&"水平,差异无统计学意义","参考结论：在 a="&F5&"水平,差异具有统计学意义"))			

四、结果显示

图 4－2 结果显示，t 值为 1.7748，P 值为 0.0849 > 0.05，参考建议：在 $\alpha = 0.05$ 的水平上，差异无统计学意义。据此不能认为该地难产儿出生体重与一般婴儿不同。

	B	C	D	E	F	G	H	I
2	**总体均数与样本均数比较的 *t* 检验**							
3	**总体**	**样　本**			检验水准	单双侧	***t***	***P***
4	μ	$\overline{X}$	S	n				
5	3.30	3.42	0.40	35	**0.05**	双侧	**1.7748**	**0.0849**
6	**参考结论：在α=0.05水平,差异无统计学意义**							

图 4－2　总体均数与样本均数比较 Excel 程序的计算结果

第二节　配对样本的均数比较

配对设计的资料包括同一受试对象处理前后或不同部位的测量资料；同一样品采用两种不同方法处理的资料；成对设计中每个对子的两个受试对象分别接受不同处理的资料，按总体均数与样本均数比较 t 检验的 Excel 程序操作。

不同之处在于总体均数为 0，样本均数、标准差和例数为相应配对样本差值的均数、差值的标准差和差值的个数或对子数。

一、实例

【例 4－2】为判断简便法和常规法测定尿铅含量的结果是否有差别，对 9 份人尿同时用两种方法进行测定，结果如表 4－2 所示，问两种方法的测定结果是否不同？

表 4-2　两种方法测定 9 份尿铅含量的结果

样品号	尿铅含量（μmol/L）		
	简便法	常规法	差值（d）
1	2.92	3.12	-0.20
2	2.45	2.71	-0.26
3	3.23	3.43	-0.20
4	3.66	3.23	0.43
5	4.50	4.66	-0.16
6	5.16	4.82	0.34
7	2.36	2.93	-0.57
8	5.54	5.03	0.51
9	0.78	1.22	-0.44
合计	—	—	-0.55

二、公式

检验统计量 t 的计算公式为：

$$t=\frac{|\bar{d}-0|}{S_{\bar{d}}}=\frac{|\bar{d}|}{S_d/\sqrt{n}},\ v=n-1$$

式中，$\bar{d}$：差值的均数，$S_{\bar{d}}$：差值均数的标准误，S_d：差值的标准差，n：对子数。

三、Excel 程序

配对 t 检验的 Excel 程序按总体均数与样本均数比较 t 检验的程序操作。此时，总体均数 $\mu=\mu_d=0$。

按第 3 章介绍的统计描述 Excel 程序录入差值 d（原始值），求得配对资料差值的均数 $\bar{d}=-0.06$、标准差 $S_d=0.39$、对子数 $n=9$；在 t 检验程序 B5 ~ E5 单元格中依次输入 0、0.06、0.39 和 9，F5 单元格选择“0.05”（检验水准选项），G5 单元格选择“双侧”（单双侧选项），见图 4-3。

	B	C	D	E	F	G
2	**总体均数与样本均数比较的t检验**					
3	总体	样　本			检验水准	单双侧
4	μ	$\bar{X}$	S	n		
5	0.00	-0.06	0.39	9	0.05	双侧

图 4-3　配对 t 检验 Excel 程序的数据录入

四、结果显示

图4－4结果显示，t 值为0.4615，P 值为0.6567＞0.05，参考建议：在 $\alpha=0.05$ 的水平上，差异无统计学意义。据此认为两种方法测定结果相同。

	B	C	D	E	F	G	H	I
2	**总体均数与样本均数比较的*t*检验**							
3	**总体**	**样　本**			检验水准	单双侧	***t***	***P***
4	μ	$\bar{X}$	S	n				
5	0.00	-0.06	0.39	9	0.05	双侧	**0.4615**	**0.6567**
6	**参考结论：在α=0.05水平,差异无统计学意义**							

图4－4　配对样本 *t* 检验 Excel 程序的计算结果

第三节　两个样本均数的比较

通过随机抽样或随机分组可得到两个平行的随机样本。两个样本均数的比较是推断它们分别所代表总体的总体均数 μ_1，μ_2 的大小差异。

一、实例

【例4－3】某医院口腔科测得某地的13～16岁居民男性27人在恒牙初期腭弓深度均值为17.22mm，标准差为1.56mm；女性36人的均值为16.94mm，标准差为1.43mm。由此能否认为该地13～16岁居民的腭弓深度男性高于女性？

二、公式

1．两个样本均数比较的检验统计量的计算公式

$$t=\frac{\bar{X}_1-\bar{X}_2}{S_{\bar{X}_1-\bar{X}_2}},\ v=n_2+n_2-2$$

式中 $S_{\bar{X}_1-\bar{X}_2}=\sqrt{S_c^2\left(\frac{1}{n_1}+\frac{1}{n_2}\right)}$，

$$S_c^2=\frac{(n_1-1)\ {S_1}^2+(n_2-1)\ S_2^2}{n_1+n_2-2}=\frac{\Sigma X_1^2-(\Sigma X_1)^2/n_1+\Sigma X_2^2-(\Sigma X_2)^2/n_2}{n_1+n_2-2}$$

$S_{\bar{X}_1-\bar{X}_2}$：两样本均数差值的标准误，S_c^2：合并方差。

2．两样本均数比较的方差齐性检验和 t' 检验公式

$$F=\frac{S_1^2\ (较大)}{S_2^2\ (较小)},\ v_1=n_1-1,\ v_1=n_2-1$$

$$t' = \frac{\overline{X}_1 - \overline{X}_2}{\sqrt{\dfrac{S_1^2}{n_1} + \dfrac{S_2^2}{n_2}}},\ v = \frac{\left(\dfrac{S_1^2}{n_1} + \dfrac{S_2^2}{n_2}\right)^2}{\dfrac{\left(\dfrac{S_1^2}{n_1}\right)^2}{n_1 - 1} + \dfrac{\left(\dfrac{S_2^2}{n_2}\right)^2}{n_2 - 1}}$$

三、Excel 程序

1. 录入数据

在两样本均数比较的 t 检验的程序 C11 ~ E12 单元格中分别对应录入两样本组的样本均数、样本标准差和样本例数各数据，F5 单元格选择“0.05”（检验水准选项），G5 单元格选择“单侧”（单双侧选项），见图 4－5。

	B	C	D	E	F	G
9	**两样本均数比较的*t*检验**					
10	**组　别**	$\overline{X}$	S	n	检验水准	单双侧
11	**样本组A**	17.22	1.56	27	0.05	单侧
12	**样本组B**	16.94	1.43	36		

图 4－5　两样本均数比较 t 检验 Excel 程序的数据录入

2. 编制程序

统计量 t 值、P 值，方差齐性检验以及作出参考结论的 Excel 程序，见表 4－3 和表 4－4。

表 4－3　两样本 t 检验的 Excel 程序（1）

	H	I
10	***t***	***P***
11 12	=IF((MAX(D11:D12)/MIN(D11:D12))^2<G13, ABS((C12-C11)/SQRT(((E11-1)*D11^2+(E12-1)*D12^2)/(E11+E12-2)*(1/E11+1/E12))),ABS((C12-C11)/SQRT(D11^2/E11+D12^2/E12)))	=IF((MAX(E11:E12)/MIN(E11:E12))^2<G13,TDIST(H11,E11+E12-2,IF(G11=" 单侧 ",2,1)), TDIST(H11,(D11^2/E11+D12^2/E12)^2/((D11^2/E11)^2/(E11-1)+(D12^2/E12)^2/(E12-1)),IF(G11="单侧",2,1)))

表 4－4　两样本 t 检验的 Excel 程序（2）

	B	C	D	E	F	G	H	I
13				="F="&(ROUND((MAX(D11:D12)^2/MIN(D11:D12)^2),2))	F界值=	=ROUND(FINV(C13/(IF(D13=" 单侧",2,1)),IF(D11>D12,E11-1,E12-1),IF(D11>D12,E12-1,E11-1)),4)	=IF((MAX(D11:D12)/MIN(D11:D12))^2<G13,"结论：方差齐","结论：方差不齐")	
14	=IF(I11="","",IF(I11>F11,"参考"&H13&",在a="&F11&"水平,"&H10&"检验差异无统计学意义","参考"&H13&",在a="&F11&"水平,"&H10&"检验差异具有统计学意义"))							

四、结果显示

图4-6结果显示：t 值为0.7397，P 值为0.2312 > 0.05，单侧，参考结论：在 α = 0.05的水平，差异无统计学意义。据此不能认为该地13~16岁男性居民的腭弓深度高于女性。

	B	C	D	E	F	G	H	I
9	**两样本均数比较的*t*检验**							
10	**组 别**	$\overline{X}$	*S*	***n***	检验水准	单双侧	***t***	***P***
11	**样本组A**	17.22	1.56	27	**0.05**	单侧	**0.7397**	**0.2312**
12	**样本组B**	16.94	1.43	36				
13	齐性检验:	0.05	双侧	F=1.19	$F_{界值}$=	2.0378	结论：方差齐	
14	**参考结论：方差齐,在α=0.05水平,*t*检验差异无统计学意义**							

图4-6 两样本均数比较 *t* 检验 Excel 程序的计算结果

第五章　方差分析

方差分析（analysis of variance，ANOVA）适用于两个或两个以上样本均数的比较，要求各随机样本相互独立且来自的总体呈正态、方差齐，即独立、随机、正态、方差齐。根据实验设计的不同，可分为完全随机设计的方差分析、随机区组设计的方差分析、析因设计资料的方差分析、重复测量设计资料的方差分析和协方差分析等。

第一节　完全随机设计的方差分析

完全随机设计是采用完全随机化的分组方法，将全部实验对象分配到 g 个处理组，各组分别接受不同的处理，比较各处理组均数之间的统计学差异。

一、实例

【例 5－1】为评价一种降糖新药的疗效，以统一的纳入和排除标准选择了 55 名Ⅱ型糖尿病患者，并完全随机地分为 3 组进行双盲试验。其中，新药高剂量组 19 人、低剂量组 18 人、对照组 18 人。对照组服用公认的降糖药物，治疗 4 周后测得其餐后 2 小时的血糖下降值（mmol/L），结果如表 5－1 所示。问治疗 4 周后，3 组的餐后 2 小时血糖下降值总体水平是否不同？

表 5－1　3 组Ⅱ型糖尿病患者治疗 4 周后餐后 2 小时血糖的下降值（mmol/L）

高剂量组（$i=1$）	低剂量组（$i=2$）	对照组（$i=3$）
11.8	12.6	1.1
15.5	9.8	2.2
8.0	12.7	3.9
5.8	6.3	3.0
3.5	－0.1	6.4
5.0	－1.8	1.6
9.2	4.1	3.9
8.7	12.8	7.0
6.0	5.7	0.9
9.5	－0.6	12.4
5.6	2.0	2.7
16.3	5.6	7.8
11.8	7.0	6.9
14.6	7.9	1.5
4.9	4.3	9.4
8.1	6.4	3.8
3.8	7.0	7.5
6.1	5.4	8.4
13.2		

二、公式

1. 方差齐性分析

方差分析的独立性、随机性可根据实验设计、实验过程进行判断，正态性需要作正态性检验（前述），等方差进行 Bartlett 方差齐性检验。公式如下：

$$\chi^2 = \frac{\sum_i \left[(n_i - 1) \ \ln \frac{S_c^2}{S_i^2} \right]}{1 + \frac{\sum_i (n_i - 1)^{-1} - (N-k)^{-1}}{3(k-1)}}, \ v = k - 1$$

$S_c^2 = SS_{组内}$ （或 $= SS_{误差}$）

2. 计算方差分析各统计量

（1）总离均差平方和（$SS_{总}$）：

$$SS_{总} = \sum_i \sum_j (X_{ij} - \overline{X})^2$$

（2）组内离均差平方和（$SS_{组内}$）：

$$SS_{组内} = \sum_i \sum_j (X_{ij} - \overline{X}_i)^2, \ v_{组内} = N - k$$

（3）组内均方（MS 组内）：

$$MS_{组内} = SS_{组内} / v_{组内}$$

（4）组间离均差平方和（$SS_{组间}$）：

$$SS_{组间} = \sum_i n_i (\overline{X}_i - \overline{X})^2, \ v_{组间} = k - 1$$

（5）组间均方（$MS_{组间}$）：

$$MS_{组间} = SS_{组间} / v_{组间}$$

（6）组间与组内均方的比值：

$$F = MS_{组间} / MS_{组内}$$

完全随机设计的方差分析方法可将总变异分解成组间变异和组内变异，并列方差分析表，见表 5－2。

表 5－2　完全随机设计方差分析的计算公式表

变异来源	离均差平方和 SS	自由度 v	均方 MS	F	P
总变异	$\sum_i \sum_j X_{ij}^2 - c$	$N-1$			
组间变异	$\sum_i \frac{(\sum_j X_{ij})^2}{n_i} - c$	$k-1$	$SS_{组间}/v_{组间}$	$MS_{组间}/MS_{组内}$	
组内变异	$SS_{总} - SS_{组间}$	$N-k$	$SS_{组内}/v_{组内}$		

注：$c = \frac{(\sum_i \sum_j X_{ij})^2}{N}$。

3. 两两比较的 q 检验（Student－Newman－Keuls 法）

两两比较的方法有若干种，较常用的是 q 检验（Student－Newman－Keuls 法）。

q 检验的计算公式为：

$$q = \frac{|\overline{X}_A - \overline{X}_B|}{S_{\overline{X}_A - \overline{X}_B}}, \quad v = v_{误差}$$

式中 $S_{\overline{X}_A - \overline{X}_B} = \sqrt{\frac{MS_{误差}}{2}\left(\frac{1}{n_A} + \frac{1}{n_B}\right)}$

$|\overline{X}_A - \overline{X}_B|$ 为任何两个对比组均数差值的绝对值，$S_{\overline{X}_A - \overline{X}_B}$ 为均数差值的标准误差，$MS_{误差}$ 为单因素方差分析中的组内均方 $MS_{组内}$。

三、Excel 程序

（1）输入数据：本例高剂量组、低剂量组、对照组分别为 A、B、C 组，按前述方法计算各比较组的均数、标准差和例数，录入数据见表 5－3。

表 5－3　完全随机设计方差分析数据的录入

	B	C	D	E	…	J
2		完全随机设计的方差分析				
3	**组别**	=IF(C4<>"","A 组","")	=IF(D4<>"","B 组","")	=IF(E4<>"","C 组","")	…	=IF(J4<>"","H 组","")
4	均数	8.81	5.95	5.02	…	
5	标准差	4.02	4.34	3.31	…	
6	例数	19	18	18	…	

（2）根据均数的大小，由高到低顺序排列各对比组，包括均数、标准差、例数以及所计算的 $\sum X$、$\sum X^2$、n、$\overline{X}$，最后计算 c 值。编写程序见表 5－4。

表 5－4　完全随机设计方差分析程序（1）

	B	C	D	…	J
8	**组别**	=IF(C4<>"",INDEX(C3:J3,MATCH(LARGE(C4:J4,1),C4:J4,0)),"")	=IF(D4<>"",INDEX(C3:J3,MATCH(LARGE(C9:J9,2),C4:J4,0)),"")	…	=IF(J4<>"",INDEX(C3:J3,MATCH(LARGE(C9:J9,8),C4:J4,0)),"")
9	均数	=IF(C4<>"",LARGE(C4:J4,1),"")	=IF(D4<>"",LARGE(C4:J4,2),"")	…	=IF(J4<>"",LARGE(C4:J4,8),"")
10	标准差	=IF(C4<>"",INDEX(C5:J5,MATCH(LARGE(C4:J4,1),C4:J4,0)),"")	=IF(D4<>"",INDEX(C5:J5,MATCH(LARGE(C4:J4,2),C4:J4,0)),"")	…	=IF(J4<>"",INDEX(C5:J5,MATCH(LARGE(C4:J4,8),C4:J4,0)),"")
11	例数	=IF(C4<>"",INDEX(C6:J6,MATCH(LARGE(C4:J4,1),C4:J4,0)),"")	=IF(D4<>"",INDEX(C6:J6,MATCH(LARGE(C4:J4,2),C4:J4,0)),"")	…	=IF(J4<>"",INDEX(C6:J6,MATCH(LARGE(C4:J4,8),C4:J4,0)),"")
12	$\sum X_i$=	=IF(C4="","",C11*C9)	=IF(D4="","",D11*D9)	…	=IF(J4="","",J11*J9)
13	$\sum X_i^2$=	=IF(C4="","",(C11-1)*C10^2+C12^2/C11)	=IF(D4="","",(D11-1)*D10^2+D12^2/D11)	…	=IF(J4="","",(J11-1)*J10^2+J12^2/J11)
14	$(\sum X_i)^2/n_i$=	=IF(C4="","",C12^2/C11)	=IF(D4="","",D12^2/D11)	…	=IF(J4="","",J12^2/J11)
15	$(n_i-1)S_i^2$=	=IF(C4="","",(C11-1)*C10^2)	=IF(D4="","",(D11-1)*D10^2)	…	=IF(J4="","",(J11-1)*J10^2)
16	$(n_i-1)\ln(S_C/S_i)^2$=	=IF(C4="","",(C11-1)*LN(E31/C10^2))	=IF(D4="","",(D11-1)*LN(E31/D10^2))	…	=IF(J4="","",(J11-1)*LN(E31/J10)^2))
17	$1/(n_i-1)$=	=IF(C4="","",1/(C11-1))	=IF(D4="","",1/(D11-1))	…	=IF(J4="","",1/(J11-1))
18	$\sum X$=	=IF(C4="","",SUM(C12:J12))			
19	$\sum X^2$ =	=IF(C4="","",SUM(C13:J13))			
20	n =	=IF(C4="","",SUM(C11:J11))			
21	$\overline{\chi}$ =	=IF(C4="","",C18/C20)			

（3）Bartlett 方差齐性检验编写程序，见表 5－5。

表 5－5　Bartlett 方差齐性检验程序

	B	C	D	E	F	G	H
24				***MS* 误差**	**χ²—值**	***P***	**结论**
25	**Bartlett 方差齐性检验程序**			=SUM(C15:J15)/D31	=SUM(C16:J16)/(1+(SUM(C17:J17)-1/(C20-COUNT(C4:J4)))/(3*(COUNT(C4:J4)-1)))	=CHIDIST(F25,D30)	=IF(G25<0.05,"方差不齐！","方差齐")

（4）*SS*、自由度 ν、均方 *MS* 以及 *F* 值、*P* 值，给出相应的判断结论，见表 5－6。

表 5－6　完全随机设计方差分析程序（2）

	B	C	D	E	F	G	H
27	**方差分析结果：**						
28	**变异来源**	***SS***	***v***	***MS***	***F*-值**	***P***	**结论**
29	总变异	=C19-C22	=C20-1		=E30/E31	=FDIST(F29,D30,D31)	=IF(G29<0.05,"均数不全等","各均数相等")
30	组间	=SUM(C14:J14)-C22	=COUNT(C9:J9)-1	=C30/D30			
31	组内(误差)	=SUM(C15:J15)	=C20-COUNT(C9:J9)	=C31/D31			

（5）*q* 检验（Student－Newman－Keuls 法）：各对比组进行两两比较，给出结论，见表 5－7 和表 5－8。

表 5－7　完全随机设计方差分析程序（3）

	B	C	D	E
33	**Student-Newman-Keuls法两两比较：**			
34	**比较组**	**差值*d***	**组数*a***	***q***
35	=IF(D30<2,"",C8&"~"&E8)	=IF(B35="","",C9-E9)	=IF(B35="","",COUNT(C9:E9))	=IF(B35="","",C35/SQRT((E31/2)*(1/C11+1/E11)))
36	=IF(D30<2,"",C8&"~"&D8)	=IF(B36="","",C9-D9)	=IF(B36="","",COUNT(C9:D9))	=IF(B36="","",C36/SQRT((E31/2)*(1/C11+1/D11)))
37	=IF(D30<2,"",D8&"~"&E8)	=IF(B37="","",D9-E9)	=IF(B37="","",COUNT(D9:E9))	=IF(B37="","",C37/SQRT((E31/2)*(1/D11+1/E11)))
…	…	…	…	…

表 5-8　完全随机设计方差分析程序（4）

	F	G	H
34	*q*-界值	***P***	**结论**
35	=IF(D30=7,IF(D31>=30,N24,IF(D31>=10,N23,N22)),IF(D30=6,IF(D31>=30,N28,IF(D31>=10,N27,N26)),IF(D30=5,IF(D31>=30,N32,IF(D31>=10,N31,N30)),IF(D30=4,IF(D31>=30,N36,IF(D31>=10,N35,N34)),IF(D30=3,IF(D31>=30,N40,IF(D31>=10,N39,N38)),IF(D30=2,IF(D31>=30,N44,IF(D31>=10,N43,N42)),""))))))	=IF(B35="","",IF(E35>F35,"<0.05",">0.05"))	=IF(B35="","",IF(E35>F35,C8&"、"&E8&"均数不等",C8&"、"&E8&"均数相等"))
36	=IF(D30=7,IF(D31>=30,M24,IF(D31>=10,M23,M22)),IF(D30=6,IF(D31>=30,M28,IF(D31>=10,M27,M26)),IF(D30=5,IF(D31>=30,M32,IF(D31>=10,M31,M30)),IF(D30=4,IF(D31>=30,M36,IF(D31>=10,M35,M34)),IF(D30=3,IF(D31>=30,M40,IF(D31>=10,M39,M38)),IF(D30=2,IF(D31>=30,M44,IF(D31>=10,M43,M42)),""))))))	=IF(B36="","",IF(E36>F36,"<0.05",">0.05"))	=IF(B36="","",IF(E36>F36,C8&"、"&D8&"均数不等",C8&"、"&D8&"均数相等"))
37	=IF(D30=7,IF(D31>=30,M24,IF(D31>=10,M23,M22)),IF(D30=6,IF(D31>=30,M28,IF(D31>=10,M27,M26)),IF(D30=5,IF(D31>=30,M32,IF(D31>=10,M31,M30)),IF(D30=4,IF(D31>=30,M36,IF(D31>=10,M35,M34)),IF(D30=3,IF(D31>=30,M40,IF(D31>=10,M39,M38)),IF(D30=2,IF(D31>=30,M44,IF(D31>=10,M43,M42)),""))))))	=IF(B37="","",IF(E37>F37,"<0.05",">0.05"))	=IF(B37="","",IF(E37>F37,D8&"、"&D8&"均数不等",D8&"、"&E8&"均数相等"))
…	…	…	…

四、结果显示

方差分析结果见图 5-1 和图 5-2。

	B	C	D	E
2	**完全随机设计的方差分析**			
3	**组别**	**A组**	**B组**	**C组**
4	均数	8.81	5.95	5.02
5	标准差	4.02	4.34	3.31
6	例数	19	18	18
7				
8	**组别**	**A组**	**B组**	**C组**
9	均数	8.81	5.95	5.02
10	标准差	4.02	4.34	3.31
11	例数	19	18	18
12	$\sum X_i$=	167.39	107.10	90.36
13	$\sum X_i^2$=	1765.59	957.45	639.86
14	$(\sum X_i)^2/n_i$=	1474.71	637.25	453.61
15	$(n_i-1)S_i^2$=	290.89	320.21	186.25
16	1)$\ln(S_C/S_i)^2$=	-0.95	-3.50	5.71
17	$1/(n_i-1)$=	0.06	0.06	0.06
18	$\sum X$=	364.85		
19	$\sum X^2$=	3362.90		
20	n =	55		
21	$\bar{X}$ =	6.63		
22	C =	2420.28		

图 5-1　完全随机设计方差分析结果（1）

	B	C	D	E	F	G	H	I
2	完全随机设计的方差分析							
24	Bartlett方差齐性检验:			*MS*误差	χ^2-值	*P*	结论	
25				15.33	1.24	0.538	方差齐	
26								
27	方差分析结果:							
28	变异来源	*SS*	*v*	*MS*	*F*-值	*P*	结论	
29	总变异	942.62	54					
30	组间	145.28	2	72.64	4.74	0.013	均数不全等	
31	组内(误差)	797.35	52	15.33				
32								
33	Student-Newman-Keuls法两两比较:							
34	比较组	差值*d*	组数*a*	*q*	*q*-界值	*P*	结论	
35	A组~C组	3.79	3	4.16	3.44	<0.05	A组、C组均数不等	
36	A组~B组	2.86	2	3.14	2.86	<0.05	A组、B组均数不等	
37	B组~C组	0.93	2	1.01	2.86	>0.05	B组、C组均数相等	

图 5-2　完全随机方差分析结果（2）

Bartlett 方差齐性检验结果：$\chi^2 = 1.24$，$P = 0.538 > 0.05$，各组方差齐；方差分析结果：$F = 4.74$，$P = 0.013 < 0.05$，各组不等或不全相等；q 检验结果：A 组（高剂量组）与 B 组（低剂量组）、C 组（对照组）之间存在统计学差异，其余各组间未见统计学差异。

五、提示

（1）本例只是对 3 组均数比较的方差分析作了文字描述。在 Excel 程序中给出了 8 组完全随机设计的方差分析，实际应用中可以依据比较的组数加以选用，限于篇幅未作全部介绍。

（2）如果各组给出的是原始数据，可按统计描述的方法分别计算各组的均数、标准差以及例数，然后录入。注意，各组均数应有大小之别。

（3）Excel 程序中 SNK 法的 q-界值表在 L2: S20 区域给出，为了美观进行了隐藏。

第二节　随机区组设计的方差分析

随机区组设计（randomized block design）又称配伍组设计，是将处理因素分为 k 个水平（处理组），根据非处理因素将实验单位配成 b 个区组，每一区组中 k 个观察单位随机分配到各处理组的设计方法。

一、实例

【例 5-2】为研究不同卡环对牙齿的固定效果，以 10 颗取自新鲜尸体的牙齿为观察单位。每颗牙齿分别采用普通卡环、RPI 卡环和 Y 型卡环进行固定，测试卡环抗拉强度，结果见表 5－9。试分析 3 种卡环的固定效果有无差异。

表 5－9　不同卡环的抗拉强度（牛顿）

牙齿编号	普通卡环	RPI 卡环	Y 型卡环
1	4.3	6.4	5.0
2	10.2	9.7	8.1
3	6.5	7.7	6.7
4	9.2	10.9	7.8
4	5.7	7.1	6.0
6	7.1	8.9	6.7
7	4.4	5.6	4.2
8	11.3	13.0	10.9
9	8.7	10.6	8.4
10	7.3	8.2	7.5

二、公式

区组设计方差分析的总变异分解为处理组间（组间）变异、区组间变异和误差变异，即 $SS_{总} = SS_{处理组} + SS_{区组} + SS_{误差}$，自由度划分为 $v_{总} = v_{处理组} + v_{区组} + v_{误差}$，见表 5－10。

表 5－10　随机区组设计方差分析计算公式

变异来源	离均差平方 SS	自由度 v	均方 MS	F
处理组间	$\sum_{i=1}^{k}\frac{(\sum_{j=1}^{b}X_{ij})^2}{b}-c$	$k-1$	$SS_{处理组}/v_{处理组}$	$MS_{处理组}/MS_{误差}$
区组间	$\sum_{j=1}^{k}\frac{(\sum_{i=1}^{b}X_{ij})^2}{k}-c$	$b-1$	$SS_{区组}/v_{区组}$	$MS_{区组}/MS_{误差}$
误差	$SS_{总}-SS_{处理组}-SS_{区组}$	$v_{总}-v_{处理组}-v_{区组}$	$SS_{误差}/v_{误差}$	
总变异	$\sum X^2-c$	$n-1$		

$c = (\sum X)^2/n$。

三、Excel 程序

（1）输入数据：本例按普通卡环、RPI 卡环和 Y 型卡环分别输入 A、B、C 组（如下表 V4: ×13)。

表 5－11　随机区组设计方差分析的数据输入

	U	V	W	X	…	AE
2	随机区组设计资料的方差分析					
3	组号	=IF(V4<>"","A 组","")	=IF(W4<>"","B 组","")	=IF(X4<>"","C 组","")	…	=IF(AE4<>"","H 组","")
4	=IF(V4="","",1)	4.3	6.4	5.0	…	
5	=IF(V5="","",U4+1)	10.2	9.7	8.1	…	
6	=IF(V6="","",U5+1)	6.5	7.7	6.7	…	
7	=IF(V7="","",U6+1)	9.2	10.9	7.8		
8	=IF(V8="","",U7+1)	5.7	7.1	6.0		
9	=IF(V9="","",U8+1)	7.1	8.9	6.7		
10	=IF(V10="","",U9+1)	4.4	5.6	4.2		
11	=IF(V11="","",U10+1)	11.3	13.0	10.9		
12	=IF(V12="","",U11+1)	8.7	10.6	8.4		
13	=IF(V13="","",U12+1)	7.3	8.2	7.5		

（2）根据输入的数据分别计算$\sum_{i=1}^{k} X_{ij}$，$\sum_{j=1}^{k} X_{ij}$，$\overline{X}_i$，$\sum_{j=1}^{n_i} X_{ij}^2$，$\sum\sum X_{ij}$，$\sum\sum X_{ij}/n$，$\sum_{i=1}^{n_i} X_{ij}^2$的值，见表 5－12。

表 5－12　随机区组设计方差分析的程序（1）

	AO	AP	AQ	AR	AS	AT	AU
3	$\sum_{i=1}^{k} X_{ij}$	$\sum_{j=1}^{k} X_{ij}$	$\overline{X}_i$	$\sum_{j=1}^{n_i} X_{ij}^2$	$\sum\sum X_{ij}$	$\sum\sum X_{ij}/n$	$\sum_{i=1}^{n_i} X_{ij}^2$
4	=IF(V4="","",SUM(V4:AE4))	=IF(V4="","",SUM(V:V))	=IF(AP4="","",AP4/COUNT(V:V))	=IF(V4="","",SUMSQ(V:V))	=IF(AO4="","",SUM(AO:AO))	=IF(AS4="","",AS4/COUNT(V:AE))	=IF(AO4="","",SUMSQ(V:AE))
5	=IF(V5="","",SUM(V5:AE5))	=IF(W4="","",SUM(W:W))	=IF(AP5="","",AP5/COUNT(W:W))	=IF(W4="","",SUMSQ(W:W))			
6	=IF(V6="","",SUM(V6:AE6))	=IF(X4="","",SUM(X:X))	=IF(AP6="","",AP6/COUNT(X:X))	=IF(X4="","",SUMSQ(X:X))			
…	…	…	…	…	…	…	…

（3）分别计算总变异、处理组间、区组间、误差变异的离均差平方和 *SS*、自由度 ν、均方 *MS* 以及 *F* 值、*P* 值，见表 5－13。

表 5-13　随机区组设计方差分析的程序（2）

	AG	AH	AI	AJ	AK	AL	AM
3	随机区组设计资料的方差分析结果						
4	**变异来源**	***SS***	***v***	***MS***	***F***	***P***	**结论**
5	处理组间	=1/COUNT(V:V)*(SUMSQ(AP4:AP13))-AS4^2/COUNT(V:AE)	=COUNT(V4:AE4)-1	=AH5/AI5	=AJ5/AJ7	=FDIST(AK5,AI5,AI7)	=IF(AL5<0.05,"处理组间差别具有统计学意义","处理组间差别没有统计学意义")
6	区组间	=1/COUNT(V4:AE4)*(SUMSQ(AO4:AO13))-AS4^2/COUNT(V:AE)	=COUNT(V:V)-1	=AH6/AI6	=AJ6/AJ7	=FDIST(AK6,AI6,AI7)	=IF(AL6<0.05,"区组间差别具有统计学意义","区组间差别没有统计学意义")
7	误差	=AH8-AH5-AH6	=AI8-AI6-AI5	=AH7/AI7			
8	总变异	=AU4-AS4^2/COUNT(V:AE)	=COUNT(V:AE)-1				

四、结果显示

随机区组比较的方差分析结果见图 5-3 右半部分。

	U	V	W	X	A	AG	AH	AI	AJ	AK	AL	AM
2	随机区组设计资料的方差分析											
3	**组号**	**A组**	**B组**	**C组**		随机区组设计方差分析结果						
4	**1**	4.3	6.4	5.0		**变异来源**	***SS***	***n***	***MS***	***F***	***P***	**结论**
5	**2**	10.2	9.7	8.1		处理组间	15.78	2	7.89	26.69	0.000	处理组间差别具有统计学意义
6	**3**	6.5	7.7	6.7		区组间	123.71	9	13.75	46.50	0.000	区组间差别具有统计学意义
7	**4**	9.2	10.9	7.8		误差	5.32	18	0.30			
8	**5**	5.7	7.1	6.0		总变异	144.81	29				
9	**6**	7.1	8.9	6.7								
10	**7**	4.4	5.6	4.2								
11	**8**	11.3	13.0	10.9								
12	**9**	8.7	10.6	8.4								
13	**10**	7.3	8.2	7.5								

图 5-3　随机区组设计方差分析结果

方差分析结果：3 个处理组及 10 个区组均数的差别有统计学意义（$F_{处理组}=26.69$，$P=0.000$；$F_{区组}=46.50$，$P=0.000$），可认为 3 种卡环的抗拉强度总体来说有差异、不同牙齿的抗拉强度也有差异。

第三节　析因设计资料的方差分析

析因设计又称全因子实验设计，属于多因素多水平单效应变量设计类型，其特点是处理因素的个数≥2，各处理因素所处的地位基本平等且在实验中同时实施，全部处理因素的水平进行全面组合，每个组合要求随机平均分配至少 2 个受试对象，处理因素之间存在一阶、二阶甚至更复杂的交互作用，且需要加以全面考察。它可以检验每一因素各水平之间的效应差异，也可以检验各因素之间的交互作用。析因设计主要用来筛选最佳治疗方案、最佳药物配方以及最佳实验条件等。

一、两因素析因设计的方差分析

以完全随机设计两因素 k 水平的析因实验为例，A 因素有 k 水平，记作 a_1、a_2、…、a_k，B 因素也有 k 水平，记作 b_1、b_2、…、b_k，析因设计的处理组是 A、B 两个因素各个水平的全面交叉组合的结果，共形成 k^2 个处理组。

（一）实例

【例 5-3】为了比较 A、B 两种镇痛药物联合运用在产妇分娩时的镇痛效果，A 药取 3 个剂量：1.0mg，2.5mg，5.0mg；B 药也取 3 个剂量：5μg，15μg，30μg。共 9 个处理组。将 27 名产妇随机等分为 9 组，每组 3 名产妇，记录每名产妇分娩时的镇痛时间（分钟），结果见表 5-14。试分析 A、B 两药联合运用的镇痛效果。

表 5-14　A、B 两药联合运用的镇痛时间（分钟）

A 药物剂量	B 药物剂量		
	5μg	15μg	30μg
1.0mg	105	115	75
	80	105	95
	65	80	85
2.5mg	75	125	135
	115	130	120
	80	90	150
5.0mg	85	65	180
	120	120	190
	125	100	160

（二）公式

两因素析因设计方差分析的总变异分解为 A 因素主效应、B 因素主效应、AB 交互作用和误差变异 4 部分，其方差分析计算公式见表 5-15。

表 5-15　两因素析因设计资料的方差分析表

变异来源	离均差平方 SS	自由度 v	均方 MS	F
总变异	$\sum x^2 - C$	$gn-1$		
A 主效应	$\frac{1}{nJ}\sum A_i^2 - C$	$I-1$	SS_A/v_A	$MS_A/MS_{误差}$
B 主效应	$\frac{1}{nI}\sum B_i^2 - C$	$J-1$	SS_B/v_B	$MS_B/MS_{误差}$
AB 交互	$\frac{1}{n}\sum T_m^2 - C - SS_A - SS_B$	$(I-1)(J-1)$	SS_{AB}/v_{AB}	$MS_{AB}/MS_{误差}$
误差	$\sum x^2 - \frac{1}{n}\sum T_m^2$	$g(n-1)$	$SS_{误差}/v_{误差}$	

注：$C = (\sum x)^2/gn$。

表中，A_i（$i=1, 2, \cdots, I$）为 A 因素各水平的合计，B_j（$j=1, 2, \cdots, J$）为 B 因素各水平的合计，T_m（$m=1, 2, \cdots, g$）为各处理组合计，$g=IJ$ 为处理组数，n 为每组例数。

（三）Excel 程序

（1）输入数据，如表 5－16 的单元格 C4: O13 所示。

表 5－16　两因素析因设计方差分析的数据输入

	B	C	D	E	F	G	H	…	M	N	O	…	V
2	编号	1组	2组	3组	4组	5组	6组	…	11组	12组	13组	…	20组
3		a_1b_1	a_2b_1	a_1b_2	a_2b_2	a_1b_3	a_2b_3	…	a_3b_1	a_3b_2	a_3b_3	…	a_4b_5
4	=IF(C4="","",1)	105	75	115	125	75	135	…	85	65	180	…	
5	=IF(C5="","",B4+1)	80	115	105	130	95	120	…	120	120	190	…	
6	=IF(C6="","",B5+1)	65	80	80	90	85	150	…	125	100	160	…	
…	…	…	…	…	…	…	…	…	…	…	…	…	

（2）F 值与 P 值的计算程序，如表 5－17 所示。

表 5－17　两因素析因设计方差分析的 F 值、P 值计算程序

	X	Y	Z	AA	AB	AC	AD
2	两因素析因设计方差分析结果						
3	变异来源	***SS***	***v***	***MS***	***F*值**	***P***	**结论**
4	总变异	=IF(C4="","",SUMSQ(C:V)-AD16^2/COUNT(C:V))	=IF(C4="","",COUNT(C:V)-1)				
5	*A* 主效应	=IF(C4="","",SUMSQ(AD12:AD15)/(COUNT(Y12:AC12)*COUNT(C:C))-AD16^2/COUNT(C:V))	=IF(C4="","",COUNT(Y12:Y15)-1)	=IF(Y5="","",Y5/Z5)	=IF(Y5="","",AA5/AA8)	=IF(AB5="","",FDIST(AB5,Z5,Z8))	=IF(AB5="","",IF(AC5<0.05,"A 有统计学意义","A 无统计学意义"))
6	*B* 主效应	=IF(C4="","",SUMSQ(Y16:AC16)/(COUNT(Y12:Y15)*COUNT(C:C))-AD16^2/COUNT(C:V))	=IF(C4="","",COUNT(Y12:AC12)-1)	=IF(Y6="","",Y6/Z6)	=IF(Y6="","",AA6/AA8)	=IF(AB6="","",FDIST(AB6,Z6,Z8))	=IF(AB6="","",IF(AC6<0.05,"B 有统计学意义","B 无统计学意义"))
7	*AB* 交互	=IF(C4="","",SUMSQ(Y12:AC15)/COUNT(C:C)-AD16^2/COUNT(C:V)-Y5-Y6)	=IF(C4="","",Z5*Z6)	=IF(Y7="","",Y7/Z7)	=IF(Y7="","",AA7/AA8)	=IF(AB7="","",FDIST(AB7,Z7,Z8))	=IF(AB7="","",IF(AC7<0.05,"AB 有交互作用","AB 无交互作用"))
8	误差	=IF(C4="","",Y4-Y5-Y6-Y7)	=IF(C4="","",COUNT(C:V)-COUNT(C4:V4))	=IF(Y8="","",Y8/Z8)			

（3）两因素析因设计各组合计的计算程序，见表 5－18。

表 5－18　两因素析因设计各组合计的计算程序

	X	Y	Z	…	AC	AD
	两因素析因设计各组合计					
11		b_1	b_2	…	b_5	合 计
12	a_1	=IF(C4="","",SUM(C:C))	=IF(E4="","",SUM(E:E))	…	=IF(K4="","",SUM(K:K))	=IF(Y12="","",SUM(Y12:AC12))
13	a_2	=IF(D4="","",SUM(D:D))	=IF(F4="","",SUM(F:F))	…	=IF(L4="","",SUM(L:L))	=IF(Y13="","",SUM(Y13:AC13))
14	a_3	=IF(M4="","",SUM(M:M))	=IF(N4="","",SUM(N:N))	…	=IF(Q4="","",SUM(Q:Q))	=IF(Y14="","",SUM(Y14:AC14))
15	a_4	=IF(R4="","",SUM(R:R))	=IF(S4="","",SUM(S:S))	…	=IF(V4="","",SUM(V:V))	=IF(Y15="","",SUM(Y15:AC15))
16	合计	=IF(Y12="","",SUM(Y12:Y15))	=IF(Z12="","",SUM(Z12:Z15))	…	=IF(AC12="","",SUM(AC12:AC15))	=IF(AD12="","",SUM(AD12:AD15))

（四）结果显示

两因素析因设计的方差分析结果，见图 5－4。

	B	C	D	E	F	G	H	M	N	O	W	X	Y	Z	AA	AB	AC	AD
1	两因素析因设计方差分析																	
2	编号	1组	2组	3组	4组	5组	6组	11组	12组	13组		两因素析因设计方差分析结果						
3		a_1b_1	a_2b_1	a_1b_2	a_2b_2	a_1b_3	a_2b_3	a_3b_1	a_3b_2	a_3b_3		变异来源	*SS*	*v*	*MS*	*F*	*P*	结 论
4	1	105	75	115	125	75	135	85	65	180		总变异	28450.00	26				
5	2	80	115	105	130	95	120	120	120	190		A主效应	6572.22	2	3286.11	8.47	0.003	A有统计意义
6	3	65	80	80	90	85	150	125	100	160		B主效应	7022.22	2	3511.11	9.05	0.002	B有统计意义
7												AB交互作用	7872.22	4	1968.06	5.07	0.006	AB有交互作用
8												误 差	6983.33	18	387.96			

图 5－4　两因素析因设计方差分析计算结果

可见，A 药不同剂量的镇痛效果不同（$F_A=8.47$，$P=0.003<0.05$），B 药不同剂量的镇痛效果也不同（$F_B=9.05$，$P=0.002<0.05$），A 药和 B 药存在交互作用（$F_{AB}=5.07$，$P=0.006<0.05$）。

二、三因素析因设计的方差分析

（一）实例

【例 5－4】研究 5 种类型的军装在两种环境、两种活动状态下的散热效果，将 100 名受试者随机等分为 20 组，每组 5 名受试者，观察指标是受试者的主观热感觉（从“冷”到“热”按等级评分），结果如表 5－19 所示。试分析 5 种类型的军装在不同条件下的散热效果。

表 5-19　100 名战士的主观热感觉评分

环境活动	活动状态	军装类型 a_1	a_2	a_3	a_4	a_5	B_j
干燥（b_1）	静坐（c_1）	0.25	0.30	0.75	0.20	-0.10	112.77
		-0.25	0.10	-0.50	-1.00	0.00	
		1.25	0.50	0.60	0.85	2.50	
		-0.75	-0.35	0.40	-0.50	0.10	
		0.40	0.05	-0.20	0.90	-0.10	
	T_{1-5}	0.90	0.60	1.05	0.45	2.40	
	活动（c_2）	4.75	4.60	4.55	4.25	4.72	
		3.45	4.80	3.50	3.10	4.30	
		4.00	4.00	4.25	4.00	4.10	
		4.85	5.20	4.10	5.00	4.80	
		4.55	4.30	4.40	4.20	3.60	
	T_{6-10}	21.60	22.90	20.80	20.55	21.52	
潮湿（b_2）	静坐（c_1）	0.50	1.50	0.75	-0.75	1.75	114.28
		2.10	1.50	2.65	0.90	2.40	
		2.75	1.25	3.00	0.95	1.75	
		1.00	1.37	0.05	0.62	3.05	
		2.35	2.55	1.17	1.05	2.75	
	T_{11-15}	8.70	8.17	7.62	2.77	11.70	
	活动（c_2）	3.75	4.00	4.10	3.27	4.80	
		4.00	4.05	5.00	4.25	4.02	
		4.00	4.15	4.20	4.00	4.15	
		4.25	4.10	4.15	4.25	4.75	
		4.60	4.25	4.17	4.25	4.80	
	T_{16-20}	20.60	20.55	21.62	20.02	22.52	
A_i		51.80	52.22	51.09	43.79	58.14	
C 因素合计 $C_1=44.36$，$C_2=212.69$		$\sum X=257.06$，$\sum X^2=1011.3747$					

（二）公式

三因素析因设计的方差分析的总变异分解为 A 因素主效应、B 因素主效应、C 因素主效应、AB 交互作用、AC 交互作用、BC 交互作用、ABC 交互作用和误差变异 8 部分，其方差分析计算公式见表 5-20。

表 5－20　三因素析因设计资料的方差分析表

变异来源	离均差平方 SS	自由度 v	均方 MS	F
总变异	$\sum x^2-C$	$gn-1$		
A 主效应	$\frac{1}{nJK}\sum A_i^2-C$	$I-1$	SS_A/v_A	$MS_A/MS_{误差}$
B 主效应	$\frac{1}{nIK}\sum B_j^2-C$	$J-1$	SS_B/v_B	$MS_B/MS_{误差}$
C 主效应	$\frac{1}{nIJ}\sum C_k^2-C$	$K-1$	SS_C/v_C	$MS_C/MS_{误差}$
AB 交互	$\frac{1}{nK}\sum T_{AB}^2-C-SS_A-SS_B$	$(I-1)(J-1)$	SS_{AB}/v_{AB}	$MS_{AB}/MS_{误差}$
AC 交互	$\frac{1}{nJ}\sum T_{AC}^2-C-SS_A-SS_C$	$(I-1)(K-1)$	SS_{AC}/v_{AC}	$MS_{AC}/MS_{误差}$
BC 交互	$\frac{1}{nI}\sum T_{BC}^2-C-SS_B-SS_C$	$(J-1)(K-1)$	SS_{BC}/v_{BC}	$MS_{BC}/MS_{误差}$
ABC 交互	$\frac{1}{n}\sum T_m^2-C-SS_A-SS_B-SS_C-SS_{AB}-SS_{AC}-SS_{BC}$	$(I-1)(J-1)(K-1)$	SS_{ABC}/v_{ABC}	$MS_{ABC}/MS_{误差}$
误差	$\sum x^2-\frac{1}{n}\sum T_m^2$	$g(n-1)$	$SS_{误差}/v_{误差}$	

注：$C=(\sum x)^2/gn$。

表中，A_i（$i=1, 2, \cdots, I$）为 A 因素各水平的合计，B_j（$j=1, 2, \cdots, J$）为 B 因素各水平的合计，C_k（$k=1, 2, \cdots, K$）为 C 因素各水平的合计，T_m（$m=1, 2, \cdots, g$）为各处理组合计，T_{AB}、T_{AC}、T_{BC}分别为 AB 两因素、AC 两因素、BC 两因素交叉分组的合计，$g=IJK$ 为处理组数，n 为每组例数。

（三）Excel 程序

（1）输入数据，见表 5－21。

表 5－21　三因素析因设计方差分析的数据输入

	AH	AI	AJ	AK	AL	AM	AN	AO	AP	AQ	…	BB
2	编号	1组	2组	3组	4组	5组	6组	7组	8组	9组	…	20组
3		$a_1b_1c_1$	$a_1b_2c_1$	$a_2b_1c_1$	$a_2b_2c_1$	$a_1b_1c_2$	$a_1b_2c_2$	$a_2b_1c_2$	$a_2b_2c_2$	$a_1b_1c_3$	…	$a_2b_2c_5$
4	=IF(AI4="","",1)	0.25	4.75	0.50	3.75	0.30	4.60	1.50	4.00	0.75	…	4.80
5	=IF(AI5="","",AH4+1)	−0.25	3.45	2.10	4.00	0.10	4.80	1.50	4.05	−0.50	…	4.02
6	=IF(AI6="","",AH5+1)	1.25	4.00	2.75	4.00	0.50	4.00	1.25	4.15	0.60	…	4.15
7	=IF(AI7="","",AH6+1)	−0.75	4.85	1.00	4.25	-0.35	5.20	1.37	4.10	0.40	…	4.75
8	=IF(AI8="","",AH7+1)	0.40	4.55	2.35	4.60	0.05	4.30	2.55	4.25	−0.20	…	4.80
…	…											

（2）F 值与 P 值的计算程序，见表 5－22。

表 5－22　三因素析因设计方差分析的 F 值、P 值计算程序

	BD	BE	BF	BG	BH	BI	BJ
2	三因素析因设计方差分析结果						
3	变异来源	*SS*	*ν*	*MS*	*F*	*P*	结论
4	总变异	=IF(AI4="","",SUMSQ(AI:BB)-BS17^2/COUNT(AI:BB))	=IF(AI4="","",COUNT(AI:BB)-1)				
5	*A* 主效应	=IF(AI4="","",SUMSQ(SUM(BS13:BS14),SUM(BS15:BS16))/(COUNT(AI:AI)*2*COUNT(BN13:BR13))-BS17^2/COUNT(AI:BB))	=IF(AI4="","",1)	=IF(BE5="","",BE5/BF5)	=IF(BE5="","",BG5/BG12)	=IF(BH5="","",FDIST(BH5,BF5,BF12))	=IF(BH5="","",IF(BI5<0.05,"A 主效应有统计意义","A 主效应无统计意义"))
6	*B* 主效应	=IF(AI4="","",SUMSQ(SUM(BS13,BS15),SUM(BS14,BS16))/(COUNT(AI:AI)*2*COUNT(BN13:BR13))-BS17^2/COUNT(AI:BB))	=IF(AI4="","",1)	=IF(BE6="","",BE6/BF6)	=IF(BE6="","",BG6/BG12)	=IF(BH6="","",FDIST(BH6,BF6,BF12))	=IF(BH6="","",IF(BI6<0.05,"B 主效应有统计意义","B 主效应无统计意义"))
7	*C* 主效应	=IF(AI4="","",SUMSQ(BN17:BR17)/(COUNT(AI:AI)*2*2)-BS17^2/COUNT(AI:BB))	=IF(AI4="","",COUNT(BN13:BR13)-1)	=IF(BE7="","",BE7/BF7)	=IF(BE7="","",BG7/BG12)	=IF(BH7="","",FDIST(BH7,BF7,BF12))	=IF(BH7="","",IF(BI7<0.05,"C 主效应有统计意义","C 主效应无统计意义"))
8	*AB* 交互	=IF(AI4="","",SUMSQ(BS13:BS16)/(COUNT(AI:AI)*COUNT(BN13:BR13))-BS17^2/COUNT(AI:BB)-BE5-BE6)	=IF(AI4="","",BF5*BF6)	=IF(BE8="","",BE8/BF8)	=IF(BE8="","",BG8/BG12)	=IF(BH8="","",FDIST(BH8,BF8,BF12))	=IF(BH8="","",IF(BI8<0.05,"AB 有交互作用","AB 无交互作用"))
9	*AC* 交互	=IF(AI4="","",SUMSQ(BM4:BQ5)/(COUNT(AI:AI)*2)-BS17^2/COUNT(AI:BB)-BE5-BE7)	=IF(AI4="","",BF5*BF7)	=IF(BE9="","",BE9/BF9)	=IF(BE9="","",BG9/BG12)	=IF(BH9="","",FDIST(BH9,BF9,BF12))	=IF(BH9="","",IF(BI9<0.05,"AC 有交互作用","AC 无交互作用"))
10	*BC* 交互	=IF(AI4="","",SUMSQ(BM8:BQ9)/(COUNT(AI:AI)*2)-BS17^2/COUNT(AI:BB)-BE7-BE6)	=IF(AI4="","",BF7*BF6)	=IF(BE10="","",BE10/BF10)	=IF(BE10="","",BG10/BG12)	=IF(BH10="","",FDIST(BH10,BF10,BF12))	=IF(BH10="","",IF(BI10<0.05,"BC 有交互作用","BC 无交互作用"))
11	*ABC* 交互	=IF(AI4="","",SUMSQ(BN13:BR16)/COUNT(AI:AI)-BS17^2/COUNT(AI:BB)-BE5-BE6-BE7-BE8-BE9-BE10)	=IF(AI4="","",BF5*BF6*BF7)	=IF(BE11="","",BE11/BF11)	=IF(BE11="","",BG11/BG12)	=IF(BH11="","",FDIST(BH11,BF11,BF12))	=IF(BH11="","",IF(BI11<0.05,"ABC 有交互作用","ABC 无交互作用"))
12	误差	=IF(AI4="","",SUMSQ(AI:BB)-SUMSQ(BN13:BR16)/COUNT(AI:AI))	=IF(AI4="","",COUNT(AI:BB)-COUNT(AI4:BB4))	=IF(BE12="","",BE12/BF12)			

(3) 三因素析因设计中间计算程序，见表5－23和表5－24。

表5－23 三因素析因设计各组的合计计算程序

	BL	BM	BN	…	BR	BS
11	三因素各组合计					
12			c_1	…	c_5	合 计
13	a_1	b_1	=IF(AI4="","",SUM(AI:AI))	…	=IF(AY4="","",SUM(AY:AY))	=IF(BN13="","",SUM(BN13:BR13))
14		b_2	=IF(AJ4="","",SUM(AJ:AJ))	…	=IF(AZ4="","",SUM(AZ:AZ))	=IF(BN14="","",SUM(BN14:BR14))
15	a_2	b_1	=IF(AK4="","",SUM(AK:AK))	…	=IF(BA4="","",SUM(BA:BA))	=IF(BN15="","",SUM(BN15:BR15))
16		b_2	=IF(AL4="","",SUM(AL:AL))	…	=IF(BB4="","",SUM(BB:BB))	=IF(BN16="","",SUM(BN16:BR16))
17	合计		=IF(BN13="","",SUM(BN13:BN16))	…	=IF(BR13="","",SUM(BR13:BR16))	=IF(BS13="","",SUM(BS13:BS16))

表5－24 三因素析因设计两两交叉组合的计算程序

	BL	BM	BN	…	BQ
2	三因素两两交叉分组的合计				
3		c_1	c_2	…	c_5
4	a_1	=IF(AJ4="","",SUM(AI:AJ))	=IF(AN4="","",SUM(AM:AN))	…	=IF(AZ4="","",SUM(AY:AZ))
5	a_2	=IF(AL4="","",SUM(AK:AL))	=IF(AP4="","",SUM(AO:AP))	…	=IF(BB4="","",SUM(BA:BB))
6					
7		c_1	c_2	…	c_5
8	b_1	=IF(AK4="","",SUM(AI:AI)+SUM(AK:AK))	=IF(AO4="","",SUM(AM:AM)+SUM(AO:AO))	…	=IF(BA4="","",SUM(AY:AY)+SUM(BA:BA))
9	b_2	=IF(AL4="","",SUM(AJ:AJ)+SUM(AL:AL))	=IF(AP4="","",SUM(AN:AN)+SUM(AP:AP))	…	=IF(BB4="","",SUM(AZ:AZ)+SUM(BB:BB))

(四) 结果显示

三因素析因设计的方差分析数据及结果见图5－5和图5－6。

	AH	AI	AJ	AK	AL	AM	AN	AO	AP	AQ	AR	AS	AT	AU	AV	AW	AX	AY	AZ	BA	BB
2	编号	1组	2组	3组	4组	5组	6组	7组	8组	9组	10组	11组	12组	13组	14组	15组	16组	17组	18组	19组	20组
3		$a_1b_1c_1$	$a_1b_2c_1$	$a_2b_1c_1$	$a_2b_2c_1$	$a_1b_1c_2$	$a_1b_2c_2$	$a_2b_1c_2$	$a_2b_2c_2$	$a_1b_1c_3$	$a_1b_2c_3$	$a_2b_1c_3$	$a_2b_2c_3$	$a_1b_1c_4$	$a_1b_2c_4$	$a_2b_1c_4$	$a_2b_2c_4$	$a_1b_1c_5$	$a_1b_2c_5$	$a_2b_1c_5$	$a_2b_2c_5$
4	1	0.25	4.75	0.5	3.75	0.3	4.6	1.5	4	0.75	4.55	0.75	4.1	0.2	4.25	-0.75	3.27	-0.1	4.72	1.75	4.8
5	2	-0.25	3.45	2.1	4	0.1	4.8	1.5	4.05	-0.5	3.5	2.65	5	-1	3.1	0.9	4.25	0	4.3	2.4	4.02
6	3	1.25	4	2.75	4	0.5	4	1.25	4.15	0.6	4.25	3	4.2	0.85	4	0.95	4	2.5	4.1	1.75	4.15
7	4	-0.75	4.85	1	4.25	-0.35	5.2	1.37	4.1	0.4	4.1	0.05	4.15	-0.5	5	0.62	4.25	0.1	4.8	3.05	4.75
8	5	0.4	4.55	2.35	4.6	0.05	4.3	2.55	4.25	-0.2	4.4	1.17	4.17	0.9	4.2	1.05	4.25	-0.1	3.6	2.75	4.8

图5－5 三因素析因设计方差分析数据录入

由图可知：不同环境不同活动状态和不同军装的主观热感觉的主效应都有差别（$F_{环境}=23.08$，$P=0.000$；$F_{活动状态}=659.10$，$P=0.000$；$F_{军装}=3.03$，$P=0.022<0.05$）；军装类型的主观热感觉与其他两个因素不存在交互作用。

	BD	BE	BF	BG	BH	BI	BJ
2	三因素析因设计方差分析结果						
3	变异来源	*SS*	*v*	*MS*	*F*	*P*	结论
4	总变异	350.57	99				
5	A主效应	9.92	1	9.92	23.08	0.000	A主效应有统计意义
6	B主效应	283.32	1	283.32	659.10	0.000	B主效应有统计意义
7	C主效应	5.21	4	1.30	3.03	0.022	C主效应有统计意义
8	AB交互作用	12.69	1	12.69	29.52	0.000	AB有交互作用
9	AC交互作用	1.95	4	0.49	1.13	0.347	AC无交互作用
10	BC交互作用	1.48	4	0.37	0.86	0.491	BC无交互作用
11	ABC交互作用	1.61	4	0.40	0.94	0.448	ABC无交互作用
12	误 差	34.39	80	0.43			

图 5－6 三因素析因设计方差分析计算结果

第四节　重复测量设计的方差分析

重复测量是对同一受试对象的同一个观察指标在不同时间点的多次测量，用于分析观察指标在不同时间上的变化规律。该类设计资料具有系统结构的特点，即数据间存在的相关性和随机误差至少分布于两个层次水平上，不符合方差分析数据独立性的要求，使得其分析方法有别于一般的方差分析方法。

（一）实例

【例 5－5】把手术要求基本相同的 15 名患者随机分为 3 组，在手术过程中分别采用 3 种麻醉诱导方法，在 T_0（诱导前）、T_1、T_2、T_3、T_4 5 个时间点测量患者的收缩压（mmHg），结果如表 5－25 所示。试进行方差分析。

表 5－25　不同麻醉诱导时期患者的收缩压（mmHg）

方法	序号	麻醉诱导时期				
		T_0	T_1	T_2	T_3	T_4
A	1	120	108	112	120	117
A	2	118	109	115	124	123
A	3	119	112	119	124	118
A	4	121	112	119	126	120
A	5	127	121	127	133	126
B	6	121	120	118	131	137
B	7	122	121	119	129	133
B	8	128	129	126	135	142
B	9	117	115	111	123	131
B	10	118	114	116	123	133
C	11	131	119	118	135	129
C	12	129	128	121	148	132
C	13	123	123	120	143	136
C	14	123	121	116	145	126
C	15	125	124	118	142	130

（二）公式

重复测量设计资料的方差分析总变异分解为处理因素、时间因素、处理和时间的交互作用、受试者组间的随机误差和重复测量的随机误差（组内误差）变异5部分，其方差分析计算公式见表5-26。

表5-26 重复测量设计资料的方差分析表

变异来源	离均差平方和 *SS*	自由度 *v*	均方 *MS*	*F*
处理组（*A*）	$\frac{1}{nm}\sum A_i^2-C$	$g-1$	SS_A/v_A	$\frac{MS_A}{MS_{组间误差}}$
组间误差	$\frac{1}{m}(\sum M_k^2)-C-SS_A$	$g(n-1)$	$\frac{SS_{组间误差}}{v_{组间误差}}$	
测量前后（*B*）	$\frac{1}{gn}\sum B_j^2-C$	$m-1$	SS_B/v_B	$\frac{MS_B}{MS_{组内误差}}$
AB 交互	$\frac{1}{n}\sum T_{ij}^2-C-SS_A-SS_B$	$(g-1)(m-1)$	SS_{AB}/v_{AB}	$\frac{MS_{AB}}{MS_{组内误差}}$
组内误差	$\sum x^2-\frac{1}{m}(\sum M_k^2)-SS_B-SS_{AB}$	$g(n-1)(m-1)$	$\frac{SS_{组内误差}}{v_{组内误差}}$	

注：$C=(\sum x)^2/gnm$，$m>2$ 时，采用 Lower - bound 自由度校正方法，直接将 F_B 的界值定为 $F_{\alpha,[1,g(n-1)]}$，F_{AB} 的界值定为 $F_{\alpha,[g-1,g(n-1)]}$。

表中，A_i（$i=1,2,\cdots,g$）为第 i 个处理组的测量值合计，B_j（$j=1,2,\cdots,m$）为第 j 个时间的测量值合计，M_k（$k=1,2,\cdots,ng$）为每个受试对象的测量值合计，T_{ij} 为第 i 组第 j 个时间的测量值合计，g 为处理组数，n 为每组例数，m 为重复测量次数。

（三）Excel 程序

（1）输入数据：见表5-27。

表5-27 重复测量设计方差分析的数据输入区

	B	C	…	L	M	…	V	…	AQ	…	AZ
2	序号	A组			B组			…	E组		
3		T_0	…	T_9	T_0	…	T_9	…	T_0	…	T_9
4	=IF(C4="","",1)	各组数据输入区									
5	=IF(C5="","",B4+1)										
6	=IF(C6="","",B5+1)										
…	…										

（2）*F* 值与 *P* 值的计算程序，如表 5－28 至表 5－30 所示。

表 5－28　多个干预的重复测量数据的 *F* 值、*P* 值计算程序

	BB	BC	BD	BE	BF	BG	BH
3	多个干预的重复测量数据方差分析表						
4	变异来源	*ν*	*SS*	*MS*	*F*	*P*	结论
5	组间合计	=IF(C4="","",SUM(COUNT(C:C),COUNT(M:M),COUNT(W:W),COUNT(AG:AG),COUNT(AQ:AQ))-1)	=IF(C4="","",SUMSQ(CA:CA,CB:CB,CC:CC,CD:CD,CE:CE)/COUNT(C4:L4)-BV9^2/COUNT(C:AZ))				
6	干预分组(*A*)	=IF(C4="","",COUNT(C4,M4,W4,AG4,AQ4)-1)	=IF(C4="","",SUM(BW4:BW8)/COUNT(C4:L4)-BV9^2/COUNT(C:AZ))	=IF(BD6="","",BD6/BC6)	=IF(BD6="","",BE6/BE7)	=IF(BD6="","",FDIST(BF6,BC6,BC7))	=IF(BF6="","",IF(BG6<0.05,"组间主效应有差别","组间主效应无差别"))
7	组间误差	=IF(C4="","",BC5-BC6)	=IF(C4="","",BD5-BD6)	=IF(BD7="","",BD7/BC7)			

表 5－29　多个时间点测量前后与交互作用的 *F* 值、*P* 值计算程序（1）

	BB	BC	BD	BE	BF	BG
9	多个时间点测量前后与交互作用的方差分析表					
10	变异来源	*ν*	*SS*	*MS*	*F*	F_{α} (校正)
11	组内合计	=IF(C4="","",SUM(COUNT(C:C),COUNT(M:M),COUNT(W:W),COUNT(AG:AG),COUNT(AQ:AQ))*(COUNT(C4:L4)-1))	=IF(C4="","",SUMSQ(C:AZ)-SUMSQ(CA:CA,CB:CB,CC:CC,CD:CD,CE:CE)/COUNT(C4:L4))			
12	测量前后(*B*)	=IF(C4="","",COUNT(C4:L4)-1)	=IF(C4="","",SUMSQ(BL9:BU9)/SUM(COUNT(C:C),COUNT(M:M),COUNT(W:W),COUNT(AG:AG),COUNT(AQ:AQ))-BV9^2/COUNT(C:AZ))	=IF(BD12="","",BD12/BC12)	=IF(BD12="","",BE12/BE14)	=IF(C4="","",IF(BC12=1,"",FINV(0.05,1,COUNT(C4,M4,W4,AG4,AQ4)*(COUNT(C:C)-1))))
13	*AB* 交互	=IF(C4="","",(COUNT(C4,M4,W4,AG4,AQ4)-1)*(COUNT(C4:L4)-1))	=IF(C4="","",SUM(BX4:BX8)-BD12-BD6-BV9^2/COUNT(C:AZ))	=IF(BD13="","",BD13/BC13)	=IF(BD13="","",BE13/BE14)	=IF(C4="","",IF(BC12=1,"",FINV(0.05,COUNT(C4,M4,W4,AG4,AQ4)-1,COUNT(C4,M4,W4,AG4,AQ4)*(COUNT(C:C)-1))))
14	组内误差	=IF(C4="","",BC11-BC12-BC13)	=IF(C4="","",BD11-BD12-BD13)	=IF(BD14="","",BD14/BC14)		

表 5－30　多个时间点测量前后与交互作用的 F 值、P 值计算程序（2）

	BB	BH	BI
10	**变异来源**	***P***	**结论**
12	测量前后（*B*）	=IF(BF12="","",IF(BC12=1,FDIST(BF12,BC12,BC14),IF(BF12>BG12,"<0.05",">=0.05")))	=IF(BF12="","",IF(BC12=1,IF(FDIST(BF12,BC12,BC14)<0.05,"测量前后有差别","测量前后无差别"),IF(BH12="<0.05","测量前后有差别","测量前后无差别")))
13	*AB* 交互	=IF(BF13="","",IF(BC12=1,FDIST(BF13,BC13,BC14),IF(BF13>BG13,"<0.05",">=0.05")))	=IF(BF13="","",IF(BC12=1,IF(FDIST(BF13,BC13,BC14)<0.05,"AB 有交互作用","AB 无交互作用"),IF(BH13="<0.05","AB 有交互作用","AB 无交互作用")))

（3）重复测量设计的中间计算程序，如表 5－31 和表 5－32 所示。

表 5－31　重复测量设计各组合计的计算程序

	BK	BL	…	BU	BV	BW	BX
3		T_0	…	T_9	合计	A^2/n_i	$\Sigma T^2/n_i$
4	A 组	=IF(C4="","",SUM(C:C))	…	=IF(L4="","",SUM(L:L))	=IF(BL4="","",SUM(BL4:BU4))	=IF(BV4="","",BV4^2/COUNT(C:C))	=IF(BL4="","",SUMSQ(BL4:BU4)/COUNT(C:C))
…	…	…	…	…	…	…	…
8	E 组	=IF(AQ4="","",SUM(AQ:AQ))	…	=IF(AZ4="","",SUM(AZ:AZ))	=IF(BL8="","",SUM(BL8:BU8))	=IF(BV8="","",BV8^2/COUNT(AQ:AQ))	=IF(BL8="","",SUMSQ(BL8:BU8)/COUNT(AQ:AQ))
9	合计	=IF(BL4="","",SUM(BL4:BL8))	…	=IF(BU4="","",SUM(BU4:BU8))	=IF(BL9="","",SUM(BL9:BU9))		

表 5－32　每个受试者测量值合计的计算程序

	BZ	CA	CB	CC	CD	CE
3	序号	A 组	B 组	C 组	D 组	E 组
4	1	=IF(C4="","",SUM(C4:L4))	=IF(M4="","",SUM(M4:V4))	=IF(W4="","",SUM(W4:AF4))	=IF(AG4="","",SUM(AG4:AP4))	=IF(AQ4="","",SUM(AQ4:AZ4))
5	2	=IF(C5="","",SUM(C5:L5))	=IF(M5="","",SUM(M5:V5))	=IF(W5="","",SUM(W5:AF5))	=IF(AG5="","",SUM(AG5:AP5))	=IF(AQ5="","",SUM(AQ5:AZ5))
…	…	…	…	…	…	…

（四）结果显示

重复测量设计的方差分析数据及结果见图 5－7 所示。

重复测量设计方差分析

序号	A组					B组					C组				
	T_0	T_1	T_2	T_3	T_4	T_0	T_1	T_2	T_3	T_4	T_0	T_1	T_2	T_3	T_4
1	120	108	112	120	117	121	120	118	131	137	131	119	118	135	129
2	118	109	115	126	123	122	121	119	129	133	129	128	121	148	132
3	119	112	119	124	118	128	129	126	135	142	123	123	120	143	136
4	121	112	119	126	120	117	115	111	123	131	123	121	116	145	126
5	127	121	127	133	126	118	114	116	123	133	125	124	118	142	130

多个干预的重复测量数据方差分析表

变异来源	*n*	*SS*	*MS*	*F*	*P*	结论
组间合计	14	1858.72				
干预分组(A)	2	912.24	456.12	5.78	0.017	组间主效应有差别
组间误差	12	946.48	78.87			

多个时间点测量前后与交互作用的方差分析表

变异来源	*n*	*SS*	*MS*	*F*	*Fa*(校正)	*P*	结论
组内合计	60	3437.20					
测量前后(B)	4	2336.45	584.11	106.56	4.75	<0.05	测量前后有差别
AB交互	8	837.63	104.70	19.10	3.89	<0.05	AB有交互作用
组内误差	48	263.12	5.48				

图 5－7　重复测量设计方差分析计算结果

由上图可见，3 种麻醉诱导方法存在组间差别（$F_A=5.78$，$P=0.017<0.05$）；患者的收缩压在不同的诱导方法下不同的诱导时期变化的趋势不同（$F_B=106.56$，$P<0.05$；$F_{AB}=19.10$，$P<0.05$）。

第五节　协方差分析

协方差分析是将线性回归分析和方差分析综合起来的一种统计分析方法，其基本原理是先将观察指标的离均差平方和分解为协变量的回归平方和与剩余平方和，在扣除协变量回归平方和的影响后，再对剩余平方和进行一般的方差分析。协方差分析需满足两个条件：一是与方差分析的应用条件相同；二是要求各样本回归系数 b 有统计学意义且各样本回归系数 b 之间的差别无统计学意义。

一、完全随机设计的协方差分析

（一）实例

【例 5－6】为研究某降血糖药物的有效性和其合用盐酸二甲双胍片的有效性，90 名Ⅱ型糖尿病患者随机分为 3 个组，第一组为该降糖药组，第二组为盐酸二甲双胍片组，第三组为两种药合用组，每组 30 名患者，测定了每个人入组前（X）和治疗 3 个月后（Y）的糖化血红蛋白含量（%）。结果见表 5－33。试分析 3 种治疗降糖化血红蛋白的效果是否不同。

表 5－33　3 组患者治疗前后的糖化血红蛋白含量（%）

	第一组		第二组		第三组	
	X_1	Y_1	X_2	Y_2	X_3	Y_3
1	10.8	9.4	10.4	9.2	9.8	7.6
2	11.6	9.7	9.7	9.1	11.2	7.9
3	10.6	8.7	9.9	8.9	10.7	9.0
4	9.0	7.2	9.8	8.6	9.6	7.8
5	11.2	10.0	11.1	9.9	10.1	8.5
6	9.9	8.5	8.2	7.1	9.8	7.5
7	10.6	8.3	8.8	7.8	10.1	8.3
8	10.4	8.1	10.0	7.9	10.3	8.2
9	9.6	8.5	9.0	8.0	11.0	8.4
10	10.5	9.1	9.4	9.0	10.5	8.1
11	10.6	9.2	8.9	7.9	9.2	7.0
12	9.9	8.4	10.3	8.9	10.1	7.7
13	9.5	7.6	9.3	8.9	10.4	8.0
14	9.7	7.9	9.2	8.1	10.0	6.6
15	10.7	8.8	10.9	10.2	8.4	6.1
16	9.2	7.4	9.2	8.5	10.1	8.1
17	10.5	8.6	9.2	9.0	9.3	7.8
18	11.0	9.2	10.4	8.9	10.5	8.4
19	10.1	8.0	11.2	9.8	11.1	8.2
20	10.7	8.5	11.1	10.1	10.5	8.0
21	8.5	7.3	11.0	8.5	9.7	7.6
22	10.0	8.3	8.6	8.1	9.2	6.9
23	10.4	8.6	9.3	8.6	9.3	6.7
24	9.7	8.7	10.3	8.9	10.4	8.1
25	9.4	7.6	10.3	9.6	10.0	7.4
26	9.2	8.0	9.8	8.1	10.3	8.2
27	10.5	8.8	10.5	9.9	9.9	7.6
28	11.2	9.5	10.7	9.3	9.4	7.8
29	9.6	8.2	10.4	8.7	8.3	6.6
30	8.0	7.2	9.4	8.7	9.2	7.2

（二）公式

协方差分析计算模式，见表 5－34。

表 5－34　协方差分析计算表模式

变异来源	v	离均差平方和及积和			估计误差			F
		l_{XX}	l_{XY}	l_{YY}	v	$\sum(Y-\hat{Y})^2$	MS	
总变异								
组间变异								
组内变异								
修正均数								

（1）总变异的离均差平方和各统计量计算公式：

$$l_{XX} = \sum X^2 - \frac{(\sum X)^2}{N}$$

$$l_{YY}=\sum Y^2-\frac{(\sum Y)^2}{N}$$

$$l_{XY}=\sum XY-\frac{(\sum X\sum Y)}{N}$$

$$v=N-1$$

（2）各处理组间变异的离均差平方和各统计量计算公式：

$$l_{XX}=\sum\frac{(\sum X_j)^2}{n_j}-\frac{(\sum X)^2}{N}$$

$$l_{YY}=\sum\frac{(\sum Y_j)^2}{n_j}-\frac{(\sum Y)^2}{N}$$

$$l_{XY}=\sum\frac{(\sum X_j)\ (\sum Y_j)}{n_j}-\frac{\sum X\sum Y}{N}$$

$$v=G-1$$

（3）组内变异的离均差平方和各统计量由总变异的 l_{XX}、l_{YY}、l_{XY} 及 v 减去与处理组间相应的各值得到，将以上计算结果列入表 5－34 的左侧部分。

（4）计算回归估计误差平方和 $\sum\ (Y-\hat{Y})^2$ 及自由度，如表 5－34 右侧部分，其中总的平方和、组内平方和分别按如下公式计算：

$$\sum(Y-\hat{Y})^2=l_{YY}-\frac{l_{XY}^2}{l_{XX}}$$

总的平方和减去组内平方和即为"修正均数"的平方和，总的及组内的自由度分别为表 5－34 左侧相应部分的自由度减去 1，再由总的自由度减去组内的自由度即为"修正均数"的自由度。

（5）检验统计量 F 值计算公式为：

$$F=\frac{MS_{\text{修正均数}}}{MS_{\text{组内}}}$$

$MS_{\text{修正均数}}$ 为修正均数的估计误差均方，由修正均数的估计误差平方和除以"修正均数"的自由度得到；$MS_{\text{组内}}$ 为组内的估计误差均方，由组内的估计误差平方和除以组内的自由度得到。

（6）公共回归系数 b_c 和各修正均数 $\overline{Y}_j^*$ 计算公式为：

$$b_c=\frac{\text{组内 } l_{XY}}{\text{组内 } l_{XX}}$$

$$\overline{Y}_j^*=\overline{Y}_j-b_c(\overline{X}_j-\overline{X})$$

（7）修正均数间多重比较的统计量 q 计算公式为：

$$q=\frac{|\overline{Y}_A^*-\overline{Y}_B^*|}{\sqrt{\frac{S_{YX}^2}{n_0}\left[1+\frac{\text{组间 } l_{XX}}{(a-1)\ \text{组内 } l_{XX}}\right]}}$$

式中 $\overline{Y}_A^*$、$\overline{Y}_B^*$ 为多重比较中任意两个对比组的修正均数，分母为其差值的标准误，S_{YX}^2 为组内的估计误差均方，n_0 为每组平均例数，a 为修正均数按大小顺序排列后的两对比修正均数间所包含的组数。

（三）Excel 程序

（1）输入数据，见表 5 – 35。

表 5 – 35　完全随机设计协方差分析的数据输入区域

	B	C	D	E	…	P	Q
2	=IF(B4<>"","甲组","")		=IF(D4<>"","乙组","")		…	=IF(P4<>"","辛组","")	
3	X_1	Y_1	X_2	Y_2	…	X_8	Y_8
4	各组数据输入区						
5							
…							

（2）F 值与 P 值的计算程序，见表 5 – 36 至表 5 – 42。

表 5 – 36　完全随机设计协方差分析的各指标计算程序

	S	T	U	…	AA
2	**组别**	=IF(T3="","","甲组")	=IF(U3="","","乙组")	…	=IF(AA3="","","辛组")
3	n_i	=IF(B4="","",COUNT(B:B))	=IF(D4="","",COUNT(D:D))	…	=IF(P4="","",COUNT(P:P))
4	$\bar{x}$	=IF(B4="","",AVERAGE (B:B))	=IF(D4="","",AVERAGE (D:D))	…	=IF(P4="","",AVERAGE (P:P))
5	S_x	=IF(B4="","",STDEV(B:B))	=IF(D4="","",STDEV(D:D))	…	=IF(P4="","",STDEV(P:P))
6	$\bar{y}$	=IF(C4="","",AVERAGE (C:C))	=IF(E4="","",AVERAGE (E:E))	…	=IF(Q4="","",AVERAGE (Q:Q))
7	S_y	=IF(C4="","",STDEV(C:C))	=IF(E4="","",STDEV(E:E))	…	=IF(Q4="","",STDEV(Q:Q))
8	b_i	=IF(C4="","",SLOPE (C4:C33,B4:B33))	=IF(E4="","",SLOPE (E4:E33,D4:D33))	…	=IF(Q4="","",SLOPE (Q4:Q33,P4:P33))
9	a_i	=IF(C4="","",INTERCEPT (C4:C33,B4:B33))	=IF(E4="","",INTERCEPT (E4:E33,D4:D33))	…	=IF(Q4="","",INTERCEPT (Q4:Q33,P4:P33))
10	r_i	=IF(C4="","",PEARSON (C4:C33,B4:B33))	=IF(E4="","",PEARSON (E4:E33,D4:D33))	…	=IF(Q4="","",PEARSON (Q4:Q33,P4:P33))

表 5 – 37　完全随机设计协方差分析应变量的方差齐性检验程序

	S	T	U	V	W	X	Y
13	**Bartlett 检验**			χ^2	ν	P	**结论**
14				=IF(T7="","",((SUM(T3:AA3)-W14-1)*LN(BJ25)-SUM(BJ24:BQ24))/BJ26)	=IF(T3="","",COUNT(T3:AA3)-1)	=IF(T7="","",CHIDIST(V14,W14))	=IF(X14="","",IF(X14>0.1,"方差齐","方差不齐"))

表 5－38　完全随机设计协方差分析的回归系数检验程序

	S	T	U	V	W	X	Y
17	***F*检验**	***F*＝**	=IF(C4="","",(W26^2/U26)/1/((V26-W26^2/U26)/(T26-1)))	***P*＝**	=IF(U17="","",FDIST(U17,1,T26-1))	**结 论**	=IF(W17="","",IF(W17<0.05,"X与Y有直线关系","X与Y无直线关系"))
18	***t*检验**	***t*＝**	=IF(C4="","",U30/(SQRT(Z26)/SQRT(U26)))	***P*＝**	=IF(U18="","",TDIST(U18,X26,2))	**结 论**	=IF(W18="","",IF(W18<0.05,"X与Y有直线关系","X与Y无直线关系"))

表 5－39　完全随机设计协方差分析的离均差平方和及积和计算程序

	S	T	U	V	W
21	**变异来源**	***ν***	**离均差平方和及积和**		
22			l_{XX}	l_{YY}	l_{XY}
23	总变异	=IF(C4="","",SUM(T3:AA3)-1)	=IF(C4="","",SUM(BJ5:BQ5)-SUM(BJ3:BQ3)^2/SUM(T3:AA3))	=IF(C4="","",SUM(BJ6:BQ6)-SUM(BJ4:BQ4)^2/SUM(T3:AA3))	=IF(C4="","",SUM(BJ7:BQ7)-SUM(BJ3:BQ3)*SUM(BJ4:BQ4)/SUM(T3:AA3))
24	组间变异	=IF(C4="","",COUNT(T3:AA3)-1)	=IF(C4="","",SUM(BJ8:BQ8)-SUM(BJ3:BQ3)^2/SUM(T3:AA3))	=IF(C4="","",SUM(BJ9:BQ9)-SUM(BJ4:BQ4)^2/SUM(T3:AA3))	=IF(C4="","",SUM(BJ10:BQ10)-SUM(BJ3:BQ3)*SUM(BJ4:BQ4)/SUM(T3:AA3))
25	组内变异	=IF(C4="","",T23-T24)	=IF(C4="","",U23-U24)	=IF(C4="","",V23-V24)	=IF(C4="","",W23-W24)

表 5－40　完全随机设计协方差分析的 *F* 值、*P* 值计算程序

	S	X	Y	Z	AA	AB
21	**变异来源**	**估计误差**			***F***	***P***
22		***ν***	$\Sigma(Y-\hat{Y})^2$	***MS***		
23	总变异	=IF(C4="","",T23-1)	=IF(C4="","",V23-W23^2/U23)			
25	组内变异	=IF(C4="","",T25-1)	=IF(C4="","",V25-W25^2/U25)	=IF(Y25="","",Y25/X25)		
26	修正均数	=IF(C4="","",X23-X25)	=IF(C4="","",Y23-Y25)	=IF(Y26="","",Y26/X26)	=IF(Z26="","",Z26/Z25)	=IF(AA26="","",FDIST(AA26,X26,X25))
27	结 论	=IF(AB26="","",IF(AB26<0.05,"各修正均数有差别","各修正均数无差别"))				

表 5－41　各组修正均数的计算程序

	S	T	U	…	AA
30	组 别	=IF(T31="","","甲组")	=IF(U31="","","乙组")	…	=IF(AA31="","","辛组")
31	各组修正均数	=IF(T4="","",T6-U29*(T4-BJ15))	=IF(U4="","",U6-U29*(U4-BJ15))	…	=IF(AA4="","",AA6-U29*(AA4-BJ15))

表 5－42　完全随机设计协方差分析修正均数的两两比较程序

	S	T	U	V	X	Y
34	**比较组**	**差 值 *d***	**组数 *a***	***q***	***P***	**结 论**
35	=IF(OR(T27="各修正均数无差别",T27="",T24<2),"",BJ31&"~"&BL31)	=IF(S35="","",BJ32-BL32)	=IF(S35="","",COUNT(BJ32:BL32))	=IF(S35="","",T35/SQRT((Z25/AVERAGE(BJ33:BQ33))*(1+U24/((U35-1)*U25))))	=IF(S35="","",IF(V35>W35,"<0.05",">0.05"))	=IF(S35="","",IF(V35>W35,BJ31&"和"&BL31&"修正均数不等",BJ31&"和"&BL31&"修正均数相等"))
…	……	……	……	……	……	……
62	=IF(OR(T27="各修正均数无差别",T27="",T24<4),"",BP31&"~"&BQ31)	=IF(S62="","",BP32-BQ32)	=IF(S62="","",COUNT(BP32:BQ32))	=IF(S62="","",T62/SQRT((Z25/AVERAGE(BJ33:BQ33))*(1+U24/((U62-1)*U25))))	=IF(S62="","",IF(V62>W62,"<0.05",">0.05"))	=IF(S62="","",IF(V62>W62,BP31&"和"&BQ31&"修正均数不等",BP31&"和"&BQ31&"修正均数相等"))

（四）结果显示

完全随机设计协方差分析数据及结果见图 5－8 和图 5－9。

完全随机设计协方差分析

	B	C	D	E	F	G
2	甲组		乙组		丙组	
3	X_1	Y_1	X_2	Y_2	X_3	Y_3
4	10.8	9.4	10.4	9.2	9.8	7.6
5	11.6	9.7	9.7	9.1	11.2	7.9
6	10.6	8.7	9.9	8.9	10.7	9.0
7	9.0	7.2	9.8	8.6	9.6	7.8
8	11.2	10.0	11.1	9.9	10.1	8.5
9	9.9	8.5	8.2	7.1	9.8	7.5
10	10.6	8.3	8.8	7.8	10.1	8.3
11	10.4	8.1	10.0	7.9	10.3	8.2
12	9.6	8.5	9.0	8.0	11.0	8.4
13	10.5	9.1	9.4	9.0	10.5	8.1
14	10.6	9.2	8.9	7.9	9.2	7.0
15	9.9	8.4	10.3	8.9	10.1	7.7
16	9.5	7.6	9.3	8.9	10.4	8.0
17	9.7	7.9	9.2	8.1	10.0	6.6
18	10.7	8.8	10.9	10.2	8.4	6.1

S	T	U	V
组 别	甲组	乙组	丙组
n_i	30	30	30
$\bar{x}$	10.09	9.88	9.95
S_x	0.82	0.82	0.70
$\bar{y}$	8.44	8.81	7.71
S_y	0.74	0.75	0.66
b_i	0.80	0.72	0.73
a_i	0.40	1.69	0.43
r_i	0.89	0.79	0.78

方差齐性检验

	χ^2	v	P	结 论
Bartlett 检验	0.52	2	0.770	方差齐

回归系数的检验（协变量与应变量直线关系的检验）

					结 论
F 检验	*F* =	177.83	*P* =	0.000	*X*与*Y*有直线关系
t 检验	*t* =	13.34	*P* =	0.000	*X*与*Y*有直线关系

图 5－8　完全随机设计协方差分析数据及计算结果（1）

	S	T	U	V	W	X	Y	Z	AA	AB
20	协方差分析表									
21	变异来源	v	离均差平方和及积和			估计误差			F	P
22			l_{XX}	l_{YY}	l_{XY}	v	$\Sigma(Y-\hat{Y})^2$	MS		
23	总变异	89	54.09	63.50	39.64	88	34.45			
24	组间变异	2	0.69	18.72	-0.50	86	14.60	0.17		
25	组内变异	87	53.40	44.78	40.15	2	19.85	9.93	58.48	0.000
26	修正均数									
27	结 论：	各修正均数有差别								
28										
29	公共回归系数 bc =0.752									
30	组 别	甲组	乙组	丙组						
31	各修正均数	8.36	8.88	7.73						
32										
33	SNK(Student-Newman-Keuls) 检验法两两比较									
34	比较组	差值d	组数a	q	q-界值	P	结 论			
35	乙组~丙组	1.15	3	15.23	3.40	<0.05	乙组和丙组修正均数不等			
36	乙组~甲组	0.52	2	6.89	2.83	<0.05	乙组和甲组修正均数不等			
37	甲组~丙组	0.63	2	8.30	2.83	<0.05	甲组和丙组修正均数不等			

图 5－9　完全随机设计协方差分析数据及计算结果（2）

由上图可见，Bartlett 方差齐性检验结果：$\chi^2=0.52$，$P=0.770>0.10$，各组应变量 Y 方差齐；回归系数检验结果：$F=177.83$（或 $t=13.34$），$P=0.000$，说明协变量 X 和应变量 Y 有直线关系；协方差分析结果：$F=58.48$，$P=0.000$，说明在扣除初始糖化血红蛋白含量因素的影响后，3 组患者的总体降糖化血红蛋白含量均数有差别；q 检验结果：甲组、乙组和丙组的总体修正均数两两间均有差别（P 均 <0.05），可以认为在扣除初始糖化血红蛋白含量影响后，丙组的平均降糖量最多，甲组次之，乙组平均降糖量最少。

二、随机区组设计的协方差分析

（一）实例

【例 5－7】把体重相近的 36 只大白鼠按一定条件分成 12 个区组，每个区组的 3 只大白鼠再随机分配到 3 种饲料组进行喂养，记录下 3 组大白鼠的进食量（X）和所增体重（Y）的原始资料，结果如表 5－43 所示。试分析 3 组大白鼠增重的总体均数是否有差别。

表 5－43　3 组大白鼠的进食量与增重（g）

	核黄素缺乏组		限食量组		不限食量组	
区别	X_1	Y_1	X_2	Y_2	X_3	Y_3
1	256.9	27.0	260.3	32.0	544.7	160.3
2	271.6	41.7	271.1	47.1	481.2	96.1
3	210.2	25.0	214.7	36.7	418.9	114.6
4	300.1	52.0	300.1	65.0	556.6	134.8

(续上表)

	核黄素缺乏组		限食量组		不限食量组	
区别	X_1	Y_1	X_2	Y_2	X_3	Y_3
5	262.2	14.5	269.7	39.0	394.5	76.3
6	304.4	48.8	307.5	37.9	426.6	72.8
7	272.4	48.0	278.9	51.5	416.1	99.4
8	248.2	9.5	256.2	26.7	549.9	133.7
9	242.8	37.0	240.8	41.0	580.5	147.0
10	342.9	56.5	340.7	61.3	608.3	165.8
11	356.9	76.0	356.3	102.1	559.6	169.8
12	198.2	9.2	199.2	8.1	371.9	54.3

(二) 公式

由完全随机设计资料协方差分析的（1）、(2)和(4)中的公式可求出总的、处理间、区组间（受试对象)、误差、处理＋误差的离均差平方和、积和及自由度；估计误差平方和、自由度和均方，公式在此省略。不同的是，修正均数项的估计误差平方和是由“处理＋误差项”的估计误差平方和减去误差项的估计误差平方和得到，这样就可以同时扣除协变量 X 和区组的影响。

(三) Excel 程序

（1）输入数据，如表 5－44 所示。

表 5－44　随机区组设计协方差分析的数据输入区域

	AF	AG	AH	AI	AJ	…	AU	AV
2	区 组	=IF(AG4<>"","甲组","")		=IF(AI4<>"","乙组","")		…	=IF(AU4<>"","辛组","")	
3		X_1	Y_1	X_2	Y_2	…	X_8	Y_8
4	=IF(AH4="","",1)	各组数据输入区						
5	=IF(AH5="","",AF4+1)							
…	…							

（2）计算程序：见表 5－45 和表 5－46。

表 5－45　随机区组设计协方差分析的离均差平方和及积和计算程序

	AX	AY	AZ	BA	BB
21	变异来源	ν	离均差平方和及积和		
22			l_{XX}	l_{YY}	l_{XY}
23	总变异	=IF(AH4="","",SUM(AY3:BF3)-1)	=IF(AH4="","",SUM(CC5:CJ5)-SUM(CC3:CJ3)^2/SUM(AY3:BF3))	=IF(AH4="","",SUM(CC6:CJ6)-SUM(CC4:CJ4)^2/SUM(AY3:BF3))	=IF(AH4="","",SUM(CC7:CJ7)-SUM(CC3:CJ3)*SUM(CC4:CJ4)/SUM(AY3:BF3))
24	处理间	=IF(AH4="","",COUNT(AY3:BF3)-1)	=IF(AH4="","",SUM(CC8:CJ8)-SUM(CC3:CJ3)^2/SUM(AY3:BF3))	=IF(AH4="","",SUM(CC9:CJ9)-SUM(CC4:CJ4)^2/SUM(AY3:BF3))	=IF(AH4="","",SUM(CC10:CJ10)-SUM(CC3:CJ3)*SUM(CC4:CJ4)/SUM(AY3:BF3))
25	区组间	=IF(AH4="","",COUNT(AF:AF)-1)	=IF(AH4="","",SUM(CW:CW)/COUNT(AY3:BF3)-SUM(CC3:CJ3)^2/SUM(AY3:BF3))	=IF(AH4="","",SUM(CX:CX)/COUNT(AY3:BF3)-SUM(CC4:CJ4)^2/SUM(AY3:BF3))	=IF(AH4="","",SUM(CY:CY)/COUNT(AY3:BF3)-SUM(CC3:CJ3)*SUM(CC4:CJ4)/SUM(AY3:BF3))
26	误 差	=IF(AH4="","",AY23-AY24-AY25)	=IF(AH4="","",AZ23-AZ24-AZ25)	=IF(AH4="","",BA23-BA24-BA25)	=IF(AH4="","",BB23-BB24-BB25)
27	处理＋误差	=IF(AH4="","",AY24+AY26)	=IF(AH4="","",AZ24+AZ26)	=IF(AH4="","",BA24+BA26)	=IF(AH4="","",BB24+BB26)

表 5－46　随机区组设计协方差分析的 F 值、P 值计算程序

	AX	BC	BD	BE	BF	BG
21	变异来源	估计误差			F	P
22		ν	$\Sigma(Y-\hat{Y})^2$	***MS***		
25	区组间	=IF(AH4="","",AY25)	=IF(AH4="","",BA25-BB25^2/AZ25)	=IF(BD26="","",BD26/BC26)	=IF(BE25="","",BE25/BE26)	=IF(AY25="","",FDIST(BF25,BC25,BC26))
26	误 差	=IF(AH4="","",AY26-1)	=IF(AH4="","",BA26-BB26^2/AZ26)	=IF(BD26="","",BD26/BC26)		
27	处理＋误差	=IF(AH4="","",AY27-1)	=IF(AH4="","",BA27-BB27^2/AZ27)			
28	**修正均数**	=IF(AH4="","",BC27-BC26)	=IF(AH7="","",BD27-BD26)	=IF(BD28="","",BD28/BC28)	=IF(BE28="","",BE28/BE26)	=IF(BF28="","",FDIST(BF28,BC28,BC26))
29	**结 论**	=IF(BG28="","",IF(BG28<0.05,"各修正均数有差别","各修正均数无差别"))			=IF(BG25="","",IF(BG25<0.05,"区组间有差别","区组间无差别"))	

（四）结果显示

随机区组设计的协方差分析结果见图 5－10 和图 5－11。

随机区组设计协方差分析

区组	甲组 X_1	甲组 Y_1	乙组 X_2	乙组 Y_2	丙组 X_3	丙组 Y_3
1	256.9	27.0	260.3	32.0	544.7	160.3
2	271.6	41.7	271.1	47.1	481.2	96.1
3	210.2	25.0	214.7	36.7	418.9	114.6
4	300.1	52.0	300.1	65.0	556.6	134.8
5	262.2	14.5	269.7	39.0	394.5	76.3
6	304.4	48.8	307.5	37.9	426.6	72.8
7	272.4	48.0	278.9	51.5	416.1	99.4
8	248.2	9.5	256.2	26.7	549.9	133.7
9	242.8	37.0	240.8	41.0	580.5	147.0
10	342.9	56.5	340.7	61.3	608.3	165.8
11	356.9	76.0	356.3	102.1	559.6	169.8
12	198.2	9.2	199.2	8.1	371.9	54.3

组 别	甲组	乙组	丙组
n_i	12	12	12
$\bar{x}$	272.23	274.63	492.40
S_x	47.75	46.51	82.93
$\bar{y}$	37.10	45.70	118.74
S_y	20.64	23.36	39.08
b_i	0.37	0.42	0.43
a_i	-64.04	-69.81	-92.23
r_i	0.86	0.84	0.91

方差齐性检验

Bartlett 检验	χ^2	v	P	结 论
（要求数据正态性）	5.15	2	0.076	方差不齐

回归系数的检验（协变量与应变量直线关系的检验）

					结 论
F 检验	$F=$ 58.26		$P=$	0.000	X与Y有直线关系
t 检验	$t=$ 7.63		$P=$	0.000	X与Y有直线关系

图 5－10 随机区组设计协方差分析计算结果（1）

协方差分析表

变异来源	v	离均差平方和及积和 l_{XX}	l_{YY}	l_{XY}	估计误差 v	$\Sigma(Y-\hat{Y})^2$	MS	F	P
总变异	35	508150.08	75786.36	187349.14					
处理间	2	383620.13	48297.63	135607.96					
区组间	11	87586.70	19089.12	36638.31	11	3762.98	342.09	3.23	**0.010**
误差	22	36943.25	8399.61	15102.87	21	2225.36	105.97		
处理+误差	24	420563.37	56697.24	150710.84	23	2689.31			
修正均数					2	463.95	231.97	2.19	**0.137**

结 论： 各修正均数无差别； 区组间有差别

公共回归系数 bc ＝ 0.409

组 别	甲组	乙组	丙组
各修正均数	67.43	75.05	59.06

SNK(Student-Newman-Keuls) 检验法两两比较：

比较组	差值d	组数a	q	q-界值	P	结 论
乙组~丙组	15.99	3	2.16	3.58	>0.05	乙组和丙组修正均数相等
乙组~甲组	7.62	2	0.76	2.95	>0.05	乙组和甲组修正均数相等
甲组~丙组	8.37	2	0.83	2.95	>0.05	甲组和丙组修正均数相等

图 5－11 随机区组设计协方差分析计算结果（2）

由上图可见，Bartlett 方差齐性检验结果：$\chi^2=5.15$，$P=0.076>0.05$，各组应变量 Y 方差齐；回归系数检验结果：$F=58.26$（或 $t=7.63$），$P=0.000$，说明协变量 X 和应变量 Y 有直线关系；协方差分析结果：$F_{修正均数}=2.19$，$P=0.137>0.05$，说明 3 组大白鼠增重的总体修正均数无差别，即还不能认为 3 种饲料对增加大白鼠体重有作用。

第六章　χ^2 检验

χ^2 检验是一种以 χ^2 分布为理论依据，应用于推断两个（或多个）总体率或构成比之间有无差别，包括普通四格表、配对四格表、流行病学的病例对照与队列研究四格表以及 $R \times C$ 行列表资料等。

第一节　普通四格表 χ^2 检验

四格表资料是指相互独立的两个对比组（如试验组与对照组）按相互对立的两种结果（如阴性、阳性）交叉排列所得到的 4 个基本数值。普通四格表是指除配对四格表、病例对照研究与队列研究四格表以外的四格表资料，较为常见。

一、实例

【例 6－1】为了解某退烧药的效果，将 212 名发热病人随机分为两组，试验组服用新药，对照组服用公认的退烧药，观察结果见表 6－1，问两种药物退热的有效率是否有差别？

表 6－1　两种退热药的有效率比较

组别	有效	无效	合计	有效率(%)
试验组	85	18	103	82.52
对照组	78	31	109	71.56
合计	163	49	212	76.89

【例 6－2】如果【例 6－1】资料见表 6－2，问两种药物退热的有效率是否有差别？

表 6－2　两种退热药的有效率比较

组别	有效	无效	合计	有效率（%）
试验组	28	2	30	93.33
对照组	12	4	16	75.00
合计	40	6	46	86.96

【例 6－3】如果【例 6－1】资料如表 6－3 所示，问两种药物退热的有效率是否有差别？

表 6-3 两种退热药的有效率比较

组别	有效	无效	合计	有效率（%）
对照组	2	14	16	12.5
试验组	3	8	11	27.3
合计	5	22	27	22.7

二、公式

假若四格表资料的 4 个实际数分别为 a、b、c、d，n_R 为第 R 行的合计数，n_c 为第 C 列的合计数，n 是总例数，相应的理论值 $T_{RC}=\frac{n_R n_C}{n}$。那么在不同条件下，普通四格表 χ^2 检验有直接 χ^2（Pearsonχ^2）检验、校正 χ^2（Yates χ^2）检验和 Fisher 确切概率法。

直接 χ^2 检验：

$$\chi^2=\frac{(ad-bc)^2n}{(a+b)(b+c)(c+d)(d+a)},\ n\geqslant 40 \text{ 且 } T_{RC}\geqslant 5$$

校正 χ^2 检验：

$$\chi^2=\frac{\left(|ad-bc|-\frac{n}{2}\right)^2n}{(a+b)(b+c)(c+d)(d+a)},\ n\geqslant 40 \text{ 且 } 1\leqslant T_{RC}<5$$

确切概率法：

$$\sum p_i=\sum\frac{(a+b)!\,(b+c)!\,(c+d)!\,(d+a)!}{a!\,b!\,c!\,d!\,n!},\ n<40 \text{ 或 } T_{RC}<1$$

三、Excel 程序

1. 建立表格结构

表格结构包括标题、横标目（组别、阳性数、阴性数、合计）、纵标目（A 组、B 组、合计），以及建议使用、χ^2 值、校正 χ^2 值及其相对应的 P 值、Fisher 确切概率法计算的 P 值，分别占用各单元格，见图 6-1。

	B	C	D	E
3	**普通四格表的 χ^2 检验**			
4	**组别**	**阳性数**	**阴性数**	**合计**
5	**A组**			0
6	**B组**			0
7	**合计**	0	0	0
8	建议使用			
9	χ^2 =		P=	
10	校正 χ^2 =		P=	
11	确切概率计算法：		$P_{(双)}$=	
12			$P_{(-)}$=	
13			$P_{(+)}$=	

图 6-1 普通四格表结构

2. Excel 计算程序

周边合计、总例数、建议使用、χ^2 值、校正 χ^2 值及其 P 值、Fisher 确切概率法 P 值程序，见表 6-4。

表 6-4　普通四格表资料的 Excel 计算程序

	B	C	D	E
3	普通四格表的 χ^2 检验			
4	组别	阳性数	阴性数	合计
5	A组			=SUM(C5:D5)
6	B组			=SUM(C6:D6)
7	合计	=SUM(C5:C6)	=SUM(D5:D6)	=SUM(E5:E6)
8	建议使用	=IF(C5="","",IF(AND(E7>=40,M5>=5,N5>=5,M6>=5,N6>=5),"直接卡方检验",IF(AND(E7>=40,M5>=1,N5>=1,M6>=1,N6>=1),"校正卡方检验","确切概率计算法")))		
9	χ^2 =	=IF(C8="直接卡方检验",(C5*D6-D5*C6)^2*E7/(E5*E6*D7*C7),"")	P=	=IF(C9="","",CHIDIST(C9,1))
10	校正 χ^2 =	=IF(C8="校正卡方检验",(ABS(C5*D6-D5*C6)-E7/2)^2*E7/(E5*E6*D7*C7),"")	P=	=IF(C10="","",CHIDIST(C10,1))
11		确切概率计算法:	$P_{(双)}$=	=IF(C8=" 确切概率计算法 ",DSUM(R14:R100,R14,N11:N12),"")
12			$P_{(-)}$=	=IF(C8=" 确切概率计算法 ",DSUM(Q14:R100,R14,M11:N12),"")
13			$P_{(+)}$=	=IF(C8=" 确切概率计算法 ",DSUM(Q14:R100,R14,P11:Q12),"")

3. 确切概率法的中间计算过程

（1）理论值以及所给四格表确切概率 $P_{(0)}$ 的计算程序，见表 6-5。

表 6-5　确切概率法的 Excel 中间计算程序（1）

	L	M	N
5	理论值	=E5*C7/E7	=E5*D7/E7
6		=E6*C7/E7	=E6*D7/E7
7	$P_{(0)}$	=IF(C8="确切概率计算法",FACT(E5)* FACT(E6)*FACT(C7)*FACT(D7)/(FACT(C5)*FACT(D5)*FACT(C6)* FACT(D6)*FACT(E7)),"")	

（2）由小到大顺序排列周边合计，见表6－6。

表6－6 确切概率法的 Excel 中间计算程序（2）

	M	N	O	P
9	=MIN(C7,D7,E5,E6)	=IF(MIN(C7,D7,E5,E6)=MIN(E5,E6),MIN(C7,D7),MIN(E5,E6))	=IF(MAX(C7,D7,E5,E6)=MAX(E5,E6),MAX(C7,D7),MAX(E5,E6))	=MAX(C7,D7,E5,E6)

（3）设定概率累加筛选值：设定 D 值为所给四格表的 $ad-bc$、P 值为根据公式（6－3）计算的结果，为了与下表相同（筛选语句的要求），分别记作 D_i、P_i，见表6－7。

表6－7 确切概率法的 Excel 中间计算程序（3）

	M	N	O	P	Q
11	D_i	P_i	…	D_i	P_i
12	="<="&C5*D6-D5*C6	="<="&M7	…	=">="&ABS（C5*D6-D5*C6）	="<="&M7

（4）不同组合表的确切概率计算：包括各组合表的序号 i 值，不同组合表的 a、b、c、d、D_i、P_i 值，见表6－8。

表6－8 确切概率法的 Excel 中间计算程序（4）

	L	M	N	O	P	Q	R
14	i	a	b	c	d	D_i	P_i
16	=IF(L15>M$9,"",L15+1)	=IF(O16="","",M$9-O16)	=IF(O16="","",O$9-M16)	=IF(OR(M$9<0,(M$9+1)<L16),"",M$9+1-L16)	=IF(O16="","",N$9-O16)	=IF(O16="","",(M16*P16-N16*O16))	=IF(O16="","",FACT(M16+N16)*FACT(O16+P16)*FACT(M16+O16)*FACT(N16+P16)/(FACT(M16)*FACT(N16)*FACT(O16)*FACT(P16)*FACT(M16+N16+O16+P16)))
17	=IF(L16>M$9,"",L16+1)	=IF(O17="","",M$9-O17)	=IF(O17="","",O$9-M17)	=IF(OR(M$9<0,(M$9+1)<L17),"",M$9+1-L17)	=IF(O17="","",N$9-O17)	=IF(O17="","",(M17*P17-N17*O17))	=IF(O17="","",FACT(M17+N17)*FACT(O17+P17)*FACT(M17+O17)*FACT(N17+P17)/(FACT(M17)*FACT(N17)*FACT(O17)*FACT(P17)*FACT(M17+N17+O17+P17)))
18	=IF(L17>M$9,"",L17+1)	=IF(O18="","",M$9-O18)	=IF(O18="","",O$9-M18)	=IF(OR(M$9<0,(M$9+1)<L18),"",M$9+1-L18)	=IF(O18="","",N$9-O18)	=IF(O18="","",(M18*P18-N18*O18))	=IF(O18="","",FACT(M18+N18)*FACT(O18+P18)*FACT(M18+O18)*FACT(N18+P18)/(FACT(M18)*FACT(N18)*FACT(O18)*FACT(P18)*FACT(M18+N18+O18+P18)))
…	…	…	…	…	…	…	…
100	=IF(L99>M$9,"",L99+1)	=IF(O100="","",M$9-O100)	=IF(O100="","",O$9-M100)	=IF(OR(M$9<0,(M$9+1)<L100),"",M$9+1-L100)	=IF(O100="","",N$9-O100)	=IF(O100="","",(M100*P100-N100*O100))	=IF(O100="","",FACT(M100+N100)*FACT(O100+P100)*FACT(M100+O100)*FACT(N100+P100)/(FACT(M100)*FACT(N100)*FACT(O100)*FACT(P100)*FACT(M100+N100+O100+P100)))

注：L15 单元格赋值为0。

四、结果显示

【例6－1】的计算结果：应用直接卡方检验，$\chi^2=3.5827$，$P=0.0584>0.05$，没有统计学差异，见图6－2。

	B	C	D	E
3	普通四格表的χ^2检验			
4	组别	阳性数	阴性数	合计
5	A组	85	18	103
6	B组	78	31	109
7	合计	163	49	212
8	建议使用	直接卡方检验		
9	χ^2 =	3.5827	P=	0.0584
10	校正χ^2 =		P=	
11	确切概率计算法:		$P_{(双)}$=	
12			$P_{(-)}$=	
13			$P_{(+)}$=	

图6－2　【例6－1】的Excel计算结果（直接卡方检验）

【例6－2】的计算结果：应用校正卡方检验，$\chi^2=1.6871$，$P=0.1940>0.05$，没有统计学差异，见图6－3。

	B	C	D	E
3	普通四格表的χ^2检验			
4	组别	阳性数	阴性数	合计
5	A组	28	2	40
6	B组	12	4	16
7	合计	40	6	56
8	建议使用	校正卡方检验		
9	χ^2 =		P=	
10	校正χ^2 =	1.6871	P=	0.1940
11	确切概率计算法:		$P_{(双)}$=	
12			$P_{(-)}$=	
13			$P_{(+)}$=	

图6－3　【例6－2】的Excel计算结果（校正卡方检验）

【例6－3】的计算结果：应用确切概率计算法，$P_{(双)}=0.3705>0.05$，没有统计学差异，见图6－4。

	B	C	D	E
3	普通四格表的χ^2检验			
4	组别	阳性数	阴性数	合计
5	A组	2	14	16
6	B组	3	8	11
7	合计	5	22	27
8	建议使用	确切概率计算法		
9	χ^2 =		P=	
10	校正χ^2 =		P=	
11	确切概率计算法：		$P_{(双)}$=	0.3705
12			$P_{(-)}$=	0.3164
13			$P_{(+)}$=	0.0541

图6-4 【例6-3】的Excel计算结果（确切概率计算法）

第二节 配对四格表χ^2检验

计数资料的配对设计常用于两种检验方法、培养方法、诊断方法的比较。其特点是分别用两种不同方法处理样本中的观察单位，然后观察这两种方法的某两分类变量的计数结果。

一、实例

【例6-4】有54份咽喉涂抹标本，把每份标本一分为二，以相同的条件接种于甲、乙两种白喉杆菌培养基上，观察白喉杆菌的生长情况，结果如表6-9所示。问两种培养基上白喉杆菌的生长有无差别？

表6-9 两种培养基白喉杆菌生长情况

甲培养基	乙培养基		合计
	+	-	
+	5	10	15
-	30	9	39
合计	35	19	54

二、公式

上述资料为配对设计的四格表资料。每种处理的观察结果只有阳性和阴性两种可能，配对结果共有4种情形：甲+乙+（a=5），甲+乙-（b=10），甲-乙+（c=30），甲-乙-（d=9）。

在比较两种检测方法结果有无差别时，计算如下：

$$\chi^2=\frac{(b-c)^2}{(b+c)},\ v=1 \qquad b+c\geqslant 40$$

$$\chi^2=\frac{(|b-c|-1)^2}{(b+c)},\ v=1 \qquad b+c<40$$

三、Excel 程序

1. 建立表格结构

表格结构包括标题、横标目（甲+、甲-、合计）、纵标目（乙+、乙-、合计），以及建议使用、χ^2 值、校正 χ^2 值及其相对应的 P 值，分别占用各单元格，见图 6-5。

	G	H	I	J
3	配对四格表的 χ^2 检验			
4		甲 +	甲 -	合计
5	乙 +			0
6	乙 -			0
7	合计	0	0	0
8	建议使用			
9	χ^2 =		P =	
10	校正 χ^2 =		P =	

图 6-5　配对四格表结构

2. Excel 计算程序

周边合计、总例数、建议使用、χ^2 值、校正 χ^2 值及其 P 值程序，见表 6-10。

表 6-10　配对四格表资料的 Excel 计算程序

	G	H	I	J
3	配对四格表的 χ^2 检验			
4		甲+	甲-	合计
5	乙+			=SUM(H5:I5)
6	乙-			=SUM(H6:I6)
7	合计	=SUM(H5:H6)	=SUM(I5:I6)	=SUM(J5:J6)
8	建议使用	=IF(I5="","",IF((H6+I5)>=40,"直接卡方检验","校正卡方检验"))		
9	χ^2 =	=IF(H8="直接卡方检验",(I5-H6)^2/(I5+H6),"")	P=	=IF(H9="","",CHIDIST(H9,1))
10	校正 χ^2 =	=IF(H8="校正卡方检验",(ABS(I5-H6)-1)^2/(I5+H6),"")	P=	=IF(H10="","",CHIDIST(H10,1))

四、结果显示

【例6－4】的计算结果：应用配对四格表直接卡方检验，$\chi^2=10.0000$，$P=0.0016<0.01$，两种培养基上白喉杆菌的生长存在统计学差异，见图6－6。

	G	H	I	J
3	配对四格表的 χ^2 检验			
4		甲 +	甲 －	合计
5	乙 +	5	10	15
6	乙 －	30	9	39
7	合计	35	19	54
8	建议使用	直接卡方检验		
9	χ^2 =	10.0000	P =	0.0016
10	校正 χ^2 =		P =	

图6－6 配对四格表资料的 Excel 计算结果

第三节 队列研究、病例对照研究的四格表 χ^2 检验

队列研究、病例对照研究是流行病学常用的研究方法之一。队列研究、病例对照研究的资料往往属于四格表资料或者可以转换成为四格表资料。

一、实例

【例6－5】某研究为了探讨乙肝与肝癌的关系，随访观察了107例乙肝患者和193名正常人若干年，其中乙肝组有6人出现肝癌，正常人组有2人出现肝癌，见表6－11，问乙肝与肝癌是否有关系？

表6－11 乙肝与肝癌关系的队列研究结果（人）

组别	患肝癌	不患肝癌	合计
乙肝组	6	101	107
正常组	2	191	193
合计	8	292	300

【例6－6】为了研究吸烟与肺癌的关系，调查了328例肺癌患者的吸烟史，其中吸烟者265人，同时又调查了258例非肺癌人群（对照组），吸烟者151人，见表6－12，问吸烟是否为肺癌的危险因素？

表6-12　吸烟与肺癌关系的病例对照研究结果（人）

组别	吸烟者	不吸烟者	合计
肺癌组	265	63	328
对照组	151	107	258
合计	416	170	586

二、公式

【例6-5】、【例6-6】资料分别为队列研究和病例对照研究的四格表资料。Mantel-Haenszel（M-H）χ^2 值计算公式和 Miettinen 法的 *RR*（*OR*）可信区间计算公式如下：

$$\chi^2_{M-H}=\frac{(|a-E(a)|-0.5)^2}{V(a)},\ v=1$$

$$E(a)=\frac{(a+b)(a+c)}{n}$$

$$V(a)=\frac{(a+b)(b+d)(a+c)(b+c)}{n^2(n-1)}$$

$$RR=\frac{a/(a+b)}{c/(c+d)}$$

$$RR95\%C.L=RR^{1\pm1.96/\sqrt{\chi^2}}$$

$$OR=\frac{ad}{bc}$$

$$OR95\%C.L=OR^{1\pm1.96/\sqrt{\chi^2}}$$

三、Excel 程序

1. 建立表格结构

表格结构包括标题、横纵标目、χ^2_{M-H}值、*P* 值及 *RR*（*OR*）值、*RR*（*OR*）值的95%可信区间，分别占用各单元格，见图6-7。

	B	C	D	E	F	G	H	I	J
15	队列研究的M-H χ^2检验					病例对照研究的M-H χ^2检验			
16	组 别	发病数	未病数	合计		组 别	暴露数	未暴露数	合计
17	暴露组			0		病例组			0
18	非暴露组			0		对照组			0
19	合 计	0	0	0		合 计	0	0	0
20	χ^2_{M-H}		*P*=			χ^2_{M-H}		*P* =	
21	*RR*=					*OR*=			
22	*RR* 95%C.I.$_L$=					*OR* 95%C.I.$_L$=			
23	*RR* 95%C.I.$_U$=					*OR* 95%C.I.$_U$=			

图6-7　队列（病例对照）研究四格表

2. Excel计算程序

周边合计、总例数、χ^2_{M-H}值、P值及RR（OR）值、RR（OR）的95%可信区间程序，见表6－13、表6－14。

表6－13 队列研究四格表资料的Excel计算程序

	B	C	D	E
15	队列研究的χ^2_{M-H}检验			
16	组 别	发病数	未病数	合计
17	暴露组			=SUM(C17:D17)
18	非暴露组			=SUM(C18:D18)
19	合 计	=SUM(C17:C18)	=SUM(D17:D18)	=SUM(E17:E18)
20	χ^2_{M-H} =	=IF(C17="","",(C17-E17*C19/E19-0.5)^2*(E19^3-E19^2)/(E17*E18*D19*C19))	P=	=IF(C20="","",CHIDIST(C20,1))
21	RR=	=IF(C17="","",(C17/E17)/(C18/E18))		
22	RR95%C.I.$_L$=	=IF(C21="","",C21^(1-1.96/SQRT(C20)))		
23	RR95%C.I.$_U$=	=IF(C21="","",C21^(1+1.96/SQRT(C20)))		

表6－14 病例对照研究四格表资料的Excel计算程序

	G	H	I	J
15	病例对照研究的χ^2_{M-H}检验			
16	组 别	暴露数	未暴露数	合计
17	病例组			=SUM(H17:I17)
18	对照组			=SUM(H18:I18)
19	合 计	=SUM(H17:H18)	=SUM(I17:I18)	=SUM(J17:J18)
20	χ^2_{M-H} =	=IF(H17="","",(H17-J17*H19/J19-0.5)^2*(J19^3-J19^2)/(J17*J18*I19*H19))	P=	=IF(H20="","",CHIDIST(H20,1))
21	OR=	=IF(H17="","",(H17*I18)/(I17*H18))		
22	OR95%C.I.$_L$=	=IF(H21="","",H21^(1-1.96/SQRT(H20)))		
23	OR95%C.I.$_U$=	=IF(H21="","",H21^(1+1.96/SQRT(H20)))		

四、结果显示

【例6-5】队列研究的计算结果：$\chi^2_{M-H}=3.9075$、$P=0.0481<0.05$、$RR=5.4112$、$RR95\%$可信区间为（1.0144，28.8656），说明乙肝与肝癌有联系；

【例6-6】病例对照研究计算结果：$\chi^2_{M-H}=33.6326$、$P=0.0000<0.01$、$OR=2.9807$、$OR95\%$可信区间为（2.0607，4.3114），说明吸烟是肺癌的危险因素，见图6-8。

	B	C	D	E	F	G	H	I	J
15	队列研究的M-H χ^2检验					病例对照研究的M-H χ^2检验			
16	组 别	发病数	未病数	合计		组 别	暴露数	未暴露数	合计
17	暴露组	6	101	107		病例组	265	63	328
18	非暴露组	2	191	193		对照组	151	107	258
19	合 计	8	292	300		合 计	416	170	586
20	$\chi^2_{M-H}=$	3.9075	$P=$	0.0481		$\chi^2_{M-H}=$	33.6326	$P=$	0.0000
21	$RR=$	5.4112				$OR=$	2.9807		
22	RR 95%C.I.$_L$=	1.0144				OR 95%C.I.$_L$=	2.0607		
23	RR 95%C.I.$_U$=	28.8656				OR 95%C.I.$_U$=	4.3114		

图6-8 队列（病例对照）研究四格表资料的Excel计算结果

第四节 行×列表资料的χ^2检验

行×列表资料是指除四格表资料之外的其他2行以上或/和2列以上的交叉行列资料，或称$R\times C$表资料。本程序适合行数或列数小于10的$R\times C$表资料。

一、实例

【例6-7】某医生运用3种不同方法治疗慢性支气管炎，疗效如表6-15所示，试比较3种方法治疗慢性支气管炎的疗效。

表6-15 三种不同方法治疗慢性支气管炎的疗效比较

分组	有效	无效	合计	有效率（%）
西药	46	21	67	68.66
中药	23	14	37	62.16
中西医结合	121	16	137	88.32
合计	190	51	241	78.84

【例6-8】欲了解儿童急性白血病患者的血型分布是否与成年患者有所不同，资料见表6-16。试分析儿童急性白血病患者和成年患者的血型分布构成比有无差别。

表6-16 儿童和成年急性白血病患者的血型分布

分组	A型	B型	O型	AB型	合计
儿童	26	36	10	28	100
成人	27	28	7	17	79
合计	53	64	17	45	179

二、公式

如果总例数为 n，第 R 行 C 列的实际频数为 A_{RC}，相应的理论值 $T_{RC}=\frac{n_R\cdot n_C}{n}$，行、列合计数分别为 n_R、n_c，那么 $R\times C$ 表资料 χ^2 值计算公式如下：

$$\chi^2=\sum\frac{(A_{RC}-T_{RC})^2}{T_{RC}},\ v=(R-1)(C-1)$$

$$\chi^2=n\left(\sum\frac{A_{RC}{}^2}{n_R n_C}-1\right),\ v=(R-1)(C-1)$$

上述公式的适用条件：各理论数大于1，或理论数小于5的比例少于1/5。

三、Excel 程序

1. 建立表格结构

表格结构包括标题、标目、χ^2 值、P 值，见图6-9。

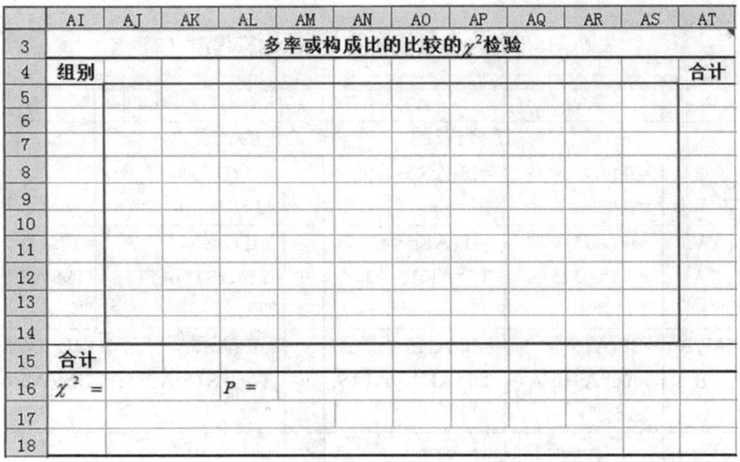

图6-9 行×列表结构

2. Excel 计算程序

周边合计、总例数、χ^2 值、P 值及依据条件给出建议，见表6-17。

表 6-17　行×列表资料的 Excel 计算程序（1）

	AI	AJ	AK	AL	AM	…	AS	AT
3	行×列表的 χ^2 检验(多率或构成比的比较)							
4	组别	=IF(AJ5<>"","A","")	=IF(AK5<>"","B","")	=IF(AL5<>"","C","")	=IF(AM5<>"","D","")	…	=IF(AS5<>"","J","")	合计
5	=IF(AJ5<>"","A组","")					…		=IF(AJ5<>"",SUM(AJ5:AS5),"")
6	=IF(AJ6<>"","B组","")					…		=IF(AJ6<>"",SUM(AJ6:AS6),"")
…	…	…	…	…	…	…	…	…
14	=IF(AJ14<>"","J组","")					…		=IF(AJ14<>"",SUM(AJ14:AS14),"")
15	合 计	=IF(AJ5<>"",SUM(AJ5:AJ14),"")	=IF(AK5<>"",SUM(AK5:AK14),"")	=IF(AL5<>"",SUM(AL5:AL14),"")	=IF(AM5<>"",SUM(AM5:AM14),"")	…	=IF(AS5<>"",SUM(AS5:AS14),"")	=IF(AT5<>"",SUM(AT5:AT14),"")
16	χ^2=	=BG29	P=	=IF(AJ16="","",CHIDIST(AJ16,AW33))				
17	=IF(AJ5="","",IF(OR(AW31/AW30>0.2,AW32>0),"建议：",""))							
18	=IF(AJ5="","",IF(OR(AW31/AW30>0.2,AW32>0),"合并或删去或增加例数,因为有理论数小于 1 或超过 1/5 的小于 5",""))							

3. 行×列表的 χ^2 检验的中间计算程序

（1）理论值的计算，见表 6-18。

表 6-18　行×列表资料的 Excel 计算程序（2）

	AV	AW	AX	…	BF	BG
3	行×列表的 χ^2 检验理论值的计算					
4	组别	=IF(AW5<>"","A","")	=IF(AX5<>"","B","")	…	=IF(BF5<>"","J","")	合计
5	=IF(AW5<>"","A组","")	=IF(AJ5<>"",AT5*AJ15/AT15,"")	=IF(AK5<>"",AT5*AK15/AT15,"")	…	=IF(AS5<>"",AT5*AS15/AT15,"")	=IF(AW5<>"",SUM(AW5:BF5),"")
6	=IF(AW6<>"","B组","")	=IF(AJ6<>"",AT6*AJ15/AT15,"")	=IF(AK6<>"",AT6*AK15/AT15,"")	…	=IF(AS6<>"",AT6*AS15/AT15,"")	=IF(AW6<>"",SUM(AW6:BF6),"")
…	…	…	…	…	…	…
14	=IF(AW14<>"","J组","")	=IF(AJ14<>"",AT14*AJ15/AT15,"")	=IF(AK14<>"",AT14*AK15/AT15,"")	…	=IF(AS13<>"",AT13*AS15/AT15,"")	=IF(AW13<>"",SUM(AW13:BF13),"")
15	合计	=IF(AW5<>"",SUM(AW5:AW14),"")	=IF(AX5<>"",SUM(AX5:AX14),"")	…	=IF(BF5<>"",SUM(BF5:BF14),"")	=IF(BG5<>"",SUM(BG5:BG14),"")

（2）$(A-T)^2/T$ 的计算，见表 6－19。

表 6－19　行 × 列表资料的 Excel 计算程序（3）

	AV	AW	AX	…	BF	BG
17	行×列表的 χ^2 检验$(A-T)^2/T$ 的计算					
18	组别	=IF(AW19<>"","A","")	=IF(AX19<>"","B","")	…	=IF(BF19<>"","J","")	合计
19	=IF(AW19<>"","A组","")	=IF(AJ5<>"",(AJ5-AW5)^2/AW5,"")	=IF(AK5<>"",(AK5-AX5)^2/AX5,"")	…	=IF(AS5<>"",(AS5-BF5)^2/BF5,"")	=IF(AW19<>"",SUM(AW19:BF19),"")
20	=IF(AW20<>"","B组","")	=IF(AJ6<>"",(AJ6-AW6)^2/AW6,"")	=IF(AK6<>"",(AK6-AX6)^2/AX6,"")	…	=IF(AS6<>"",(AS6-BF6)^2/BF6,"")	=IF(AW20<>"",SUM(AW20:BF20),"")
…	…	…	…	…	…	…
28	=IF(AW27<>"","J组","")	=IF(AJ13<>"",(AJ13-AW13)^2/AW13,"")	=IF(AK13<>"",(AK13-AX13)^2/AX13,"")	…	=IF(AS13<>"",(AS13-BF13)^2/BF13,"")	=IF(AW27<>"",SUM(AW27:BF27),"")
29	合计	=IF(AW19<>"",SUM(AW19:AW27),"")	=IF(AX19<>"",SUM(AX19:AX27),"")	…	=IF(BF19<>"",SUM(BF19:BF27),"")	=IF(BG19<>"",SUM(BG19:BG27),"")

（3）特殊格子数、自由度的计算，见表 6－20。

表 6－20　行 × 列表资料的 Excel 计算程序（4）

	AV	AW	备注
30	n	=COUNT(AW5:BF14)	计算总格子数
31	$n_{T<5}$	=COUNTIF(AW5:BF14,"<5")	计算理论数少于 5 的格子数
32	$n_{T\leq 1}$	=COUNTIF(AW5:BF14,"<=1")	计算理论数少于等于 1 的格子数
33	v	=(COUNT(AW5:AW14)-1)*(COUNT(AW5:BF5)-1)	计算 $R×C$ 表的自由度

四、结果显示

【例 6－7】的计算结果：$\chi^2=17.715$，得 $P=0.0001<0.01$，差异有统计学意义，见图 6－10。

	AI	AJ	AK	AL	AM	AN	AT
3	多率或构成比的比较的χ^2检验						
4	组别	A	B				合计
5	A组	46	21				67
6	B组	23	14				37
7	C组	121	16				137
15	合计	190	51				241
16	χ^2 =	17.7148		P =	0.0001		
17							
18							

图6－10　多组率比较的 Excel 计算结果

【例6－8】的计算结果：$\chi^2=1.798$，得 $P=0.6153>0.05$，差异无统计学意义，见图6－11。

	AI	AJ	AK	AL	AM	AT
3	多率或构成比的比较的χ^2检验					
4	组别	A	B	C	D	合计
5	A组	26	36	10	28	100
6	B组	27	28	7	17	79
15	合计	53	64	17	45	179
16	χ^2 =	1.7982		P =	0.6153	
17						
18						

图6－11　多组构成比比较的 Excel 计算结果

第五节　提　示

（1）四格表资料确切概率法的不同组合表个数为四格表行或列合计的最小数加1，考虑其使用条件，组合表个数设定为20；行×列表资料最大行数或列数为10。如有更多的需要，利用 Excel 的下拉（或平拉）填充功能并作适当修改，完成程序的编制。

（2）在总例数 $n<40$ 的情况下，给出的程序列出了确切概率法计算的不同组合表，计算了各组合表相应的 P_i 值，但当 $n=40$ 或更大时，确切概率法的阶乘运算可能存在计算溢出问题，借用 VB 编程可以解决，限于篇幅，有关过程和程序不作赘述。

第七章　秩和检验

参数检验（parametric test）是推断两个或两个以上总体参数是否具有相同分布的检验方法，它不依赖总体分布的具体形式，不考虑研究变量服从何种分布，不管分布是否已知，只对分布（不是对参数）进行比较，又称为非参数检验（nonparametric test）。

第一节　配对设计差值比较的符号秩检验

配对设计差值比较的符号秩检验又称 Wilcoxon 符号秩检验（Wilcoxon signed-rank test），常用于检验差值的总体中位数是否等于零。

一、实例

【例 7－1】为比较定量骨超声测定仪与磁共振成像仪对原发性骨质疏松性椎体骨折诊断结果是否有差别，某医师分别对 16 例伴有脊椎压缩性骨折绝经妇女，采用两法检测其骨硬度（%），结果见表 7－1。问：骨超声和磁共振两法检测结果是否有差别?

表 7－1　两法检测硬度的结果（%）

观察对象	骨超声	磁共振
1	40	20
2	52	42
3	40	42
4	30	32
5	38	25
6	43	12
7	75	75
8	20	27
9	65	70
10	36	0
11	80	100
12	72	35
13	46	14
14	25	13
15	91	76
16	43	38

二、计算步骤与公式

(1) 计算差值，并省略差值为 0 的对子。

(2) 依差值的绝对值从小到大编秩，秩次的符号依差值而定；相同差值，取平均秩次。

(3) $n \leq 50$，查表，确定 P 值；$n > 50$，采用正态近似法计算：

$$u = \frac{|T - n(n+1)/4| - 0.5}{\sqrt{n(n+1)(2n+1)/24}}$$

式中，T：正差值的秩和或负差值的秩和；n：差值的总个数。

三、Excel 程序

1. 编写样本号程序、录入原始数据

在 B4、C4、D4 单元格分别输入样本号、A 组、B 组。B5 及以下为样本数据编号程序，C5、D5 及以下依次直接输入两组观察数据，见表 7－2。

表 7－2　样本号程序及原始数据的录入

	B	C	D
3	配对设计符号秩和检验（Wilcoxon 符号秩检验）		
4	样本号	A组	B组
5	=IF(C5<>"",1,"")	40	20
6	=IF(C6<>"",B5+1,"")	52	42
7	=IF(C7<>"",B6+1,"")	40	42
8	=IF(C8<>"",B7+1,"")	30	32
9	=IF(C9<>"",B8+1,"")	38	25
10	=IF(C10<>"",B9+1,"")	43	12
11	=IF(C11<>"",B10+1,"")	75	75
12	=IF(C12<>"",B11+1,"")	20	27
13	=IF(C13<>"",B12+1,"")	65	70
14	=IF(C14<>"",B13+1,"")	36	0
15	=IF(C15<>"",B14+1,"")	80	100
16	=IF(C16<>"",B15+1,"")	72	35
17	=IF(C17<>"",B16+1,"")	46	14
18	=IF(C18<>"",B17+1,"")	25	13
19	=IF(C19<>"",B18+1,"")	91	76
20	=IF(C20<>"",B19+1,"")	43	38

2. 符号秩和检验程序的编制

（1）秩次的计算程序，见表7－3。

表7－3　符号秩和检验秩次计算的程序

	E	F	G	H
4	差值	差值绝对值	正差秩次	负差秩次
5	=IF(B5<>"",C5-D5,"")	=IF(AND(B5<>"",E5<>0),ABS(E5),"")	=IF(E5<0,"",IF(AND(B5<>"",F5<>""),(RANK(F5,F:F,1)+(COUNT(F:F)+1-RANK(F5,F:F,0)-RANK(F5,F:F,1))/2),""))	=IF(E5>0,"",IF(AND(B5<>"",F5<>""),(RANK(F5,F:F,1)+(COUNT(F:F)+1-RANK(F5,F:F,0)-RANK(F5,F:F,1))/2),""))
6	=IF(B6<>"",C6-D6,"")	=IF(AND(B6<>"",E6<>0),ABS(E6),"")	=IF(E6<0,"",IF(AND(B6<>"",F6<>""),(RANK(F6,F:F,1)+(COUNT(F:F)+1-RANK(F6,F:F,0)-RANK(F6,F:F,1))/2),""))	=IF(E6>0,"",IF(AND(B6<>"",F6<>""),(RANK(F6,F:F,1)+(COUNT(F:F)+1-RANK(F6,F:F,0)-RANK(F6,F:F,1))/2),""))
…	…	…	…	…

（2）结果部分的程序，见表7－4。

表7－4　符号秩和检验结果计算的程序

	I	J
5	T_+=	=IF(D5="","",SUM(G:G))
6	T_-=	=IF(D5="","",SUM(H:H))
7	n=	=IF(D5="","",COUNT(F:F))
8	=IF(J7="","",IF(J7<=50,"　建议使用查表法","　建议使用近似正态法"))	
9	查表1：	
10	近似正态法：	
11	u=	=(ABS(J5-J7*(J7+1)/4)-0.5)/SQRT(J7*(J7+1)*(2*J7+1)/24)
12	P=	=2*NORMSDIST(-J11)
13	结论	=IF(J11<1.96,"差异无统计学意义","差异有统计学意义")

（3）“查表1”按钮的VB程序，限于篇幅，此处省略。

四、结果显示

本例结果显示，建议使用查表法，查表1结果，$P<0.05$，差异有统计学意义，即骨超声和磁共振两法检测结果存在差别，见图7－1。

	B	C	D	I	J
3	配对设计符号秩和检验(Wilcoxon 符号秩检验)				
4	样本号	A组	B组	结果	
5	1	40	20	$T_+=$	98
6	2	52	42	$T_-=$	22
7	3	40	42	n =	15
8	4	30	32	建议使用查表法	
9	5	38	25	查表1	P<0.05
10	6	43	12	近似正态法:	
11	7	75	75	$u=$	2.1299
12	8	20	27	$P=$	0.0332
13	9	65	70	结论:	差异有统计学意义
14	10	36	0		
15	11	80	100		
16	12	72	35		
17	13	46	14		
18	14	25	13		
19	15	91	76		
20	16	43	38		

图 7－1 【例 7－1】的计算结果

第二节 原始资料的两个独立样本比较的 Wilcoxon 秩检验

原始资料两个独立样本比较的 Wilcoxon 秩检验用于推断两个独立计量的原始样本资料的总体分布是否有差别。

一、实例

【例 7－2】对 10 例肺癌病人和 12 例矽肺 0 期工人用 X 线胸片测量肺门横径右侧距 *RD* 值（cm），结果见表 7－5。问：两法检测结果是否有差别？

表 7－5 肺癌病人和矽肺 0 期工人的 *RD* 值（cm）比较

肺癌病人		矽肺 0 期工人	
RD 值	秩	*RD* 值	秩
2. 78	1	3. 23	2. 5
3. 23	2. 5	3. 50	4
4. 20	7	4. 04	5
4. 87	14	4. 15	6
5. 12	17	4. 28	8
6. 21	18	4. 34	9
7. 18	19	4. 47	10
8. 05	20	4. 64	11
8. 56	21	4. 75	12
9. 60	22	4. 82	13
		4. 95	15
		5. 10	16
$n_1=10$	$T_1=141.5$	$n_2=12$	$T_2=1115$

二、步骤与公式

（1）将两样本数据统一由小到大编秩：同一样本相同数据顺序编秩，不同样本相同数据则取平均秩，分别计算两组秩和 T_1 和 T_2。

（2）查表法：$n_1 \leqslant 10$；$n_2 - n_1 \leqslant 10$。取 n 小的一组秩和查表，若 $n_1 = n_2$，任取 T_1 或 T_2。

（3）正态近似法：

$$u = \frac{\left| T - \frac{1}{2} n_1 \ (n_1 + n_2 + 1) \right| - 0.5}{\sqrt{n_1 n_2 \ (n_1 + n_2 + 1) \ /12}}$$

三、Excel 程序

1. 录入原始数据

在 L4、M4 单元格中分别输入 A 组、B 组，在 L5、M5 及以下单元格中分别输入两组观察数据，见图 7－2。

	L	M
3	Wilcoxon 秩和检验(原始资料)	
4	A组	B组
5	2.78	3.23
6	3.23	3.50
7	4.20	4.04
8	4.87	4.15
9	5.12	4.28
10	6.21	4.34
11	7.18	4.47
12	8.05	4.64
13	8.56	4.75
14	9.60	4.82
15		4.95
16		5.10

图 7－2　原始数据输入

2. 原始资料两样本秩和检验的程序

（1）秩次的计算程序，见表 7－6。

表 7－6　两样本秩和检验秩次计算的程序

	N	O
4	A 组秩次	B 组秩次
5	=IF(L5<>"",(RANK(L5,L:M,1)+(COUNT(L:M)+1-RANK(L5,L:M,0)-RANK(L5,L:M,1))/2),"")	=IF(M5<>"",(RANK(M5,L:M,1)+(COUNT(L:M)+1-RANK(M5,L:M,0)-RANK(M5,L:M,1))/2),"")
6	=IF(L6<>"",(RANK(L6,L:M,1)+(COUNT(L:M)+1-RANK(L6,L:M,0)-RANK(L6,L:M,1))/2),"")	=IF(M6<>"",(RANK(M6,L:M,1)+(COUNT(L:M)+1-RANK(M6,L:M,0)-RANK(M6,L:M,1))/2),"")
…	…	…

（2）结果的计算程序见表 7－7。

表 7－7 两样本秩和检验结果计算的程序

	P	Q
5	n_A=	=IF(L5="","",COUNT(L:L))
6	T_A=	=IF(N5="","",SUM(N:N))
7	n_B=	=IF(M5="","",COUNT(M:M))
8	T_B=	=IF(O5="","",SUM(O:O))
9	=IF(Q5="","",IF(AND(Q5<=10,(Q7-Q5)<=10),"建议使用查表法","建议使用近似正态法"))	
10	$n_{较小}$=	=IF(Q5>Q7,Q7,Q5)
11	$T_{较小}$=	=IF(Q5>Q7,Q8,Q6)
12	n_A-n_B=	=ABS(Q5-Q7)
13	查表 2	
14	**近似正态法**	
15	u=	=(ABS(Q11-Q5*(Q5+Q7+1)/2)-0.5)/SQRT(Q5*Q7*(Q5+Q7+1)/12)
16	P=	=2*NORMSDIST(-Q15)
17	**结论：**	=IF(Q15<1.96,"差异无统计学意义","差异有统计学意义")

（3）"查表 2" 按钮的 VB 程序，限于篇幅，此处省略。

四、结果显示

本例结果显示，建议使用查表法，查表 2 结果，$P>0.05$，差异无统计学意义，两法检测结果没有差别，见图 7－3。

	L	M	P	Q
3	**Wilcoxon 秩和检验（原始资料）**			
4	**A组**	**B组**	**结果**	
5	2.78	3.23	n_A =	10
6	3.23	3.50	T_A =	141.5
7	4.20	4.04	n_B =	12
8	4.87	4.15	T_B =	111.5
9	5.12	4.28	**建议使用查表法**	
10	6.21	4.34	$n_{较小}$=	10
11	7.18	4.47	$T_{较小}$=	141.5
12	8.05	4.64	n_A-n_B=	2
13	8.56	4.75	查表2	P>0.05
14	9.60	4.82	**近似正态法**	
15		4.95	u =	1.7144
16		5.10	P =	0.0865
17			**结论：**	差异无统计学意义

图 7－3 【例 7－2】的计算结果

五、提示

本节介绍的原始资料两个独立样本比较的 Wilcoxon 秩检验没有对相同秩次进行校正；当资料存在较多相同秩次时，建议采用其他统计软件的计算结果。

第三节　等级资料的两个独立样本比较的 Wilcoxon 秩检验

将原始数据按某种等级属性分别统计两组观察对象例数的资料（频数表资料），适用于等级资料的两个独立样本比较的 Wilcoxon 秩检验方法。

一、实例

【例 7－3】对 39 名吸烟工人和 40 名不吸烟工人的碳氧血红蛋白（%）含量进行检测，结果见表 7－8。问吸烟工人的碳氧血红蛋白（%）含量与不吸烟工人的碳氧血红蛋白（%）含量是否不同？

表 7－8　吸烟工人和不吸烟工人的碳氧血红蛋白（%）含量

含量	吸烟工人	不吸烟工人
很低	1	2
低	8	23
中	16	11
偏高	10	4
高	4	0

二、步骤

（1）计算两组每个等级的总例数，确定秩次范围；
（2）根据每个等级秩次范围求平均秩次；
（3）每个等级的平均秩次乘以该等级的例数，求得秩和；
（4）计算公式同上一节两个独立样本（原始资料）比较的 Wilcoxon 秩检验。

三、Excel 程序

1. 编写样本等级程序、录入原始数据

在 S4、T4、U4 单元格分别输入等级、A 组、B 组，S6 及以下单元格为样本等级程序，T6、U6 及以下单元格依次输入两组观察数据，见表 7－9。

表 7－9　原始数据输入

	S	T	U
3	Wilcoxon 秩和检验(等级资料)		
4 5	等级	A组	B组
6	=IF(T6<>"","1等","")	1	2
7	=IF(T7<>"","2等","")	8	23
8	=IF(T8<>"","3等","")	16	11
9	=IF(T9<>"","4等","")	10	4
10	=IF(T10<>"","5等","")	4	0

2. 等级资料两样本秩和检验的程序

（1）秩次的计算程序，见表 7－10。

表 7－10　等级资料两样本秩和检验秩次计算的程序

	V	W	X	Y	Z	AA
4	合计	n_i^3	累计	平均秩次	A 组秩和	B 组秩和
5			0			
6	=IF(T6<>"",SUM(T6:U6),"")	=IF(T6<>"",V6^3,"")	=IF(T6<>"",(X5+V6),"")	=IF(T6<>"",(X5+X6+1)/2,"")	=IF(T6<>"",T6*Y6,"")	=IF(T6<>"",U6*Y6,"")
7	=IF(T7<>"",SUM(T7:U7),"")	=IF(T7<>"",V7^3,"")	=IF(T7<>"",(X6+V7),"")	=IF(T7<>"",(X6+X7+1)/2,"")	=IF(T7<>"",T7*Y7,"")	=IF(T7<>"",U7*Y7,"")
…	…	…	…	…	…	…

（2）结果计算程序，见表 7－11。

表 7－11　等级资料两样本秩和检验结果计算的程序

	AB	AC
5	n_A=	=IF(T6="","",SUM(T:T))
6	R_A=	=IF(Z6="","",SUM(Z:Z))
7	n_B=	=IF(U6="","",SUM(U:U))
8	R_B=	=IF(AA6="","",SUM(AA:AA))
9	c=	=IF(W6="","",1-((SUM(W:W)-SUM(V:V))/((SUM(V:V))^3-SUM(V:V))))
10	=IF(AC5="","",IF(AND(AC5<=10,(AC7-AC5)<=10)," 建议使用查表法"," 建议使用近似正态法"))	
11	$n_{较小}$=	=IF(AC5>AC7,AC7,AC5)
12	$R_{较小}$=	=IF(AC5>AC7,AC8,AC6)
13	n_A-n_B=	=ABS(AC5-AC7)
14	查表 3	
15	**近似正态法**	
16	u=	=(ABS(AC12-AC11*(AC5+AC7+1)/2)-0.5)/SQRT(AC5*AC7*(AC5+AC7+1)/12)/SQRT(AC9)
17	P=	=2*NORMSDIST(-AC16)
18	**结论:**	=IF(AC16<1.96,"差异无统计学意义","差异有统计学意义")

（3）“查表3”按钮的 VB 程序，限于篇幅，此处省略。

四、结果显示

本例结果显示，建议使用正态近似法，$u=3.6971$，$P=0.0002<0.05$，差异有统计学意义，即吸烟工人的碳氧血红蛋白（%）含量与不吸烟工人的碳氧血红蛋白（%）含量存在差异，见图 7-4。

	S	T	U	AB	AC
3	Wilcoxon 秩和检验(等级资料)				
4	等级	A组	B组	结果	
5				$n_A=$	39
6	1等	1	2	$R_A=$	1917.0
7	2等	8	23	$n_B=$	40
8	3等	16	11	$R_B=$	1243.0
9	4等	10	4	$c=$	0.8940
10	5等	4	0	建议使用近似正态法	
11				$n_{较小}=$	39
12				$R_{较小}=$	1917
13				$n_A-n_B=$	1
14				查表3	
15				近似正态法	
16				$u=$	3.6971
17				$P=$	0.0002
18				结论：	差异有统计学意义

图 7-4　【例 7-3】计算结果

第四节　原始资料的多个独立样本比较的 Kruskal-Wallis *H* 检验

逐一记录的多组原始资料适用于原始资料的多个独立样本比较的 Kruskal-Wallis *H* 检验方法。

一、实例

【例 7-4】某医生在研究再生障碍性贫血时，测得不同程度再生障碍性贫血患者血清中可溶性 CD_8抗原水平（U/ml）见表 7-12，问：不同程度再生障碍性贫血患者血清中可溶性 CD_8抗原水平有无差别？

表 7－12　不同分组血清中可溶性 CD_8 抗原水平（U/ml）

正常组	轻度组	重度组
42	448	562
51	555	631
98	585	653
141	620	712
141	712	762
318	753	843
382	758	849
408	845	896
620	896	901

二、步骤与公式

（1）将样本数据统一由小到大编秩：同样本相同数据顺序编秩，不同样本则取平均秩；

（2）计算 H 统计量：

$$H=\frac{12}{n\ (n+1)}\sum\frac{R_i^2}{n_i}-3\ (n+1)$$

式中，R_i：各组的秩和；n_i：各组对应的例数；$n=\sum n_i$。

$n_i=5$ 且组数 $g<3$，查 H 界值表；若 $n_i>5$，或 $g>3$ 用 χ^2 界值表。

若有相同秩次时，应计算校正值 H_c：

$$H_c=H/C=\frac{H}{1-\sum(t_j^3-t_j)/(N^3-N)}$$

式中，t_j：第 j 个相同秩次的个数。

三、Excel 程序

1. 录入原始数据

在 Excel 工作表中第 3 行输入标题，AE4 ~ AL4 单元格分别输入各组别，AE ~ AG 列输入 3 组观察数据（程序设置 8 组），见图 7－5。

	AE	AF	AG	AH	AI	AJ	AK	AL
3	Kruskal-Wallis H 检验（原始资料）							
4	A组	B组	C组	D组	E组	F组	G组	H组
5	42	448	562					
6	51	555	631					
7	98	585	653					
8	141	620	712					
9	141	712	762					
10	318	753	843					
11	382	758	849					
12	408	845	896					
13	620	896	901					

图 7－5　原始数据输入

2. 原始资料的多样本秩和检验程序的编制

（1）秩次的计算程序，见表 7 – 13。

表 7 – 13 原始资料多样本秩和检验秩次计算的程序

	AM	AN	AO	…	AT
4	A 组秩次	B 组秩次	C 组秩次	…	H 组秩次
5	=IF(AE5<>"",(RANK(AE5,AE:AL,1)+(COUNT(AE:AL)+1-RANK(AE5,AE:AL,0)-RANK(AE5,AE:AL,1))/2),"")	=IF(AF5<>"",(RANK(AF5,AE:AL,1)+(COUNT(AE:AL)+1-RANK(AF5,AE:AL,0)-RANK(AF5,AE:AL,1))/2),"")	=IF(AG5<>"",(RANK(AG5,AE:AL,1)+(COUNT(AE:AL)+1-RANK(AG5,AE:AL,0)-RANK(AG5,AE:AL,1))/2),"")	…	=IF(AL5<>"",(RANK(AL5,AE:AL,1)+(COUNT(AE:AL)+1-RANK(AL5,AE:AL,0)-RANK(AL5,AE:AL,1))/2),"")
6	=IF(AE6<>"",(RANK(AE6,AE:AL,1)+(COUNT(AE:AL)+1-RANK(AE6,AE:AL,0)-RANK(AE6,AE:AL,1))/2),"")	=IF(AF6<>"",(RANK(AF6,AE:AL,1)+(COUNT(AE:AL)+1-RANK(AF6,AE:AL,0)-RANK(AF6,AE:AL,1))/2),"")	=IF(AG6<>"",(RANK(AG6,AE:AL,1)+(COUNT(AE:AL)+1-RANK(AG6,AE:AL,0)-RANK(AG6,AE:AL,1))/2),"")	…	=IF(AL6<>"",(RANK(AL6,AE:AL,1)+(COUNT(AE:AL)+1-RANK(AL6,AE:AL,0)-RANK(AL6,AE:AL,1))/2),"")
…	…	…	…	…	…

（2）结果的计算程序，见表 7 – 14 和表 7 – 15。

表 7 – 14 原始资料多样本秩和检验计算的程序（1）

	AU	AV	AW	AX
5	**组别**	***n***	***T***	T^2/N
6	=IF(AE5<>"","A 组","")	=IF(AE5<>"",COUNT(AE:AE),"")	=IF(AE5<>"",SUM(AM:AM),"")	=IF(AV6<>"",AW6^2/AV6,"")
7	=IF(AF5<>"","B 组","")	=IF(AF5<>"",COUNT(AF:AF),"")	=IF(AF5<>"",SUM(AN:AN),"")	=IF(AV7<>"",AW7^2/AV7,"")
…	……	……	……	……
13	=IF(AL5<>"","H 组","")	=IF(AL5<>"",COUNT(AL:AL),"")	=IF(AL5<>"",SUM(AT:AT),"")	=IF(AV13<>"",AW13^2/AV13,"")

表 7－15　原始资料多样本秩和检验计算的程序（2）

	AU	AV	AW	AX
14	=IF(AND(COUNT(AE5:AL5)=3,AV6<=5,AV7<=5,AV8<=5),"建议使用查表法","建议使用近似卡方检验")			
15	查表 4	$H_{\alpha=0.05}$=	**查表结果**	
16	P	=IF(AW15="","",IF(AW15<AV18,"<0.05",">0.05"))		
17	**近似 χ^2 检验：**			
18	H=	=(12/(SUM(AV6:AV13)*(SUM(AV6:AV13)+1)))*SUM(AX6:AX13)-3*(SUM(AV6:AV13)+1)		
19	P=	=CHIDIST(AV18,(COUNT(AE5:AL5)-1))		
20	**结论：**	=IF(AV19>=0.05,"差异无统计学意义","差异有统计学意义")		

（3）“查表 4”按钮的 VB 程序，限于篇幅，此处省略。

（4）两两比较（扩展 t 检验法），见表 7－16。

表 7－16　原始资料多样本秩和检验两两比较的程序

	AU	AV	AW
22	**对比组**	t	P
23	=IF(AND(AU6<>"",AU7<>""),AU6&"~"&AU7,"")	=IF(AND(AU6<>"",AU7<>""),ABS(AW6/AV6-AW7/AV7)/SQRT(SUM(AV6:AV13)*(SUM(AV6:AV13)+1)*(SUM(AV6:AV13)-1-AV18)*(1/AV6+1/AV7)/(12*(SUM(AV6:AV13)-COUNT(AE5:AL5)))),"")	=IF(AV23<>"",TDIST(ABS(AV23),(SUM(AV6:AV13)-COUNT(AE5:AL5)),2),"")
24	=IF(AND(AU6<>"",AU8<>""),AU6&"~"&AU8,"")	=IF(AND(AU6<>"",AU8<>""),ABS(AW6/AV6-AW8/AV8)/SQRT(SUM(AV6:AV13)*(SUM(AV6:AV13)+1)*(SUM(AV6:AV13)-1-AV18)*(1/AV6+1/AV8)/(12*(SUM(AV6:AV13)-COUNT(AE5:AL5)))),"")	=IF(AV24<>"",TDIST(ABS(AV24),(SUM(AV7:AV14)-COUNT(AE6:AL6)),2),"")
…	…	…	…

注：此表只列举了一部分对比组之间的相互比较，如有需要可以按照程序自行编写。

四、结果显示

本例结果显示，建议使用近似卡方检验，$H = 16.2496$，$P = 0.0003 < 0.05$，差异有统计学意义，即不同程度再生障碍性贫血患者血清中可溶性 CD_8 抗原水平有差别；两两比较的结果提示，正常组与轻、重患者组存在差异，轻、重患者组之间没有差异，见图 7－6。

	AE	AF	AG	AU	AV	AW	AX
3	**Kruskal-Wallis *H* 检验（原始资料）**						
4	**A组**	**B组**	**C组**	**计算结果：**			
5	42	448	562	**组别**	n	T	T^2/N
6	51	555	631	**A组**	9	49.5	272.25
7	98	585	653	**B组**	9	149.5	2483.36
8	141	620	712	**C组**	9	179	3560.11
9	141	712	762				
10	318	753	843				
11	382	758	849				
12	408	845	896				
13	620	896	901				
14				**建议使用近似卡方检验**			
15				查表4	$H_{\alpha=0.05}$		
16				***P* 值**			
17				**近似 χ^2 检验：**			
18				$H=$	16.2496		
19				$P=$	0.0003		
20				**结论：**	差异有统计学意义		
21				**两两比较（扩展 *t* 检验法）：**			
22				**对比组**	t	P	
23				A组~B组	4.659	0.0001	
24				A组~C组	6.033	0.0000	
25				B组~C组	1.374	0.1926	

图 7－6　【例 7－4】的计算结果

五、提示

本节介绍的原始资料 *H* 检验没有对相同秩次进行校正，当资料存在较多相同秩次时，建议采用其他统计软件的计算结果。

第五节　等级资料的多个独立样本比较的 Kruskal-Wallis *H* 检验

按变量的等级属性分别统计多组观察对象例数的资料适用于等级资料的多个独立样本比较的 Kruskal－Wallis *H* 检验方法。

一、实例

【例 7－5】某医师用 3 种方法治疗椎间盘突出症，数据见表 7－17，试比较不同治疗方法疗效有无差别。

表 7－17　三种方法治疗椎间盘突出症疗效比较

疗效	中频	牵引	综合
痊愈	20	36	19
显效	15	17	30
有效	40	35	16
无效	7	12	1

二、Excel 程序

1. 录入原始数据

在 Excel 工作表中第 3 行输入标题，AZ4 ~ BH5 单元格分别输入“等级”和各组别，BA ~ BC 列输入 3 组观察数据（程序设置 8 组），见表 7 – 18。

表 7 – 18　原始数据输入

	AZ	BA	BB	BC
3	**Kruskal-Wallis *H* 检验(等级资料)**			
4 5	**等级**	**A组**	**B组**	**C组**
6	=IF(BA6<>"","1等","")	20	36	19
7	=IF(BA7<>"","2等","")	15	17	30
8	=IF(BA8<>"","3等","")	40	35	16
9	=IF(BA9<>"","4等","")	7	12	1

2. 等级资料的多样本秩和检验程序的编制

（1）秩次的计算程序，见表 7 – 19 和表 7 – 20。

表 7 – 19　等级资料多样本秩和检验秩次计算的程序（1）

	BI	BJ	BK	BL
4	合计 t_j	累计 Σt_j	t_j^3	平均秩次
5		0		
6	=IF(BA6<>"",SUM(BA6:BH6),"")	=IF(BA6<>"",(BJ5+BI6),"")	=IF(BI6<>"",BI6^3,"")	=IF(BA6<>"",(BJ5+BJ6+1)/2,"")
7	=IF(BA7<>"",SUM(BA7:BH7),"")	=IF(BA7<>"",(BJ6+BI7),"")	=IF(BI7<>"",BI7^3,"")	=IF(BA7<>"",(BJ6+BJ7+1)/2,"")
…	…	…	…	…

表 7 – 20　等级资料多样本秩和检验秩次计算的程序（2）

	BM	BN	BO	…	BT
4	A 组秩和	B 组秩和	C 组秩和	…	H 组秩和
6	=IF(BA6<>"",BA6*BL6,"")	=IF(BB6<>"",BB6*BL6,"")	=IF(BC6<>"",BC6*BL6,"")	…	=IF(BH6<>"",BH6*BL6,"")
7	=IF(BA7<>"",BA7*BL7,"")	=IF(BB7<>"",BB7*BL7,"")	=IF(BC7<>"",BC7*BL7,"")	…	=IF(BH7<>"",BH7*BL7,"")
…	…	…	…	…	…

（2）结果的计算程序，见表 7－21 和表 7－22。

表 7－21　等级资料多样本秩和检验结果计算的程序（1）

	BU	BV	BW	BX
5	**组别**	***n***	***R***	***R²/N***
6	=IF(BA6<>"","A 组","")	=IF(BA6<>"",SUM(BA:BA),"")	=IF(BA6<>"",SUM(BM:BM),"")	=IF(BV6<>"",BW6^2/BV6,"")
7	=IF(BB6<>"","B 组","")	=IF(BB6<>"",SUM(BB:BB),"")	=IF(BB6<>"",SUM(BN:BN),"")	=IF(BV7<>"",BW7^2/BV7,"")
…	…	…	…	…
13	=IF(BH6<>"","H 组","")	=IF(BH6<>"",SUM(BH:BH),"")	=IF(BH6<>"",SUM(BT:BT),"")	=IF(BV13<>"",BW13^2/BV13,"")

表 7－22　等级资料多样本秩和检验结果计算的程序（2）

	BU	BV	BW	BX
14	=IF(AND(COUNT(BA7:BH7)=3,BV6<=5,BV7<=5,BV8<=5),"建议使用查表法","建议使用近似卡方检验")			
15	查表 5	$H_{\alpha=0.05}$=	查表结果	
16	***P***	=IF(BW15="","",IF(BW15<BV19,"<0.05",">0.05"))		
17	**近似 χ^2 检验：**			
18	***c*=**	=1-((SUM(BK:BK)-SUM(BI:BI))/((SUM(BV6:BV13))^3-SUM(BV6:BV13)))		
19	***H*=**	=ABS((12/(SUM(BV6:BV13)*(SUM(BV6:BV13)+1)))*SUM(BX6:BX13)-3*(SUM(BV6:BV13)+1))/BV18		
20	***P*=**	=CHIDIST(ABS(BV19),(COUNT(BA6:BH6)-1))		
21	**结论：**	=IF(BV20>=0.05,"差异无统计学意义","差异有统计学意义")		

（3）"查表 5" 按钮的 VB 程序，限于篇幅，此处省略。

（4）两两比较（扩展 *t* 检验法），见表 7－23。

表 7－23　等级资料多样本秩和检验两两比较的 Excel 程序

	BU	BV	BW
23	**对比组**	***t***	***P***
24	=IF(AND(BU6<>"",BU7<>""),BU6&"~"&BU7,"")	=IF(AND(BU6<>"",BU7<>""),ABS(BW6/BV6-BW7/BV7)/SQRT(SUM(BV6:BV13)*(SUM(BV6:BV13)+1)*(SUM(BV6:BV13)-1-BV19)*(1/BV6+1/BV7)/(12*(SUM(BV6:BV13)-COUNT(BV6:BV13)))),"")	=IF(BV24<>"",TDIST(ABS(BV24),(SUM(BV6:BV13)-COUNT(BV6:BV13)),2),"")
25	=IF(AND(BU6<>"",BU8<>""),BU6&"~"&BU8,"")	=IF(AND(BU6<>"",BU8<>""),ABS(BW6/BV6-BW8/BV8)/SQRT(SUM(BV6:BV13)*(SUM(BV6:BV13)+1)*(SUM(BV6:BV13)-1-BV19)*(1/BV6+1/BV8)/(12*(SUM(BV6:BV13)-COUNT(BV6:BV13)))),"")	=IF(BV25<>"",TDIST(ABS(BV25),(SUM(BV6:BV13)-COUNT(BV6:BV13)),2),"")
…	…	…	…

三、结果显示

本例结果显示，建议使用近似卡方检验，$H = 7.5562$，$P = 0.0229 < 0.05$，差异有统计学意义，即不同治疗方法疗效存在差别；两两比较的结果提示，中频治疗与综合治疗存在差异，其余未见统计学差异，见图 7－7。

	AZ	BA	BB	BC	BU	BV	BW	BX
3	Kruskal-Wallis H 检验(等级资料)							
4	等级	A组	B组	C组	计算结果：			
5					组别	n	R	R^2/N
6	1等	20	36	19	A组	82	11347	1570175.72
7	2等	15	17	30	B组	100	12445.5	1548904.70
8	3等	40	35	16	C组	66	7083.5	760242.00
9	4等	7	12	1				
10								
14					建议使用近似卡方检验			
15					查表5	$H_{\alpha=0.05}$ =		
16					P			
17					近似χ^2检验：			
18					c =	0.9068		
19					H =	7.5562		
20					P =	0.0229		
21					结论：	差异有统计学意义		
22					两两比较（扩展t检验法）：			
23					对比组	t	P	
24					A组~B组	1.318	0.1888	
25					A组~C组	2.648	0.0086	
26					B组~C组	1.523	0.1290	

图 7－7　【例 7－5】的计算结果

第六节　随机区组设计资料比较的秩和检验

Friedman M 检验（Friedman's M test）用于推断随机区组设计的多个相关样本所来自的多个总体分布是否有差别。

一、实例

【例 7－6】将 24 只小鼠按窝别不同分为 8 个区组，再把每个区组中的观察单位随机分配到 3 种不同饲料组，喂养一定时间后，测得小鼠肝中铁含量（μg/g）结果见表 7－24，试问不同饲料组小鼠肝中铁含量是否有差别？

表 7-24　不同饲料组小鼠肝脏中铁的含量（μg/g）

饲料 A	饲料 B	饲料 C
1.00	0.96	2.07
1.01	1.23	3.72
1.13	1.54	4.50
1.14	1.96	4.90
1.70	2.94	6.00
2.01	3.68	6.84
2.23	5.59	8.23
2.63	6.96	10.33

二、步骤和公式

（1）区组内编秩，遇相同数取平均秩；

（2）求各样本秩和与平均秩和，计算统计量 M：

$$M=\sum(R_i-\overline{R})^2=\sum R_i^2-n^2g(g+1)^2/4$$

查表：$n\leqslant15$，$g\leqslant15$；

（3）卡方检验：（$n>15$ 或 $g>15$）

$$\chi^2=\frac{12M}{ng(g+1)C};\ C=1-\frac{\sum(t_j^3-t_j)}{n\ (g^3-g)}\quad v=g-1$$

三、Excel 程序

1．录入原始数据

在 Excel 工作表中第 3 行输入标题，B24～CG4 单元格分别输入各组别，BZ5～CG5 及以下单元格输入观察数据，见图 7-8。

	BZ	CA	CB	CC	CD	CE	CF	CG
3	**Friedman *M* 检验**							
4	**A组**	**B组**	**C组**	**D组**	**E组**	**F组**	**G组**	**H组**
5	1.00	0.96	2.07					
6	1.01	1.23	3.72					
7	1.13	1.54	4.50					
8	1.14	1.96	4.90					
9	1.70	2.94	6.00					
10	2.01	3.68	6.84					
11	2.23	5.59	8.23					
12	2.63	6.96	10.33					

图 7-8　原始数据输入

2. 随机区组设计的多样本秩和检验程序的编制

（1）秩次的计算程序，见表 7－25。

表 7－25　随机区组设计的多样本秩和检验秩次计算的程序

	CH	CI	…	CO
4	A 组秩次	B 组秩次	…	H 组秩次
5	=IF(BZ5<>"",(RANK(BZ5,BZ5:CG5,1)+(COUNT(BZ5:CG5)+1-RANK(BZ5,BZ5:CG5,0)-RANK(BZ5,BZ5:CG5,1))/2),"")	=IF(CA5<>"",(RANK(CA5,BZ5:CG5,1)+(COUNT(BZ5:CG5)+1-RANK(CA5,BZ5:CG5,0)-RANK(CA5,BZ5:CG5,1))/2),"")	…	=IF(CG5<>"",(RANK(CG5,BZ5:CG5,1)+(COUNT(BZ5:CG5)+1-RANK(CG5,BZ5:CG5,0)-RANK(CG5,BZ5:CG5,1))/2),"")
6	=IF(BZ6<>"",(RANK(BZ6,BZ6:CG6,1)+(COUNT(BZ6:CG6)+1-RANK(BZ6,BZ6:CG6,0)-RANK(BZ6,BZ6:CG6,1))/2),"")	=IF(CA6<>"",(RANK(CA6,BZ6:CG6,1)+(COUNT(BZ6:CG6)+1-RANK(CA6,BZ6:CG6,0)-RANK(CA6,BZ6:CG6,1))/2),"")	…	=IF(CG6<>"",(RANK(CG6,BZ6:CG6,1)+(COUNT(BZ6:CG6)+1-RANK(CG6,BZ6:CG6,0)-RANK(CG6,BZ6:CG6,1))/2),"")
…	…	…	…	…

（2）结果的计算程序，见表 7－26 和表 7－27。

表 7－26　随机区组设计的多样本秩和检验结果计算的程序（1）

	CP	CQ	CR	CS
5	**组别**	n	T	T^2
6	=IF(BZ5<>"","A 组","")	=IF(BZ5<>"",COUNT(BZ:BZ),"")	=IF(BZ5<>"",SUM(CH:CH),"")	=IF(CQ6<>"",CR6^2,"")
7	=IF(CA5<>"","B 组","")	=IF(CA5<>"",COUNT(CA:CA),"")	=IF(CA5<>"",SUM(CI:CI),"")	=IF(CQ7<>"",CR7^2,"")
…	…	…	…	…
13	=IF(CG5<>"","H 组","")	=IF(CG5<>"",COUNT(CG:CG),"")	=IF(CG5<>"",SUM(CO:CO),"")	=IF(CQ13<>"",CR13^2,"")

表 7－27　随机区组设计的多样本秩和检验结果计算的程序（2）

	CP	CQ	CR	CS
14	=IF(OR(COUNT(BZ5:CG5)<=15,CQ6<=20)," 建议使用查表法"," 建议使用近似卡方检验")			
15	*g* =	=COUNT(CQ6:CQ13)		
16	查表 6	$M_{\alpha=0.05}$=	查表结果	
17	*M*=	=SUMSQ(CR6:CR13)-CQ6^2*CQ15*(CQ15+1)^2/4		
18	*P* 值：	=IF(CR16="","",IF(CR16<CQ17,"<0.05",">0.05"))		
19	近似 χ^2 检验：			
20	*H*=	=(12/(CQ6*CQ15*(CQ15+1))*SUM(CS6:CS13)-3*CQ6*(CQ15+1))		
21	*P*=	=CHIDIST(CQ20,(COUNT(BZ5:CG5)-1))		
22	结论：	=IF(CQ21>=0.05,"差异无统计学意义","差异有统计学意义")		

（3）“查表 6”按钮的 VB 程序，限于篇幅，此处省略。

四、结果显示

本例结果显示，建议使用查表法，$M = 114.00 > 50$，$P < 0.05$，差异有统计学意义，即不同饲料组小鼠肝中铁含量不同，见图 7－9。

	BZ	CA	CB	CP	CQ	CR	CS
3	Friedman *M* 检验						
4	A组	B组	C组	计算结果：			
5	1.00	0.96	2.07	组别	*n*	*T*	T^2
6	1.01	1.23	3.72	A组	8	9	81
7	1.13	1.54	4.50	B组	8	15	225
8	1.14	1.96	4.90	C组	8	24	576
9	1.70	2.94	6.00				
10	2.01	3.68	6.84				
11	2.23	5.59	8.23				
12	2.63	6.96	10.33				
13							
14				建议使用查表法			
15				*g* =	3		
16				查表6	M_a=	50	
17				*M* =	114.00		
18				*P*	<0.05		
19				近似χ2 检验：			
20				*H* =	14.250		
21				*P* =	0.0008		
22				结论：	差异有统计学意义		

图 7－9　【例 7－6】计算结果

第八章　Ridit 分析

在医学科研中，经常会以病情的“轻、中、重”、临床疗效的“痊愈、好转、有效、无效”等有序变量来记录观察或试验结果，由此所得的分类数据称为有序分类资料。这一类资料可以用 Ridit 分析法处理。Ridit 分析法适用于两组或两组以上有序分类资料的分析和比较。

一、实例

【例 8-1】为研究哺乳期妇女受孕与乳量的关系，某研究者调查了 2392 例未受孕妇女的乳量情况，同时又调查了 18 名受孕妇女的乳量情况，资料见表 8-1，如果将哺乳期未受孕妇女作为标准组，试分析哺乳期受孕与乳量的关系。

表 8-1　哺乳期妇女乳量与是否受孕的关系

乳量	未受孕	受孕	合计
无	430	12	442
少	958	0	958
多	1004	6	1010
合计	2392	18	2410

【例 8-2】为确定使用安全带是否能减轻乘客受伤的严重程度，某研究记录了某年 1782 例汽车前排乘客发生车祸时的受伤情况。按发生车祸时乘客是否使用了安全带分为“用安全带组”和“未用安全带组”。乘客受伤情况按受伤严重程度分为“未伤、轻伤、中度伤、重度伤”4 个等级。各组受伤情况见表 8-2，试分析是否使用安全带与受伤程度的关系。

表 8-2　1782 例汽车前排乘客发生车祸时的受伤情况

受伤严重程度	用安全带	未用安全带	合计
未伤	417	357	774
轻伤	330	540	870
中度伤	33	53	86
重度伤	17	35	52
合计	797	985	1782

【例8-3】为研究某种垂体腺瘤术后治疗效果与术前视力的关系，收集了373名垂体腺瘤患者的术后疗效（分为恢复正常、好转、不变、恶化）以及他们的术前视力（分为1级、2级、3级、4~5级）资料，见表8-3，试加以分析。

表8-3 373名垂体腺瘤患者术前视力与术后疗效的关系

术后疗效	术前视力				合计
	1级	2级	3级	4~5级	
恶化	1	2	2	3	8
不变	15	38	27	53	133
好转	51	70	60	45	226
正常	2	3	1	0	6
合计	69	113	90	101	373

二、公式

1. Ridit分析需要计算下列基本统计量

（1）标准组各等级Ridit值：

$$R_j = \sum_{m}^{j-1} p_m + 0.5p_j \qquad (m = 1,\ 2,\ 3\cdots,\ j-1)$$

（2）R_j 的均值 $\overline{R}$：

$$\overline{R} = \sum_{j=1}^{k} p_j R_j \text{ 或 } \overline{R} = \frac{1}{n}\sum_{j=1}^{k} f_j R_j$$

（3）对比组Ridit值的均数 $\overline{R}_i$：

$$\overline{R}_i = \frac{1}{n}\sum_{j=1}^{k} p_{ij} R_j \text{或 } \overline{R}_i = \frac{1}{n_i}\sum_{j=i}^{k} f_{ij} R_j$$

（4）标准组Ridit值的方差 S_R^2：

$$S_R^2 = \frac{\sum f_j R_j^{\ 2} - (\sum f_j R_j)^2/n}{n-1}$$

（5）各对比组Ridit值均数 $\overline{R}_i$ 的标准误差 $S_{\overline{R}i}$：

$$S_{\overline{R}i} = \sqrt{S_R^2/n_i}$$

（6）Ridit值总体均数100（$1-a$）%置信区间：

$$\overline{R}_i \pm u_a * S_{\overline{R}i}$$

2. Ridit分析常见的检验统计量

（1）样本（对比组）与总体（标准组）比较：

$$u = (\overline{R} - 0.5)\ /S_{\overline{R}i}$$

（2）两个样本（对比组）$\overline{R}_1$ 与 $\overline{R}_2$ 间的比较：

$$u = (\overline{R}_1 - \overline{R}_2)\ /\sqrt{S_{\overline{R}_2}^2 + S_{\overline{R}_2}^2}$$

（3）多个样本（对比组）的比较：

$$\chi^2 = 12\sum_{i=1}^{m} n_i\ (\overline{R}_i - 0.5)^2$$

在【例 8－2】中，如果设 x 为“标准组”（如果没有标准组，可用两组或多组的合并数据代替）受伤的严重程度，y_i 为第 i“对比组”受伤的严重程度，Ridit 均值 $\overline{R}_i$ 可解释为 $P\ (x \leqslant y_i)$，即“标准组”受伤严重程度轻于等于第 i“对比组”受伤严重程度的概率的估计值，亦即“标准组”受伤严重程度不重于“对比组”受伤严重程度的概率的估计值。

三、Excel 程序

1. 建立表格结构

表格结构为标准组和对比组（包括 A、B、C、D、E、F 共 6 组）的等级（包括 1、2、3、4、5、6 等）分别占用各单元格，C5 ~ I10 是数据输入区域（该区域随组数和等级数不同可作相应调整），见图 8－1。

	B	C	D	E	F	G	H	I
3	等级	标准组	对比组					
4			A组 f_1	B组 f_2	C组 f_3	D组 f_4	E组 f_5	F组 f_6
5	=IF(D5="","","1等")							
6	=IF(D6="","","2等")							
7	=IF(D7="","","3等")							
8	=IF(D8="","","4等")							
9	=IF(D9="","","5等")							
10	=IF(D10="","","6等")							

图 8－1　Ridit 分析的表格结构

2. Excel 中间计算程序

计算不同等级合并组（或标准组）的例数 f，以及 $f/2$、$f_1 * R$、$f_2 * R$、$f_3 * R$、$f_4 * R$、$f_5 * R$、$f_6 * R$、$f * R$、$f * R^2$ 等中间过程的各指标，见表 8－4 与表 8－5。

表 8－4　Ridit 分析的 Excel 中间计算程序（1）

	J	K	L	M	N
3 4	合并(标准)数 f	$f/2$	累加 f 下移	前二项和	R=前项/ n
5	=IF(C5<>"",C5,IF(D5="","",SUM(D5:I5)))	=IF(J5="","",J5/2)		=IF(B5="","",SUM(K5:L5))	=IF(J5="","",M5/J11)
6	=IF(C6<>"",C6,IF(D6="","",SUM(D6:I6)))	=IF(J6="","",J6/2)	=IF(J6="","",J5+L5)	=IF(B6="","",SUM(K6:L6))	=IF(J6="","",M6/J11)
7	=IF(C7<>"",C7,IF(D7="","",SUM(D7:I7)))	=IF(J7="","",J7/2)	=IF(J7="","",J6+L6)	=IF(B7="","",SUM(K7:L7))	=IF(J7="","",M7/J11)
8	=IF(C8<>"",C8,IF(D8="","",SUM(D8:I8)))	=IF(J8="","",J8/2)	=IF(J8="","",J7+L7)	=IF(B8="","",SUM(K8:L8))	=IF(J8="","",M8/J11)
9	=IF(C9<>"",C9,IF(D9="","",SUM(D9:I9)))	=IF(J9="","",J9/2)	=IF(J9="","",J8+L8)	=IF(B9="","",SUM(K9:L9))	=IF(J9="","",M9/J11)
10	=IF(C10<>"",C10,IF(D10="","",SUM(D10:I10)))	=IF(J10="","",J10/2)	=IF(J10="","",J9+L9)	=IF(B10="","",SUM(K10:L10))	=IF(J10="","",M10/J11)

表 8－5　Ridit 分析的 Excel 中间计算程序（2）

	O	P	…	T	U	V
3 4	f_1*R	f_2*R	…	f_6*R	f*R	f*R^2
5	=IF(D5="","",D5*N5)	=IF(E5="","",E5*N5)	…	=IF(I5="","",I5*N5)	=IF(J5="","",J5*N5)	=IF(J5="","",J5*N5^2)
6	=IF(D6="","",D6*N6)	=IF(E6="","",E6*N6)	…	=IF(I6="","",I6*N6)	=IF(J6="","",J6*N6)	=IF(J6="","",J6*N6^2)
7	=IF(D7="","",D7*N7)	=IF(E7="","",E7*N7)	…	=IF(I7="","",I7*N7)	=IF(J7="","",J7*N7)	=IF(J7="","",J7*N7^2)
8	=IF(D8="","",D8*N8)	=IF(E8="","",E8*N8)	…	=IF(I8="","",I8*N8)	=IF(J8="","",J8*N8)	=IF(J8="","",J8*N8^2)
9	=IF(D9="","",D9*N9)	=IF(E9="","",E9*N9)	…	=IF(I9="","",I9*N9)	=IF(J9="","",J9*N9)	=IF(J9="","",J9*N9^2)
10	=IF(D10="","",D10*N10)	=IF(E10="","",E10*N10)	…	=IF(I10="","",I10*N10)	=IF(J10="","",J10*N10)	=IF(J10="","",J10*N10^2)
11	=IF(D5="","",SUM(O5:O10))	=IF(E5="","",SUM(P5:P10))	…	=IF(I5="","",SUM(T5:T10))	=IF(J5="","",SUM(U5:U10))	=IF(J5="","",SUM(V5:V10))

3．结果指标计算程序

计算 Ridit 均值、方差、*u* 值或 χ^2 值、*P* 值、95% C. I. $_L$、95% C. I. $_U$ 等指标，见表 8－6。

表 8－6　Ridit 分析的结果指标计算程序

	B	C	D	E	…	I
14		标准组	A 组	B 组	…	F组
15	Ridit均值	=IF(J5="","",U11/J11)	=IF(D5="","",O11/D11)	=IF(E5="","",P11/E11)	…	=IF(I5="","",T11/I11)
16	方差	=(V11-U11^2/J11)/(J11-1)				
17	=IF(OR(C5<>"",COUNT(D5:I5)=2),"*u*值","卡方值")	=IF(C5<>"",ABS(C15-D15)/SQRT(C16/D11),IF(COUNT(D5:I5)=2,ABS(D15-E15)/SQRT(C16*(1/D11+1/E11)),12*SUM(D17:I17)))	=IF(COUNT(D5:I5)<=2,"",IF(D5="","",(D15-0.5)^2*D11))	=IF(COUNT(D5:I5)<=2,"",IF(E5="","",(E15-0.5)^2*E11))	…	=IF(COUNT(D5:I5)<=2,"",IF(I5="","",(I15-0.5)^2*I11))
18	*P*	=IF(OR(C5<>"",COUNT(D5:I5)<=2),(1-NORMDIST(C17,0,1,1))*2,CHIDIST(C17,COUNT(D5:I5)-1))	=IF(COUNT(D5:I5)<=2,"",IF(D5="","",CHIDIST(D17,COUNT(D5:I5)-1)))	=IF(COUNT(D5:I5)<=2,"",IF(E5="","",CHIDIST(E17,COUNT(D5:I5)-1)))	…	=IF(COUNT(D5:I5)<=2,"",IF(I5="","",CHIDIST(I17,COUNT(D5:I5)-1)))
19	95%C.I.$_L$	=C15-1.96*SQRT(C16/J11)	=IF(D5="","",D15-1.96*SQRT(C16/D11))	=IF(E5="","",E15-1.96*SQRT(C16/E11))	…	=IF(I5="","",I15-1.96*SQRT(C16/I11))
20	95%C.I.$_U$	=C15+1.96*SQRT(C16/J11)	=IF(D5="","",D15+1.96*SQRT(C16/D11))	=IF(E5="","",E15+1.96*SQRT(C16/E11))	…	=IF(I5="","",I15+1.96*SQRT(C16/I11))

四、结果显示

1.【例 8 - 1】的结果

【例 8 - 1】属于样本（对比组）与总体（标准组）比较的 Ridit 分析。将其调查资料输入相应的数据输入区域后，结果见图 8 - 2，其中 1、2、3 等分别对应哺乳期妇女乳量的无、少、多，A 组为对比组。

	B	C	D	E	F	G	H	I	J
2	Ridit分析								
3	等级	标准组	对比组						合并(标准)数f
4			A组f_1	B组f_2	C组f_3	D组f_4	E组f_5	F组f_6	
5	1等	430	12						430
6	2等	958	0						958
7	3等	1004	6						1004
8									
9									
10									
11	合计	2392	18						2392
12									
13	结果								
14		标准组	A组	B组	C组	D组	E组	F组	
15	Ridit均值	0.5000	0.3233						
16	方差=	0.0714							
17	u值=	2.8063							
18	P =	0.0050							
19	95%C.I.$_L$	0.4893	0.1999						
20	95%C.I.$_U$	0.5107	0.4467						

图 8 - 2　【例 8 - 1】的 Ridit 分析结果

可见，标准组（未受孕妇女组）的 Ridit 值为 0.5000，方差为 0.0714，95% 的可信区间为（0.4893，0.5107）；对比组（受孕妇女组）的 Ridit 值为 0.3233，95% 可信区间为（0.1999，0.4467）；由 $u = 2.8063$、$P = 0.0050$，可认为哺乳期未受孕妇女与受孕妇女乳量的 Ridit 值总体均数差异有统计学意义，即哺乳期受孕与泌乳量有关系，结合实例可以说明哺乳期未受孕妇女的泌乳量比受孕妇女的多。

2.【例 8 - 2】的结果

【例 8 - 2】属于两样本组（对比组）比较的 Ridit 分析。A 组为用安全带组，B 组为不用安全带组；1、2、3、4 等分别对应未伤、轻伤、中度伤、重度伤。数据输入后的结果显示见图 8 - 3。

	B	C	D	E	F	G	H	I	J
2	Ridit分析								
3	等级	标准组	对比组						合并(标准)数f
4			A组f_1	B组f_2	C组f_3	D组f_4	E组f_5	F组f_6	
5	1等		417	357					774
6	2等		330	540					870
7	3等		33	53					86
8	4等		17	35					52
9									
10									
11	合计		797	985					1782
12									
13	结果								
14		标准组	A组	B组	C组	D组	E组	F组	
15	Ridit均值	0.5000	0.4548	0.5366					
16	方差=	0.0668							
17	u值=	6.6452							
18	P =	0.0000							
19	95%C.I.$_L$	0.4880	0.4368	0.5205					
20	95%C.I.$_U$	0.5120	0.4727	0.5528					

图 8－3　【例 8－2】的 Ridit 分析结果

可见，用安全带组的 Ridit 值为 0.4548，不用安全带组的 Ridit 值为 0.5366；由 $u=6.6452$、$P=0.0000$，可认为用安全带组与未用安全带组的乘客在发生车祸时受伤严重程度的 Ridit 值总体均数的差异有统计学意义，即使用安全带组的乘客受伤的严重程度比未用安全带组的乘客受伤的严重程度轻。

3. 【例 8－3】的结果

【例 8－3】属于多样本组（对比组）比较的 Ridit 分析。1、2、3、4 各等级分别对应术后疗效的恶化、不变、好转、正常，A 组、B 组、C 组、D 组分别对应术前视力的 1 级、2 级、3 级、4～5 级。数据输入后的结果显示见图 8－4。

	B	C	D	E	F	G	H	I	J
2	Ridit分析								
3	等级	标准组	对比组						合并(标准)数f
4			A组f_1	B组f_2	C组f_3	D组f_4	E组f_5	F组f_6	
5	1等		1	2	2	3			8
6	2等		15	38	27	53			133
7	3等		51	70	60	45			226
8	4等		2	3	1	0			6
9									
10									
11	合计		69	113	90	101			373
12									
13	结果								
14		标准组	A组	B组	C组	D组	E组	F组	
15	Ridit均值	0.5000	0.5756	0.5155	0.5252	0.4085			
16	方差=	0.0612							
17	卡方值=	15.8898	0.3949	0.0272	0.0570	0.8451			
18	P =	0.0012	0.9413	0.9988	0.9964	0.8387			
19	95%C.I.$_L$	0.4749	0.5173	0.4699	0.4741	0.3603			
20	95%C.I.$_U$	0.5251	0.6340	0.5611	0.5763	0.4568			

图 8－4　【例 8－3】的 Ridit 分析结果

由此可见，术前视力 1 级、2 级、3 级、4 ~ 5 级各组的 Ridit 均值分别为 0.5756、0.5155、0.5252、0.4085，合并方差为 0.0612，χ^2 值为 15.8898，P 值为 0.0012，可认为术前视力不同等级的术后疗效 Ridit 值差异有统计学意义，即术前视力的等级与术后疗效有关系，结合实例可以认为术前视力 4 ~ 5 级的术后疗效较差。

五、提示

（1）Ridit 分析给出了 1 个标准组、6 个对比组以及 6 个不同等级的 Excel 程序，实际应用中可以在此范围内任意选用。

（2）资料分析中，根据分析目的确定标准组，在数据输入区域的标准组栏下录入。如果没有标准组，通常以合并的方式代替，只需在对比组相应的区域内录入数据即可。

第九章　序贯检验

假设检验一般是先收集资料，后进行分析。有人提出，在实验过程中按实验者事先规定的检验标准，随着病例数的增加不断做统计检验，直到得出结论为止，从而达到节省病例数的目的，这种统计方法叫做序贯检验。序贯检验平均需用的例数较少，可以尽早得出结论，在临床研究中可以及时避免应用疗效较差的处理，尤为适用于病例少的情况。

序贯检验的具体做法如下：

（1）根据实验要求提出检验标准并据此绘制出序贯检验图，它是由 2 或 4 条边界线组成。

（2）按一定的规则将实验的逐次结果在序贯检验图中绘制实验线。当实验线触及序贯检验图中某一条边界线时，即可作出相应的结论。

序贯检验有较多类型，本章介绍开放型计数资料、计量资料的单向和双向序贯检验。

第一节　计数资料单向序贯检验

一、实例

【例 9－1】用猫试验氯丙嗪的抗呕吐效果，每只猫先给氯丙嗪后再给吐根观察是否呕吐。实验者规定抗吐率 $P \geqslant 60\%$ 为有效，$P \leqslant 30\%$ 为无效（本例规定 $\alpha = 0.05$，$\beta = 0.05$）。本例实验结果如表 9－1。

表 9－1　氯丙嗪对猫抗呕吐实验结果

编号	1	2	3	4	5	6	7	8
呕吐反应	−	+	−	+	−	−	−	−

二、公式

由以下公式求得药物有效及无效两条边界线：

U：$y = a_1 + bn$

L：$y = a_2 + bn$

其中：

$$a_1 = \frac{\lg \dfrac{1-\beta}{\alpha}}{\lg \dfrac{p_1}{p_2} + \lg \dfrac{1-p_2}{1-p_1}};\quad a_2 = \frac{\lg \dfrac{\beta}{1-\alpha}}{\lg \dfrac{p_1}{p_2} + \lg \dfrac{1-p_2}{1-p_1}};\quad b = \frac{\lg \dfrac{1-p_2}{1-p_1}}{\lg \dfrac{p_1}{p_2} + \lg \dfrac{1-p_2}{1-p_1}}$$

三、Excel 程序

1. 录入原始数据

在 Excel 工作表中，设定指标“有效率 p_1、无效率 p_2、α、β、实验结果”分别占据 B4、B5、B6、B7、C10 单元格，数据录入见图 9-1。

	B	C
3	**输入参数和实验结果**	
4	有效率 P_1 =	0.6
5	无效率 P_2 =	0.3
6	α =	0.05
7	β =	0.05
8		
10	编序	实验结果
11	1	1
12	2	0
13	3	1
14	4	0
15	5	1
16	6	1
17	7	1
18	8	1
19	9	

图 9-1　计数资料单向序贯检验的数据录入

实验数据录入：有效为 1，无效为 0。

2. 编写程序

程序见表 9-2 和表 9-3。

表 9-2　计数资料单向序贯检验的计算程序（1）

	D	E
4	a_1=	=ROUND(LOG10((1-C7)/C6)/(LOG10(C4/C5)+LOG10((1-C5)/(1-C4))),2)
5	a_2=	=ROUND(LOG10(C7/(1-C6))/(LOG10(C4/C5)+LOG10((1-C5)/(1-C4))),2)
6	b=	=ROUND(LOG10((1-C5)/(1-C4))/(LOG10(C4/C5)+LOG10((1-C5)/(1-C4))),2)

表9－3　计数资料单向序贯检验计算程序（2）

	B	D	E	F
10	编序	纵坐标	U	L
11	=IF(C11="","",1)	=IF(C11="","",SUM($C$11:C11))	=IF(B11="","",$E$4+$E$6*B11)	=IF(B11="","",$E$5+$E$6*B11)
12	=IF(C11="","",B11+1)	=IF(C12="","",SUM($C$11:C12))	=IF(B12="","",$E$4+$E$6*B12)	=IF(B12="","",$E$5+$E$6*B12)
13	=IF(C12="","",B12+1)	=IF(C13="","",SUM($C$11:C13))	=IF(B13="","",$E$4+$E$6*B13)	=IF(B13="","",$E$5+$E$6*B13)
…	…	…	…	…

3. 作图

点击“插入”→“图表”→“折线图”，如下图9－2，再点击“下一步”出现图9－3窗口。

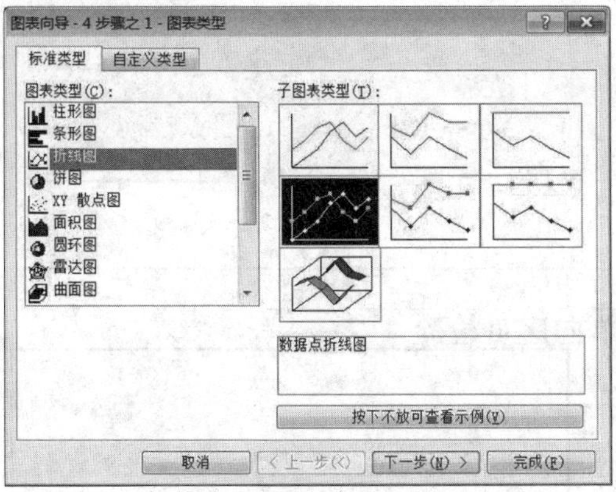

图9－2　折线图“图标向导－4步骤之1”

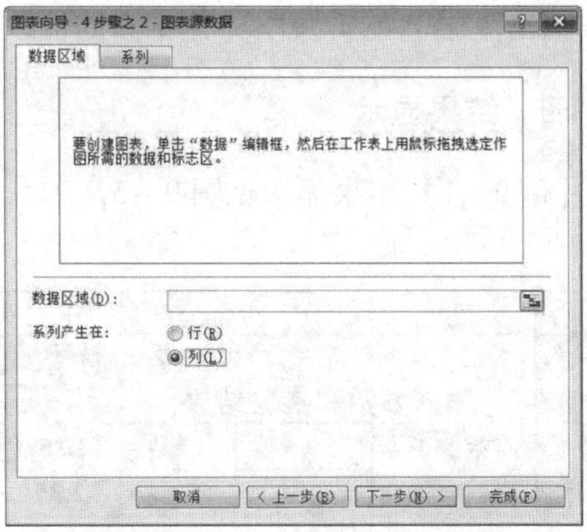

图9－3　折线图“图标向导－4步骤之2”

点击“系列产生在：列”和“数据区域的小正方块”→用鼠标选择数据“D11∶D18”“E11∶F19”（当实验次数改变时，选择有数据的单元格），然后点击“系列”可以修改系列名称；点击“下一步”出现图9－4左。

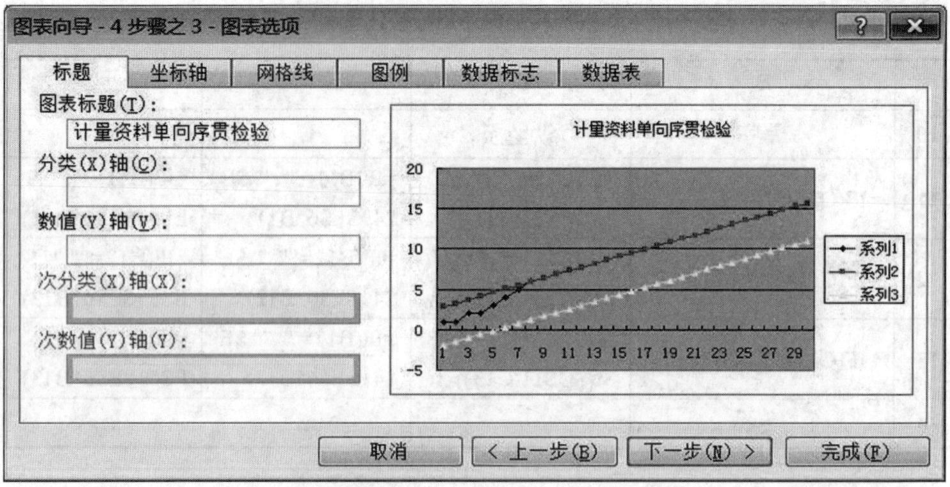

图 9－4　折线图“图标向导－4 步骤之 3”

点击“标题”输入“计数资料单向序贯检验”;

点击“网络线”取消网络线，点击“完成”;

双击“插入的折线图”作细致的修改。

四、结果显示

【例 9－1】结果显示见图 9－5。

	B	C	D	E	F	G
2				**计数资料单向序贯检验**		
3	**输入参数和实验结果**					
4	有效率 P_1 =	0.6	a_1=	**2.35**		
5	无效率 P_2 =	0.3	a_2=	**-2.35**		
6	α =	0.05	b =	**0.45**		
7	β =	0.05	上界线	**y=2.35+0.45*n**		
8			下界线	**y=-2.35+0.45*n**		
10	编序	实验结果	纵坐标	U	L	
11	1	1	1	2.80	-1.90	
12	2	0	1	3.25	-1.45	
13	3	1	2	3.70	-1.00	
14	4	0	2	4.15	-0.55	
15	5	1	3	4.60	-0.10	
16	6	1	4	5.05	0.35	
17	7	1	5	5.50	0.80	
18	8	1	6	5.95	1.25	
19	9			6.40	1.70	

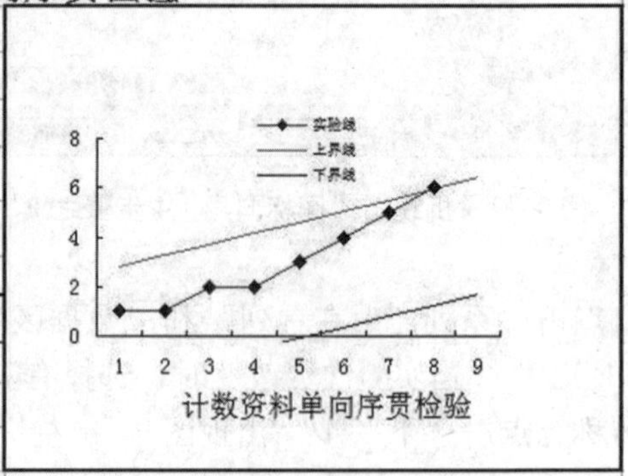

图 9－5　计数资料单向序贯检验的结果

结果判断：实验线刚好触及上界线或下界线，作出相应有效或无效的结论。一般而言，碰到上界线，说明试验药有效；碰到下界线，说明试验药无效。本例实验线碰到上界线，说明氯丙嗪对试验猫有抗呕吐效果。

第二节　计量资料单向序贯检验

当资料为计量时，除了定出有效和无效标准及 α、β 值外，还必须根据以往经验确定处理（治疗）前后差数的方差。其他方法与计数资料基本相同。

一、实例

【例 9－2】用肾型高血压狗试验胍乙啶的降压效果，实验者规定服药后血压下降≥2.7kPa 为有效，下降≤0.7 kPa 为无效（本例规定 $\alpha=0.10$，$\beta=0.05$）。本例实验结果如表 9－4 所示。

表 9－4　胍乙啶降压实验结果（kPa）

狗号（n）	用胍乙啶后血压下降数	血压下降累计数
1	3.07	3.07
2	2.93	6.00
3	2.67	8.67

二、公式

$$a_1=\frac{2.3\sigma^2}{\theta_1-\theta_2}\lg\frac{1-\beta}{\alpha};\qquad a_2=\frac{2.3\sigma^2}{\theta_1-\theta_2}\lg\frac{\beta}{1-\alpha};\qquad b=\frac{\theta_1+\theta_2}{2}$$

式中，θ：服药后的降压数；σ^2：用药前后血压下降差数的方差，σ^2 不易得到，可规定 $\sigma^2\approx 2\sigma^2_{服药前}$。

三、Excel 程序

1. 录入原始数据

在 Excel 工作表中，设定指标“有效 θ_1、有效 θ_2、α、β、σ^2、实验差值”分别占据 I4、I5、I6、I7、I8、J10 单元格，数据录入见图 9－6。

	I	J
3	**输入参数和实验结果**	
4	有效 θ_1=	2.7
5	无效 θ_2=	0.7
6	α=	0.10
7	β=	0.05
8	σ^2=	2.8
9		
10	编序	实验差值
11	1	3.07
12	2	2.93
13	3	2.67
14	4	

图 9－6　计量资料单向序贯检验的数据录入

2. 编写程序

程序见表 9－5 和表 9－6。

表 9－5　计量资料单向序贯检验的计算程序（1）

	K	L
4	a_1=	=ROUND((2.3*J8)/(J4-J5)*LOG10((1-J7)/J6),2)
5	a_2=	=ROUND((2.3*J8)/(J4-J5)*LOG10(J7/(1-J6)),2)
6	b=	=ROUND((J4+J5)/2,2)

表 9－6　计量资料单向序贯检验的计算程序（2）

	I	K	L	M
10	编序	U	L	累计差值
11	=IF(J11="","",1)	=IF(I11="","",$L$4+$L$6*I11)	=IF(I11="","",$L$5+$L$6*I11)	=IF(J11="","",SUM($J$11:J11))
12	=IF(J11="","",I11+1)	=IF(I12="","",$L$4+$L$6*I12)	=IF(I12="","",$L$5+$L$6*I12)	=IF(J12="","",SUM($J$11:J12))
13	=IF(J12="","",I12+1)	=IF(I13="","",$L$4+$L$6*I13)	=IF(I13="","",$L$5+$L$6*I13)	=IF(J13="","",SUM($J$11:J13))
14	=IF(J13="","",I13+1)	=IF(I14="","",$L$4+$L$6*I14)	=IF(I14="","",$L$5+$L$6*I14)	

3. 作图

与【例9－1】相同。

四、结果显示

【例9－2】结果显示见图9－7。

	I	J	K	L	M	N
2	计量资料单向序贯检验					
3	输入参数和实验结果					
4	有效 $\theta_1=$	2.7	$a_1=$	3.15		
5	无效 $\theta_2=$	0.7	$a_2=$	-4.04		
6	$\alpha=$	0.10	$b=$	1.7		
7	$\beta=$	0.05	上界线	y=3.15+1.7*n		
8	$\sigma^2=$	2.8	下界线	y=-4.04+1.7*n		
9						
10	编序	实验差值	U	L	累计差值	
11	1	3.07	4.85	-2.34	3.07	
12	2	2.93	6.55	-0.64	6.00	
13	3	2.67	8.25	1.06	8.67	
14	4		9.95	2.76		

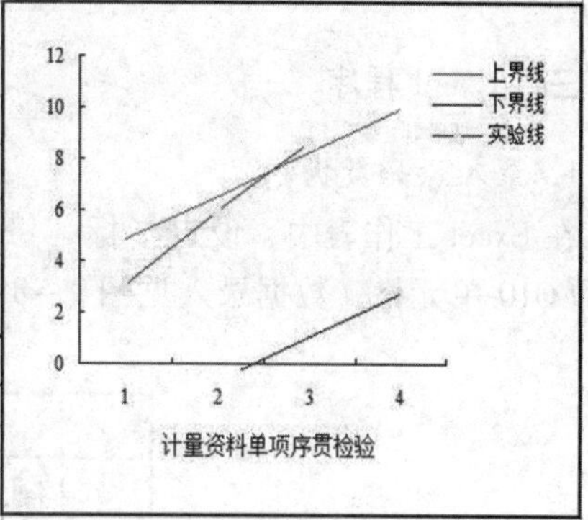

图9－7　计量资料单向序贯检验的结果

结果判断：碰到上界线，说明试验药有效；碰到下界线，说明试验药无效。本例说明胍乙啶对肾型高血压狗具有降压效果。

第三节　计数资料双向序贯检验

在临床药物评价中，序贯检验一般都用配对设计，两种比较的药物各治一例作为一对，将逐对结果在序贯图上画出实验线。

一、实例

【例9－3】比较丙氯拉嗪与某对照药对精神抑郁症的治疗效果，病人一周服丙氯拉嗪（以 P 表示），一周服对照药（以 C 表示），次序随机安排。两周后由病人自己判断哪一周情况较好（本例规定 $\alpha=0.05$，$\beta=0.05$）。本例实验结果如表9－7所示。

在序贯检验中，只利用效果不同的对子。如果不能区别哪一种药疗效较好，则弃去这一个对子。如 P 优于 C，则记为SF（S为有效，F为无效）；如 P 差于 C，则记为FS。

表9－7　丙氯拉嗪与对照药效果比较（不能区别者已除外）

序号	1	2	3	4	5	6	7	8	9	10	11	12	13	14
实验结果较优者	P	P	C	C	C	C	P	P	C	P	P	C	P	C

这里规定 SF 是 FS 的 4 倍时，就可以认为丙氯拉嗪优于对照药。

二、公式

$$a_1=\frac{2\lg\dfrac{1-\beta}{\alpha/2}}{\lg\dfrac{\theta}{1-\theta}};\quad a_2=\frac{2\lg\dfrac{1-\alpha/2}{\beta}}{\lg\dfrac{\theta}{1-\theta}};\quad b=-\frac{\lg[4\theta(1-\theta)]}{\lg\dfrac{\theta}{1-\theta}}$$

式中，$\theta=\dfrac{SF}{SF+FS}$

三、Excel 程序

1. 录入原始数据

在 Excel 工作表中，设定指标“SF、FS、α、β 和实验数据”分别占据 P4、P5、P6、P7 和 Q10 单元格，数据录入见图 9－8。

	P	Q
3	输入参数和实验结果	
4	SF =	4
5	FS =	1
6	a =	0.05
7	b =	0.05
10	编序	实验数据
11	1	P
12	2	P
13	3	C
14	4	C
15	5	C
16	6	C
17	7	P
18	8	P
19	9	C
20	10	P
21	11	P
22	12	C
23	13	P
24	14	C

图 9－8　计数资料双向序贯检验的数据录入

实验数据的纵坐标，起始有效为 1，无效则为 0；以后有效则加 1，无效则减 1。

2. 编写程序

程序见表 9－8 和表 9－9。

表 9－8 计数资料双向序贯检验的计算程序（1）

	R	S	T	U
4	θ=	=Q4/(Q4+Q5)	上界线 U	="y="&ROUND(S5,2)&"+"&ROUND(S7,2)&"*n"
5	a_1=	=2*LOG10((1-Q7)/(Q6/2))/LOG10(S4/(1-S4))	下界线 L	="y="&ROUND(S5,2)&"-"&ROUND(S7,2)&"*n"
6	a_2=	=2*LOG10((1-Q6/2)/Q7)/LOG10(S4/(1-S4))	中界线 M	="y="&ROUND(S6,2)&"+"&ROUND(S7,2)&"*n"
7	b=	=-LOG10(4*S4*(1-S4))/LOG10(S4/(1-S4))	中界线 M′	="y="&ROUND(S6,2)&"-"&ROUND(S7,2)&"*n"

表 9－9 计数资料双向序贯检验的计算程序（2）

	P	R	S	T	U	V
10	编序	纵坐标	U	L	M	M'
11	=IF(Q11="","",1)	=IF(Q11="","",IF(Q11="P",1,-1))	=IF(P11="","",$S$5+$S$7*P11)	=IF(S11="","",-$S$5-$S$7*P11)	=IF(T11="","",IF(-$S$6+$S$7*P11<0,"",-$S$6+$S$7*P11))	=IF(U11="","",$S$6-$S$7*P11)
12	=IF(Q11="","",P11+1)	=IF(Q12="","",IF(Q12="P",R11+1,R11-1))	=IF(P12="","",$S$5+$S$7*P12)	=IF(S12="","",-$S$5-$S$7*P12)	=IF(T12="","",IF(-$S$6+$S$7*P12<0,"",-$S$6+$S$7*P12))	=IF(U12="","",$S$6-$S$7*P12)
13	=IF(Q12="","",P12+1)	=IF(Q13="","",IF(Q13="P",R12+1,R12-1))	=IF(P13="","",$S$5+$S$7*P13)	=IF(S13="","",-$S$5-$S$7*P13)	=IF(T13="","",IF(-$S$6+$S$7*P13<0,"",-$S$6+$S$7*P13))	=IF(U13="","",$S$6-$S$7*P13)
…	……	……	……	……	……	……

3. 作图

与【例 9－1】相同。

四、结果显示

【例 9－3】结果显示见图 9－9。

	P	Q	R	S	T	U	V	W
2	计数资料双向序贯检验							
3	输入参数和实验结果							
4	SF =	4	θ =	0.8	上界线U	y=5.25+0.32*n		
5	FS =	1	a_1 =	5.25	下界线L	y=5.25-0.32*n		
6	a =	0.05	a_2 =	4.29	中界线M	y=4.29+0.32*n		
7	b =	0.05	b =	0.32	中界线M'	y=4.29-0.32*n		
10	编序	实验数据	纵坐标	U	L	M	M'	
11	1	P	1	5.57	-5.57			
12	2	P	2	5.89	-5.89			
13	3	C	1	6.21	-6.21			
14	4	C	0	6.54	-6.54			
15	5	C	-1	6.86	-6.86			
16	6	C	-2	7.18	-7.18			
17	7	P	-1	7.50	-7.50			
18	8	P	0	7.82	-7.82			
19	9	C	-1	8.15	-8.15			
20	10	P	0	8.47	-8.47			
21	11	P	1	8.79	-8.79			
22	12	C	0	9.11	-9.11			
23	13	P	1	9.43	-9.43			
24	14	C	0	9.75	-9.75	0.22	-0.22	
25				10.08	-10.08	0.54	-0.54	

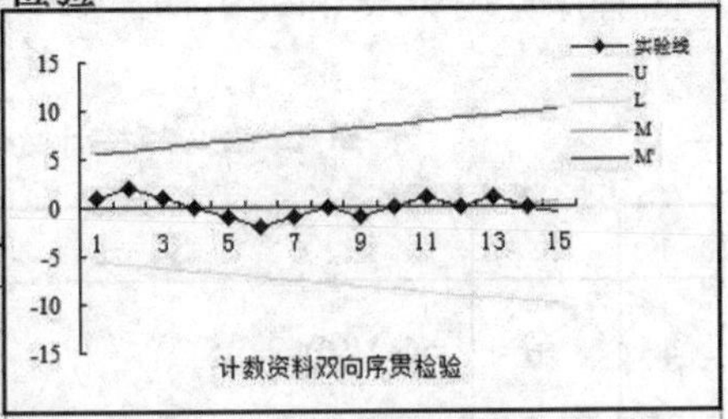

图9－9　计数资料双向序贯检验的结果

结果判断：碰到U线，试验药（丙氯拉嗪）效果优；碰到L线，对照药效果优；碰到M或M′线，两药效果差别无统计学意义。本例试验线触及M线，说明丙氯拉嗪治疗精神抑郁症的效果与某对照药相同。

第四节　计量资料双向序贯检验

一、实例

【例9－4】用肾型高血压狗在一定的间隔时间前后分别接受伊可里（E）和胍乙啶（G），以比较哪一种降压药的作用强，两药次序随机安排（本例规定 $\alpha = 0.05$，$\beta = 0.05$）。

二、公式

$$a_1 = \frac{2.3}{\theta}\lg\frac{1-\beta}{\alpha/2};\qquad a_2 = -\frac{2.3}{\theta}\lg\frac{-\beta}{1-\alpha/2};\qquad b = \frac{\theta}{2}$$

三、Excel 程序

1. 录入原始数据

在Excel工作表中，设定指标“θ、α、β、σ、实验差值”分别占据Y4、Y5、Y6、Y7、Z10单元格，数据录入见图9－10。

	Y	Z
3	输入参数和实验结果	
4	$\theta=$	1
5	$\sigma=$	2.7
6	$\alpha=$	0.05
7	$\beta=$	0.05
10	编序	实验差值
11	1	1.33
12	2	2.93
13	3	4.00
14	4	1.73
15	5	4.00
16	6	2.67
17	7	3.33
18	8	

图 9－10 计量资料双向序贯检验的数据录入

σ：两药物降压差数的标准差，方法与计量资料单向序贯检验相同。

θ：如果 E 的降压量大于 G 的降压量达一个标准差，那么可认为 E 优于 G，记为：$\theta=1$；反之，记为 $\theta=-1$；如果两降压量一样，则记为 $\theta=0$。

2. 编写程序

程序见表 9－10 和表 9－11。

表 9－10 计量资料双向序贯检验的计算程序（1）

	AA	AB	AC	AD
4	$a_1=$	=(2.3/Z4)*LOG10((1-Z7)/(Z6/2))	上界线: U=	="y="&ROUND(AB4*Z5,2)&"+"&ROUND(AB6*Z5,2)&"*n"
5	$a_2=$	=((-2.3)/Z4)*LOG10(Z7/(1-Z6/2))	下界线: L=	="y="&ROUND(AB4*Z5,2)&"- "&ROUND(AB6*Z5,2)&"*n"
6	$b=$	=Z4/2	中界线: M=	="y="&ROUND(AB5*Z5,2)&"+"&ROUND(AB6*Z5,2)&"*n"
7			中界线 :M'=	="y="&ROUND(AB5*Z5,2)&"- "&ROUND(AB6*Z5,2)&"*n"

表 9－11　计量资料双向序贯检验的计算程序（2）

	Y	AA	AB	AC	AD	AE
10	编序	U	L	M	M'	累计差值
11	=IF(Z11="","",1)	=IF(Y11="","",$AB$4*$Z$5+$AB$6*$Z$5*Y11)	=IF(Y11="","",-$AB$4*$Z$5-$AB$6*$Z$5*Y11)	=IF(Y11="","",IF(-$AB$5*$Z$5+$AB$6*$Z$5*Y11<0,"",-$AB$5*$Z$5+$AB$6*$Z$5*Y11))	=IF(Y11="","",IF($AB$5*$Z$5-$AB$6*$Z$5*Y11>0,"",$AB$5*$Z$5-$AB$6*$Z$5*Y11))	=IF(Z11="","",SUM($Z$11:Z11))
12	=IF(Z11="","",Y11+1)	=IF(Y12="","",$AB$4*$Z$5+$AB$6*$Z$5*Y12)	=IF(Y12="","",-$AB$4*$Z$5-$AB$6*$Z$5*Y12)	=IF(Y12="","",IF(-$AB$5*$Z$5+$AB$6*$Z$5*Y12<0,"",-$AB$5*$Z$5+$AB$6*$Z$5*Y12))	=IF(Y12="","",IF($AB$5*$Z$5-$AB$6*$Z$5*Y12>0,"",$AB$5*$Z$5-$AB$6*$Z$5*Y12))	=IF(Z12="","",SUM($Z$11:Z12))
13	=IF(Z12="","",Y12+1)	=IF(Y13="","",$AB$4*$Z$5+$AB$6*$Z$5*Y13)	=IF(Y13="","",-$AB$4*$Z$5-$AB$6*$Z$5*Y13)	=IF(Y13="","",IF(-$AB$5*$Z$5+$AB$6*$Z$5*Y13<0,"",-$AB$5*$Z$5+$AB$6*$Z$5*Y13))	=IF(Y13="","",IF($AB$5*$Z$5-$AB$6*$Z$5*Y13>0,"",$AB$5*$Z$5-$AB$6*$Z$5*Y13))	=IF(Z13="","",SUM($Z$11:Z13))
…	…	…	…	…	…	…

3. 作图

与【例 9－1】相同。

四、结果显示

【例 9－4】结果显示见图 9－11。

	Y	Z	AA	AB	AC	AD	AE
2	计量资料双向序贯检验						
3	输入参数和实验结果						
4	θ =	1	a_1=	3.63	上界线: U=	y=9.81+1.35*n	
5	σ =	2.7	a_2=	2.97	下界线: L=	y=9.81-1.35*n	
6	α =	0.05	b =	0.5	中界线: M=	y=8.01+1.35*n	
7	β =	0.05			中界线 :M'=	y=8.01-1.35*n	
9							
10	编序	实验差值	U	L	M	M'	累计差值
11	1	1.33	11.16	-11.16			1.33
12	2	2.93	12.51	-12.51			4.26
13	3	4.00	13.86	-13.86			8.26
14	4	1.73	15.21	-15.21			9.99
15	5	4.00	16.56	-16.56			13.99
16	6	2.67	17.91	-17.91	0.09	-0.09	16.66
17	7	3.33	19.26	-19.26	1.44	-1.44	19.99
18	8		20.61	-20.61	2.79	-2.79	

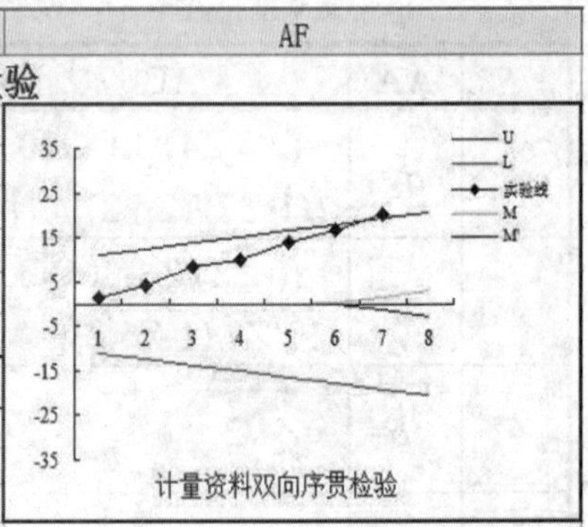

图 9－11　计量资料双向序贯检验的结果

结果判断：碰到 U 线，作被减数的药效果优；碰到 L 线，作减数的药效果优；碰到 M 或 M′线，两药效果差别无统计学意义。本例伊可里（E）作被减数触及 U 线，降压效果大于胍乙啶（G）。

第十章　秩和比法

秩和比法（Rank Sum Ratio，RSR）也称统计信息方法，是由田凤调教授于 1988 年提出的一种非参数的综合评价方法，它运用秩和比这一综合指标来概括多个指标的综合水平，具有简单实用且将非参数统计和参数统计相互融通，集描述性和推断性于一身的特点。近年来在医疗质量、医疗服务等综合评价中得到较为广泛的应用。

一、实例

【例 10 - 1 】以某医院 2002—2011 年医疗质量统计指标的文献作为分析资料。评价对象为某医院 10 年的医疗质量，评价指标为 5 个高优指标和 2 个低优指标，共 7 个指标。具体数据见表 10 - 1。

表 10 - 1　某医院 2002—2011 年医疗质量指标

年份	出院人数（人次）	治愈好转率（%）	病死率	病床周转率（次）	病床使用率（%）	平均住院日（日）	入出院诊断符合率（%）
2002	7501（9）	94.8（3）	1.3（2）	17.6（9）	59.6（10）	11.5（1）	97.8（1）
2003	6925（5）	95.1（6.5）	1.2（3）	16.3（5）	55.0（9）	11.1（2.5）	98.3（2）
2004	6642（4）	94.9（4）	1.1（4）	15.6（3）	51.6（8）	10.9（4）	98.9（5）
2005	5567（3）	94.1（1）	1.6（1）	13.1（1）	42.4（1）	11.1（2.5）	98.8（4）
2006	6355（1）	94.3（2）	1.0（5）	14.9（2）	45.6（3）	10.6（5）	99.0（7）
2007	6491（2）	95.5（9）	0.8（8.5）	15.8（4）	47.2（4）	10.4（6）	99.2（9）
2008	7034（6）	95.0（5）	0.9（6.5）	17.0（7）	50.2（7）	10.1（7）	98.7（3）
2009	7429（8）	95.3（8）	0.7（10）	17.4（8）	48.9（6）	9.8（8.5）	99.0（7）
2010	7088（7）	95.1（6.5）	0.8（8.5）	16.6（6）	45.2（2）	9.8（8.5）	99.0（7）
2011	8490（10）	95.9（10）	0.9（6.5）	19.9（10）	48.8（5）	8.8（10）	99.7（10）

二、原理与公式

秩和比是各项评价指标秩次的平均值，综合了多项评价指标的信息，表明多个评价指标的综合水平，*RSR* 值越大越优。秩和比法的基本步骤为：

（1）列原始数据表：将 n 个评价对象和 m 个评价指标排成 n 行 m 列的原始数据表。

（2）编秩：高优指标从小到大编秩，低优指标从大到小编秩，相同者取平均值，偏高优/偏低优指标的秩次 =（按高优/低优所编秩次 + $n/2 + 0.5$）/2，稍高优/稍低优指标的

秩次 = ［（按高优/低优所编秩次 + $n/2+0.5$）/2 + $n/2+0.5$］/2。

（3）计算秩和比：在一个 n 行 m 列的矩阵中，如各评价指标权重相同，秩和比计算公式为 $RSR_i=\frac{\sum_{j=1}^{m}R_{ij}}{n\times m}$；如权重不同，计算加权秩和比 $WRSR_i=\frac{1}{n}\sum_{j=1}^{m}W_jR_{ij}$，式中 R_{ij} 为 i 行 j 列元素的秩次。

（4）确定 RSR 的分布：RSR 的分布是指用概率单位 Probit 表达的 RSR 值特定的向下累计频率，其方法为：

①编制 RSR 频数分布表，列出各组频数 f、累计频数 $\sum f$；

②确定各组 RSR 的秩次 R 及平均秩次 $\bar{R}$；

③计算向下累计频率 $p=\bar{R}/n$；

④百分率 p 换算为概率单位 Probit，Probit 为百分率 p 对应的标准正态离差 u 加 5。

（5）计算回归方程：以累计频率对应的概率单位值 Probit 为自变量，RSR 值为应变量，计算回归方程为

$$R\hat{S}R=a+b\times Probit$$

（6）分档排序：根据 RSR 值对评价对象进行分档排序。此外，RSR 的可信区间也可用于多个对象的比较，计算公式为（$\sin^{-1}\sqrt{RSR}\pm\sqrt{\frac{820.7}{N}}$），$N$ 为可能格子数，即($n\times m$)。

（7）和谐检验：和谐检验用于判断评价对象各指标秩和比的构成是否相同以及因素筛选。和谐系数计算公式为 $w=\frac{12n\left\{\sum_{1}^{n}(RSR)^2-\frac{1}{n}[\sum_{1}^{n}(RSR)]^2\right\}}{(n^2-1)}$，检验统计量计算公式为 $\chi^2=(R-1)\cdot C\cdot w$，其中 R 为指标数，C 为评价对象数。

三、Excel 程序

1. 录入原始数据

本程序分为数据输入区、结果区和运算区 3 个区域。数据输入区（A ~ AO 列）包括：评价对象数、指标数、各指标权重（如指标权重一致则不需输入）及指标值，其中指标分 6 类：高优、偏高优、稍高优、稍低优、偏低优和低优（高优和低优指标各设 10 个，其他指标各设 5 个）。本例数据输入见图 10－1。

	A	B	C	D	E	F	AF	AG
1	**秩和比法**							
2	输入区							
3	评价对象数:	**10**						
4	指标数:	7						
5								
6		高优指标					低优指标	
7		**A1**	**A2**	**A3**	**A4**	**A5**	**F1**	**F2**
8	各指标权重							
9	评价对象	**指标值**						
10	1	7501	94.8	17.6	97.8	59.6	1.3	11.5
11	2	6925	95.1	16.3	98.3	55.0	1.2	11.1
12	3	6642	94.9	15.6	98.9	51.6	1.1	10.9
13	4	5567	94.1	13.1	98.8	42.4	1.6	11.1
14	5	6355	94.3	14.9	99.0	45.6	1.0	10.6
15	6	6491	95.5	15.8	99.2	47.2	0.8	10.4
16	7	7034	95.0	17.0	98.7	50.2	0.9	10.1
17	8	7429	95.3	17.4	99.0	48.9	0.7	9.8
18	9	7088	95.1	16.6	99.0	45.2	0.8	9.8
19	10	8490	95.9	19.9	99.7	48.8	0.9	8.8

图 10－1　数据输入图

2. 编制程序

（1）秩次：各类指标的秩次计算程序见表 10－2、表 10－3 和表 10－4。

表 10－2　高优及偏高优指标的秩次计算程序（1）

	BX	…	CG	CH	…	CL
9	R_{A1}	…	R_{A10}	R_{B1}	…	R_{B5}
10	=IF(ISBLANK(B10),0,RANK(B10,B$10:B$1000,1)+(COUNT(B$10:B$1000)+1-RANK(B10,B$10:B$1000)-RANK(B10,B$10:B$1000,1))/2)	…	=IF(ISBLANK(K10),0,RANK(K10,K$10:K$1000,1)+(COUNT(K$10:K$1000)+1-RANK(K10,K$10:K$1000)-RANK(K10,K$10:K$1000,1))/2)	=IF(ISBLANK(L10),0,(RANK(L10,L$10:L$1000,1)+(COUNT(L$10:L$1000)+1-RANK(L10,L$10:L$1000)-RANK(L10,L$10:L$1000,1))/2+$B$3/2+0.5)/2)	…	=IF(ISBLANK(P10),0,(RANK(P10,P$10:P$1000,1)+(COUNT(P$10:P$1000)+1-RANK(P10,P$10:P$1000)-RANK(P10,P$10:P$1000,1))/2+$B$3/2+0.5)/2)
11	=IF(ISBLANK(B11),0,RANK(B11,B$10:B$1000,1)+(COUNT(B$10:B$1000)+1-RANK(B11,B$10:B$1000)-RANK(B11,B$10:B$1000,1))/2)	…	=IF(ISBLANK(K11),0,RANK(K11,K$10:K$1000,1)+(COUNT(K$10:K$1000)+1-RANK(K11,K$10:K$1000)-RANK(K11,K$10:K$1000,1))/2)	=IF(ISBLANK(L11),0,(RANK(L11,L$10:L$1000,1)+(COUNT(L$10:L$1000)+1-RANK(L11,L$10:L$1000)-RANK(L11,L$10:L$1000,1))/2+$B$3/2+0.5)/2)	…	=IF(ISBLANK(P11),0,(RANK(P11,P$10:P$1000,1)+(COUNT(P$10:P$1000)+1-RANK(P11,P$10:P$1000)-RANK(P11,P$10:P$1000,1))/2+$B$3/2+0.5)/2)
…	…	…	…	…	…	…

表 10－3　稍高优及稍低优指标的秩次计算程序（2）

	CM	…	CQ	CR	…	CV
9	R_{C1}	…	R_{C5}	R_{D1}	…	R_{D5}
10	=IF(ISBLANK(Q10),0,((RANK(Q10,Q$10:Q$1000,1)+(COUNT(Q$10:Q$1000)+1-RANK(Q10,Q$10:Q$1000)-RANK(Q10,Q$10:Q$1000,1))/2+$B$3/2+0.5)/2+$B$3/2+0.5)/2)	…	=IF(ISBLANK(U10),0,((RANK(U10,U$10:U$1000,1)+(COUNT(U$10:U$1000)+1-RANK(U10,U$10:U$1000)-RANK(U10,U$10:U$1000,1))/2+$B$3/2+0.5)/2+$B$3/2+0.5)/2)	=IF(ISBLANK(V10),0,((RANK(V10,V$10:V$1000)+(COUNT(V$10:V$1000)+1-RANK(V10,V$10:V$1000)-RANK(V10,V$10:V$1000,1))/2+$B$3/2+0.5)/2+$B$3/2+0.5)/2)	…	=IF(ISBLANK(Z10),0,((RANK(Z10,Z$10:Z$1000)+(COUNT(Z$10:Z$1000)+1-RANK(Z10,Z$10:Z$1000)-RANK(Z10,Z$10:Z$1000,1))/2+$B$3/2+0.5)/2+$B$3/2+0.5)/2)
11	=IF(ISBLANK(Q11),0,((RANK(Q11,Q$10:Q$1000,1)+(COUNT(Q$10:Q$1000)+1-RANK(Q11,Q$10:Q$1000)-RANK(Q11,Q$10:Q$1000,1))/2+$B$3/2+0.5)/2+$B$3/2+0.5)/2)	…	=IF(ISBLANK(U11),0,((RANK(U11,U$10:U$1000,1)+(COUNT(U$10:U$1000)+1-RANK(U11,U$10:U$1000)-RANK(U11,U$10:U$1000,1))/2+$B$3/2+0.5)/2+$B$3/2+0.5)/2)	=IF(ISBLANK(V11),0,((RANK(V11,V$10:V$1000)+(COUNT(V$10:V$1000)+1-RANK(V11,V$10:V$1000)-RANK(V11,V$10:V$1000,1))/2+$B$3/2+0.5)/2+$B$3/2+0.5)/2)	…	=IF(ISBLANK(Z11),0,((RANK(Z11,Z$10:Z$1000)+(COUNT(Z$10:Z$1000)+1-RANK(Z11,Z$10:Z$1000)-RANK(Z11,Z$10:Z$1000,1))/2+$B$3/2+0.5)/2+$B$3/2+0.5)/2)
…	…	…	…	…	…	…

表 10－4　偏低优及低优指标的秩次计算程序（3）

	CW	…	DA	DB	…	DK
9	R_{E1}	…	R_{E5}	R_{F1}	…	R_{F10}
10	=IF(ISBLANK(AA10),0,(RANK(AA10,AA$10:AA$1000)+(COUNT(AA$10:AA$1000)+1-RANK(AA10,AA$10:AA$1000)-RANK(AA10,AA$10:AA$1000,1))/2+$B$3/2+0.5)/2)	…	=IF(ISBLANK(AE10),0,(RANK(AE10,AE$10:AE$1000)+(COUNT(AE$10:AE$1000)+1-RANK(AE10,AE$10:AE$1000)-RANK(AE10,AE$10:AE$1000,1))/2+$B$3/2+0.5)/2)	=IF(ISBLANK(AF10),0,RANK(AF10,AF$10:AF$1000)+(COUNT(AF$10:AF$1000)+1-RANK(AF10,AF$10:AF$1000)-RANK(AF10,AF$10:AF$1000,1))/2)	…	=IF(ISBLANK(AO10),0,RANK(AO10,AO$10:AO$1000)+(COUNT(AO$10:AO$1000)+1-RANK(AO10,AO$10:AO$1000)-RANK(AO10,AO$10:AO$1000,1))/2)
11	=IF(ISBLANK(AA11),0,(RANK(AA11,AA$10:AA$1000)+(COUNT(AA$10:AA$1000)+1-RANK(AA11,AA$10:AA$1000)-RANK(AA11,AA$10:AA$1000,1))/2+$B$3/2+0.5)/2)	…	=IF(ISBLANK(AE11),0,(RANK(AE11,AE$10:AE$1000)+(COUNT(AE$10:AE$1000)+1-RANK(AE11,AE$10:AE$1000)-RANK(AE11,AE$10:AE$1000,1))/2+$B$3/2+0.5)/2)	=IF(ISBLANK(AF11),0,RANK(AF11,AF$10:AF$1000)+(COUNT(AF$10:AF$1000)+1-RANK(AF11,AF$10:AF$1000)-RANK(AF11,AF$10:AF$1000,1))/2)	…	=IF(ISBLANK(AO11),0,RANK(AO11,AO$10:AO$1000)+(COUNT(AO$10:AO$1000)+1-RANK(AO11,AO$10:AO$1000)-RANK(AO11,AO$10:AO$1000,1))/2)
…	…	…	…	…	…	…

(2) 计算秩和比的中间过程：程序见表 10 – 5。

表 10 – 5　∑R、∑WR、RSR^2、$WRSR^2$ 的计算程序

	BT	BU	BV	BW
9	∑R	∑WR*	RSR^2	$WRSR^2$
10	=SUM(BX10:DK10)	=MMULT(IF(B$8:AO$8="",0,B$8:AO$8),TRANSPOSE(BX10:DK10))	=AP10^2	=BE10^2
11	=SUM(BX11:DK11)	=MMULT(IF(B$8:AO$8="",0,B$8:AO$8),TRANSPOSE(BX11:DK11))	=AP11^2	=BE11^2
…	…	…	…	…

*：∑WR 时输入公式后需同时按下"Shift、Ctrl 和 Enter"键确认。

(3) RSR 的分布。

①不计算权重：计算程序见表 10 – 6 和表 10 – 7。

表 10 – 6　RSR 分布计算程序（不计算权重）

	AP	AQ	AR	AS	AT	AU	AV
9	RSR	f	R	$\bar{R}$	$(\bar{R}/n)\times100\%$	Probit	$\hat{RSR}$
10	=BT10/$AQ$3	=COUNTIF(AP10,AP$10:AP$1000)	=RANK(AP10,AP$10:AP$1000,1)	=RANK(AP10,AP$10:AP$1000,1)+(COUNT(AP$10:AP$1000)+1-RANK(AP10,AP$10:AP$1000)-RANK(AP10,AP$10:AP$1000,1))/2	=IF(AS10/$B$3*100=100,(1-1/(4*$B$3))*100,IF(AS10/$B$3*100=0,1/(4*$B$3),AS10/$B$3*100))	=NORMSINV(AT10/100)+5	=$AR$5+$AR$6*AU10
11	=BT11/$AQ$3	=COUNTIF(AP11,AP$10:AP$1000)	=RANK(AP11,AP$10:AP$1000,1)	=RANK(AP11,AP$10:AP$1000,1)+(COUNT(AP$10:AP$1000)+1-RANK(AP11,AP$10:AP$1000)-RANK(AP11,AP$10:AP$1000,1))/2	=IF(AS11/$B$3*100=100,(1-1/(4*$B$3))*100,IF(AS11/$B$3*100=0,1/(4*$B$3),AS11/$B$3*100))	=NORMSINV(AT11/100)+5	=$AR$5+$AR$6*AU11
…	…	…	…	…	…	…	…

表 10－7　*RSR* 置信区间及分档程序

	AW	AX	AY	AZ	BA	BB	BC	BD
9	*y*	*y*95%CI		分3档	分4档	分5档	分6档	分7档
10	=ASIN(SQRT(AP10))*180/PI()	=AW10-1.96*SQRT(820.7/$AQ$3)	=AW10+1.96*SQRT(820.7/$AQ$3)	=IF(AU10<4,1,IF(AU10>=6,3,2))	=IF(AU10<3.5,1,IF(AND(AU10>=3.5,AU10<5),2,IF(AU10>=6.5,4,3)))	=IF(AU10<3.2,1,IF(AND(AU10>=3.2,AU10<4.4),2,IF(AND(AU10>=4.4,AU10<5.6),3,IF(AU10>=6.8,5,4))))	=IF(AU10<3,1,IF(AND(AU10>=3,AU10<4),2,IF(AND(AU10>=4,AU10<5),3,IF(AND(AU10>=5,AU10<6),4,IF(AU10>=7,6,5)))))	=IF(AU10<2.86,1,IF(AND(AU10>=2.86,AU10<3.72),2,IF(AND(AU10>=3.72,AU10<4.57),3,IF(AND(AU10>=4.57,AU10<5.44),4,IF(AND(AU10>=5.44,AU10<6.28),5,IF(AU10>=7.14,7,6))))))
11	=ASIN(SQRT(AP11))*180/PI()	=AW11-1.96*SQRT(820.7/$AQ$3)	=AW11+1.96*SQRT(820.7/$AQ$3)	=IF(AU11<4,1,IF(AU11>=6,3,2))	=IF(AU11<3.5,1,IF(AND(AU11>=3.5,AU11<5),2,IF(AU11>=6.5,4,3)))	=IF(AU11<3.2,1,IF(AND(AU11>=3.2,AU11<4.4),2,IF(AND(AU11>=4.4,AU11<5.6),3,IF(AU11>=6.8,5,4))))	=IF(AU11<3,1,IF(AND(AU11>=3,AU11<4),2,IF(AND(AU11>=4,AU11<5),3,IF(AND(AU11>=5,AU11<6),4,IF(AU11>=7,6,5)))))	=IF(AU11<2.86,1,IF(AND(AU11>=2.86,AU11<3.72),2,IF(AND(AU11>=3.72,AU11<4.57),3,IF(AND(AU11>=4.57,AU11<5.44),4,IF(AND(AU11>=5.44,AU11<6.28),5,IF(AU11>=7.14,7,6))))))
…	…	…	…	…	…	…	…	…

②计算权重：程序见表 10－8。

表 10－8　*RSR* 分布计算程序（计算权重）

	BE	BF	BG	BH	BI	BJ	BK
9	*WRSR*	*f*(*W*)	*R*(*W*)	$\overline{R}(W)$	$(\overline{R}/n)\times100\%(W)$	Probit(W)	$\widehat{RSR}(W)$
10	=BU10/$B$3	=COUNTIF(BE10,BE$10:BE$1000)	=RANK(BE10,BE$10:BE$1000,1)	=RANK(BE10,BE$10:BE$1000,1)+(COUNT(BE$10:BE$1000)+1-RANK(BE10,BE$10:BE$1000)-RANK(BE10,BE$10:BE$1000,1))/2	=IF(BH10/$B$3*100=100,(1-1/(4*$B$3))*100,IF(BH10/$B$3*100=0,1/(4*$B$3),BH10/$B$3*100))	=NORMSINV(BI10/100)+5	=$BI$5+$BJ$5*BJ10
11	=BU11/$B$3	=COUNTIF(BE11,BE$10:BE$1000)	=RANK(BE11,BE$10:BE$1000,1)	=RANK(BE11,BE$10:BE$1000,1)+(COUNT(BE$10:BE$1000)+1-RANK(BE11,BE$10:BE$1000)-RANK(BE11,BE$10:BE$1000,1))/2	=IF(BH11/$B$3*100=100,(1-1/(4*$B$3))*100,IF(BH11/$B$3*100=0,1/(4*$B$3),BH11/$B$3*100))	=NORMSINV(BI11/100)+5	=$BI$5+$BJ$5*BJ11
…	…	…	…	…	…	…	…

计算权重的 *RSR* 置信区间及分档程序与不计算权重的原理相同，此略。

(4) 回归方程及和谐检验：各参数计算程序见表 10－9。

表 10－9 回归方程及和谐检验的计算程序（不计算权重）

	AQ	AR	AT	AU	AV	AW	AX	AY	AZ
5	*a*=	=INTERCEPT(AP10:AP1000,AU10:AU1000)	=AR5	=AR6	=" ×Probit"	和谐检验	和谐系数 *w*=	=(12*B3*(SUM(BV10:BV1000)-(SUM(AP10:AP1000)^2)/B3))/(B3^2-1)	=IF(AY7<0.05,"不和谐","和谐")
6	*b*=	=SLOPE(AP10:AP1000,AU10:AU1000)	*t*=	=AR7/SQRT((1-AR7^2)/(B3-2))			χ^2 =	=(B4-1)*B3*AY5	
7	*r*=	=CORREL(AP10:AP1000,AU10:AU1000)	*P*=	=TDIST(AU6,B3-2,2)			*P*=	=CHIDIST(AY6,B3-1)	

计算权重的回归方程及和谐检验程序与不计算权重的原理相同，此处略。

四、结果显示

本例结果，见图 10－2。

	AP	AQ	AR	AS	AT	AU	AV
2	结果区						
3	可能组合数	70					
4	不计算权重						
5	$\hat{RSR}$ 回归	*a* =	-0.5089	$\hat{RSR}$ =	-0.5089 +	0.2038	×Probit
6		*b* =	0.2038		*t* =	14.0695	
7		*r* =	0.9804		*P* =	0.000001	
8	*RSR* 分布						
9	*RSR*	*f*	*R*	$\bar{R}$	$(\bar{R}/n)\times 100\%$	Probit	$\hat{RSR}$
10	0.5000	1	5	5.0	50.00	5.000	0.5101
11	0.4714	1	4	4.0	40.00	4.747	0.4584
12	0.4571	1	3	3.0	30.00	4.476	0.4032
13	0.1643	1	1	1.0	10.00	3.718	0.2489
14	0.3714	1	2	2.0	20.00	4.158	0.3385
15	0.6214	1	7	7.0	70.00	5.524	0.6169
16	0.5929	1	6	6.0	60.00	5.253	0.5617
17	0.7929	1	9	9.0	90.00	6.282	0.7712
18	0.6500	1	8	8.0	80.00	5.842	0.6816
19	0.8786	1	10	10.0	97.50	6.960	0.9095

图 10－2 秩和比法计算的 *RSR* 分布和回归方程的结果

和谐检验和分档情况见图 10－3。

	AW	AX	AY	AZ	BA	BB	BC	BD
5	**和谐检验**	和谐系数和谐系数 w=	0.4628	不和谐				
6		χ^2 =	27.7699					
7		P =	0.0010					
8	*RSR* 置信区间			分档情况				
9	y	y 95%CI		分3档	分4档	分5档	分6档	分7档
10	45.00	38.29	51.71	2	3	3	4	4
11	43.36	36.65	50.07	2	2	3	3	4
12	42.54	35.83	49.25	2	2	3	3	3
13	23.91	17.20	30.62	1	2	2	2	2
14	37.55	30.84	44.26	2	2	2	3	3
15	52.03	45.32	58.74	2	3	3	4	5
16	50.35	43.64	57.06	2	3	3	4	4
17	62.93	56.22	69.64	3	3	4	5	6
18	53.73	47.02	60.44	2	3	4	4	5
19	69.61	62.90	76.32	3	4	5	5	6

图 10－3　秩和比法计算的和谐检验和分档情况结果

按合理分档数表分为 3 等，2005 年为下等，2002 年、2003 年、2004 年、2006 年、2007 年、2008 年、2010 年为中等，2009 年和 2011 年为上等。$w=0.4628$，$\chi^2=27.7699$，$P=0.0010<0.05$，行列之间状态不和谐。

五、提示

（1）本文建立的 Excel 程序对各种类型的指标值直接输入即可，省去了对指标值进行预处理的步骤，较为简便；同时也是对资料进行秩和比法分析较为通用的程序，程序共设置了各种类型指标 50 个，它的最大行数可根据实际评价对象数来设置，本文设为 1000（即最大评价对象数为 1000－9＝991）。使用中还可以根据具体情况作进一步扩充，能满足各种不同的分析需要，具有一定的实用价值。

（2）使用本程序时应注意：

①输入数据之后，在结果区，使用 Excel 填充柄下拉各单元格，直接拉至最后评价对象的那一行，下拉不足或过多会影响计算结果；如希望省略下拉的步骤，可将除了回归方程及和谐检验外的各指标的第一行公式补充为：IF（ $B$3＜A10，“”，公式），并下拉各单元格。

②*RSR* 法的分档方法有两种：合理分档法和最佳分档法。合理分档以正态分布为依据，最佳分档法是在合理分档法基础上再作调整，达到各档方差一致并各组差异有显著性，很多情况下两种方法是吻合的。程序直接给出的是合理分档法的结果，在运用中还需结合实际情况决定是否需要调整。

第十一章　直线回归与相关

直线回归（linear regression）与相关（linear correlation）是考察两个数值变量间相互变化关系的统计分析方法。直线回归考察的是某一变量的变化依存于另一变量变化的数量关系，变量间的地位不平等。直线相关考察的是两变量间是否确有直线相关关系以及相关的程度，属于双向的关系，两变量处于平等的地位。

对于不同性质的资料，相关回归分析可分为 Pearson 相关回归和 Spearman 秩相关回归分析。

第一节　Pearson 相关和回归

Pearson 相关是求 Pearson 相关系数的过程。Pearson 相关系数又称为线性相关系数，要求 X 和 Y 呈双正态分布，用来说明具有直线关系的两个变量间的相关密切程度和相关方向。Pearson 回归是求 Pearson 回归系数与回归方程过程。

一、实例

【例 11－1】某地方病研究所调查了 8 名正常儿童的年龄（岁）与其尿肌酐含量（mmol/24h），测量结果见表 11－1，试作相关及回归分析。

表 11－1　8 名正常儿童的年龄 X（岁）与其尿肌酐含量 Y（mmol/24h）

编号	1	2	3	4	5	6	7	8
年龄 X	13	11	9	6	8	10	12	7
尿肌酐含量 Y	3.54	3.01	3.09	2.48	2.56	3.36	3.18	2.65

二、公式

当自变量和应变量均服从正态分布时，可用 Pearson 积差相关来分析两变量的相关关系。样本相关系数用 r 表示，描述两个变量直线相关的方向和密切程度，r 的计算公式为：

$$r=\frac{\sum(X-\bar{X})(Y-\bar{Y})}{\sqrt{\sum(X-\bar{X})^2\sum(Y-\bar{Y})^2}}=\frac{l_{XY}}{\sqrt{l_{XX}l_{YY}}}$$

r 值的假设检验公式为：

$$t=\frac{r\sqrt{(n-2)}}{\sqrt{1-r^2}},\ v=n-2$$

直线回归方程一般形式为：

$$\hat{y} = a + bx$$

式中回归系数 b 和截距 a 的计算公式分别为：

$$b = \frac{l_{xy}}{l_{xx}} = \frac{\sum(x-\bar{y})(y-\bar{y})}{\sum(x-\bar{x})^2} = \frac{\sum xy - (\sum x)(\sum y)/n}{\sum x^2 - (\sum x)^2/n};$$

$$a = \bar{y} - b\bar{x}$$

对 b 进行假设检验的 t 检验法公式为：

$$t = \frac{b}{S_b}; \qquad S_b = \frac{S_{Y \cdot X}}{\sqrt{l_{xx}}}; \qquad S_{Y \cdot X} = \sqrt{\frac{SS_{残}}{n-2}}; \qquad v = n-2$$

三、Excel 程序

1. 录入原始数据

在 Excel 工作表中，分别从 C 列和 D 列的第 4 单元格开始纵向录入两个变量的观察值，数据录入见图 11－1。

	B	C	D
3	编号	变量x	变量y
4	=IF(C4<>"",1,"")	13	3.54
5	=IF(C5<>"",B4+1,"")	11	3.01
6	=IF(C6<>"",B5+1,"")	9	3.09
7	=IF(C7<>"",B6+1,"")	6	2.48
8	=IF(C8<>"",B7+1,"")	8	2.56
9	=IF(C9<>"",B8+1,"")	10	3.36
10	=IF(C10<>"",B9+1,"")	12	3.18
11	=IF(C11<>"",B10+1,"")	7	2.65

图 11－1　直线相关回归的数据录入

2. 计算直线相关分析的各指标

设定“r、v、t_r、P、$t_{0.05,v}$”分别占据 H5～H9 单元格，Excel 程序见表 11－2。

表 11－2　直线相关分析的各指标程序

	H	I
5	r=	=CORREL(C4:C1000,D4:D1000)
6	v=	=COUNT(C:C)-2
7	t_r=	=IF(ABS(I5)=1,"∞",ABS(I5/(SQRT((1-I5^2)/I6))))
8	P=	=IF(ABS(I5)=1,"0.00",TDIST(ABS(I7),I6,2))
9	$t_{0.05,v}$=	=TINV(0.05,I6)

3. 计算直线回归分析的各指标

设定“a、b、t_b、P、R^2、$S_{Y.X}$、S_b”分别占据 H13 ~ H19 单元格，Excel 程序见表11 - 3。

表 11 - 3　直线回归分析的各指标程序

	H	I
13	a=	=INTERCEPT(D4:D1000,C4:C1000)
14	b=	=SLOPE(D4:D1000,C4:C1000)
15	t_b=	=I7
16	P=	=I8
17	R^2=	=RSQ(D4:D1000,C4:C1000)
18	S_{YX}=	=STEYX(D4:D1000,C4:C1000)
19	S_b=	=I18/DEVSQ(C4:C1000)^0.5

4. 制作散点图

（1）点击“图表向导”中“图表类型”的“散点图”，点击“下一步”，见图 11 - 2。

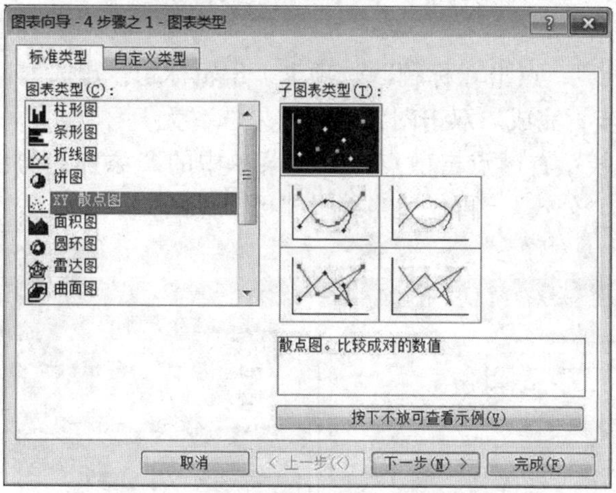

图 11 - 2　制作散点图向导图一

（2）选取图表区源数据的数据区域，见图 11－3。

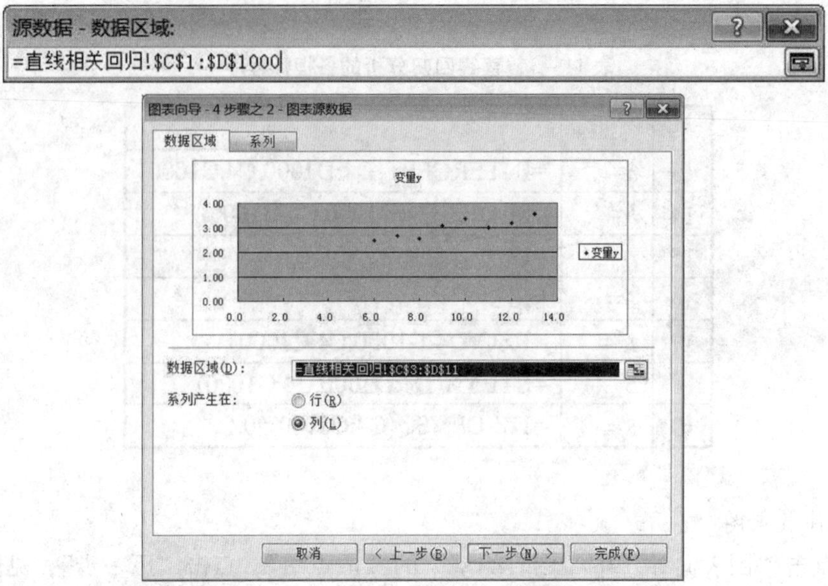

图 11－3　制作散点图向导图二

（3）点击“下一步”，点击“标题”选项卡，编辑标题；点选“网格线”选项卡，去掉网格线，点击下一步，完成。双击图，填充效果选“无”。

（4）添加回归直线：右键点击散点，点击菜单中的“添加趋势线”，选择“线性”，在“选项”卡中勾选“公式”，再作适当编辑即可，见图 11－4。

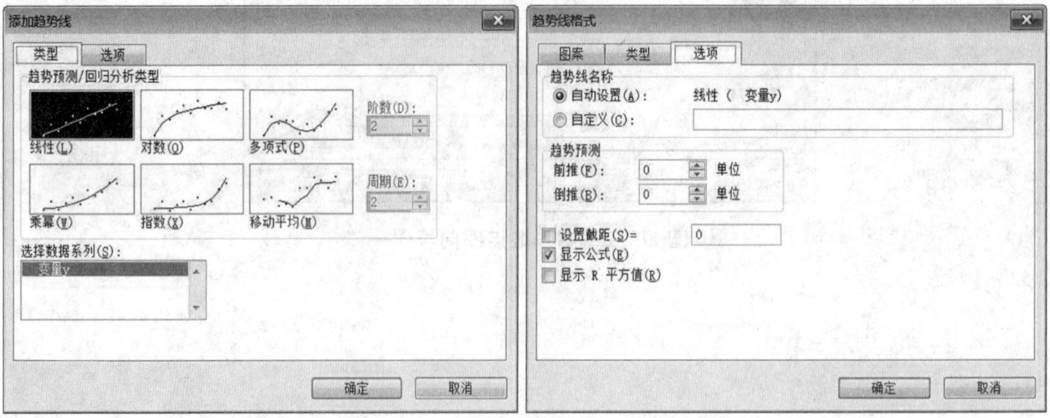

图 11－4　制作散点图向导图三

四、结果显示

本例直线相关及回归结果显示见图 11－5。

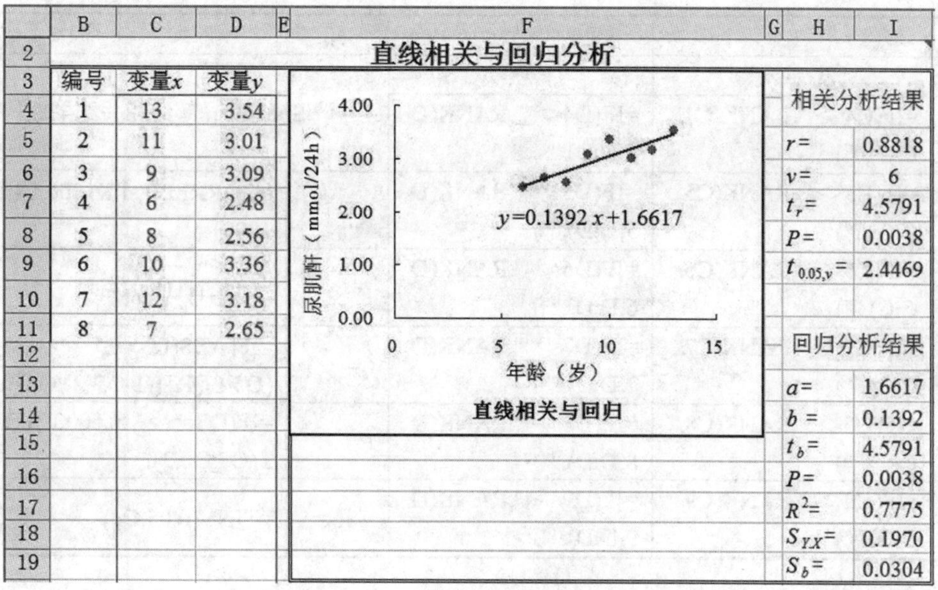

图 11－5　直线相关回归结果

第二节　Spearman 秩相关

如果资料不服从 Pearson 直线相关回归分析的条件，那么可采用 Spearman 秩相关描述两个变量的相关关系，它属于非参数方法。

一、实例

假定【例 11－1】中的尿肌酐不服从正态分布，描述年龄和尿肌酐的相关关系应采用 Spearman 秩相关。

二、原理

Spearman 秩相关不对原始数据进行相关分析，而是将原始数据转换为秩次后再用秩次作相关分析。其统计量计算公式与 Pearson 直线相关相同。

三、Excel 程序

1. 录入原始数据

同 Pearson 相关。

2. 编制 Spearman 相关的程序

设定在 K 列和 L 列分别为 X 和 Y 的秩次，N5 至 N9 单元格分别为：r_s、v、t_s、P、$t_{0.05,v}$，Excel 程序见表 11－4。

表 11－4　Spearman 等级相关各指标程序

	K	L	N	O
3	X 秩次	Y 秩次	Spearman 等级相关结果	
4	=IF(C4<>"",RANK(C4,C:C),"")	=IF(D4<>"",RANK(D4,D:D),"")		
5	=IF(C5<>"",RANK(C5,C:C),"")	=IF(D5<>"",RANK(D5,D:D),"")	r_s=	=CORREL(K4:K1000,L4:L1000)
6	=IF(C6<>"",RANK(C6,C:C),"")	=IF(D6<>"",RANK(D6,D:D),"")	ν=	=COUNT(K:K)-2
7	=IF(C7<>"",RANK(C7,C:C),"")	=IF(D7<>"",RANK(D7,D:D),"")	t_s=	=IF(ABS(O5)=1,"∞",ABS(O5/SQRT((1-O5^2)/O6)))
8	=IF(C8<>"",RANK(C8,C:C),"")	=IF(D8<>"",RANK(D8,D:D),"")	P=	=IF(O7="∞","0.0000",TDIST(O7,O6,2))
9	=IF(C9<>"",RANK(C9,C:C),"")	=IF(D9<>"",RANK(D9,D:D),"")	$t_{0.05,\nu}$=	=TINV(0.05,O6)

四、结果显示

本例 Spearman 秩相关结果显示见图 11－6。

	K	L	M	N	O
2	**Spearman等级相关**				
3	X秩次	Y秩次		Spearman等级相关结果	
4	1	1			
5	3	5		r_s=	0.8571
6	5	4		ν=	6
7	8	8		t_s=	4.0762
8	6	7		P=	0.0065
9	4	2		$t_{0.05,\nu}$=	2.4469
10	2	3			
11	7	6			

图 11－6　Spearman 秩相关计算结果

第十二章　圆形分布

在医学上，表示圆周上位置的记录资料称为圆形分布资料。如眼角膜上溃疡瘢痕的位置、肛门上痔疮的位置、乳房上肿块的位置等。

圆形分布可处理如下数据：

（1）真正圆周上的位置数据。

（2）原始数据为角度，全部度数不超过360°，即在一个圆周范围之内。如类风湿指关节的最大伸直角度。

（3）原始数据为时间，全部数据限于一天或一年，主要分析事件的发生是否集中于一天的某一时刻或一年的某一月份。

（4）按规定时间测定的定量数据，研究一天24小时内或一年12个月内有无“周期性”变化。

圆形分布包括以下内容：

（1）平均角的计算（12h制和24h制）；

（2）假设检验（样本与总体、两样本比较和多样本比较）。

第一节　平均角的计算及其假设检验

一、实例

【例12-1】对一马来丝虫感染者在不同时间用等量血液涂片制作微丝蚴计数。例如在8点钟观察到13条微丝蚴，12点钟观察到7条微丝蚴……结果见表12-1，试计算平均角并作统计假设检验。

表12-1　马来丝虫感染者在不同时间微丝蚴计数

时间（h）	8	12	16	20	24	4
频数	13	7	70	151	161	91

二、公式

1. 平均角的计算公式

先将原始资料转换为角度 α_i 的形式。

（1）$X=(\sum\cos\alpha_i)/n$，$Y=(\sum\sin\alpha_i)/n$；

（2）角度离散程度指标：

$r=\sqrt{X^2+Y^2}$；

（3） $\sin\bar{\alpha} = Y/r$，$\cos\bar{\alpha} = X/r$；

（4） $\bar{\alpha}$ 的值即为平均角。

2. 假设检验的计算公式

雷氏 Z 值：$Z = nr^2$

三、Excel 程序

1. 录入原始数据

在 Excel 工作表中，设定指标“小时、分钟、频数 f”分别占据 K4、L4、M4 单元格，录入见图 12－1。

	K	L	M
3	24 小时制的平均角及假设检验		
4	小时	分钟	频数 f
5	8	0	13
6	12	0	7
7	16	0	70
8	20	0	151
9	24	0	161
10	4	0	91

图 12－1　马来丝虫感染者在不同时间微丝蚴计数

2. 编写程序

程序见表 12－2 和表 12－3。

表 12－2　平均角的中间计算过程程序（1）

	N	O	P
4	角度 α	fcosa	fsina
5	=IF(K5="","",IF(K5>24,24,K5)*15+L5*0.25)	=IF(N5="","",M5*COS(N5*PI()/180))	=IF(N5="","",M5*SIN(N5*PI()/180))
6	=IF(K6="","",IF(K6>24,24,K6)*15+L6*0.25)	=IF(N6="","",M6*COS(N6*PI()/180))	=IF(N6="","",M6*SIN(N6*PI()/180))
…	…	…	…

表 12－3　平均角和假设检验的程序（2）

	Q	R
5	$r =$	=IF(N5="","",SQRT((SUM(O:O)/SUM(M:M))^2+(SUM(P:P)/SUM(M:M))^2))
6	$\sin\bar{\alpha} =$	=SUM(P:P)/SUM(M:M)/R5
7	$\cos\bar{\alpha} =$	=SUM(O:O)/SUM(M:M)/R5
8	$S =$	=(180/PI())*SQRT((-2)*LN(R5))
9	$\bar{\alpha} =$	=IF(AND(R6>=0,R7>=0),ABS(ASIN(R6)*180/PI()),IF(AND(R6>=0,R7<=0),180-ABS(ASIN(R6)*180/PI()),IF(AND(R6<=0,R7>=0),360-ABS(ASIN(R6)*180/PI()),180+ABS(ASIN(R6)*180/PI( )))))
10	小时=	=TRUNC(R9/15,0)
11	分钟=	=INT(MOD(R9,30)*4)
12	$Z =$	=SUM(M:M)*R5^2
13	$P =$	=IF(R12>2.9,"<0.05",">=0.05")

四、结果显示

结果显示，微丝蚴在外周血的活动时间显著集中在 22 时 26 分（$Z = 131.42$，$P < 0.05$），见图 12－2。

	K	L	M	Q	R
3	**24小时制的平均角及假设检验**				
4	小时	分钟	频数 f		
5	8	0	13	$r =$	0.52
6	12	0	7	$\sin\bar{\alpha} =$	-0.40
7	16	0	70	$\cos\bar{\alpha} =$	0.92
8	20	0	151	$S =$	65.88
9	24	0	161	$\bar{\alpha} =$	336.54
10	4	0	91	小时 =	22
11				分钟 =	26
12				**Z =**	**131.42**
13				***P* =**	**<0.05**

图 12－2　平均角与假设检验的结果

本例是 24 小时制平均角的计算和假设检验，同理，在 Excel 中编写了 12 小时制、天数、月份的平均角和假设检验程序，可以根据实际情况选用不同的程序。

第二节　两样本的比较

一、实例

【例 12-2】A 病室有病人 6 人，晚上入睡时间为 20:30，21:00，21:15，21:20，21:45，22:00；B 病室有病人 7 人，晚上入睡时间为 21:30，21:45，22:05，22:15，22:20，22:45，22:50。问两病室病人入睡时间早晚有无差别？

二、原理与公式

两样本均为圆形分布数据时，平均数之间比较可用 Watson-William 检验法。

H_0：$\mu_1=\mu_2$，两样本来自于同一个总体或来自于两个分布相同的总体。

H_1：$\mu_1\neq\mu_2$，两样本来自于两个分布不同的总体。

两样本比较的计算公式：

$$t=\sqrt{\frac{K\ (N-2)\ (R_1+R_2-R)}{N-R_1-R_2}}$$

式中 $R_1=n_1r_1$；$R_2=n_2r_2$；$R=Nr$，r 为两组合并计算时的数值；N 为两组样本含量之和，K 为纠正因子，可查表得到。

三、Excel 程序

1. 录入原始数据

在 Excel 工作表中，设定“组一、组二、小时（24）、分钟”分别占据 AK4&AL4、AM4&AN4、AK5（AM5）、AL5（AN5）单元格，录入见图 12-3。

	AK	AL	AM	AN
3	**两样本的比较**			
4	**组一**		**组二**	
5	小时（24）	分钟	小时（24）	分钟
6	20	30	21	30
7	21	0	21	45
8	21	15	22	5
9	21	20	22	15
10	21	45	22	20
11	22	0	22	45
12			22	50

图 12-3　两病室病人的入睡时间

2. 编写程序

程序见表 12-4 和表 12-5。

表 12－4　两样本比较的计算程序（1）

	AO	AP	AQ	AR	AS	AT
5	组一角度 α	组二角度 α	$\sin\alpha_1$	$\cos\alpha_1$	$\sin\alpha_2$	$\cos\alpha_2$
6	=IF(AK6="","",AK6*15+AL6*0.25)	=IF(AM6="","",AM6*15+AN6*0.25)	=IF(AO6="","",SIN(AO6*PI()/180))	=IF(AO6="","",COS(AO6*PI()/180))	=IF(AP6="","",SIN(AP6*PI ()/180))	=IF(AP6="","",COS(AP6*PI()/180))
7	=IF(AK7="","",AK7*15+AL7*0.25)	=IF(AM7="","",AM7*15+AN7*0.25)	=IF(AO7="","",SIN(AO7*PI()/180))	=IF(AO7="","",COS(AO7*PI()/180))	=IF(AP7="","",SIN(AP7*PI()/180))	=IF(AP7="","",COS(AP7*PI()/180))
…	…	…	…	…	…	…

表 12－5　两样本比较的计算程序（2）

	AU	AV	AW	AX
5	$\sin\alpha_{1平均}$ =	=SUM(AQ:AQ)/COUNT(AQ:AQ)	$\cos\alpha_{1平均}$ =	=SUM(AR:AR)/COUNT(AR:AR)
7	$\sin\alpha_{2平均}$ =	=SUM(AS:AS)/(COUNT(AS:AS)	$\cos\alpha_{2平均}$ =	=SUM(AT:AT)/(COUNT(AT:AT)
9	$\sin\alpha_{平均}$ =	=(SUM(AS:AS)+SUM(AQ:AQ))/(COUNT(AS:AS)+COUNT(AQ:AQ))	$\cos\alpha_{平均}$ =	=(SUM(AT:AT)+SUM(AR:AR))/(COUNT(AT:AT)+COUNT(AR:AR))
10	r_1 =	=SQRT(AV5^2+AX5^2)	R_1 =	=AV10*COUNT(AO:AO)
11	r_2 =	=SQRT(AV7^2+AX7^2)	R_2 =	=AV11*COUNT(AP:AP)
12	合并 r =	=SQRT(AV9^2+AX9^2)	合并 R =	=AV12*(COUNT(AO:AO)+COUNT(AP:AP))
13	K=		查表	
14	t =	=SQRT(AV13*(COUNT(AP:AP)+COUNT(AO:AO)-2)*(AX10+AX11-AX12)/(COUNT(AP:AP)+COUNT(AO:AO)-AX10-AX11))	P =	=TDIST(AV14,COUNT(AQ:AQ)+COUNT(AO:AO)-2,2)*10000/10000
15	$\sin\bar{\alpha}_1$ =	=AV5/AV10	$\cos\bar{\alpha}_1$ =	=AX5/AV10
16	$\sin\bar{\alpha}_2$ =	=AV7/AV11	$\cos\bar{\alpha}_2$ =	=AX7/AV11
17	$\bar{\alpha}_1$ =	=IF(AND(AV15>0,AX15>0),ABS(ASIN(AV15)*180/PI()),IF(AND(AV15>0,AX15<0),180-ABS(ASIN(AV15)*180/PI()),IF(AND(AV15<0,AX15>0),360-ABS(ASIN(AV15)*180/PI()),180+ABS(ASIN(AV15)*180/PI()))))	$\bar{\alpha}_2$ =	=IF(AND(AV16>0,AX16>0),ABS(ASIN(AV16)*180/PI()),IF(AND(AV16>0,AX16<0),180-ABS(ASIN(AV16)*180/PI()),IF(AND(AV16,AX16>0),360-ABS(ASIN(AV16)*180/PI()),180+ABS(ASIN(AV16)*180/PI()))))

3. “查表”按钮的 VB 程序

```
Sub·B·()
Select·Case·Worksheets("圆形分布").Range·("AV12")
    Case·""·:·Exit·Sub
    Case·0·To·0.005·:·Worksheets("圆形分布").Range("AV13").Value=
    99999999999999#
    Case·0.005·To·0.015·:·Worksheets("圆形分布").Range·("AV13").Value·=·19.75
    Case·0.015·To·0.025·:·Worksheets("圆形分布").Range·("AV13").Value·=·10.37
    …
    Case·0.985·To·0.995·:·Worksheets("圆形分布").Range·("AV13").Value·=·1.01
    Case·0.995·To·1·:·Worksheets("圆形分布").Range·("AV13").Value·=·1
  End·Select
End·Sub
```

四、结果显示

结果显示，编程查表得到 $k=1.010$，$t=3.212$，$P=0.009$，即两病室病人入睡时间早晚存在差别，见图 12－4。

	AK	AL	AM	AN	AU	AV	AW	AX
3	**两样本的比较**							
4	**组一**		**组二**		**组一**			
5	小时（24）	分钟	小时（24）	分钟	$\sin\alpha_{1平均}$=	-0.643	$\cos\alpha_{1平均}$=	0.755
6	20	30	21	30	**组二**			
7	21	0	21	45	$\sin\alpha_{2平均}$=	-0.447	$\cos\alpha_{2平均}$=	0.886
8	21	15	22	5	**合并**			
9	21	20	22	15	$\sin\alpha_{平均}$=	-0.538	$\cos\alpha_{平均}$=	0.826
10	21	45	22	20	r_1=	0.992	R_1=	5.951
11	22	0	22	45	r_2=	0.993	R_2=	6.951
12			22	50	合并 r =	0.986	合并 R =	12.812
13					K =	1.010	查 表	
14					**t =**	**3.212**	**P=**	**0.009**
15					$\sin\bar{\alpha}_1$ =	-0.648	$\cos\bar{\alpha}_1$ =	0.761
16					$\sin\bar{\alpha}_2$ =	-0.451	$\cos\bar{\alpha}_2$ =	0.893
17					$\bar{\alpha}_1$ =	319.587	$\bar{\alpha}_2$ =	333.216

图 12－4　两样本比较的结果

五、提示

（1）首次使用时，要点击 Excel 的“工具”→“宏”→“安全性”，在图 12－5 窗口点击“中。您可以选择是否运行可能不安全的宏”，最后按“确定”。

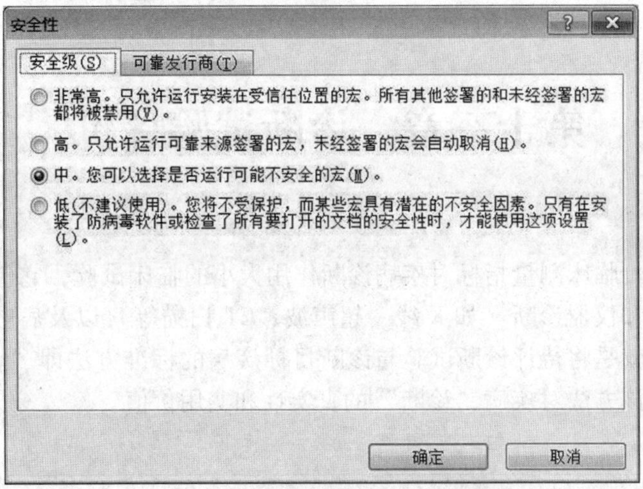

图 12－5　圆形分布 Excel 程序宏界面

（2）把 Excel 保存关闭后再重新打开，点击“启用宏”。

（3）用两样本比较时，输入数据后，要点击“查表”按钮。

第十三章　诊断试验评价

诊断试验是评价临床测量指标对疾病诊断作用大小的临床试验，它包括各种实验室检查诊断、影像诊断和仪器诊断（如 X 线、超声波、CT 扫描等）以及病史、体检等临床诊断。诊断试验评价就是将待评诊断试验与诊断目标疾病的标准方法即“金标准”，进行同步盲法比较，评定该方法对疾病“诊断”的真实性和实用价值。

一、实例

【例 13 - 1】假设某病患者有 34 人，非患者有 66 人，某种诊断方法在测定值范围内从高到低以不同的诊断界值来逐个统计该方法的结果，如图 13 - 1 所示，试评价该试验。

	B	C	D	E	F
3	诊断试验	+		−	
4	金 标 准	+	−	+	−
5	分组	*a*	*b*	*c*	*d*
6	1	0	0	34	66
7	2	1	0	33	66
8	3	2	0	32	66
9	4	2	1	32	65
10	5	3	1	31	65
11	6	4	1	30	65
12	7	4	2	30	64
13	8	5	3	29	63
14	9	6	3	28	63
15	10	7	4	27	62
16	11	8	6	26	60
17	12	10	6	24	60
18	13	12	7	22	59
19	14	13	10	21	56
20	15	14	10	20	56
21	16	15	11	19	55
22	17	17	15	17	51
23	18	18	17	16	49
24	19	19	19	15	47
25	20	21	21	13	45
26	21	24	24	10	42
27	22	25	26	9	40

图 13 - 1　Excel 录入的部分数据

二、公式

流行病学诊断试验的评价指标有：灵敏度、特异度、假阳性率、假阴性率、Youden 指数、似然比、一致率、预测值、ROC 曲线等。

诊断试验结果与金标准结果的关系，见表 13－1。

表 13－1　诊断试验结果与金标准结果的关系

诊断试验	金标准		合计
	患者	非患者	
阳性	真阳性 A	假阳性 B	R_1
阴性	假阳性 C	真阳性 D	R_2
合计	C_1	C_2	N

1. 灵敏度与假阴性率

灵敏度（sensitivity），又称真阳性率，即实际有病而被正确判断为有病的百分比。它反映诊断试验发现病人的能力。

$$灵敏度 = \frac{A}{A+C} \times 100\%$$

假阴性率，又称漏诊率，指实际有病而被判断为无病的百分比。它反映的是诊断试验漏诊病人的情况。

$$假阴性率 = \frac{C}{A+C} \times 100\%$$

灵敏度与假阴性率之间为互补关系，灵敏度＝1－假阴性率。灵敏度越高，假阴性率越低，反之亦然。

2. 特异度与假阳性率

特异度（specificity），又称真阴性率，即实际无病而被正确判断为无病的百分比。它反映诊断试验确定非病人的能力。

$$特异度 = \frac{D}{B+D} \times 100\%$$

假阳性率，又称误诊率，即实际无病而被判断为有病的百分比。

$$假阳性率 = \frac{B}{B+D} \times 100\%$$

特异度与假阳性率之间为互补关系，特异度＝1－假阳性率。即特异度越高，假阳性率越低，反之亦然。

3. Youden 指数

Youden 指数（Youden's index），又称正确指数，是灵敏度与特异度之和减去 1。指数范围在 0～1 之间，表示诊断试验发现真正病人与非病人之间的总能力。指数越大，其真实性越高。

Youden 指数 = （灵敏度 + 特异度） - 1 = 1 - （假阴性率 + 假阳性率）

4. 似然比

似然比（likelihood ratio，LR）属于同时反应灵敏度和特异度的复合指标，即有病者得出某一诊断结果的概率和无病者得出这一结果概率的比值。该指标全面反映诊断试验的诊断价值。

因检验结果有阳性和阴性之分，故似然比相应的分为阳性似然比（ + LR）和阴性似然比（ - LR）。

阳性似然比是诊断结果的真阳性率与假阳性率之比，说明诊断试验正确判断为阳性的可能性是错误判断为阳性可能性的倍数。比值越大，试验结果阳性为真阳性的概率越大。

$$+LR = \frac{\text{真阳性率}}{\text{假阳性率}} = \frac{\text{灵敏度}}{1 - \text{特异度}}$$

阴性似然比是诊断试验结果的假阴性率与真阴性率之比，表示错误判断阴性的可能性是正确判断阴性可能性的倍数。其值越小，试验结果阴性为真阴性的概率越大。

$$-LR = \frac{\text{假阴性率}}{\text{真阴性率}} = \frac{1 - \text{灵敏度}}{\text{特异度}}$$

阳性似然比越大，诊断试验的价值越高；阴性似然比越小，诊断试验的价值也越高。因此在诊断试验时应选择阳性似然比大、阴性似然比小的方法。

5. 一致率

一致率，又称符合率，是诊断试验判定的结果与金标准诊断的结果相同的例数占总受检人数的比例。

$$\text{一致率} = \frac{A + D}{A + B + C + D} \times 100\%$$

6. 预测值

根据诊断试验的阳性和阴性结果分为阳性预测值和阴性预测值。

阳性预测值是指诊断试验阳性者患目标疾病的可能性。

$$\text{阳性预测值} = \frac{A}{A + B} \times 100\%$$

阴性预测值是指诊断试验阴性者不患目标疾病的可能性。

$$\text{阴性预测值} = \frac{D}{C + D} \times 100\%$$

对于以上的指标，其共同缺点是结果均随着诊断界值的改变而改变，同时一致率、预测值等指标还受患病率的影响。而用 ROC 曲线下面积来作为诊断试验准确度的评价指标是近年来才被公认的最佳指标。

ROC 曲线又称为受试者工作特征（Receiver Operating Characteristic）曲线。它是用真阳性率和假阳性率作图得出的曲线，可表示灵敏度和特异度的关系。ROC 曲线的横轴表示假阳性率，纵轴表示真阳性率（灵敏度），曲线上的任意一点代表某项诊断试验的特定阳性标准值相对应的灵敏度和特异度。

ROC 曲线可以用来比较两种或两种以上的诊断价值，从而帮助临床医师作出最佳选择。除了直观方法比较外，还可计算出 ROC 曲线下的面积，比较几种诊断试验的诊断效率。ROC 曲线下的面积越大，越接近 1，诊断的真实度越高。

三、Excel 程序

（1）诊断试验各指标的编写程序，见表 13－2 和表 13－3。

表 13－2 诊断试验各指标计算程序（1）

	G	H	I	J	K	L
4	灵敏度	特异度	灵敏度+特异度	假阳性率	假阴性率	Youden 指数
5	*Se*	*Sp*	*Se*+*Sp*	1-*Sp*	1-*Se*	*Se*+*Sp*-1
6	=IF(C6="","",C6/(C6+E6))	=IF(C6="","",F6/(D6+F6))	=IF(C6="","",G6+H6)	=IF(C6="","",1-H6)	=IF(C6="","",1-G6)	=IF(C6="","",G6+H6-1)
7	=IF(C7="","",C7/(C7+E7))	=IF(C7="","",F7/(D7+F7))	=IF(C7="","",G7+H7)	=IF(C7="","",1-H7)	=IF(C7="","",1-G7)	=IF(C7="","",G7+H7-1)
…	…	…	…	…	…	…

表 13－3 诊断试验各指标计算程序（2）

	M	N	O	P	Q	R
4	阳性似然比	阴性似然比	一致率	阳性预测值	阴性预测值	部分面积
5	$LR_+=Se/(1-Sp)$	$LR_-=(1-Se)/Sp$	$(a+d)/N$	$PV_+=a/(a+b)$	$PV_-=d/(c+d)$	S
6	=IF(C6="","",IF(H6=1,"-",G6/J6))	=IF(C6="","",IF(H6=0,"-",K6/H6))	=IF(C6="","",SUM(C6,F6)/(SUM(C6:F6)))	=IF(C6="","",IF(SUM(C6,D6)=0,"-",C6/(C6+D6)))	=IF(C6="","",IF(SUM(E6,F6)=0,"-",F6/(E6+F6)))	=IF(C6="","",0)
7	=IF(C7="","",IF(H7=1,"-",G7/J7))	=IF(C7="","",IF(H7=0,"-",K7/H7))	=IF(C7="","",SUM(C7,F7)/(SUM(C7:F7)))	=IF(C7="","",IF(SUM(C7,D7)=0,"-",C7/(C7+D7)))	=IF(C7="","",IF(SUM(E7,F7)=0,"-",F7/(E7+F7)))	=IF(C7="","",(G6+G7)*(J7-J6)/2)
…	…	…	…	…	…	…

（2）ROC 曲线图的制作：

单击“插入/图表”，出现“图表类型”对话框。在“图表类型”中选择“XY 散点图”中的折线散点图，单击“下一步”按钮。

在随后出现的“图表源数据”对话框中，单击“系列”。在对话框的 *X* 值中选中“假阳性率”，在 *Y* 值中选中“灵敏度”，名称处填上“ROC 曲线”，单击空白系列，在 *X* 值 *Y* 值中输入“＝{0，1}”，在名称处填上“机会线”，点击“下一步”按钮。

在弹出的图标选项中，图表标题输入“诊断试验评价 ROC 曲线”，数值 *X* 轴输入“假阳性率”，数值 *Y* 轴输入“灵敏度”。

点击网格线，去掉前面所有的“√”，点击“完成”按钮。

四、结果显示

各指标结果显示如图 13－2 所示，诊断试验评价 ROC 曲线如图 13－3 所示。

	G	H	I	J	K	L	M	N	O	P	Q	R	S
3 4	灵敏度	特异度	灵敏度+特异度	假阳性率	假阴性率	Youden指数	阳性似然比	阴性似然比	一致率	阳性预测值	阴性预测值	部分面积	曲线下面积
5	Se	Sp	$Se+Sp$	$1-Sp$	$1-Se$	$Se+Sp-1$	$LR_+=Se/(1-Sp)$	$LR_-=(1-Se)/Sp$	$(a+d)/N$	$PV_+=a/(a+b)$	$PV_-=d/(c+d)$	S	$\sum S$
6	**0.0000**	1.0000	1.0000	**0.0000**	1.0000	0.0000	–	1.0000	0.6600	–	0.6600	**0.0000**	0.7166
7	**0.0294**	1.0000	1.0294	**0.0000**	0.9706	0.0294	–	0.9706	0.6700	1.0000	0.6667	0.0000	
8	**0.0588**	1.0000	1.0588	**0.0000**	0.9412	0.0588	–	0.9412	0.6800	1.0000	0.6735	0.0000	
9	**0.0588**	0.9848	1.0437	**0.0152**	0.9412	0.0437	3.8824	0.9557	0.6700	0.6667	0.6701	0.0009	
10	**0.0882**	0.9848	1.0731	**0.0152**	0.9118	0.0731	5.8235	0.9258	0.6800	0.7500	0.6771	0.0000	
11	**0.1176**	0.9848	1.1025	**0.0152**	0.8824	0.1025	7.7647	0.8959	0.6900	0.8000	0.6842	0.0000	
12	**0.1176**	0.9697	1.0873	**0.0303**	0.8824	0.0873	3.8824	0.9099	0.6800	0.6667	0.6809	0.0018	
13	**0.1471**	0.9545	1.1016	**0.0455**	0.8529	0.1016	3.2353	0.8936	0.6800	0.6250	0.6848	0.0020	
14	**0.1765**	0.9545	1.1310	**0.0455**	0.8235	0.1310	3.8824	0.8627	0.6900	0.6667	0.6923	0.0000	
15	**0.2059**	0.9394	1.1453	**0.0606**	0.7941	0.1453	3.3971	0.8454	0.6900	0.6364	0.6966	0.0029	
16	**0.2353**	0.9091	1.1444	**0.0909**	0.7647	0.1444	2.5882	0.8412	0.6800	0.5714	0.6977	0.0067	
17	**0.2941**	0.9091	1.2032	**0.0909**	0.7059	0.2032	3.2353	0.7765	0.7000	0.6250	0.7143	0.0000	
18	**0.3529**	0.8939	1.2469	**0.1061**	0.6471	0.2469	3.3277	0.7238	0.7100	0.6316	0.7284	0.0049	
19	**0.3824**	0.8485	1.2308	**0.1515**	0.6176	0.2308	2.5235	0.7279	0.6900	0.5652	0.7273	0.0167	
20	**0.4118**	0.8485	1.2602	**0.1515**	0.5882	0.2602	2.7176	0.6933	0.7000	0.5833	0.7368	0.0000	
21	**0.4412**	0.8333	1.2745	**0.1667**	0.5588	0.2745	2.6471	0.6706	0.7000	0.5769	0.7432	0.0065	
22	**0.5000**	0.7727	1.2727	**0.2273**	0.5000	0.2727	2.2000	0.6471	0.6800	0.5313	0.7500	0.0285	

图 13－2 诊断试验评价的结果

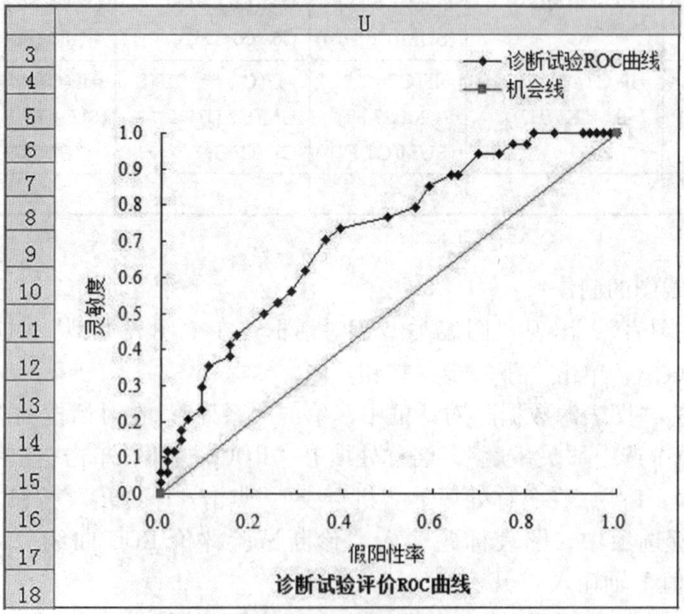

图 13－3 诊断试验评价的 ROC 曲线

第十四章 样本量估算

样本量（sample size）是指实验研究和调查研究中样本的观察单位数，又称样本大小。样本含量估算反映研究设计中的重复原则，其意义是估计研究中误差与降低研究中的抽样误差。足够的样本量是实验研究中保证组间均衡性的基础；样本量过小，观察指标不稳定，抽样误差大，推论总体的精密度和准确度都比较差，统计检验效能低；样本量过大，浪费人力、物力、财力，同时非抽样误差增大。因此，研究中必须正确估计和确定样本量。

第一节 率的估计与假设检验的样本量估算

一、抽样调查中估计总体率

在调查研究中需对总体率进行区间估计，且又采用单纯随机抽样方法时，采用此法估计样本量。

1. 公式

设总体率为 π，样本率为 p，δ 为区间长度的一半，所需样本量为 n。

当 $|p-0.5|\approx 0.1$ 时：

双侧 $$n=\left(\frac{u_{\alpha/2}}{\delta}\right)^2\pi(1-\pi)$$

单侧 $$n=\left(\frac{u_{\alpha}}{\delta}\right)^2\pi(1-\pi)$$

当 $|p-0.5|>0.1$ 时：

双侧 $$n=\left(\frac{u_{\alpha/2}}{\sin^{-1}\delta/\sqrt{\pi(1-\pi)}}\right)^2$$

单侧 $$n=\left(\frac{u_{\alpha}}{\sin^{-1}\delta/\sqrt{\pi(1-\pi)}}\right)^2$$

当 $|p-0.5|\approx 0$ 时：

双侧 $$n=0.25\times\left(\frac{u_{\alpha/2}}{\delta}\right)^2$$

单侧 $$n=0.25\times\left(\frac{u_{\alpha}}{\delta}\right)^2$$

2. 编写程序

程序见表 14－1。

表 14－1　抽样调查中估计总体率的样本量计算程序

	B	C	E
8	$\|p-0.5\|\approx0.1$ 时：	$n_{(双)}$	=ROUNDUP((NORMSINV(1-D4/2)/D5)^2*D6*(1-D6),0)
9		$n_{(单)}$	=ROUNDUP((NORMSINV(1-D4)/D5)^2*D6*(1-D6),0)
10	$\|p-0.5\|>0.1$ 时：	$n_{(双)}$	=ROUNDUP(((NORMSINV(1-D4/2))/(ASIN(D5/(D6*(1-D6))^0.5)))^2,0)
11		$n_{(单)}$	=ROUNDUP(((NORMSINV(1-D4))/(ASIN(D5/(D6*(1-D6))^0.5)))^2,0)
12	$\|p-0.5\|\approx0$ 时：	$n_{(双)}$	=ROUNDUP(0.25*(NORMSINV(1-D4/2)/D5)^2,0)
13		$n_{(单)}$	=ROUNDUP(0.25*(NORMSINV(1-D4)/D5)^2,0)

3. 实例

【例 14－1】欲对北京地区肠易激综合征的患病率进行调查，根据文献资料，人群患病率为 15%，若将容许误差控制在 3%，则样本量至少应为多少人？（取 $\alpha=0.05$）

程序操作界面及结果显示如图 14－1 所示，由于 $|p-0.5|>0.1$，双侧，可得本例样本量至少需 543 人。

	B	C	D	E
2	**1. 抽样调查中估计总体率时的样本量估算**			
3	**输入确定的指标值：**			
4	检验水准 α ：		**0.05**	
5	容许误差 δ ：		**0.03**	
6	样本率（或估计值）p ：		**0.15**	
7	**所求样本量：**			
8	**$\|p-0.5\|\approx0.1$ 时：**	$n_{(双)}$	$=(\frac{u_{\alpha/2}}{\delta})^2p(1-p)=$	**545**
9		$n_{(单)}$	$=(\frac{u_{\alpha}}{\delta})^2p(1-p)=$	**384**
10	**$\|p-0.5\|>0.1$ 时：**	$n_{(双)}$	$=(\frac{u_{\alpha/2}}{\sin^{-1}\delta/\sqrt{p(1-p)}})^2=$	**543**
11		$n_{(单)}$	$=(\frac{u_{\alpha}}{\sin^{-1}\delta/\sqrt{p(1-p)}})^2=$	**383**
12	**$\|p-0.5\|\approx0$ 时：**	$n_{(双)}$	$=0.25\times(\frac{u_{\alpha/2}}{\delta})^2=$	**1068**
13		$n_{(单)}$	$=0.25\times(\frac{u_{\alpha}}{\delta})^2=$	**752**

图 14－1　抽样调查中估计总体率时样本量计算结果

二、单个总体率的假设检验

1．公式

单个总体率的假设检验为样本率与总体率比较，设已知总体率为 π，样本率为 p。

当 $|\pi-0.5|\approx 0.1$ 时：

$$双侧\ n=\left(\frac{u_{\alpha/2}\sqrt{\pi(1-\pi)}+u_{\beta}\sqrt{p(1-p)}}{p-\pi}\right)^2$$

$$单侧\ n=\left(\frac{u_{\alpha}\sqrt{\pi(1-\pi)}+u_{\beta}\sqrt{p(1-p)}}{p-\pi}\right)^2$$

当 $|\pi-0.5|>0.1$ 时：

$$双侧\ n=\left(\frac{u_{\alpha/2}+u_{\beta}}{2\ (\sin^{-1}\sqrt{p}-\sin^{-1}\sqrt{\pi})}\right)^2$$

$$单侧\ n=\left(\frac{u_{\alpha}+u_{\beta}}{2\ (\sin^{-1}\sqrt{p}-\sin^{-1}\sqrt{\pi})}\right)^2$$

2．编写程序

程序见表 14－2。

表 14－2　样本率与总体率比较时样本量计算程序

	G	H	J
9	|π-0.5|≈0.1 时：	$n_{(双)}$	=ROUNDUP(((NORMSINV(1-I4/2)*(I7*(1-I7))^0.5+NORMSINV(I5)*(I6*(1-I6))^0.5)/(I6-I7))^2,0)
10		$n_{(单)}$	=ROUNDUP(((NORMSINV(1-I4)*(I7*(1-I7))^0.5+NORMSINV(I5)*(I6*(1-I6))^0.5)/(I6-I7))^2,0)
11	|π-0.5|>0.1 时：	$n_{(双)}$	=ROUNDUP(((NORMSINV(1-I4/2)+NORMSINV(I5))/(2*(ASIN(I6^0.5)-ASIN(I7^0.5))))^2,0)
12		$n_{(单)}$	=ROUNDUP(((NORMSINV(1-I4)+NORMSINV(I5))/(2*(ASIN(I6^0.5)-ASIN(I7^0.5))))^2,0)

3．实例

【例 14－2】在新生儿的某种病毒暴发期间，某地区发现 1000 名活婴中有 150 名感染，现经一段时间治疗，卫生工作者希望知道目前感染率是否降至 $p=0.10$，取 $\alpha=0.05$，$\beta=0.10$，问需抽取多大的样本？

程序操作界面及结果显示如图 14－2 所示，由于 $|\pi-0.5|>0.1$，单侧，可得本例至少需要 372 例新生儿。

	G	H	I	J
2	**2. 样本率与总体率比较时的样本量估算**			
3	**输入确定的指标值：**			
4	检验水准 α ：		**0.05**	
5	检验效能 $1-\beta$ ：		**0.90**	
6	样本率（或估计值）p ：		**0.10**	
7	总体率 π ：		**0.15**	
8	**所求样本含量：**			
9	**$\lvert\pi-0.5\rvert\approx 0.1$ 时：**	$n_{(双)}$	$=\left(\frac{u_{\alpha/2}\sqrt{\pi(1-\pi)}+u_\beta\sqrt{p(1-p)}}{p-\pi}\right)^2=$	**471**
10		$n_{(单)}$	$=\left(\frac{u_\alpha\sqrt{\pi(1-\pi)}+u_\beta\sqrt{p(1-p)}}{p-\pi}\right)^2=$	**378**
11	**$\lvert\pi-0.5\rvert>0.1$ 时：**	$n_{(双)}$	$=\left(\frac{u_{\alpha/2}+u_\beta}{2(\sin^{-1}\sqrt{p}-\sin^{-1}\sqrt{\pi}}\right)^2=$	**456**
12		$n_{(单)}$	$=\left(\frac{u_\alpha+u_\beta}{2(\sin^{-1}\sqrt{p}-\sin^{-1}\sqrt{\pi}}\right)^2=$	**372**

图 14－2　样本率与总体率比较时的样本量计算结果

三、完全随机设计的两个总体率假设检验

这种样本量估算方法适用于完全随机设计两组比较，反映变量为两分类的研究。

1. 公式

当 $\lvert\pi-0.5\rvert\approx 0.1$ 时：

$$双侧\ n=\left(\frac{u_{\alpha/2}\sqrt{p(1-p)(Q_1^{-1}+Q_2^{-1})}+u_\beta\sqrt{p_1(1-p_1)/Q_1+p_2(1-p_2)/Q_2}}{p_1-p_2}\right)^2$$

$$单侧\ n=\left(\frac{u_\alpha\sqrt{p(1-p)(Q_1^{-1}+Q_2^{-1})}+u_\beta\sqrt{p_1(1-p_1)/Q_1+p_2(1-p_2)/Q_2}}{p_1-p_2}\right)^2$$

式中，n 为两组总样本量，Q_1 和 Q_2 为各组样本量比例，$p=p_1Q_1+p_2Q_2$。

当 $\lvert\pi-0.5\rvert>0.1$ 时：

$$双侧\left(\frac{u_{\alpha/2}+u_\beta}{\sqrt{2}(\sin^{-1}\sqrt{p_1}-\sin^{-1}\sqrt{p_2})}\right)^2$$

$$单侧\left(\frac{u_\alpha+u_\beta}{\sqrt{2}(\sin^{-1}\sqrt{p_1}-\sin^{-1}\sqrt{p_2})}\right)^2$$

式中，$n=n_1=n_2$。

2. 编写程序

程序见表 14－3。

表 14－3　完全随机设计的两个总体率比较时样本量计算程序

	L	M	O
12	$\|p-0.5\|\approx 0.1$ 时：	$n_{(双)}$ ($n_A=Q_1 n$, $n_B=Q_2 n$)	=ROUNDUP(((NORMSINV(1-N4/2)*(N10*(1-N10)*(1/N8+1/N9))^0.5+NORMSINV(N5)*(N6*(1-N6)/N8+N7*(1-N7)/N9)^0.5)/(N6-N7))^2,0)
13		$n_{(单)}$ ($n_A=Q_1 n$, $n_B=Q_2 n$)	=ROUNDUP(((NORMSINV(1-N4)*(N10*(1-N10)*(1/N8+1/N9))^0.5+NORMSINV(N5)*(N6*(1-N6)/N8+N7*(1-N7)/N9)^0.5)/(N6-N7))^2,0)
14	$\|p-0.5\|>0.1$ 时：	双侧 $n_A=n_B$	=ROUNDUP(((NORMSINV(1-N4/2)+NORMSINV(N5))/(2^0.5*(ASIN(N6^0.5)-ASIN(N7^0.5))))^2,0)
15		单侧 $n_A=n_B$	=ROUNDUP(((NORMSINV(1-N4)+NORMSINV(N5))/(2^0.5*(ASIN(N6^0.5)-ASIN(N7^0.5))))^2,0)

3. 实例

【例 14－3】某单位研究甲、乙两药对某病的疗效，预试验得甲药有效率为 60%，乙药为 85%。现拟进一步做治疗试验，设 $\alpha=0.05$，$\beta=0.10$，问每组最少需要观察多少病例？（本例用双侧检验）

程序操作界面及结果显示如图 14－3 所示，由于 $|p-0.5|>0.1$，双侧，可得本例中两组至少各需 64 例受试者。

	L	M	N	O
2	**3. 完全随机设计的两总体率比较时的样本量估算**			
3	**输入确定的指标值：**			
4		检验水准 α ：	**0.05**	
5		检验效能 $1-\beta$ ：	**0.90**	
6		A 样本率 p_1：	**0.60**	
7		B 样本率 p_2：	**0.85**	
8		A 样本含量比 Q_1 ：	**0.50**	
9		B 样本含量比 Q_2 ：	**0.50**	
10		合计样本率 p ：	**0.725**	
11	**所求样本含量：**			
12	**$\|p-0.5\|\approx 0.1$ 时：**	**$n_{(双)}$ ($n_A=Q_1 n$, $n_B=Q_2 n$)**	$=\left(\frac{u_{\alpha/2}\sqrt{p(1-p)(Q_1^{-1}+Q_2^{-1})}+u_\beta\sqrt{p_1(1-p_1)/Q_1+p_2(1-p_2)/Q_2}}{p_1-p_2}\right)^2=$	**130**
13		**$n_{(单)}$ ($n_A=Q_1 n$, $n_B=Q_2 n$)**	$=\left(\frac{u_{\alpha}\sqrt{p(1-p)(Q_1^{-1}+Q_2^{-1})}+u_\beta\sqrt{p_1(1-p_1)/Q_1+p_2(1-p_2)/Q_2}}{p_1-p_2}\right)^2=$	**106**
14	**$\|p-0.5\|>0.1$ 时：**	**双侧 $n_A=n_B$**	$=\left(\frac{u_{\alpha/2}+u_\beta}{\sqrt{2}(\sin^{-1}\sqrt{p_1}-\sin^{-1}\sqrt{p_2})}\right)^2=$	**64**
15		**单侧 $n_A=n_B$**	$=\left(\frac{u_{\alpha}+u_\beta}{\sqrt{2}(\sin^{-1}\sqrt{p_1}-\sin^{-1}\sqrt{p_2})}\right)^2=$	**52**

图 14－3　完全随机设计的两个总体率比较时样本量计算结果

四、完全随机设计的多个总体率假设检验

这种样本量估算方法适用于反映变量为两分类的多组完全随机设计。

1. 公式

$$n_i = \frac{\lambda_{\alpha,\beta(t-1)}}{2\ (\sin^{-1}\sqrt{p_{\max}} - \sin^{-1}\sqrt{p_{\min}})^2}$$

式中，λ 为自由度 $v=k-1$ 时的界值（查表得到），k 为组数，$p_{\max}$ 和 $p_{\min}$ 为所有总体率估计值中的最大率和最小率。

2. 编写程序

程序见表 14－4。

表 14－4　完全随机设计的多个总体率比较时样本量计算程序

	Q	R	S
9	最大与最小率之差	=R6-R7	
10	查 λ 表得 $\lambda_{\alpha,\beta(k-1)}$		查表 1
12	各组 n_i		=ROUNDUP(R10/(2*(ASIN(R6^0.5)-ASIN(R7^0.5))^2),0)

注："查表 1" 按钮的 VB 程序略。

3. 实例

【例 14－4】某单位拟观察 3 种疗法治疗消化性溃疡的效果，预试验结果为甲法有效率为 40%，乙法有效率为 50%，丙法有效率为 65%，试估计所需样本量。

本例 $p_{\max}=0.65$，$p_{\min}=0.40$，$v=3-1=2$，取 $\alpha=0.05$，$\beta=0.10$。

程序操作界面及结果显示如图 14－4 所示，可知本例每组需 99 例，3 组共 297 例。

	Q	R	S
2	4. 完全随机设计多个总体率比较时的样本量估算		
3	输入确定的指标值：		
4	检验水准 α ：	0.05	
5	检验效能 $1-\beta$ ：	0.90	
6	最大样本率 p_{max} ：	0.65	
7	最小样本率 p_{min} ：	0.40	
8	比较的组数 k ：	3	
9	最大与最小率之差 p_d ：	0.25	
10	查 λ 表得 $\lambda_{\alpha,\beta(k-1)}$ ：	12.65	查表1
11	所求样本含量：		
12	各组 n_i	$=\frac{\lambda_{\alpha,\beta(k-1)}}{2(\sin^{-1}\sqrt{p_{max}}-\sin^{-1}\sqrt{p_{min}})^2}=$	99

图 14－4　完全随机设计的多个总体率比较时样本量计算结果

注：每输入一次数据都要按"查表 1"的按钮。

五、配对设计的总体率假设检验

1. 公式

双侧 $$n=\left(\frac{u_{\alpha/2}\sqrt{2q}+u_\beta\sqrt{2\ (p_1-p)\ (p_2-p)\ /q}}{p_1-p_2}\right)^2$$

单侧 $$n=\left(\frac{u_\alpha\sqrt{2q}+u_\beta\sqrt{2\ (p_1-p)\ (p_2-p)\ /q}}{p_1-p_2}\right)^2$$

式中，p_1和p_2分别为两法的阳性率，p为两法阳性一致率，$q=(p_1+p_2)/2-p$。

2. 编写程序

见表 14－5。

表 14－5　配对设计的总体率假设检验时样本量计算程序

	U	W
11	双侧$n_{(对子数)}$	=ROUNDUP(((NORMSINV(1-V4/2)*(2*V9)^0.5+NORMSINV(V5)*(2*(V6-V8)*(V7-V8)/V9)^0.5)/(V6-V7))^2,0)
12	单侧$n_{(对子数)}$	=ROUNDUP(((NORMSINV(1-V4)*(2*V9)^0.5+NORMSINV(V5)*(2*(V6-V8)*(V7-V8)/V9)^0.5)/(V6-V7))^2,0)

3. 实例

【例 14－5】欲比较甲、乙两药治疗过敏性鼻炎的疗效，采用配对设计，预试验结果为甲药有效率 65%，乙药有效率 50%，甲、乙两药阳性一致率为 40%，试估计所需样本量。

本例 $p_1=0.65$，$p_2=0.50$，$p=0.40$，$\bar{p}=(0.65+0.50)/2-0.40=0.175$，取 $\alpha=0.05$，$\beta=0.10$。

程序操作界面及结果显示如图 14－5 所示，若双侧，可知本研究需要观察 152 对。

	U	V	W
2	5. 配对设计总体率比较时的样本量估算		
3	输入确定的指标值：		
4	检验水准α：	0.05	
5	检验效能$1-\beta$：	0.90	
6	A样本率p_1：	0.65	
7	B样本率p_2：	0.50	
8	A、B一致率p ：	0.40	
9	A、B均差率q ：	0.175	
10	所求样本含量：		
11	双侧$n_{(对子数)}$	$=(\frac{u_{\alpha/2}\sqrt{2q}+u_\beta\sqrt{2(p_1-p)(p_2-p)/q}}{p_1-p_2})^2$ =152	
12	单侧$n_{(对子数)}$	$=(\frac{u_\alpha\sqrt{2q}+u_\beta\sqrt{2(p_1-p)(p_2-p)/q}}{p_1-p_2})^2$ =123	

图 14－5　配对设计的总体率假设检验时样本量计算结果

第二节　均数估计与假设检验的样本量估算

一、抽样调查中估计总体均数

在应用单纯随机抽样对总体均数进行估计的抽样调查中，样本量估算可根据正态分布原理。

1. 公式

当用绝对误差 δ 表示时：

双侧　$n=\dfrac{u_{\alpha/2}^2\sigma^2}{\delta^2}$

单侧　$n=\dfrac{u_{\alpha}^2\sigma^2}{\delta^2}$

当用相对误差 ε 表示时：

双侧　$n=\dfrac{u_{\alpha/2}^2\sigma^2}{(\varepsilon\mu)^2}$

单侧　$n=\dfrac{u_{\alpha}^2\sigma^2}{(\varepsilon\mu)^2}$

2. 编写程序

程序见表 14－6。

表 14－6　抽样调查中估计总体均数的样本量计算程序

	Y	Z	AB
10	用绝对误	$n_{(双)}$	=ROUNDUP((NORMSINV(1-AA4/2)*AA6/AA5)^2,0)
11	差 δ 时：	$n_{(单)}$	=ROUNDUP((NORMSINV(1-AA4)*AA6/AA5)^2,0)
12	用相对误	$n_{(双)}$	=ROUNDUP((NORMSINV(1-AA4/2)*AA6/(AA7*AA8))^2,0)
13	差 ε 时：	$n_{(单)}$	=ROUNDUP((NORMSINV(1-AA4)*AA6/(AA7*AA8))^2,0)

3. 实例

【例 14－6】据报道，一种镇静药中某有效成分含量为 2.25，标准差为 0.85。

（1）以 $\alpha=0.05$，估计有效成分含量的均值在真值 ±0.10 范围内，需要多大的样本？

（2）以 95% 的信度，估计有效成分含量的均值在真值的 10% 范围内，需要多大的样本？

本例已知 $\mu=2.25$，$\sigma^2=0.85^2$，$\alpha=0.05$，$u_{0.05/2}=1.96$，$\delta=0.10$，$\varepsilon=10\%$，则 $\varepsilon\mu=2.25\times10\%=0.225$。

程序操作界面及结果显示如图 14－6 所示，当 $\delta=0.10$ 时，需调查 278 例受试者；而当 $\varepsilon=10\%$ 时，至少需 55 例受试者。

	Y	Z	AA	AB
2	**6. 抽样调查中估计总体均数时的样本量估算**			
3	**输入确定的指标值：**			
4	检验水准α ：		**0.05**	
5	容许误差$\delta=\lvert\bar{X}-\mu\rvert$：		**0.10**	
6	标准差σ ：		**0.85**	
7	相对误差 $\varepsilon=\frac{\lvert\bar{X}-\mu\rvert}{\mu}$ ：		**0.10**	
8	总体均数μ ：		**2.25**	
9	**所求样本含量：**			
10	**用绝对误差δ 时：**	**n（双）**	$=\frac{u_{\alpha/2}^2\sigma^2}{\delta^2}=$	**278**
11		**n（单）**	$=\frac{u_{\alpha}^2\sigma^2}{\delta^2}=$	**196**
12	**用相对误差ε 时：**	**n（双）**	$=\frac{u_{\alpha/2}^2\sigma^2}{(\varepsilon\mu)^2}=$	**55**
13		**n（单）**	$=\frac{u_{\alpha}^2\sigma^2}{(\varepsilon\mu)^2}=$	**39**

图 14－6　抽样调查中估计总体均数的样本量计算结果

二、配对设计的单个总体均数假设检验

1．公式

$$n_{双}=\frac{(t_{\alpha/2}+t_{\beta})^2\sigma^2}{\delta^2};\ n_{单}=\frac{(t_{\alpha}+t_{\beta})^2\sigma^2}{\delta^2}$$

2．编写程序

程序见表 14－7。

表 14－7　配对设计的单个总体均数假设检验时样本量计算程序

	AD	AE	AG
9	第1步：	$n_{(双)}$	=ROUNDUP(((NORMSINV(1-AF4/2)+NORMSINV(AF5))*AF7/AF6)^2,0)
10		$n_{(单)}$	=ROUNDUP(((NORMSINV(1-AF4)+NORMSINV(AF5))*AF7/AF6)^2,0)
11	第2步：	$n_{(双)}$	=ROUNDUP(((TINV((AF4),INT(AG9))+TINV(2*(1-AF5),INT(AG9)))*AF7/AF6)^2,0)
12		$n_{(单)}$	=ROUNDUP(((TINV((2*AF4),INT(AG10))+TINV(2*(1-AF5),INT(AG10)))*AF7/AF6)^2,0)
13	第3步：	$n_{(双)}$	=ROUNDUP(((TINV((AF4),INT(AG11))+TINV(2*(1-AF5),INT(AG11)))*AF7/AF6)^2,0)
14		$n_{(单)}$	=ROUNDUP(((TINV((2*AF4),INT(AG12))+TINV(2*(1-AF5),INT(AG12)))*AF7/AF6)^2,0)
15	第4步：	$n_{(双)}$	=ROUNDUP(((TINV((AF4),INT(AG13))+TINV(2*(1-AF5),INT(AG13)))*AF7/AF6)^2,0)
16		$n_{(单)}$	=ROUNDUP(((TINV((2*AF4),INT(AG14))+TINV(2*(1-AF5),INT(AG14)))*AF7/AF6)^2,0)

3. 实例

【例 14－7】某医师试验某种升白细胞药的疗效，9 例病人的预试验结果为用药前后白细胞差值的标准差为 2.5×10^9/L。现进行正式临床试验，且要求白细胞平均上升 1×10^9/L 才算该药临床实际有效，问需多少病人进行临床试验？

本例 $\delta=1$，$S=2.50$，$\alpha=0.05$，$\beta=0.10$，先以单侧 $u_{0.05}=1.645$，$u_{0.10}=1.282$ 计算。

程序操作界面及结果显示如图 14－7 所示。

	AD	AE	AF	AG
2	7. 配对设计的单个总体均数假设检验时的样本量估算			
3	输入确定的指标值：			
4		检验水准 α：	0.05	
5		检验效能 $1-\beta$：	0.90	
6		容许误差 $\delta=\|\mu-\mu_0\|$：	1.00	
7		标准差 $\sigma_d\approx S_d$：	2.50	
8	所求样本含量：			
9	第1步：	n（双）	$=\dfrac{(u_{\alpha/2}+u_\beta)^2\sigma^2}{\delta^2}=$	66
10		n（单）	$=\dfrac{(u_\alpha+u_\beta)^2\sigma^2}{\delta^2}=$	54
11	第2步：	n（双）	$=\dfrac{(t_{\alpha/2}+t_\beta)^2\sigma^2}{\delta^2}=$	68
12		n（单）	$=\dfrac{(t_\alpha+t_\beta)^2\sigma^2}{\delta^2}=$	56
13	第3步：	n（双）		68
14		n（单）		56
15	第4步：	n（双）		68
16		n（单）		56

图 14－7　配对设计的单个总体均数假设检验时样本量计算结果

经过 4 步计算后，这时 n 趋于稳定，故认为需要 68 个（双侧）或 56 个（单侧）病人进行正式临床试验，才有 90% 的把握得出该药临床实际有效。

三、完全随机设计的两总体均数假设检验

1. 公式

$$n_{双}=\frac{2\sigma^2\ (t_{\alpha/2}+t_\beta)^2}{(\mu_1-\mu_2)^2}$$

$$n_{单}=\frac{2\sigma^2\ (t_\alpha+t_\beta)^2}{(\mu_1-\mu_2)^2}$$

式中，σ 为两总体标准差，通常用样本标准差估计，一般取两个样本标准差中大的一个；$\mu_1-\mu_2=\delta$ 可用两样本均数进行估计。

2. 编写程序

程序见表 14－8。

表 14－8　完全随机设计的两总体均数比较时样本量计算程序

	AI	AJ	AL
9	第1步：	$n_{(双)}$	=ROUNDUP(2*((NORMSINV(1-AK4/2)+NORMSINV(AK5))*AK7/AK6)^2,0)
10		$n_{(单)}$	=ROUNDUP(2*((NORMSINV(1-AK4)+NORMSINV(AK5))*AK7/AK6)^2,0)
11	第2步：	$n_{(双)}$	=ROUNDUP(2*((TINV((AK4),INT(AL9))+TINV(2*(1-AK5),INT(AL9)))*AK7/AK6)^2,0)
12		$n_{(单)}$	=ROUNDUP(2*((TINV((2*AK4),INT(AL10))+TINV(2*(1-AK5),INT(AL10)))*AK7/AK6)^2,0)
13	第3步：	$n_{(双)}$	=ROUNDUP(2*((TINV((AK4),INT(AL11))+TINV(2*(1-AK5),INT(AL11)))*AK7/AK6)^2,0)
14		$n_{(单)}$	=ROUNDUP(2*((TINV((2*AK4),INT(AL12))+TINV(2*(1-AK5),INT(AL12)))*AK7/AK6)^2,0)
15	第4步：	$n_{(双)}$	=ROUNDUP(2*((TINV((AK4),INT(AL13))+TINV(2*(1-AK5),INT(AL13)))*AK7/AK6)^2,0)
16		$n_{(单)}$	=ROUNDUP(2*((TINV((2*AK4),INT(AL14))+TINV(2*(1-AK5),INT(AL14)))*AK7/AK6)^2,0)

3. 实例

【例 14－8】在饮食中降低盐能否降低血压值的研究中，将受试者分为两个组别（低盐饮食组与高盐饮食组），预试验结果为两组血压值的标准差分别为 12mmHg 和 10.3mmHg，欲以 $\alpha=0.05$，$\beta=0.10$，检测两组血压差为 4mmHg，需用多大的样本？

本例已知 $\alpha=0.05$，$\beta=0.10$，$\mu_1-\mu_2=4$，$S_1^2=12^2$，$S_2^2=10.3^2$，取 $\hat{\sigma}^2=12^2=144$，先以双侧 $u_{0.05/2}=1.96$，$u_{0.10}=1.282$ 计算。

程序操作界面及结果显示如图 14－8 所示，可知本例两组各需 192 例受试者。

	AI	AJ	AK	AL
2	8. 完全随机设计两总体均数比较时的样本量估算			
3	输入确定的指标值：			
4	检验水准α：		0.05	
5	检验效能$1-\beta$：		0.90	
6	容许误差 $\delta=\lvert\mu_1-\mu_2\rvert$：		4.00	
7	标准差 $\sigma\approx S(\text{or } S\max)$：		12.00	
8	所求样本含量（每组例数）：			
9	第1步：	n（双）	$=\frac{2\sigma^2(u_{\alpha/2}+u_\beta)^2}{(\mu_1-\mu_2)^2}=$	190
10		n（单）	$=\frac{2\sigma^2(u_\alpha+u_\beta)^2}{(\mu_1-\mu_2)^2}=$	155
11	第2步：	n（双）	$=\frac{2\sigma^2(t_{\alpha/2}+t_\beta)^2}{(\mu_1-\mu_2)^2}=$	192
12		n（单）	$=\frac{2\sigma^2(t_\alpha+t_\beta)^2}{(\mu_1-\mu_2)^2}=$	156
13	第3步：	n（双）		192
14		n（单）		156
15	第4步：	n（双）		192
16		n（单）		156

图 14－8　完全随机设计的两总体均数比较时样本量计算结果

四、完全随机设计多个总体均数假设检验

1. 公式

$$n=\frac{\psi^2\ (\sum S_i^2/k)}{\sum\ (\overline{X}_i-\overline{X})^2/\ (k-1)}$$

式中，k 为组数，$\overline{X}=\sum\overline{X}_i/k$，$\psi$ 可查表得到。

2. 编写程序

程序见表 14－9。

表 14－9　完全随机设计多个总体均数比较时样本量计算程序

	AN	AP
18	第 1 次　n_1	=ROUNDUP(AO13^2*AO11/(AO12/(AO10-1)),0)
19	第 2 次　n_2	=ROUNDUP(AO14^2*AO11/(AO12/(AO10-1)),0)
20	第 3 次　n_3	=ROUNDUP(AO15^2*AO11/(AO12/(AO10-1)),0)
21	第 4 次　n_4	=ROUNDUP(AO16^2*AO11/(AO12/(AO10-1)),0)

3. 实例

【例 14－9】某单位拟用 4 种方法治疗贫血患者，预试验结果为治疗后 4 组血红蛋白（g/L）增加的均数分别为 18、13、16、8，标准差分别为 8、7、6、6，设 $\alpha=0.05$，$\beta=$

0.10，若要得出有差别的结论，问每组需观察多少例？

程序操作界面及结果显示如图 14－9 所示，3 次计算结果接近，故可认为每组需要观察 13 例。

	AN	AO	AP	AQ	AR	AS	AT	AU	AV
2	**9. 完全随机设计多个总体均数比较时的样本量估算**								
3	**输入确定的指标值：**								
4	检验水准α ：	0.05							
5	检验效能1－β ：	0.90							
6	各样本均数 $\bar{X}_i$ ：	18.0	13.0	16.0	8.0				
7	各样本标准差 S_i ：	8.0	7.0	6.0	6.0				
8	样本均数的平方 $\bar{X}^2$：	324.0	169.0	256.0	64.0				
9	各样本方差 S_i^2：	64.0	49.0	36.0	36.0				
10	比较的组数 k ：	4							
11	平均方差 $\sum S_i^2/k$ ：	46.25							
12	离均差平方和 $\sum(\bar{X}_i-\bar{X})^2$：	56.75							
13	查ψ表得 $\psi^1_{\alpha,\beta(\nu_1,\nu_2)}$：	2.17	查表2						
14	查ψ表得 $\psi^2_{\alpha,\beta(\nu_1,\nu_2)}$：	2.27	查表3	$\nu_2=$	44				
15	查ψ表得 $\psi^3_{\alpha,\beta(\nu_1,\nu_2)}$：	2.26	查表4	$\nu_2=$	48				
16	查ψ表得 $\psi^4_{\alpha,\beta(\nu_1,\nu_2)}$：	2.26	查表5	$\nu_2=$	48				
17	**所求样本含量（每组例数）：**								
18	**第1次　n_1**		12						
19	**第2次　n_2**	$=\dfrac{\psi^2_{\alpha,\beta(\nu_1,\nu_2)}(\sum S_i^2/k)}{\sum(\bar{X}_i-\bar{X})/(k-1)}=$	13						
20	**第3次　n_3**		13						
21	**第4次　n_4**		13						

图 14－9　完全随机设计多个总体均数比较时样本量计算结果

注意：每输入一次数据都要按“查表 2”、“查表 3”、“查表 4”、“查表 5” 的按钮。

五、随机区组设计的多个总体均数假设检验

1．公式

$$n_i = 2 \times MS_e \times \left(\frac{Q + u_\beta}{D}\right)^2$$

式中，MS_e为误差均方，D 为处理组间差值（取最小者），Q 值查表得到。

2．编写程序

程序见表 14－10。

表 14－10　随机区组设计的多个总体均数比较时样本量计算程序

	AX	AZ
11	n_i	=ROUNDUP(2*AY6*((AY9+NORMSINV(AY5))/AY7)^2,0)

3. 实例

【例 14－10】某单位欲比较 4 种不同药物降低血清谷草转氨酶的疗效。从预试验已知误差均方为 30U/dL，处理组间最小差值达 8U/dL，取 $\alpha=0.05$，$\beta=0.10$，试估计每组所需病例数。

程序操作界面及结果显示如图 14－10 所示，可知本例中每组需观察 25 例，4 组共需 100 例。

	AX	AY	AZ
2	**10. 随机区组设计多个总体均数比较时样本量估算**		
3	**输入确定的指标值：**		
4	检验水准 α ：	0.05	
5	检验效能 $1-\beta$ ：	0.90	
6	误差均方 MS_e ：	30.00	
7	最小差值 D ：	8.00	
8	比较的组数 k ：	4	
9	$Q_{\alpha,k}$ ：	3.8	
10	**所求样本含量（每组例数）：**		
11	n_i	$=2\times MS_e\times(\frac{Q+u_\beta}{D})^2=$	25

图 14－10　随机区组设计计多个总体均数比较时样本量计算结果

六、交叉试验设计

计量资料两组完全随机设计研究中（双侧）样本量估算公式可以适用于 2×2 交叉试验设计样本量的估计。

1. 公式

$$n_{双}=\frac{\sigma^2\ (t_{\alpha/2}+t_\beta)^2}{(\mu_1-\mu_2)^2}\qquad\qquad n_{单}=\frac{\sigma^2\ (t_\alpha+t_\beta)^2}{(\mu_1-\mu_2)^2}$$

2. 编写程序

程序见表 14－11。

表 14－11　交叉试验设计时样本量的计算程序

	BB	BC	BE
9	第 1 步：	$n_{(双)}$	=ROUNDUP(((NORMSINV(1-BD4/2)+NORMSINV(BD5))*BD7/BD6)^2,0)
10		$n_{(单)}$	=ROUNDUP(((NORMSINV(1-BD4)+NORMSINV(BD5))*BD7/BD6)^2,0)
11	第 2 步：	$n_{(双)}$	=ROUNDUP(((TINV((BD4),INT(BE9))+TINV(2*(1-BD5),INT(BE9)))*BD7/BD6)^2,0)
12		$n_{(单)}$	=ROUNDUP(((TINV((2*BD4),INT(BE10))+TINV(2*(1-BD5),INT(BE10)))*BD7/BD6)^2,0)
13	第 3 步：	$n_{(双)}$	=ROUNDUP(((TINV((BD4),INT(BE11))+TINV(2*(1-BD5),INT(BE11)))*BD7/BD6)^2,0)
14		$n_{(单)}$	=ROUNDUP(((TINV((2*BD4),INT(BE12))+TINV(2*(1-BD5),INT(BE12)))*BD7/BD6)^2,0)
15	第 4 步：	$n_{(双)}$	=ROUNDUP(((TINV((BD4),INT(BE13))+TINV(2*(1-BD5),INT(BE13)))*BD7/BD6)^2,0)
16		$n_{(单)}$	=ROUNDUP(((TINV((2*BD4),INT(BE14))+TINV(2*(1-BD5),INT(BE14)))*BD7/BD6)^2,0)

3. 操作界面及结果

如图 14－11 所示。

	BB	BC	BD	BE
2	**11. 交叉设计时的样本量估算**			
3	**输入确定的指标值：**			
4		检验水准 α ：	**0.05**	
5		检验效能 $1-\beta$ ：	**0.90**	
6		容许误差 $\delta=\lvert\mu_1-\mu_2\rvert$:	**4.00**	
7		标准差 $\sigma\approx S(\text{or } S\max)$:	**12.00**	
8	**所求样本含量（每组例数）：**			
9	**第1步：**	**n（双）**	$=\frac{\sigma^2(u_{\alpha/2}+u_\beta)^2}{(\mu_1-\mu_2)^2}=$	**95**
10		**n（单）**	$=\frac{\sigma^2(u_\alpha+u_\beta)^2}{(\mu_1-\mu_2)^2}=$	**78**
11	**第2步：**	**n（双）**	$=\frac{\sigma^2(t_{\alpha/2}+t_\beta)^2}{(\mu_1-\mu_2)^2}=$	**97**
12		**n（单）**	$=\frac{\sigma^2(t_\alpha+t_\beta)^2}{(\mu_1-\mu_2)^2}=$	**79**
13	**第3步：**	**n（双）**		**97**
14		**n（单）**		**79**
15	**第4步：**	**n（双）**		**97**
16		**n（单）**		**79**

图 14－11　交叉试验设计时样本量计算结果

七、重复测量研究设计

在重复测量研究中，由于每个研究对象被测量了多次，且测量值之间有一定的相关性，样本量估计就不同于一个没有重复测量的研究，又不能将一个重复测量值当成一个独立的观察值，需考虑观察值间的相关性，比较复杂。

1. 公式

当比较两组的测量值随时间变化的趋势时，样本量估算公式为：

$$\text{双侧}\quad n=\frac{2\times(u_{\alpha/2}+u_\beta)^2\times\sigma^2\times(1-\rho)}{m\times s^2\times(\beta_{1A}-\beta_{2B})^2}$$

$$\text{单侧}\quad n=\frac{2\times(u_\alpha+u_\beta)^2\times\sigma^2\times(1-\rho)}{m\times s^2\times(\beta_{1A}-\beta_{1B})^2}$$

式中，m 是重复数，n 为每一组所需要的例数，ρ 是对称相关系数，σ^2 是重复测量值之间的方差，$s^2=\sum(t_j-\bar{t})^2/m$，$t_j$为重复测量时间，$\beta_{1A}$，$\beta_{1B}$分别为两组的斜率。

当比较两组在不同时间上均值的差时，样本量估计公式为：

$$\text{双侧}\quad n=\frac{2\times(u_{\alpha/2}+u_\beta)^2\times\sigma^2\times[1+(m-1)\times\rho]}{m\times d^2}$$

$$\text{单侧}\quad n=\frac{2\times(u_\alpha+u_\beta)^2\times\sigma^2\times[1+(m-1)\times\rho]}{m\times d^2}$$

式中，d 是两组平均值的差。

2. 编写程序

程序见表 14－12。

表 14－12　重复测量研究设计样本量计算程序

	BG	BH	BJ
14	测量值随时间变化的趋势比较	n (双侧)	=ROUNDUP(2*(NORMSINV(1-BI4/2)+NORMSINV(BI5))^2*BI6*(1-BI7)/(BI10*BI11*BI8^2),0)
15		n (单侧)	=ROUNDUP(2*(NORMSINV(1-BI4)+NORMSINV(BI5))^2*BI6*(1-BI7)/(BI10*BI11*BI8^2),0)
16	在不同时间上均值差的比较	n (双侧)	=ROUNDUP(2*(NORMSINV(1-BI4/2)+NORMSINV(BI5))^2*BI6*(1+(BI10-1)*BI7)/(BI10*BI12^2),0)
17		n (单侧)	=ROUNDUP(2*(NORMSINV(1-BI4)+NORMSINV(BI5))^2*BI6*(1+(BI10-1)*BI7)/(BI10*BI12^2),0)

3. 实例

【例 14－11】在一个新药治疗动脉粥样硬化的临床试验中，计划每年测定一次颈内膜厚度，连续 4 年。预试验结果已知 $\rho=0.50$，$\sigma^2=0.02$，$\beta_{1A}-\beta_{1B}=0.015$，因为 $t=$（0，1，2，3，4），所以 $S^2=2$，$m=5$，试估计每组的样本量。取 $\alpha=0.05$，$\beta=0.10$。

程序操作界面及结果显示如图 14－12 所示，若比较两组的测量值随时间变化的趋势（双侧），则所需样本量为 94 例；若比较两组在不同时间上均值的差（双侧），则所需样本量为 158 例。

	BG	BH	BI	BJ	BK	BL	BM
2	12. 重复测量设计时的样本量估算						
3	输入确定的指标值：						
4	检验水准 α：		0.05				
5	检验效能 $1-\beta$：		0.90				
6	测量值间的方差 σ^2：		0.02				
7	对称相关系数 ρ：		0.50				
8	两组斜率之差（$\beta_{1A}-\beta_{1B}$）：		0.015				
9	重复测量时间 t_j：		0.0	1.0	2.0	3.0	4.0
10	重复数 m：		5				
11	重复测量时间的方差 S^2：		2.00				
12	两组均值之差 d：		0.04				
13	所求样本含量：						
14	两组测量值随时间变化的趋势比较	n（双侧）	$=\frac{2\times(\mu_{\alpha/2}+\mu_\beta)^2\times\sigma^2\times(1-\rho)}{m\times s^2\times(\beta_{1A}-\beta_{1B})^2}=$	94			
15		n（单侧）	$=\frac{2\times(\mu_\alpha+\mu_\beta)^2\times\sigma^2\times(1-\rho)}{m\times s^2\times(\beta_{1A}-\beta_{1B})^2}=$	77			
16	两组在不同时间上均值差的比较	n（双侧）	$=\frac{2\times(\mu_{\alpha/2}+\mu_\beta)^2\times\sigma^2\times(1+(m-1)\times\rho)}{m\times d^2}=$	158			
17		n（单侧）	$=\frac{2\times(\mu_\alpha+\mu_\beta)^2\times\sigma^2\times(1+(m-1)\times\rho)}{m\times d^2}=$	129			

图 14－12　重复测量研究设计样本量计算结果

八、直线回归与相关

在直线回归与相关分析中，由于相关系数与回归系数的假设检验是等价的，因此直线回归分析与相关分析的样本量估算也是一致的。

1．公式

$$n_{双}=4\left[(u_{\alpha/2}+u_{\beta})/\ln\left(\frac{1+r}{1-r}\right)\right]^2+3$$

$$n_{单}=4\left[(u_{\alpha}+u_{\beta})/\ln\left(\frac{1+r}{1-r}\right)\right]^2+3$$

2．编写程序

程序见表 14－13。

表 14－13　直线回归与相关分析中样本量计算的程序

	BO	BQ
8	n（双）	=ROUNDUP(4*((NORMSINV(1-BQ4/2)+NORMSINV(BQ5))/LN((1+BQ6)/(1-BQ6)))^2+3,0)
9	n（单）	=ROUNDUP(4*((NORMSINV(1-BQ4)+NORMSINV(BQ5))/LN((1+BQ6)/(1-BQ6)))^2+3,0)

3．实例

【例 14－12】据以往调查结果，缺碘地区母婴之间 TSH 水平之间直线相关系数为 0.80。如果在规定 $\alpha=0.05$，$1-\beta=0.90$ 的水平上得到相关系数有统计学意义的结论，至少需要观察多少人？

程序操作界面及结果显示如图 14－13 所示，可知本例若 α 取双侧，至少需观察 12 对母子。

	BO	BP	BQ
2	13．直线回归与相关分析中的样本量估算		
3	输入确定的指标值：		
4		检验水准 α：	0.05
5		检验效能 1－β：	0.90
6		相关系数 ρ≈r：	0.80
7	所求样本含量（对子数）：		
8	n（双）	$=4\left[(u_{\alpha/2}+u_{\beta})/\ln(\frac{1+r}{1-r})\right]^2+3=$	12
9	n（单）	$=4\left[(u_{\alpha}+u_{\beta})/\ln(\frac{1+r}{1-r})\right]^2+3=$	11

图 14－13　直线回归与相关分析中样本量的计算结果

第三节　生存分析中样本量的估算

生存资料中常用的分布为指数分布（exponential distribution），本节样本量估算公式大部分基于指数分布。指数分布的生存函数为：

$S(t)=e^{-\lambda t}$，$(t \geqslant 0)$

其中 λ 为参数，它的含义是个体在某时刻尚未死亡，而在以后的单位时间长度内死亡的条件概率，它是一个常数，通常称为生存率。参数为 λ 的指数分布的数学期望与方差分别为 λ 与 $1/\lambda^2$。

如果用 μ 表示平均生存时间（mean survival time），则有 $\mu=1/\mu$。所以已知 μ 时，可求得 λ。λ 的估计值也可用下式求得：$\lambda=d/F$，其中 d 为随访过程中的死亡人数，F 为总的随访时间。

一、无截尾数据

在一个临床试验中，对于 $n=0$ 个病人进行观察，直到某种“特定结局”发生为止，记录所经历的时间 t_1，这时所有的数据都是完全的，无截尾数据。

（一）对生存率 λ 进行估计

1．公式

$$n=[u_{1-\alpha/2}/\varepsilon]^2$$

式中，$\varepsilon=|\hat{\lambda}-\lambda|/\lambda$。

2．编写程序

程序见表 14－14。

表 14－14　无截尾数据估计生存率时样本量计算程序

	BS	BU
9	*n*	=ROUNDUP((NORMSINV(1-BU6/2)/BU7)^2,0)

3．实例

【例 14－13】在一个随访研究中，欲以 95% 信度估计生存率，在其真值的 10% 范围内，应抽取多大样本？

程序操作界面及结果显示如图 14－14 所示，可知本例至少需抽取 385 例受试者。

	BS	BT	BU
2	**14．生存分析中样本量估算**		
3	**一、无截尾数据（无删失数据）**		
4	**(1) 估计生存率 λ 时**		
5	**输入确定的指标值：**		
6		检验水准α：	**0.05**
7		真值范围内的(%) ε：	**0.10**
8	**所求样本含量：**		
9	***n***	$=[u_{1-\alpha/2}/\varepsilon]^2=$	**385**

图 14－14　无截尾数据估计生存率时样本量计算结果

（二）对参数 λ 进行假设检验

1．公式

$$n=\frac{(u_{\alpha/2}\lambda_o+u_\beta\lambda)^2}{(\lambda_0-\lambda)^2}$$

2．编写程序

程序见表 14－15。

表 14－15　无截尾数据生存率假设检验时样本量计算程序

	BS	BU
17	*n*	=ROUNDUP(((NORMSINV(BU12/2)*BU14+NORMSINV(1-BU13)*BU15)/(BU14-BU15))^2,0)

3．实例

【例 14－14】在一种有污染的工业产品流程中作业，据文献报道，暴露于某种化学品的疾病风险为 0.20，近来研究出一种新的生产工艺，可将暴露于该化学品的疾病风险减少 25%，欲以 $\alpha=0.05$，效能 80% 检验之，需多大的样本？

已知 $\alpha=0.05$，$\beta=0.20$，$u_{\alpha/2}=1.96$，$u_\beta=0.842$，$\lambda_0=0.20$，$\lambda=0.15$

程序操作界面及结果显示如图 14－15 所示，可知本例须至少 108 例受试者。

	BS	BT	BU
2	14．生存分析中样本量估算		
3	一、无截尾数据（无删失数据）		
10	(2) 对 λ 的假设检验时		
11	输入确定的指标值：		
12		检验水准 α：	0.05
13		检验效能 1－β：	0.80
14		λ_0：	0.20
15		λ：	0.15
16	所求样本含量：		
17	*n*	$=(u_{\alpha/2}\lambda_0+u_\beta\lambda)^2/(\lambda_0-\lambda)^2=$	108

图 14－15　无截尾数据生存率假设检验时样本量计算结果

（三）两个总体率的比较

1．公式

两样本量相同（$n_1=n_2=n$）时，取 $\bar{\lambda}=(\hat{\lambda}_1+\hat{\lambda}_2)/2$，样本量 n 估算公式为：

$$n=\frac{(u_{\alpha/2}\sqrt{2\bar{\lambda}^2}+u_\beta\sqrt{\hat{\lambda}_1^2+\hat{\lambda}_2^2})^2}{(\hat{\lambda}_1-\hat{\lambda}_2)^2}$$

两样本量不同时，设 $n_2=kn_1$，取 $\bar{\lambda}=(\hat{\lambda}_1+k\hat{\lambda}_2)/(1+k)$，样本量估算公式（$n_1$）为：

$$n_1 = \frac{\left[u_{\alpha/2}\sqrt{(1+k)\ \overline{\lambda}^2} + u_\beta\sqrt{k\hat{\lambda}_1^2 + \hat{\lambda}_2^2}\right]^2}{k\ (\hat{\lambda}_1 - \hat{\lambda}_2)^2}$$

2. 编写程序

程序见表 14－16。

表 14－16　无截尾数据的两个总体率比较时样本量计算程序

	BS	BU
28	$n_1 = n_2 = n$	=IF(BU25="","",ROUNDUP(((NORMSINV(BU20/2)*SQRT(2*BU25^2)+NORMSINV(1-BU21)*SQRT(BU22^2+BU23^2))/(BU22-BU23))^2,0))
29	$n_1 \neq n_2$ 时 n_1	=IF(BU24="","",ROUNDUP(((NORMSINV(BU20/2)*SQRT((1+BU24)*BU26^2)+NORMSINV(1-BU21)*SQRT(BU24*BU22^2+BU23^2))/(BU24*(BU22-BU23)))^2,0))
30	$n_1 \neq n_2$ 时 n_2	=IF(BU24="","",ROUNDUP(BU24*BU29,0))

3. 实例

【例 14－15】在某工业生产中，暴露于化学尘埃的疾病风险为 0.10，现采用一种新工艺，能将疾病风险降至 0.05，问在一个随访研究中，欲以 $\alpha = 0.05$，$\beta = 0.20$，发现此种差别需多大的样本?

已知 $\alpha = 0.05$，$\beta = 0.20$，$\hat{\lambda}_1 = 0.10$，$\hat{\lambda}_2 = 0.05$，若两个样本相等，则 $\overline{\lambda} = 0.075$。

程序操作界面及结果显示如图 14－16 所示，可知本例每组至少随访 37 例受试者。

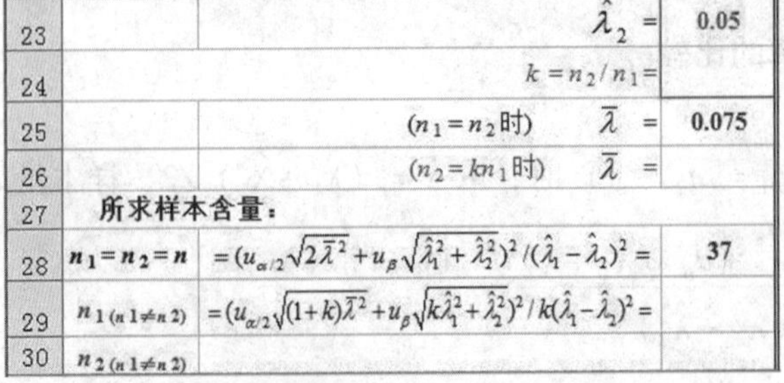

图 14－16　无截尾数据的两个总体率比较时样本量计算结果

二、有截尾数据

（一）限制研究时间为 T 年的样本量估计

随访研究从某一个固定的日期开始，随访 T 年后结束，在此期间允许病人随时进入试验或终止。这样虽然能够控制研究所进行的时间，但如果截尾数据太多的话，会影响分析结果，Gross A J 和 Chark V A 给出了其样本量估计的方法。

1．公式

$$n=\frac{\left[u_{\alpha/2}\sqrt{2f(\bar{\lambda})}+u_{\beta}\sqrt{f(\lambda_1)+f(\lambda_2)}\right]^2}{(\lambda_1-\lambda_2)^2}$$

式中，$f(\lambda)=\lambda^3T/(\lambda T-1+e^{-\lambda T})$。

2．编写程序

程序见表 14－17。

表 14－17　限制研究 T 年有截尾数据的样本量计算程序

	BS	BU
44	n	=ROUNDUP(((NORMSINV(BU34/2)*SQRT(2*BU42)+NORMSINV(1-BU35)*SQRT(BU40+BU41))/(BU37-BU38))^2,0)

3．实例

【例 14－16】仍用例【14－15】资料，如果规定试验时间只能在 5 年之内，问需多大的样本?

程序操作界面及结果显示如图 14－17 所示，可知本例至少需 214 例受试者。

	BS	BT	BU
31	二、有截尾数据（有删失数据）		
32	(1) 限制研究时间为 T 年的样本量		
33	输入确定的指标值：		
34		检验水准 α ：	0.05
35		检验效能 $1-\beta$ ：	0.80
36		$T=$	5
37		$\lambda_1=$	0.10
38		$\lambda_2=$	0.05
39		$\bar{\lambda}=$	0.075
40		$f(\lambda_1)=$	0.0469
41		$f(\lambda_2)=$	0.0217
42		$f(\bar{\lambda})=$	0.0339
43	所求样本含量：		
44	n	$=\frac{\left[u_{\alpha/2}\sqrt{2f(\bar{\lambda})}+u_{\beta}\sqrt{f(\lambda_1)+f(\lambda_2)}\right]^2}{(\lambda_1-\lambda_2)^2}=$	214

图 14－17　限制研究 T 年有截尾数据的样本量计算结果

（二）病人进入试验的时间为 T_1 年内，整个研究持续时间为 T 年的样本量估计

随访研究在一个固定的日期开始，在开始的 T_1 年内，病人可随时进入试验，但规定试验必须在 T 年内结束，Lachin J M 给出了其样本大小估计方法。

1. 计算公式

$$n=\frac{(u_{\alpha/2}\sqrt{2g(\bar{\lambda})}+u_{\beta}\sqrt{g(\lambda_1)+g(\lambda_2)})^2}{(\lambda_1-\lambda_2)^2}$$

式中，$g(\lambda)=\lambda^3T_1(\lambda T_1-e^{-\lambda(T-T_1)}1+e^{-\lambda T})$。

2. 编写程序

程序见表 14－18。

表 14－18　病人 T_1 年内进入试验 T 年结束且有截尾数据的样本量计算程序

	BS	BU
58	*n*	=ROUNDUP(((NORMSINV(BU47/2)*SQRT(2*BU56)+NORMSINV(1-BU48)*SQRT(BU54+BU55))/(BU51-BU52))^2,0)

3. 实例

【例 14－17】用【14－15】资料，如果规定病人在开始的 2.5 年内可随时进入试验，而整个试验必须在 5 年内结束，问需多大的样本？

程序操作界面及结果显示如图 14－18 所示，可知本例共需要 146 例受试者。

	BS	BT	BU
31	二、有截尾数据（有删失数据）		
45	(2) T_1 年内进入、持续 T 年后的样本量		
46	输入确定的指标值：		
47		检验水准 α：	0.05
48		检验效能 1－β：	0.80
49		T_1=	2.50
50		T=	5.00
51		λ_1=	0.10
52		λ_2=	0.05
53		$\bar{\lambda}$=	0.075
54		$g(\lambda_1)$=	0.0322
55		$g(\lambda_2)$=	0.0147
56		$g(\bar{\lambda})$=	0.0230
57	所求样本含量：		
58	*n*	$=\frac{[u_{\alpha/2}\sqrt{2g(\bar{\lambda})}+u_{\beta}\sqrt{g(\lambda_1)+g(\lambda_2)}]^2}{(\lambda_1-\lambda_2)^2}=$	146

图 14－18　研究 T_1+T 年有截尾数据的样本量计算结果

三、作 log-rank 检验时样本量的估算

设 p_1，p_2 为对照组与试验组的生存率，在生存数据用 log－rank 检验作组间比较时，需对两组观察总例数 n 与观察完整的总例数 d（失效总例数）进行估计。

1. 公式

$$n=2\ (u_{\alpha/2}+u_{\beta})^2\left(\frac{1+\theta}{1-\theta}\right)^2/\ (2-p_1-p_2)$$

式中，$\theta=\ln p_1/\ln p_2$。

2. 编写程序

程序见表 14－19。

表 14－19 log－rank 检验时样本量的计算程序

	BS	BU
71	*n*	=ROUNDUP(2*(NORMSINV(BU65/2)+NORMSINV(1-BU66))^2*((1+BU69)/(1-BU69))^2/(2-BU67-BU68),0)

3. 实例

【例 14－18】拟对浅表膀胱癌进行临床随访试验，预试验结果得到膀胱镜下切除术两年不复发率为 50%，在切除术后立即加用化疗，不复发率可提高到 70%，若两组例数相等，试估计两组观察总例数和复发总例数。

程序操作界面及结果显示如图 14－19 所示，可知本例两组各观察 128 例，共 256 例，且共有 103 例复发（128 ×50% +128 ×30%）。

	BS	BT	BU
2	**14. 生存分析中样本量估算**		
59	**三、log-rank检验时的样本量**		
60	**输入确定的指标值：**		
61		检验水准 α：	0.05
62		检验效能 $1-\beta$：	0.90
63		p_1 =	0.50
64		p_2 =	0.70
65		θ =	1.943
66	**所求样本含量：**		
67	***n***	$=2\times(u_{\alpha/2}+u_{\beta})^2(\frac{1+\theta}{1-\theta})^2/(2-p_1-p_2)=$	256

图 14－19 log－rank 检验时样本量的计算结果

第四节　病例对照研究中样本量估算

一、总体比数比的估计

1. 公式

$$n=\frac{u_{\alpha/2}^{2}\ \{1/[\pi_1\ (1-\pi_1)]\ +1/[\pi_2\ (1-\pi_2)]\}}{[\ln\ (1-\varepsilon)]^2}$$

式中，$\varepsilon=(OR-\hat{OR}_L)/OR$。

2. 编写程序

程序见表 14－20。

表 14－20　估计总体比数比时样本量的计算程序

	BW	BY
12	*n*	=ROUNDUP(((NORMSINV(BY6/2))^2*(1/(BY10*(1-BY10))+1/(BY9*(1-BY9))))/(LN(1-BY8))^2,0)

3. 实例

【例 14－19】在一个病例对照研究中，前人研究结果为比数比 $OR=2$，对照组的暴露率 $p_2=0.30$，欲以 95% 的信度，估计比数比不超过真值的 25%，需多大样本？

已知 $OR=2$，$p_2=0.30$，$\varepsilon=0.25$，$\alpha=0.05$，

则 $u_{\alpha/2}=1.96$，$p_1=OR*p_2/[OR*p_2+(1-p_2)]=0.46$。

程序操作界面及结果显示如图 14－20 所示，可知本例中病例组、对照组各至少需 408 例受试者。

	BW	BX	BY
2	15. 病例对照与队列研究中样本量估算		
3	一、病例对照研究		
4	(1) 估计总体比数比 *OR* 时		
5	输入确定的指标值：		
6		检验水准 α：	0.05
7		比数比 *OR*：	2.00
8		真值范围内的(%) ε：	0.25
9		对照组暴露率 P_2(或 π_2)：	0.30
10		病例组暴露率 P_1(或 π_1)：	0.46
11	所求样本含量（每组例数）：		
12	*n*	$=\frac{u_{\alpha/2}^2\times\{1/[\pi_1(1-\pi_1)]+1/[\pi_2(1-\pi_2)]\}}{\ln^2(1-\varepsilon)}=$	408

图 14－20　估计总体比数比时样本含量的计算结果

二、比数比的假设检验（单因素）

1. 公式

有人认为，由于对照组干扰较少，且样本往往很大，其暴露率 p_2 比较可靠及稳定，故可用 p_2 代替 $\bar{p}$，这时样本量公式为：

$$n=\frac{\left[u_{\alpha/2}\sqrt{2p_2\ (1-p_2)}+u_\beta\ \sqrt{p_1\ (1-p_1)\ +p_2\ (1-p_2)}\right]^2}{(p_1-p_2)^2}$$

2. 编写程序

程序见表 14－21。

表 14－21 比数比假设检验时样本量的计算程序

	BW	BY
22	*n*	=ROUNDUP((((NORMSINV(BY15/2)*SQRT(2*BY20*(1-BY20))+NORMSINV(1-BY16)*SQRT(BY19*(1-BY19)+BY18*(1-BY18)))/(BY19-BY18)))^2,0)
23	或 *n* (p_2 代替 $\bar{p}$)	=ROUNDUP((((NORMSINV(BY15/2)*SQRT(2*BY18*(1-BY18))+NORMSINV(1-BY16)*SQRT(BY19*(1-BY19)+BY18*(1-BY18)))/(BY19-BY18)))^2,0)

3. 实例

【例 14－20】在儿童肺结核的卡介苗疫苗预防接种研究中，比较肺结核病例组与对照组的免疫覆盖率，估计比数比为 2，对照组的免疫覆盖率为 0.30，欲以 $\alpha=0.05$，$\beta=0.20$，检验比数比为 1，需多大样本？

已知 $OR=2$，$p_2=0.30$，$\alpha=0.05$，$\beta=0.20$，

则 $u_{\alpha/2}=1.96$，$u_\beta=0.842$，$p_1=OR*p_2/[OR*p_2+(1-p_2)]=0.462$，$\bar{p}=0.381$。

程序操作界面及结果显示如图 14－21 所示，若 $\bar{p}$ 代入公式，则该病例组、对照组各需要 141 例受试者。若 p_2 代替 $\bar{p}$，则两组各至少需 130 例受试者。

	BW	BX	BY
2	**15. 病例对照与队列研究中样本量估算**		
13	**(2) 对 *OR* 的假设检验**		
14	**输入确定的指标值：**		
15		检验水准 α：	**0.05**
16		检验效能 $1-\beta$：	**0.80**
17		比数比 *OR*：	**2.00**
18		对照组暴露率 P_2(或 π_2)：	**0.30**
19		病例组暴露率 P_1(或 π_1)：	**0.462**
20		合计暴露率 $\bar{P}$：	**0.381**
21	**所求样本含量（每组例数）：**		
22	***n***	$=\left[\frac{u_{\alpha/2}\sqrt{2\bar{p}(1-\bar{p})}+u_\beta\sqrt{p_1(1-p_1)+p_2(1-p_2)}}{p_1-p_2}\right]^2=$	**141**
23	**或 *n* (P_2代替P_c)**	$=\left[\frac{u_{\alpha/2}\sqrt{2p_2(1-p_2)}+u_\beta\sqrt{p_1(1-p_1)+p_2(1-p_2)}}{p_1-p_2}\right]^2=$	**130**

图 14－21　比数比假设检验时样本量的计算结果

第五节　队列研究中样本量估算

一、关于相对危险度估计

1. 公式

$$n=\frac{u_{\alpha/2}^{2}\left[(1-p_1)/p_1+(1-p_2)/p_2\right]}{\left[\ln(1-\varepsilon)\right]^{2}}$$

式中，$\varepsilon=(RR-RR_L)/RR$。

2. 编写程序

程序见表 14－22。

表 14－22　估计相对危险度时样本量的计算程序

	BW	BY
33	*n*	=ROUNDUP(((NORMSINV(BY27/2))^2*(((1-BY31)/BY31)+(1-BY30)/BY30))/(LN(1-BY29))^2,0)

3. 实例

【例 14－21】在一个队列研究中，相对危险度的真值约为 1.75，且非暴露组人群的患病率为 0.20，欲以 95% 的信度，估计在真值 10% 的范围内，需要多大样本？

已知 $RR=1.75$，$p_2=0.20$，$\varepsilon=0.10$，$\alpha=0.05$，则 $u_{\alpha/2}=1.96$，$p_1=RR*p_2=0.35$。

程序操作界面及结果显示如图 14－22 所示，可知本例中暴露组、非暴露组各需 2027 例受试者。

	BW	BX	BY
24	二、队列研究		
25	(1) 估计相对危险度 *RR* 时		
26	输入确定的指标值：		
27		检验水准 α：	0.05
28		相对危险度 *RR*：	1.75
29		真值范围内的(%) ε：	0.10
30		非暴露组患病率 P_2(或 π_2)：	0.20
31		暴露组患病率 P_1(或 π_1)：	0.35
32	所求样本含量(每组例数)：		
33	*n*	$=\frac{u_{\alpha/2}^{2}[(1-p_1)/p_1+(1-p_2)/p_2]}{\ln^{2}(1-\varepsilon)}=$	2027

图 14－22　估计相对危险度时样本量的计算结果

二、相对危险度的假设检验

1. 公式

$$n_{双}=\left(\frac{u_{\alpha/2}\sqrt{2\bar{p}(1-\bar{p})}+\mu_{\beta}\sqrt{p_1(1-p_1)+p_2(1-p_2)}}{p_1-p_2}\right)^{2}$$

$$n_{单}=\left(\frac{u_{\alpha}\sqrt{2\bar{p}(1-\bar{p})}+\mu_{\beta}\sqrt{p_1(1-p_1)+p_2(1-p_2)}}{p_1-p_2}\right)^{2}$$

2. 编写程序

程序见表 14－23。

表 14－23　相对危险度假设检验时样本量的计算程序

	BW	BY
43	$n_1=n_2$（双侧）	=ROUNDUP((((NORMSINV(BY36/2)*SQRT(2*BY41*(1-BY41))+NORMSINV(1-BY37)*SQRT(BY40*(1-BY40)+BY39*(1-BY39)))/(BY40-BY39)))^2,0)
44	$n_1=n_2$（单侧）	=ROUNDUP((((NORMSINV(BY36)*SQRT(2*BY41*(1-BY41))+NORMSINV(1-BY37)*SQRT(BY40*(1-BY40)+BY39*(1-BY39)))/(BY40-BY39)))^2,0)

3. 实例

【例 14－22】在一个多中心的临床研究中，将人群分为具有某种白细胞抗原与不具有该抗原的组，经 5 年观察每组中的患某种疾病的人数。据有关的资料估计相对危险度约为 0.50，不具备该白细胞抗原者患该病率约为 0.35，欲以 $\alpha=0.05$，检验效能为 90%，对 *RR* 作出检验需多大的样本？

已知 $\alpha=0.05$，$\beta=0.10$，$RR=0.50$，$p_2=0.35$，

则 $p_1=RR*p_2=0.175$，$\bar{p}=0.263$，$u_\beta=1.282$。

若为双侧检验，则 $u_{\alpha/2}=1.96$；若为单侧检验，则 $u_\alpha=1.645$。

程序操作界面及结果显示如图 14－23 所示，可知本例若为双侧检验，则该暴露组、非暴露组各需 131 例受试者；若为单侧检验，则两组各需 107 例受试者。

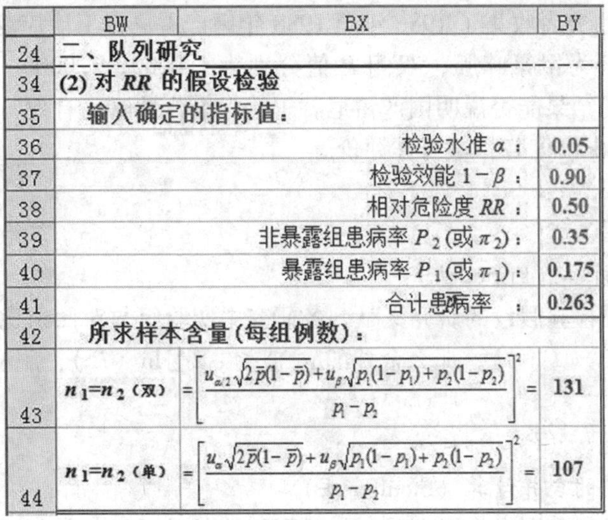

	BW	BX	BY
24	二、队列研究		
34	(2) 对 *RR* 的假设检验		
35	输入确定的指标值：		
36		检验水准 α：	0.05
37		检验效能 1－β：	0.90
38		相对危险度 *RR*：	0.50
39		非暴露组患病率 P_2(或 π_2)：	0.35
40		暴露组患病率 P_1(或 π_1)：	0.175
41		合计患病率 ：	0.263
42	所求样本含量(每组例数)：		
43	$n_1=n_2$(双)	$=\left[\frac{u_{\alpha/2}\sqrt{2\bar{p}(1-\bar{p})}+u_\beta\sqrt{p_1(1-p_1)+p_2(1-p_2)}}{p_1-p_2}\right]^2=$	131
44	$n_1=n_2$(单)	$=\left[\frac{u_\alpha\sqrt{2\bar{p}(1-\bar{p})}+u_\beta\sqrt{p_1(1-p_1)+p_2(1-p_2)}}{p_1-p_2}\right]^2=$	107

图 14－23　相对危险度假设检验时样本量的计算结果

第十五章　Meta 分析

Meta 分析是一种对具有相同研究目的的多个独立研究结果进行系统、综合的定量分析方法。1955 年由 Beecher 最早提出，1976 年 Glass 首次命名。目前，Meta 分析广泛应用于教育学、心理学、社会科学、生物医学等领域，在医学的临床试验、诊断试验和流行病学等研究中的应用日益增多。Meta 分析与系统评价一起被公认为评价临床疗效、制定临床指南和规范的基石。它最大的优点是通过对多个研究结果进行综合分析来增大样本量，提高结论的可信度，降低研究结果的不一致性。

第一节　P、u、t、F、χ^2 值资料的 Meta 分析

根据资料的性质不同，Meta 分析可以对报告文献中的不同统计量，如 P、u、t、F、χ^2 值合并计算、综合比较。

一、实例

【例 15－1】某研究者收集了 1986 年至 1988 年国产雷尼替丁治疗消化性溃疡的 4 个随机对照试验，对照药为甲氰咪胍，双侧 P 值分别为 1.0000、1.0000、0.0237 和 0.6399，问 4 个研究合并后的结果能否说明国产雷尼替丁治疗消化性溃疡有效？如果单侧 u 值分别为 0.00、0.00、2.26 和 0.47，试再作评价。

二、公式

1. P 值的合并计算（Fisher 法）

假设 k 个有相同检验假设的研究文献，各研究中实验组与对照组比较的单侧检验概率值为 P_i（$i=1, 2, 3, \cdots, k$），那么合并的 χ^2 值为 $-2\sum\ln(P_i)$，服从自由度为 $2k$ 的 χ^2 分布。

$$\chi^2_{合并} = -2\sum ln(P_i),\ v=2k$$

2. u、t、F、χ^2 的合并计算（Stouffer 法）

假设 k 个研究文献分别报告了实验组与对照组比较的检验统计量 u_i 或 t_i、F_i、χ^2_i，相对应的单侧标准正态变量为 u_i，那么合并的单侧 u_c 值为 $\sum u'_i/\sqrt{k}$，即：

$$u_c = \sum u'_i/\sqrt{k}$$

u'_i 为各统计量对应的单侧标准正态 u 值，$i=1, 2, \cdots, k$。

按上式的结果求出合并 P 值，作出结论。

三、Excel 程序

1. Excel 程序的操作界面

Excel 程序的操作界面如图 15－1 所示。

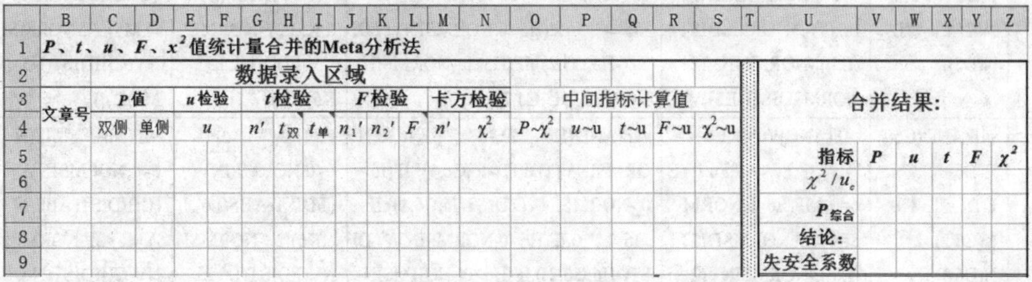

图 15－1　P、u、t、F、χ^2 值资料分析的表格结构

2. 文章序号的编程

在 B5 单元格中输入 = IF（AND（C5 = "", D5 = "", F5 = "", G5 = "", L5 = "", N5 = ""),"", 1)；在 B6 单元格中输入 = IF（AND（C6 = "", D6 = "", F6 = "", G6 = "", L6 = "", N6 = ""),"", B5 +1)，在 B6 单元格右下角呈" " 时，按住鼠标左键不放，垂直下拉至 B100 放开，确定，见表 15－1。

表 15－1　P、u、t、F、χ^2 值资料 Meta 分析的文章编号程序

	B
4	文章号
5	=IF(AND(C5="",D5="",F5="",G5="",L5="",N5=""),"",1)
6	=IF(AND(C6="",D6="",F6="",G6="",L6="",N6=""),"",B5+1)
…	…

3. P、u、t、F、χ^2 值资料 Meta 分析的中间变量的转换

范围为 O～S 列，包括①单、双侧 P 值转换成 χ^2 值；②单、双侧 u 值转换成单侧 u' 值；③单、双侧 t 值转换成单侧 u' 值；④双侧 F 值转换成单侧 u' 值；⑤双侧 χ^2 值转换成单侧 u' 值，见表 15－2。

表 15－2　P、u、t、F、χ^2 值资料 Meta 分析的中间变量的转换

	O	P	Q	R	S
4	P-χ^2	u-u'	t-u'	F-u'	χ^2-u'
5	=IF(AND(C5="",D5=""),"",IF(D5="",-2*LN(C5/2),-2*LN(D5)))	=IF(AND(F5="",E5=""),"",IF(F5<>"",F5,IF(E5=0,0,IF(E5<0,NORMSINV(2*NORMSDIST(E5)),-NORMSINV(2*NORMSDIST(-E5))))))	=IF(AND(H5="",I5=""),"",IF(I5<0,NORMSINV(TDIST(-I5,G5,1)),IF(I5>0,-NORMSINV(TDIST(I5,G5,1)),IF(I5<>"",0,IF(H5<0,NORMSINV(TDIST(-H5,G5,2)),IF(H5>0,-NORMSINV(TDIST(H5,G5,2)),0))))))	=IF(L5="","",IF(L5<0,NORMSINV(FDIST(ABS(L5),J5,K5)/2),-NORMSINV(FDIST(L5,J5,K5)/2)))	=IF(N5="","",IF(N5<0,NORMSINV(CHIDIST(ABS(N5),M5)/2),-NORMSINV(CHIDIST(N5,M5)/2)))
6	=IF(AND(C6="",D6=""),"",IF(D6="",-2*LN(C6/2),-2*LN(D6)))	=IF(AND(F6="",E6=""),"",IF(F6<>"",F6,IF(E6=0,0,IF(E6<0,NORMSINV(2*NORMSDIST(E6)),-NORMSINV(2*NORMSDIST(-E6))))))	=IF(AND(H6="",I6=""),"",IF(I6<0,NORMSINV(TDIST(-I6,G6,1)),IF(I6>0,-NORMSINV(TDIST(I6,G6,1)),IF(I6<>"",0,IF(H6<0,NORMSINV(TDIST(-H6,G6,2)),IF(H6>0,-NORMSINV(TDIST(H6,G6,2)),0))))))	=IF(L6="","",IF(L6<0,NORMSINV(FDIST(ABS(L6),J6,K6)/2),-NORMSINV(FDIST(L6,J6,K6)/2)))	=IF(N6="","",IF(N6<0,NORMSINV(CHIDIST(ABS(N6),M6)/2),-NORMSINV(CHIDIST(N6,M6)/2)))
…	…	…	…	…	…

4. P、u、t、F、χ^2 值资料 Meta 分析的合并效应量的计算

范围为 U～Z 列，运用 Fisher 法合并 P 值和 Stouffer 法合并 u、t、F、χ^2 值，合并的 χ^2 值服从自由度为 $2k$ 的 χ^2 分布，合并的单侧 u_c 值对应的单侧标准正态 u 值，分别通过相应的函数实现，见表 15－3。

表 15－3　P、u、t、F、χ^2 值资料 Meta 分析的合并值的程序

	U	V	W	X	Y	Z
5	变量	P	u	t	F	χ^2
6	χ^2/u_c	=IF(O5="","",SUM(O:O))	=IF(P5="","",SUM(P:P)/SQRT(COUNT(P:P)))	=IF(G5="","",SUM(Q:Q)/SQRT(COUNT(Q:Q)))	=IF(L5="","",SUM(R:R)/SQRT(COUNT(R:R)))	=IF(N5="","",SUM(S:S)/SQRT(COUNT(S:S)))
7	$P_{综合}$	=IF(O5="","",CHIDIST(V6,2*COUNT(O:O)))	=IF(P5="","",1-NORMSDIST(ABS(W6)))	=IF(G5="","",1-NORMSDIST(ABS(X6)))	=IF(L5="","",1-NORMSDIST(ABS(Y6)))	=IF(N5="","",1-NORMSDIST(ABS(Z6)))
8	结 论	=IF(O5="","",IF(V7>=0.05,"无差异","有差异"))	=IF(P5="","",IF(W7>=0.05,"无差异","有差异"))	=IF(G5="","",IF(X7>=0.05,"无差异","有差异"))	=IF(L5="","",IF(Y7>=0.05,"无差异","有差异"))	=IF(N5="","",IF(Z7>=0.05,"无差异","有差异"))
9	失安全系数	=IF(AND(C5="",D5=""),"",(SUM(O:O)/1.64)^2-COUNT(O:O))	=IF(AND(E5="",F5=""),"",(SUM(P:P)/1.64)^2-COUNT(P:P))	=IF(G5="","",(SUM(Q:Q)/1.64)^2-COUNT(Q:Q))	=IF(J5="","",(SUM(R:R)/1.64)^2-COUNT(R:R))	=IF(M5="","",(SUM(S:S)/1.64)^2-COUNT(S:S))

四、结果显示

【例 15－1】结果显示见图 15－2。

	B	C	D	E	F	G	H	I	J	K	L	M	N	O	P	Q	R	S	T	U	V	W	X	Y	Z
1	P、t、u、F、x^2值统计量合并的Meta分析法																								
2					数据录入区域																				
3	文章号	P值		u检验		t检验			F检验			卡方检验		中间指标计算值						合并结果:					
4		双侧	单侧	u		n'	$t_{双}$	$t_{单}$	n_1'	n_2'	F	n'	χ^2	P~χ^2	u~u	t~u	F~u	χ^2~u							
5	1	1			0.00															指标	P	u	t	F	χ^2
6	2	1			0.00															χ^2/u_c	13.92	1.37			
7	3	0			2.26															$P_{综合}$	0.08	0.09			
8	4	0.6			0.47															结论：	无差异	无差异			
9																				失安全系数	68.07	-1.23			

图 15－2　P、u、t、F、χ^2 值资料 Meta 分析的合并结果

4 个研究合并后的结果提示：P 值合并后的 $\chi^2=13.92$、$P_{合并}=0.08$，u 合并后的 $u=1.37$，$P_{合并}=0.09$。即不能说明国产雷尼替丁治疗消化性溃疡有效。

第二节　计量资料的 Meta 分析

计量资料合并均差的 Meta 分析方法主要包括加权法和标准化法两种。加权法适合结局变量量纲单位相同的资料，标准化法则适合结局变量量纲单位不同的资料。在对多个研究效应量合并分析之前，两种方法都需对多个研究进行异质性检验，即 Q 检验，若检验结果不拒绝无效假设即采用固定效应模型，否则采用随机效应模型。

一、实例

【例 15－2】为研究氟对女童 II 掌骨皮质厚度的影响，对 11 个以研究女童 II 掌骨皮质厚度为统计指标（单位 mm）的研究资料进行 Meta 分析，数据见图 15－3。

	B	C	D	E	F	G	H
2	计量资料合并均差的Meta分析						
3	文章号	数据录入区域					
4		治疗组			对照组		
5		n_t	$\overline{x}_{1i}$	S_{1i}	n_{2i}	$\overline{x}_{2i}$	S_{2i}
6	1	26	2.26	0.32	42	2.33	0.33
7	2	55	2.39	0.31	40	2.49	0.32
8	3	46	2.50	0.30	50	2.67	0.35
9	4	45	2.64	0.26	50	2.90	0.45
10	5	45	2.81	0.35	45	2.93	0.36
11	6	52	2.95	0.46	55	3.27	0.37
12	7	46	3.15	0.39	42	3.48	0.48
13	8	45	3.47	0.46	51	3.73	0.54
14	9	45	3.62	0.38	45	3.81	0.40
15	10	42	3.81	0.41	45	4.16	0.42
16	11	44	3.99	0.56	25	4.18	0.41

图 15－3　11 个研究氟对女童 II 掌骨皮质厚度（mm）的影响的资料数据

二、公式

1. 固定效应模型

（1）加权均差中各研究均差及标准误：

$$d_i = \overline{X}_1 - \overline{X}_2$$

$$s_{ei} = \sqrt{\frac{sd_{1i}^2}{n_{1i}} + \frac{sd_{2i}^2}{n_{2i}}}$$

（2）标准化均差中各研究均差及标准误：

$$d_i = \frac{\overline{X}_1 - \overline{X}_2}{s_i}\left(1 - \frac{3}{4N_i - 9}\right)$$

$$s_{ei} = \sqrt{\frac{N_i}{n_{1i}n_{2i}} + \frac{d_i^2}{2（N_i - 3.94）}}$$

$$s_i = \sqrt{\frac{（n_{1i} - 1）s_{1i}^2 + （n_{2i} - 1）s_{2i}^2}{n_{1i} + n_{2i} - 2}}$$

（3）各研究的权重：

$$w_i = \frac{1}{s_{ei}^2}$$

（4）所有研究合并效应量及其 95% CI：

$$d_{合并} = \frac{\sum w_i d_i}{\sum w_i}$$

$$95\%\,CI = d_{合并} \pm 1.96/\sqrt{\sum w_i}$$

（5）计算统计量 Q：

$$Q = \sum w_i（d_i - d_{合}）^2,$$

Q 服从自由度为 $k-1$ 的卡方分布，其中 k 为 Meta 分析中研究的个数。若不拒绝 H_0，即采用上述固定效应模型；若拒绝 H_0，宜采用下面的随机效应模型。

2. 随机效应模型

（1）$$\hat{\tau}^2 = \begin{cases} 0 & Q < k \\ \dfrac{Q - （k-1）\sum w_i}{（\sum w_i）^2 - \sum（w_i^2）} & Q \geqslant k \end{cases}$$

（2）各研究的权重：

$$w_i = \frac{1}{s_{ei}^2 + \hat{\tau}^2}$$

（3）所有研究合并效应量及其 95% CI：

$$d_{合并} = \frac{\sum w'_i d_i}{\sum w'_i}$$

$$95\%\,CI = d_{合并} \pm 1.96/\sqrt{\sum w'_i}$$

3. 森林图

选用OFFSET函数和散点图绘制Meta分析的森林图。森林图由多个原始文献的效应量及其95%可信区间绘制而成，横坐标为效应量尺度，纵坐标为原始文献编号。

4. 发表偏倚评估

漏斗图：漏斗图是以样本含量（或效应量标准误的倒数）和效应量(或效应量对数)作的散点图，效应量可以为*RR*、*OR*、*RD*和死亡比或者其对数值等。漏斗图的原理是效应量估计值的精度随着样本量的增加而增加，其宽度随精度的增加而逐渐变窄，最后趋近于点状，其形状类似一个对称倒置的漏斗。也就是说，样本量小的研究，数量多、精度低，分布在漏斗图的底部呈左右对称排列；样本量大的研究，精度高，分布在漏斗图的顶部，且向中间集中。

失安全系数：指当Meta分析的结果有统计学意义时，为排除发表偏倚的可能，可计算最少需要多少个未发表的研究（通常是没有统计学意义的阴性结果）才能使Meta分析的结论逆转。失安全系数越大，结论的可靠性越好，偏倚的影响相对也越小。公式为：

$$N_\alpha = \left(\frac{\sum u_i}{u_\alpha}\right)^2 - g。$$

Egger's检验：以标准化的效应尺度为应变量y和以效应估计量的精度（如标准误的倒数）为自变量x，建立回归方程$\hat{Y} = a + bX$。检验截距是否具有统计学差异，如果回归方程的截距接近于0，则认为发表偏倚较小，若截距等于0，即认为Meta分析纳入的文献不存在“发表偏倚”。

Macaskill's检验：直接以研究效应尺度为应变量y和研究的样本例数为自变量x，拟合加权线性回归方程$\hat{Y} = a_w + b_w X$，检验斜率是否具有统计学差异，若斜率接近0，并且无统计学意义，则可认为效应尺度与研究例数之间无数量依存关系，即Meta分析纳入的文献不存在“发表偏倚”。

三、Excel计算程序

1. Excel程序的操作界面

Excel程序的操作界面如图15-4所示。

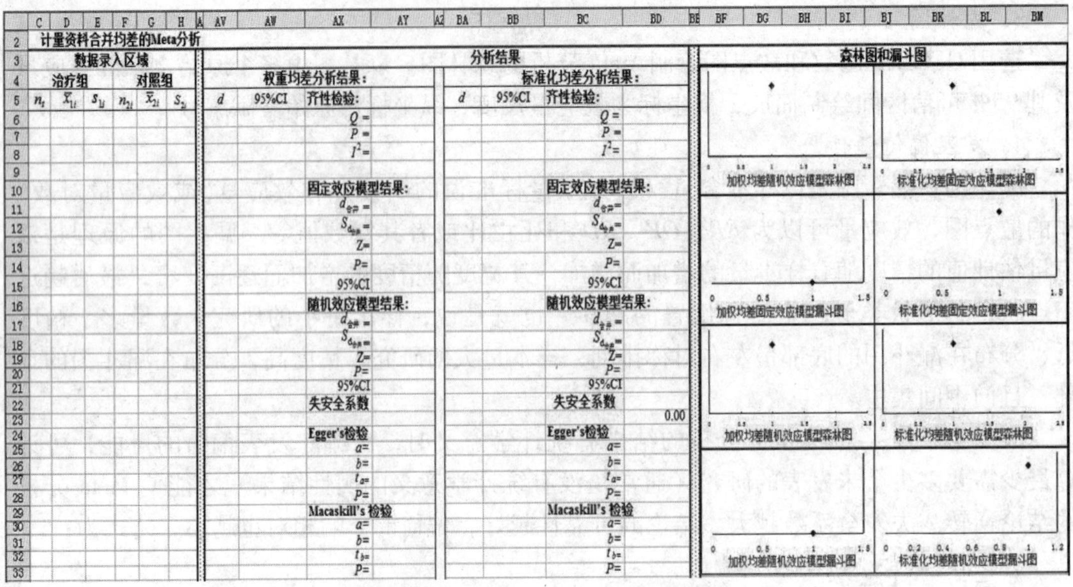

图 15－4　计量资料 Meta 分析 Excel 程序的操作界面

2．文章序号的编程

文章序号的编程同第一节。

3．均差合并中间变量的计算程序

加权均差及异质性检验中间变量值的计算程序（I～S 列），见表 15－4 及表 15－5。

表 15－4　加权均差固定效应模型中间变量值计算程序

	I	J	K	L	M	N
5	d_i	s_{ei}	w_i	d_iw_i	w_i^2	Σd_iw_i
6	=IF(B6="","",D6-G6)	=IF(B6="","",SQRT(E6^2/C6+H6^2/F6))	=IF(B6="","",1/(J6^2))	=IF(B6="","",K6*I6)	=IF(B6="","",K6^2)	=IF(B6="","",SUM(L:L))
7	=IF(B7="","",D7-G7)	=IF(B7="","",SQRT(E7^2/C7+H7^2/F7))	=IF(B7="","",1/(J7^2))	=IF(B7="","",K7*I7)	=IF(B7="","",K7^2)	
…	…	…	…	…	…	…

表 15－5　加权均差随机效应模型及异质性检验中间变量值计算程序

	O	P	Q	R	S
5	D	w_i	d_iw_i	$d'^2_iw_i$	$\Sigma d'^2_iw_i$
6	=IF(B6="","",IF(AZ6<COUNT(B:B),0,((AZ6-(COUNT(B:B)-1))*SUM(K:K))/(SUM(K:K)*SUM(K:K)-SUM(M:M))))	=IF(B6="","",1/($O$6+1/K6))	=IF(B6="","",I6*P6)	=IF(B6="","",(I6-$AY$11)^2*K6)	=IF(B6="","",SUM(R:R))
7		=IF(B7="","",1/($O$6+1/K7))	=IF(B7="","",I7*P7)	=IF(B7="","",(I7-$AY$11)^2*K7)	
…	…	…	…	…	…

注：表中 d'_i表示各研究的合并效应量与总效应量的差值。

标准化均差及异质性检验中间变量值的计算程序（T ~ AE 列），见表 15－6 及表 15－7。

表 15－6 标准化均差固定效应模型中间变量值计算程序

	T	U	V	W	X	Y	Z
5	s_i	s_{ei}	d_i	w_i	d_iw_i	w_i^2	Σd_iw_i
6	=IF(B6="","",SQRT(((C6-1)*E6^2+(F6-1)*H6^2)/(C6+F6-2)))	=IF(B6="","",(C6+F6)/(C6*F6)+V6^2/(2*(C6+F6-3.94)))	=IF(B6="","",(D6-G6)/T6*(1-3/(4*(C6+F6)-9)))	=IF(B6="","",1/U6)	=IF(B6="","",V6*W6)	=IF(B6="","",W6^2)	=IF(B6="","",SUM(X:X))
7	=IF(B7="","",SQRT(((C7-1)*E7^2+(F7-1)*H7^2)/(C7+F7-2)))	=IF(B7="","",(C7+F7)/(C7*F7)+V7^2/(2*(C7+F7-3.94)))	=IF(B7="","",(D7-G7)/T7*(1-3/(4*(C7+F7)-9)))	=IF(B7="","",1/U7)	=IF(B7="","",V7*W7)	=IF(B7="","",W7^2)	
…	…	…	…	…	…	…	…

表 15－7 标准化均差随机效应模型及异质性检验中间变量值计算程序

	AA	AB	AC	AD	AE
5	D	w_i	d_iw_i	d'_iw_i	$\Sigma d'^2_iw_i$
6	=IF(B6="","",IF(BD6<COUNT(B:B),0,((BD6-(COUNT(B:B)-1))*SUM(W:W))/(SUM(W:W)*SUM(W:W)-SUM(Y:Y))))	=IF(B6="","",1/($AA$6+1/W6))	=IF(B6="","",V6*AB6)	=IF(B6="","",(V6-$BD$12)^2*W6)	=IF(B6="","",SUM(AD:AD))
7		=IF(B7="","",1/($AA$6+1/W7))	=IF(B7="","",V7*AB7)	=IF(B7="","",(V7-$BD$12)^2*W7)	
…	…	…	…	…	…

4．发表偏倚检验计算程序

范围为 AF ~ AT 列，其中失安全系数为 AF 列，Egger's 检验为 AG ~ AL 列，Macaskill's 检验为 AM ~ AT 列。见表 15－8 及表 15－9（加权均差与标准化均差计算方法与结果一致，略去）。

表 15－8　计量资料均差异质性检验和发表偏倚检验计算程序（1）

	AF	AG	AH	AI	AJ	AK	AL
5	Z	y	x	y^2	x^2	xy	$x-\bar{x}$
6	=IF(B6="","",(D6-G6)/SQRT((((C6-1)*E6^2+(F6-1)*H6^2)/(C6+F6-2))*(1/C6+1/F6)))	=IF(B6="","",(D6-G6)/SQRT(((C6-1)*E6^2+(F6-1)*H6^2)/(C6+F6-2))/SQRT((C6+F6)/C6/F6+(((D6-G6)/(SQRT(((C6-1)*E6^2+(F6-1)*H6^2)/(C6+F6-2))))^2/2/(C6+F6-2))))	=IF(B6="","",1/SQRT((C6+F6)/C6/F6+(((D6-G6)/(SQRT(((C6-1)*E6^2+(F6-1)*H6^2)/(C6+F6-2))))^2/2/(C6+F6-2))))	=IF(B6="","",AG6^2)	=IF(B6="","",AH6^2)	=IF(B6="","",AG6*AH6)	=IF(B6="","",(AH6-SUM(AH:AH)/COUNT(AH:AH))^2)
7	=IF(B7="","",(D7-G7)/SQRT((((C7-1)*E7^2+(F7-1)*H7^2)/(C7+F7-2))*(1/C7+1/F7)))	=IF(B7="","",(D7-G7)/SQRT(((C7-1)*E7^2+(F7-1)*H7^2)/(C7+F7-2))/SQRT((C7+F7)/C7/F7+(((D7-G7)/(SQRT(((C7-1)*E7^2+(F7-1)*H7^2)/(C7+F7-2))))^2/2/(C7+F7-2))))	=IF(B7="","",1/SQRT((C7+F7)/C7/F7+(((D7-G7)/(SQRT(((C7-1)*E7^2+(F7-1)*H7^2)/(C7+F7-2))))^2/2/(C7+F7-2))))	=IF(B7="","",AG7^2)	=IF(B7="","",AH7^2)	=IF(B7="","",AG7*AH7)	=IF(B7="","",(AH7-SUM(AH:AH)/COUNT(AH:AH))^2)
…	…	…	…	…	…	…	…

表 15－9　计量资料均差异质性检验和发表偏倚检验计算程序（2）

	AM	AN	AO	AP	AQ	AR	AS	AT
5	y	x	w	wxy	wx	wy	wx^2	wy^2
6	=IF(B6="","",(D6-G6)/SQRT(((C6-1)*E6^2+(F6-1)*H6^2)/(C6+F6-2)))	=IF(G6="","",C6+F6)	=IF(G6="","",1/((C6+F6)/C6/F6+(((D6-G6)/(SQRT(((C6-1)*E6^2+(F6-1)*H6^2)/(C6+F6-2))))^2/2/(C6+F6-2))))	=IF(G6="","",AO6*AM6*AN6)	=IF(G6="","",AO6*AN6)	=IF(G6="","",AO6*AM6)	=IF(G6="","",AO6*AN6^2)	=IF(G6="","",AO6*(AM6^2))
7	=IF(B7="","",(D7-G7)/SQRT(((C7-1)*E7^2+(F7-1)*H7^2)/(C7+F7-2)))	=IF(G7="","",C7+F7)	=IF(G7="","",1/((C7+F7)/C7/F7+(((D7-G7)/(SQRT(((C7-1)*E7^2+(F7-1)*H7^2)/(C7+F7-2))))^2/2/(C7+F7-2))))	=IF(G7="","",AO7*AM7*AN7)	=IF(G7="","",AO7*AN7)	=IF(G7="","",AO7*AM7)	=IF(G7="","",AO7*AN7^2)	=IF(G7="","",AO7*(AM7^2))
…	…	…	…	…	…	…	…	…

5．加权均差（d）结果的计算程序

加权均差 Meta 分析范围为 AX～AY 列，包括每个研究的均差值和 95% CI、Q 检验、合并 d 值及 95% CI、失安全系数、Egger's 检验、Macaskill's 检验，见表 15－10。

表 15-10 加权均差的结果程序

	AX	AY
5	齐性检验	
6	Q=	=IF(B6="","",S6)
7	P=	=IF(B6="","",CHIDIST(AY6,COUNT(B:B)-1))
8	I^2=	=IF(B6="","",IF((AY6-(COUNT(B:B)-1))/AY6*100<0,0,(AY6-(COUNT(B:B)-1))/AY6*100))
9	=IF(B6="","",IF(AY7>0.05,"建议选择固定效应模型","建议选择随机效应模型"))	
10	固定效应模型	
11	$d_{合并}$=	=IF(B6="","",N6/M6)
12	$S_{d合并}$=	=IF(B6="","",SQRT(1/M6))
13	Z=	=IF(B6="","",AY11/AY12)
14	P=	=IF(B6="","",2*(1-NORMSDIST(ABS(AY13))))
15	95%CI =	=IF(B6="","",FIXED((AY11-1.96*AY12),2)&"~"&FIXED((AY11+1.96*AY12),2))
16	随机效应模型	
17	$d_{合并}$=	=IF(B6="","",SUM(Q:Q)/SUM(P:P))
18	$S_{d合并}$=	=IF(B6="","",SQRT(1/SUM(P:P)))
19	Z=	=IF(B6="","",AY17/AY18)
20	P=	=IF(B6="","",2*(1-NORMSDIST(AY19)))
21	95%CI=	=IF(B6="","",FIXED((AY17-1.96*AY18),2)&"~"&FIXED((AY17+1.96*AY18),2))
22	失安全系数	
23	N=	=IF(B6="","",(SUM(AF:AF)/1.64)^2-COUNT(AF:AF))
24	Egger's 检验	
25	a=	=IF(B6="","",INTERCEPT(AG6:AG100,AH6:AH100))
26	b=	=IF(B6="","",SLOPE(AG6:AG100,AH6:AH100))
27	t_a=	=IF(B6="","",AY25/(SQRT((((SUM(AI:AI)-SUM(AG:AG)^2/COUNT(AG:AG))-(SUM(AK:AK)-SUM(AH:AH)*SUM(AG:AG)/COUNT(AH:AH))^2/(SUM(AJ:AJ)-SUM(AH:AH)^2/COUNT(AH:AH)))/(COUNT(AG:AG)-2))*SQRT(1/COUNT(AH:AH)+(SUM(AH:AH)/COUNT(AH:AH))^2/SUM(AL:AL))))
28	P=	=IF(B6="","",TDIST(ABS(AY27),COUNT(B:B)-2,2))
29	Macaskill's 检验	
30	a=	=IF(B6="","",(SUM(AR:AR)-AY31*SUM(AQ:AQ))/SUM(AO:AO))
31	b=	=IF(B6="","",(SUM(AP:AP)-SUM(AQ:AQ)*SUM(AR:AR)/SUM(AO:AO))/(SUM(AS:AS)-(SUM(AQ:AQ))^2/SUM(AO:AO)))
32	t_b=	=IF(B6="","",SQRT(AY31*((SUM(AP:AP)-SUM(AQ:AQ)*SUM(AR:AR)/SUM(AO:AO)))/(((SUM(AT:AT)-(SUM(AR:AR))^2/SUM(AO:AO))-AY31*((SUM(AP:AP)-SUM(AQ:AQ)*SUM(AR:AR)/SUM(AO:AO))))/(COUNT(AM:AM)-2))))
33	P=	=IF(B6="","",TDIST(ABS(AY32),COUNT(AM:AM)-2,2))

6. 标准化均差（d）结果的计算程序

标准化均差 Meta 分析范围为 BC ~ BD 列，包括每个研究的均差值和 95% CI、Q 检验、合并 d 值及 95% CI、失安全系数、Egger's 检验、Macaskill's 检验，见表 15 – 11。

表 15 – 11　标准化均差的结果程序

	BC	BD
5	齐性检验	
6	Q=	=IF(B6="","",AE6)
7	P=	=IF(B6="","",CHIDIST(BD6,COUNT(B:B)-1))
8	I^2=	=IF(B6="","",IF((BD6-(COUNT(B:B)-1))/BD6*100<0,0,(BD6-(COUNT(B:B)-1))/BD6*100))
9	=IF(B6="","",IF(BD8>0.05,"建议选择固定效应模型","建议选择随机效应模型"))	
10	固定效应模型	
11	$d_{合并}$=	=IF(B6="","",Z6/Y6)
12	$S_{d合并}$=	=IF(B6="","",SQRT(1/Y6))
13	Z=	=IF(B6="","",BD11/BD12)
14	P=	=IF(B6="","",2*(1-NORMSDIST(ABS(BD13))))
15	95%CI=	=IF(B6="","",FIXED((BD11-1.96*BD12),2)&"~"&FIXED((BD11+1.96*BD12),2))
16	随机效应模型	
17	$d_{合并}$=	=IF(B6="","",SUM(AC:AC)/SUM(AB:AB))
18	$S_{d合并}$=	=IF(B6="","",SQRT(1/SUM(AB:AB)))
19	Z=	=IF(B6="","",BD17/BD18)
20	P=	=IF(B6="","",2*(1-NORMSDIST(BD19)))
21	95%CI=	=IF(B6="","",FIXED((BD17-1.96*BD18),2)&"~"&FIXED((BD17+1.96*BD18),2))
22	失安全系数	
23	N=	=(SUM(AF:AF)/1.64)^2-COUNT(AF:AF)
24	Egger's 检验	
25	a=	=IF(B6="","",INTERCEPT(AG6:AG100,AH6:AH100))
26	b=	=IF(B6="","",SLOPE(AG6:AG100,AH6:AH100))
27	t_a=	=IF(B6="","",BD25/(SQRT(((SUM(AI:AI)-SUM(AG:AG)^2/COUNT(AG:AG))-(SUM(AK:AK)-SUM(AH:AH)*SUM(AG:AG)/COUNT(AH:AH))^2/(SUM(AJ:AJ)-SUM(AH:AH)^2/COUNT(AH:AH)))/(COUNT(AG:AG)-2))*SQRT(1/COUNT(AH:AH)+(SUM(AH:AH)/COUNT(AH:AH))^2/SUM(AL:AL))))
28	P=	=IF(B6="","",TDIST(ABS(BD27),COUNT(B:B)-2,2))
29	Macaskill's 检验	
30	a=	=IF(B6="","",(SUM(AR:AR)-AY31*SUM(AQ:AQ))/SUM(AO:AO))
31	b=	=IF(B6="","",(SUM(AP:AP)-SUM(AQ:AQ)*SUM(AR:AR)/SUM(AO:AO))/(SUM(AS:AS)-(SUM(AQ:AQ))^2/SUM(AO:AO)))
32	t_b=	=IF(B6="","",SQRT(BD31*((SUM(AP:AP)-SUM(AQ:AQ)*SUM(AR:AR)/SUM(AO:AO)))/(((SUM(AT:AT)-(SUM(AR:AR))^2/SUM(AO:AO))-BD31*((SUM(AP:AP)-SUM(AQ:AQ)*SUM(AR:AR)/SUM(AO:AO))))/(COUNT(AM:AM)-2))))
33	P=	=IF(B6="","",TDIST(ABS(BD32),COUNT(B:B)-2,2))

7. 森林图及漏斗图的绘制

森林图由多个原始文献的效应量及其 95% 可信区间绘制而成，横坐标为效应量尺度，纵坐标为原始文献编号，以合并均差为例，其绘制方法如下：

（1）在 BF ~ BL 列中按表 15 – 12 依次输入各变量的程序。

表 15 – 12　绘制森林图及漏斗图的各变量程序

	BF	BG	BH	BI	BJ	BK	BL
5	文章号	d_i	s_{ei}	误差 $_1$	dd_i	ss_{ei}	误差 $_2$
6	=IF(B6="","",COUNT(B:B)+2-B6)	=IF(B6="",0,I6)	=IF(AB6="","",J6)	=IF(B6="","",BH6-(I6-1.96*J6))	=IF(Q6="","",V6)	=IF(B6="","",U6)	=IF(B6="","",BJ6-(V6-1.96*U6))
7	=IF(B7="","",COUNT(B:B)+2-B7)	=IF(B7="","",I7)	=IF(AB7="","",J7)	=IF(B7="","",BH7-(I7-1.96*J7))	=IF(Q7="","",V7)	=IF(B7="","",U7)	=IF(B7="","",BJ7-(V7-1.96*U7))
…	…	…	…	…	…	…	…

注：d_i，s_{ei}，误差$_1$与 dd_i，ss_{ei}，误差$_2$意义相同，仅为区别加权均差和标准化均差两种方法之用；误差$_1$，误差$_2$分别为加权均差和标准化均差 95% CI 的下限与均值差值。

（2）插入→名称→定义，按表 15 – 13 在名称栏和引用位置栏输入相应的代码和函数。绘制加权均差固定效应模型的森林图，首先选择散点图→添加系列 1→在 X 值区域框中输入“ = 合并均差的 Meta 分析！d_i”，在 Y 值区域框中输入“ = 合并均差的 Meta 分析！文章号”，添加系列 2→在 X 值区域框中输入“ = 合并均差的 Meta 分析！$AY$11”，在 Y 值区域框中输入“ = {1}”，单击下一步，完成。然后双击各散点，单击数据系列格式中的误差线 X，选择自定义，在“ + ”和“ – ”中分别输入“ = 合并均差的 Meta 分析！误差$_1$”，确定。最后对散点图进行调整即可。另外 3 种模型的森林图除应选择相应的数据区域外，绘制步骤同上。

表 15 – 13　引用位置栏中各代码的函数表达式

名称栏	引用位置栏
文章号	=OFFSET(合并均差的 Meta 分析!$BF$5,0,0,COUNT(合并均差的 Meta 分析!$BF:$BF))
d_i	=OFFSET(合并均差的 Meta 分析!$BG$5,0,0,COUNT(合并均差的 Meta 分析!$BG:$BG))
s_{ei}	=OFFSET(合并均差的 Meta 分析!$BH$5,0,0,COUNT(合并均差的 Meta 分析!$BH:$BH))
误差 $_1$	=OFFSET(合并均差的 Meta 分析!$BI$5,0,0,COUNT(合并均差的 Meta 分析!$BI:$BI))
dd_i	=OFFSET(合并均差的 Meta 分析!$BJ$5,0,0,COUNT(合并均差的 Meta 分析!$BJ:$BJ))
ss_{ei}	=OFFSET(合并均差的 Meta 分析!$BK$5,0,0,COUNT(合并均差的 Meta 分析!$BK:$BK))
误差 $_2$	=OFFSET(合并均差的 Meta 分析!$BL$5,0,0,COUNT(合并均差的 Meta 分析!$BL:$BL))

漏斗图以效应量标准误为纵坐标，以效应量均差为横坐标，绘制散点图，步骤同上。

四、结果显示

实例数据录入 Excel 计算程序的数据区域，结果如图 15－5 所示。

	C	D	E	F	G	H	AV	AW	AX	AY	BA	BB	BC	BD
2	计量资料合并均差的Meta分析													
3	数据录入区域						分析结果							
4	治疗组			对照组			权重均差分析结果：				标准化均差分析结果：			
5	n_t	$\bar{x}_{1i}$	s_{1i}	n_{2i}	$\bar{x}_{2i}$	s_{2i}	d	95%CI	齐性检验：		d	95%CI	齐性检验：	
6	26	2.26	0.32	42	2.33	0.33	-0.07	-0.23～0.09	$Q=$	14.23	-0.21	-0.85～0.43	$Q=$	8.78
7	55	2.39	0.31	40	2.49	0.32	-0.10	-0.23～0.03	$P=$	0.16	-0.32	-0.93～0.30	$P=$	0.55
8	46	2.50	0.30	50	2.67	0.35	-0.17	-0.30～-0.04	$I^2=$	29.71	-0.52	-1.16～0.13	$I^2=$	0.00
9	45	2.64	0.26	50	2.90	0.45	-0.26	-0.41～-0.11	建议选择固定效应模型		-0.69	-1.42～0.04	建议选择固定效应模型	
10	45	2.81	0.35	45	2.93	0.36	-0.12	-0.27～0.03	固定效应模型结果：		-0.34	-1.03～0.36	固定效应模型结果：	
11	52	2.95	0.46	55	3.27	0.37	-0.32	-0.48～-0.16	$d_{合并}=$	-0.20	-0.76	-1.58～0.05	$d_{合并}=$	-0.54
12	46	3.15	0.39	42	3.48	0.48	-0.33	-0.51～-0.15	$S_{d_{合并}}=$	0.02	-0.75	-1.60～0.10	$S_{d_{合并}}=$	0.07
13	45	3.47	0.46	51	3.73	0.54	-0.26	-0.46～-0.06	$Z=$	8.25	-0.51	-1.50～0.48	$Z=$	8.17
14	45	3.62	0.38	45	3.81	0.40	-0.19	-0.35～-0.03	$P=$	0.00	-0.48	-1.25～0.28	$P=$	0.00
15	42	3.81	0.41	45	4.16	0.42	-0.35	-0.52～-0.18	95%CI	-0.25～-0.15	-0.84	-1.65～-0.02	95%CI	-0.66～-0.41
16	44	3.99	0.56	25	4.18	0.41	-0.19	-0.42～0.04	随机效应模型结果：		-0.37	-1.37～0.63	随机效应模型结果：	
17									$d_{合并}=$	-0.21			$d_{合并}=$	-0.54
18									$S_{d_{合并}}=$	0.03			$S_{d_{合并}}=$	0.07
19									$Z=$	6.98			$Z=$	8.17
20									$P=$	0.00			$P=$	0.00
21									95%CI	-0.26～-0.15			95%CI	-0.66～-0.41
22									失安全系数				失安全系数	
23										274.47				274.47
24									Egger's检验				Egger's检验	
25									$a=$	4.68			$a=$	4.68
26									$b=$	-1.56			$b=$	-1.56
27									$t_a=$	1.15			$t_a=$	1.15
28									$P=$	0.28			$P=$	0.28
29									Macaskill's 检验				Macaskill's 检验	
30									$a=$	0.34			$a=$	0.34
31									$b=$	-0.01			$b=$	-0.01
32									$t_b=$	1.36			$t_b=$	1.36
33									$P=$	0.21			$P=$	0.21

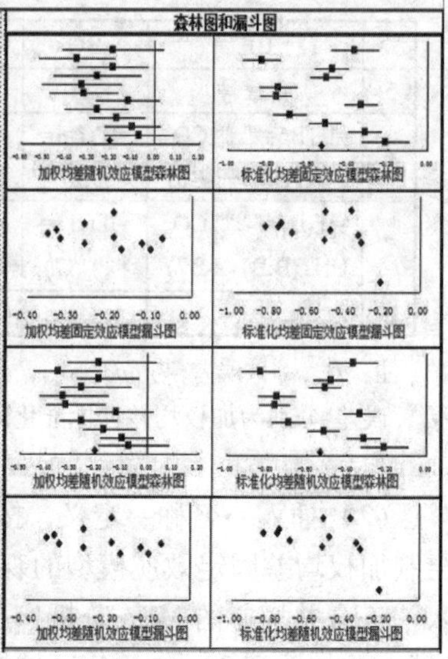

图 15－5　计量资料均差合并 Meta 分析的 Excel 分析结果

第三节　计数资料的 Meta 分析

一、实例

【例 15－3】某医师收集了 20 世纪 70 年代期间进行的 5 个多中心临床试验研究，数值见下图 15－6。试评价阿司匹林治疗心肌梗塞的疗效。

	B	C	D	E	F
3	数据录入				
4	文章号	试验组		对照组	
5		a_i	b_i	c_i	d_i
6	1	49	541	67	490
7	2	44	670	64	643
8	3	102	628	126	598
9	4	32	253	38	233
10	5	85	640	52	302

图 15－6　5 个多中心临床试验研究数值

二、公式

若纳入的文献为四格表资料，可选用 Mantel－Haenszel 法或 Peto 法。Mantel－Haenszel 法是应用较广泛的一种方法，其结果不受数据本身的影响，有较好的统计学特性，得到的合并值比较精确。Peto 法是改进的 Mantel－Haenszel 法，仅适合于结局变量是优势比的资料，应注意，如果各个纳入研究的 *OR* 值都偏离 1（一般认为，*OR* 值均大于 5 或小于 0.2），或者四格表数据不平衡时，用 Peto 法得到的合并效应量是有偏性的，应直接用 Mantel－Haenszel 法进行效应量合并。

（一）Peto 法

（1）计算每个研究中的实验组事件发生的期望值 $E_{[ai]}$：

$$E_{[ai]}=\frac{n_{1i}(a_i+c_i)}{N_i}$$

（2）各研究 a_i 的方差：

$$V_i=\frac{n_{1i}n_{2i}(a_i+c_i)(b_i+d_i)}{N_i^2(N_i-1)}$$

（3）各研究的比数比：

$$OR_{P,i}=\exp\left(\frac{Z_i}{V_i}\right)，其中\ Z_i=a_i-E_{[ai]}$$

（4）所有研究合并效应量：

$$OR_p=\exp\left[\frac{\sum V_i\ln(OR_{p,i})}{\sum V_i}\right]$$

（5）所有研究合并效应量对数的标准误：

$$SE_{[\ln(OR_p)]}=\frac{1}{\sqrt{\sum V_i}}$$

（6）异质性检验：

$$Q_p=\sum V_i\left[\ln(OR_{p,i})^2-(\ln OR_p)^2\right]$$

统计量 Q 服从自由度为 $k-1$ 的卡方分布，其中 k 为 Meta 分析中研究的个数。当异质性检验存在统计学差异时，进一步计算异质指数 I^2，$I^2=\frac{Q-df}{Q}\times100\%$。

Peto 法中，当四格表中出现 0 时，该四格表所有表格都加上 0.50，$a=c=0$ 或 $b=d=0$ 时，该文献不参与效应量的合并。

（二）Mantel－Hasenzel 法

1. *OR* 值

（1）各研究中的比数比：

$$OR_i=\frac{a_id_i}{b_ic_i}$$

（2）各研究中的比数比对数的标准误：

$$SE_{[\ln(OR_i)]}=\sqrt{\frac{1}{a_i}+\frac{1}{b_i}+\frac{1}{c_i}+\frac{1}{d_i}}$$

（3）各研究中的权重：

$$w_{MH,i}=\frac{b_i c_i}{N_i}$$

$$N_i=n_{1i}+n_{2i} \qquad n_{1i}=a_i+b_i \qquad n_{2i}=c_i+d_i$$

（4）所有研究的合并效应量：

$$OR_{MH}=\frac{\sum w_i OR_i}{\sum w_i}$$

（5）所有研究合并效应量对数的标准误：

$$SE_{[\ln(OR_{MH})]}=\sqrt{\frac{1}{2}\left(\frac{E}{R^2}+\frac{F+G}{RS}+\frac{H}{S^2}\right)}$$

$$R=\sum\frac{a_i\times d_i}{N_i} \qquad S=\sum\frac{b_i\times c_i}{N_i} \qquad E=\sum\frac{a_i d_i\ (a_i+d_i)}{N_i^2}$$

$$F=\sum\frac{a_i c_i\ (a_i+d_i)}{N_i^2} \qquad H=\sum\frac{b_i c_i\ (b_i+c_i)}{N_i^2} \qquad G=\sum\frac{a_i d_i\ (b_i+c_i)}{N_i^2}$$

2. *RR* 值

（1）各研究中的相对危险度：

$$RR_i=\frac{a_i n_{1i}}{c_i n_{2i}}$$

（2）各研究中的相对危险度对数的标准误：

$$SE_{[\ln(RR_i)]}=\sqrt{\frac{1}{a_i}+\frac{1}{c_i}-\frac{1}{n_{1i}}-\frac{1}{n_{2i}}}$$

（3）各研究的权重：

$$W_{MH,i}=\frac{c_i\ (a_i+b_i)}{N_i}$$

（4）所有研究的合并效应量：

$$RR_{MH}=\frac{\sum w_{MH,i}RR_i}{\sum w_{MH,i}}$$

（5）所有研究合并效应量对数的标准误：

$$SE_{[\ln(RR_{MH})]}=\sqrt{\frac{P}{RS}}$$

$$P=\sum\frac{n_{1i}n_{2i}\ (a_i+c_i)\ -a_i c_i N_i}{N_i^2} \qquad R=\sum\frac{a_i n_{2i}}{N_i} \qquad S=\sum\frac{c_i n_{1i}}{N_i}$$

3. *RD* 值

（1）各研究中的率差：

$$RD_i=\frac{a_i}{n_{1i}}-\frac{c_i}{n_{2i}}$$

（2）各研究中的率差对数的标准误：

$$SE_{(RD_i)}=\sqrt{\frac{a_i b_i}{n_{1i}^3}+\frac{c_i b_i}{n_{2i}^3}}$$

（3）各研究的权重：

$$w_{MH,i}=\frac{n_{1i}n_{2i}}{N_i}$$

（4）所有研究合并效应量：

$$RD_{MH}=\frac{\sum w_{MH,i}RD_i}{\sum w_{MH,i}}$$

（5）所有研究合并效应量的标准误：

$$SE_{(RD_{MH})}=\sqrt{\frac{J}{K^2}}$$

$$J=\sum\frac{a_ib_in_{2i}^3+c_id_in_{1i}^3}{n_{1i}n_{2i}N_i^2}$$

$$K=\sum\frac{n_{1i}n_{2i}}{N_i}$$

以上各种计算方法，当 *OR* 值四格表中存在 0 时，所有表格都加上 0.50；当 *RR* 值四格表中 a、c 任意一值出现 0 时，四个值均需加上 0.50；a 和 c 或 b 和 d 不能同时为 0。

4. 异质性检验

$Q_{MH}=\sum w_i\ (\hat{\theta}_i-\hat{\theta}_{MH})^2$，统计量 Q 服从自由度为 $k-1$ 的卡方分布，k 为 Meta 分析中研究的个数，这是 Mantel – Hasenzel 法异质性检验的通式，其中 w_i 为效应量标准误平方的倒数，$\hat{\theta}_i$ 为各研究的合并效应量，$\hat{\theta}_{MH}$ 为总效应量。

5. 随机效应模型

当异质性检验存在统计学差异时，进一步计算异质指数 I^2，同时选用 Der Simonian and Larird 法校正的随机效应模型：

（1）$$\hat{\tau}^2\begin{cases}0 & Q<k\\ \dfrac{Q-\ (k-1)\ \sum w_i}{(\sum w_i)^2-\sum\ (w_i^2)} & Q\geqslant k\end{cases}$$

（2）各研究的权重：

$$w'_i=\frac{1}{SE_i^2+\hat{\tau}^2}$$

（3）所有研究合并效应量及其 95% *CI*（以 OR 值为例）：

$$OR_{MH}=\frac{\sum w'_iOR_i}{\sum w'_i}$$

$$95\%\,\mathrm{CI}=OR_{MH}\pm1.96/\sqrt{\sum w'_i}$$

这是随机效应模型的通式，应用时改变相应的效应量即可。

森林图、漏斗图和定量发表偏倚的原理同合并均差一致，省略。

三、Excel 程序

1. *OR* 值 Peto 法的 Excel 程序

（1）Excel 操作界面见图 15－7。

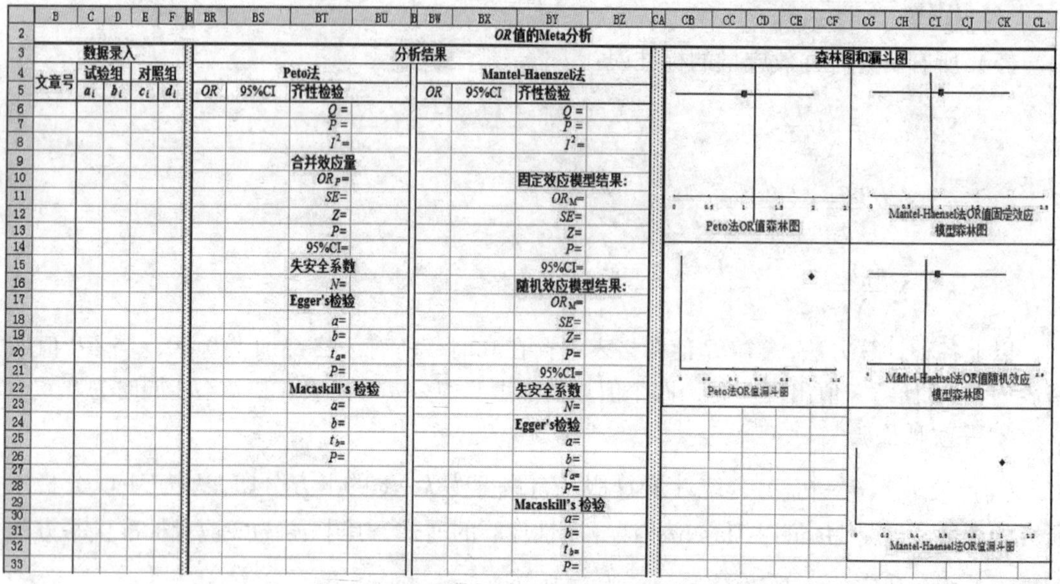

图 15－7　*OR* 值 Meta 分析 Excel 程序的操作界面

（2）文章号编程：*OR* 值的文章号编程方法同 *P*、*u*、*t*、*F*、χ^2 值资料 Meta 分析的编程一样，此处略去，范围为 B 列。

（3）各研究的 *OR* 值和标准误的计算程序：范围为 G～O 列，当四格表中出现 $a=c=0$ 或 $b=d=0$ 时，该文献不参与效应量的合并。见表 15－14 和表 15－15。

表 15－14　Peto 法各研究的 *OR* 值和标准误的计算程序（1）

	G	H	I	J
5	*a*	*b*	*c*	*d*
6	=IF(B6="","",IF(OR(AND(C6=0,E6=0),AND(D6=0,F6=0)),"",C6))	=IF(B6="","",IF(OR(AND(C6=0,E6=0),AND(D6=0,F6=0)),"",D6))	=IF(B6="","",IF(OR(AND(C6=0,E6=0),AND(D6=0,F6=0)),"",E6))	=IF(B6="","",IF(OR(AND(C6=0,E6=0),AND(D6=0,F6=0)),"",F6))
7	=IF(B7="","",IF(OR(AND(C7=0,E7=0),AND(D7=0,F7=0)),"",C7))	=IF(B7="","",IF(OR(AND(C7=0,E7=0),AND(D7=0,F7=0)),"",D7))	=IF(B7="","",IF(OR(AND(C7=0,E7=0),AND(D7=0,F7=0)),"",E7))	=IF(B7="","",IF(OR(AND(C7=0,E7=0),AND(D7=0,F7=0)),"",F7))
…	…	…	…	…

表 15－15　Peto 法各研究的 *OR* 值和标准误的计算程序（2）

	K	L	M	N	O
5	*V*	*E*	*Z*	*OR*	*SE*
6	=IF(G6="","",(G6+H6)*(I6+J6)*(G6+I6)*(H6+J6)/(G6+H6+I6+J6)^2/(G6+H6+I6+J6-1))	=IF(G6="","",(G6+H6)*(G6+I6)/(G6+H6+I6+J6))	=IF(G6="","",G6-L6)	=IF(G6="","",EXP(M6/K6))	=IF(G6="","",SQRT(1/K6))
7	=IF(G7="","",(G7+H7)*(I7+J7)*(G7+I7)*(H7+J7)/(G7+H7+I7+J7)^2/(G7+H7+I7+J7-1))	=IF(G7="","",(G7+H7)*(G7+I7)/(G7+H7+I7+J7))	=IF(G7="","",G7-L7)	=IF(G7="","",EXP(M7/K7))	=IF(G7="","",SQRT(1/K7))
…	…	…	…	…	…

（4）异质性检验和发表偏倚检验的中间变量计算程序：范围为 P～AE 列，其中异质性检验的中间计算为 P 列，失安全系数为 Q 列，Egger's 检验为 R～W 列，Macaskill's 检验为 X～AE 列。见表 15－16 和表 15－17。

表 15－16　Peto 法异质性检验和发表偏倚检验的中间变量计算程序（1）

	P	Q	R	S	T	U	V	W
5	$w_i((\ln OR)^2-(\ln OR_P)^2)$	*Z*	*y*	*x*	y^2	x^2	*xy*	$x-\bar{x}$
6	=IF(G6="","",K6*(LN(N6)^2-(LN($BU$10))^2))	=IF(G6="","",SQRT((G6*J6-H6*I6)^2*(G6+H6+I6+J6)/((G6+H6)*(I6+J6)*(G6+I6)*(H6+J6))))	=IF(G6="","",LN(N6)/O6)	=IF(G6="","",1/O6)	=IF(G6="","",R6^2)	=IF(G6="","",S6^2)	=IF(G6="","",R6*S6)	=IF(G6="","",(S6-SUM(S:S)/COUNT(S:S))^2)
7	=IF(G7="","",K7*(LN(N7)^2-(LN($BU$10))^2))	=IF(G7="","",SQRT((G7*J7-H7*I7)^2*(G7+H7+I7+J7)/((G7+H7)*(I7+J7)*(G7+I7)*(H7+J7))))	=IF(G7="","",LN(N7)/O7)	=IF(G7="","",1/O7)	=IF(G7="","",R7^2)	=IF(G7="","",S7^2)	=IF(G7="","",R7*S7)	=IF(G7="","",(S7-SUM(S:S)/COUNT(S:S))^2)
…	…	…	…	…	…	…	…	…

表 15－17　Peto 法异质性检验和发表偏倚检验的中间变量计算程序（2）

	X	Y	Z	AA	AB	AC	AD	AE
5	*y*	*x*	*w*	*wxy*	*wx*	*wy*	wx^2	wy^2
6	=IF(G6="","",LN(N6))	=IF(G6="","",G6+H6+I6+J6)	=IF(G6="","",1/(O6^2))	=IF(G6="","",Z6*X6*Y6)	=IF(G6="","",Z6*Y6)	=IF(G6="","",Z6*X6)	=IF(G6="","",Z6*Y6^2)	=IF(G6="","",Z6*(X6^2))
7	=IF(G7="","",LN(N7))	=IF(G7="","",G7+H7+I7+J7)	=IF(G7="","",1/(O7^2))	=IF(G7="","",Z7*X7*Y7)	=IF(G7="","",Z7*Y7)	=IF(G7="","",Z7*X7)	=IF(G7="","",Z7*Y7^2)	=IF(G7="","",Z7*(X7^2))
…	…	…	…	…	…	…	…	…

（5）结果程序：范围为 BR ~ BU 列，包括每个研究的 *OR* 值和 95% CI、*Q* 检验、合并 *OR* 值及 95% CI、失安全系数、Egger's 检验、Macaskill's 检验等。见表 15－18 和表 15－19。

表 15－18　Peto 法 *OR* 值的结果程序（1）

	BR	BS
5	*OR*	95%CI
6	=IF(G6="","",N6)	=IF(G6="","",FIXED(EXP((LN(BI6)-1.96*O6)),2)&"~"&FIXED(EXP(LN(BI6)+1.96*O6),2))
7	=IF(G7="","",N7)	=IF(G7="","",FIXED(EXP((LN(BI7)-1.96*O7)),2)&"~"&FIXED(EXP(LN(BI7)+1.96*O7),2))
…	…	…

表 15－19　Peto 法 *OR* 值的结果程序（2）

	BT	BU
5	齐性检验	
6	*Q* =	=IF(B6="","",SUM(P:P))
7	*P* =	=IF(B6="","",CHIDIST(BU6,COUNT(G:G)-1))
8	I^2 =	=IF(B6="","",IF((BU6-(COUNT(N:N)-1))/BU6*100<0,0,(BU6-(COUNT(N:N)-1))/BU6*100))
9	合并效应量	
10	OR_P =	=IF(B6="","",EXP(SUM(M:M)/SUM(K:K)))
11	SE =	=IF(B6="","",1/SQRT(SUM(K:K)))
12	Z =	=IF(B6="","",ABS(LN(BU10)/BU11))
13	*P* =	=IF(B6="","",2*(1-NORMSDIST(BU12)))
14	95%CI =	=IF(B6="","",FIXED(EXP((LN(BU11)-1.96*BU12)),2)&"~"&FIXED(EXP(LN (BU11)+1.96*BU12),2))
15	失安全系数	
16	*N* =	=IF(B6="","",(SUM(Q:Q)/1.64)^2-COUNT(Q:Q))
17	Egger's 检验	
18	*a* =	=IF(B6="","",INTERCEPT(R6:R100,S6:S100))
19	*b* =	=IF(B6="","",SLOPE(R6:R100,S6:S100))
20	t_a =	=IF(B6="","",BU18/(SQRT(((SUM(T:T)-SUM(R:R)^2/COUNT(R:R))-(SUM(V:V)-SUM(S:S)*SUM(R:R)/COUNT(S:S))^2/(SUM(U:U)-SUM(S:S)^2/COUNT(S:S)))/(COUNT(R:R)-2))*SQRT(1/COUNT(S:S)+(SUM(S :S)/COUNT(S:S))^2/SUM(W:W))))
21	*P* =	=IF(B6="","",TDIST(ABS(BU20),COUNT(AY:AY)-2,2))
22	Macaskill's 检验	
23	*a* =	=IF(B6="","",(SUM(AC:AC)-BU24*SUM(AB:AB))/SUM(Z:Z))
24	*b* =	=IF(B6="","",(SUM(AA:AA)-SUM(AB:AB)*SUM(AC:AC)/SUM(Z:Z))(SUM(AD:AD)-(SUM(AB:AB))^2/SUM(Z:Z)))
25	t_b =	=IF(B6="","",SQRT(BU24*((SUM(AA:AA)-SUM(AB:AB)*SUM(AC:AC)/SUM(Z:Z)))/(((SUM(AE:AE)-(SUM(AC:AC))^2/SUM(Z:Z))-BU24*((SUM(AA:AA)-SUM(AB:AB)*SUM(AC:AC)/SUM(Z:Z))))/(COUNT(X:X)-2))))
26	*P* =	=IF(B6="","",TDIST(ABS(BU25),COUNT(X:X)-2,2))

2. Mantel－Hasenzel 法 *OR* 值的 Excel 程序

（1）Excel 操作界面，参见图 15－7。

（2）各研究的 *OR* 值和标准误的计算程序：范围为 AF～AK 列。当 *a*、*b*、*c*、*d* 任意一值出现 0 时，4 个值均需加上 0.50，实现 *a*、*b*、*c*、*d*4 值的转换，但 *a* 和 *c*，*b* 和 *d* 不能同时为 0。见表 15－20。

表 15－20 Mantel－Hasenzel 法各研究的 *OR* 值和标准误的计算程序

	AF	AG	AH	AI	AJ	AK
5	*a*	*b*	*c*	*d*	*OR*	*SE*
6	=IF(B6="","",IF(OR(AND(C6=0,E6=0),AND(D6=0,F6=0)),"",IF(OR(C6=0,E6=0,D6=0,F6=0),C6+0.5,C6)))	=IF(B6="","",IF(OR(AND(C6=0,E6=0),AND(D6=0,F6=0)),"",IF(OR(C6=0,E6=0,D6=0,F6=0),D6+0.5,D6)))	=IF(B6="","",IF(OR(AND(C6=0,E6=0),AND(D6=0,F6=0)),"",IF(OR(C6=0,E6=0,D6=0,F6=0),E6+0.5,E6)))	=IF(B6="","",IF(OR(AND(C6=0,E6=0),AND(D6=0,F6=0)),"",IF(OR(C6=0,E6=0,D6=0,F6=0),F6+0.5,F6)))	=IF(AF6="","",AF6*AI6/(AG6*AH6))	=IF(AF6="","",SQRT(1/AF6+1/AG6+1/AH6+1/AI6))
7	=IF(B7="","",IF(OR(AND(C7=0,E7=0),AND(D7=0,F7=0)),"",IF(OR(C7=0,E7=0,D7=0,F7=0),C7+0.5,C7)))	=IF(B7="","",IF(OR(AND(C7=0,E7=0),AND(D7=0,F7=0)),"",IF(OR(C7=0,E7=0,D7=0,F7=0),D7+0.5,D7)))	=IF(B7="","",IF(OR(AND(C7=0,E7=0),AND(D7=0,F7=0)),"",IF(OR(C7=0,E7=0,D7=0,F7=0),E7+0.5,E7)))	=IF(B7="","",IF(OR(AND(C7=0,E7=0),AND(D7=0,F7=0)),"",IF(OR(C7=0,E7=0,D7=0,F7=0),F7+0.5,F7)))	=IF(AF7="","",AF7*AI7/(AG7*AH7))	=IF(AF7="","",SQRT(1/AF7+1/AG7+1/AH7+1/AI7))
…	…	…	…	…	…	…

（3）固定效应模型和随机效应模型中间变量的计算程序：范围为 AL～AZ 列，AL 列为每个研究的权重，AN～AU 列为计算合并效应量 OR_{MH} 值标准误时所需的各类变量。见表 15－21 及表 15－22。AV～AX 列为计算校正系数所需的各个变量，AY 为随机效应模型中各研究的权重。见表 15－23。

表 15－21 Mantel－Hasenzel 法 *OR* 值固定效应模型中间变量计算程序（1）

	AL	AM	AN	AO	AP
5	w_i	w_iOR	*R*	*S*	*E*
6	=IF(AF6="","",AG6*AH6/(AF6+AG6+AH6+AI6))	=IF(AF6="","",AL6*AJ6)	=IF(AF6="","",AF6*AI6/(AF6+AG6+AH6+AI6))	=IF(AF6="","",AG6*AH6/(AF6+AG6+AH6+AI6))	=IF(AF6="","",(AF6+AI6)*AF6*AI6/(AF6+AG6+AH6+AI6)^2)
7	=IF(AF7="","",AG7*AH7/(AF7+AG7+AH7+AI7))	=IF(AF7="","",AL7*AJ7)	=IF(AF7="","",AF7*AI7/(AF7+AG7+AH7+AI7))	=IF(AF7="","",AG7*AH7/(AF7+AG7+AH7+AI7))	=IF(AF7="","",(AF7+AI7)*AF7*AI7/(AF7+AG7+AH7+AI7)^2)
…	…	…	…	…	…

表 15－22　Mantel－Hasenzel 法 *OR* 值固定效应模型中间变量计算程序（2）

	AQ	AR	AS	AT	AU
5	*F*	*G*	*H*	R^2	S^2
6	=IF(AF6="","",(AF6+AH6)*(AF6*AH6)/(AF6+AG6+AH6+AI6)^2)	=IF(AF6="","",(AG6+AH6)*(AF6*AI6)/(AF6+AG6+AH6+AI6)^2)	=IF(AF6="","",(AG6+AH6)*(AG6*AH6)/(AF6+AG6+AH6+AI6)^2)	=IF(AF6="","",AN6^2)	=IF(AF6="","",AO6^2)
7	=IF(AF7="","",(AF7+AH7)*(AF7*AH7)/(AF7+AG7+AH7+AI7)^2)	=IF(AF7="","",(AG7+AH7)*(AF7*AI7)/(AF7+AG7+AH7+AI7)^2)	=IF(AF7="","",(AG7+AH7)*(AG7*AH7)/(AF7+AG7+AH7+AI7)^2)	=IF(AF7="","",AN7^2)	=IF(AF7="","",AO7^2)
…	…	…	…	…	…

表 15－23　Mantel－Hasenzel 法 *OR* 值随机效应模型中间变量计算程序

	AV	AW	AX	AY	AZ
5	w_i	w_i^2	*D*	w_i'	$w_i'\ln OR$
6	=IF(AF6="","",1/AK6^2)	=IF(AF6="","",AV6^2)	=IF(B6="","",IF(BZ6<COUNT(G:G),0,(BZ6-(COUNT(G:G)-1))*(SUM(AV:AV)/(SUM(AV:AV)*SUM(AV:AV)-SUM(AW:AW)))))	=IF(AF6="","",1/($AX$6+AK6^2))	=IF(AF6="","",AY6*LN(AJ6))
7	=IF(AF7="","",1/AK7^2)	=IF(AF7="","",AV7^2)		=IF(AF7="","",1/($AX$6+AK7^2))	=IF(AF7="","",AY7*LN(AJ7))
…	…	…	…	…	…

（4）异质性检验和发表偏倚检验的中间变量计算程序：范围为 BA～BP 列，其中异质性检验的中间变量的计算为 BA 列，失安全系数为 BB 列，Egger's 检验为 BC～BH 列，Macaskill's 检验为 BI～BP 列。见表 15－24、表 15－25。

表 15－24　Mantel－Hasenzel 法 *OR* 值异质性检验和发表偏倚检验计算程序（1）

	BA	BB	BC	BD	BE	BF	BG	BH
5	$w_i(\ln OR-\ln OR_{MH})^2$	*Z*	*y*	*x*	y^2	x^2	*xy*	$x-\bar{x}$
6	=IF(AF6="","",(1/AK6^2)*(LN(X6)-LN($BZ$11))^2)	=IF(AF6="","",SQRT((AF6*AI6-AG6*AH6)^2*(AF6+AG6+AH6+AI6)/((AF6+AG6)*(AH6+AI6)*(AF6+AH6)*(AG6+AI6))))	=IF(AF6="","",LN(AJ6)/AK6)	=IF(AF6="","",1/AK6)	=IF(AF6="","",BC6^2)	=IF(AF6="","",BD6^2)	=IF(AF6="","",BC6*BD6)	=IF(AF6="","",(BD6-SUM(BD:BD)/COUNT(BD:BD))^2)
7	=IF(OR(B7="",G7=""),"",(1/AK7^2)*(LN(X7)-LN($BZ$11))^2)	=IF(AF7="","",SQRT((AF7*AI7-AG7*AH7)^2*(AF7+AG7+AH7+AI7)/((AF7+AG7)*(AH7+AI7)*(AF7+AH7)*(AG7+AI7))))	=IF(AF7="","",LN(AJ7)/AK7)	=IF(AF7="","",1/AK7)	=IF(AF7="","",BC7^2)	=IF(AF7="","",BD7^2)	=IF(AF7="","",BC7*BD7)	=IF(AF7="","",(BD7-SUM(BD:BD)/COUNT(BD:BD))^2)

表 15－25　Mantel－Hasenzel 法 *OR* 值异质性检验和发表偏倚检验计算程序（2）

	BI	BJ	BK	BL	BM	BN	BO	BP
5	*y*	*x*	*w*	*wxy*	*wx*	*wy*	wx^2	wy^2
6	=IF(AF6="","",LN(AJ6))	=IF(AF6="","",AF6+AG6+AH6+AI6)	=IF(AF6="","",1/(AK6^2))	=IF(AF6="","",BK6*BI6*BJ6)	=IF(AF6="","",BK6*BJ6)	=IF(AF6="","",BK6*BI6)	=IF(AF6="","",BK6*BJ6^2)	=IF(AF6="","",BK6*(BI6^2))
7	=IF(AF7="","",LN(AJ7))	=IF(AF7="","",AF7+AG7+AH7+AI7)	=IF(AF7="","",1/(AK7^2))	=IF(AF7="","",BK7*BI7*BJ7)	=IF(AF7="","",BK7*BJ7)	=IF(AF7="","",BK7*BI7)	=IF(AF7="","",BK7*BJ7^2)	=IF(AF7="","",BK7*(BI7^2))
…	…	…	…	…	…	…	…	…

（5）结果程序：范围为 BY～BZ 列，包括每个研究的 *OR* 值和 95% CI、*Q* 检验、合并 *OR* 值及 95% CI、失安全系数、Egger's 检验、Macaskill's 检验等。见表 15－26。

表 15－26　Mantel－Hasenzel 法 *OR* 值的结果程序

	BY	BZ
5	齐性检验	
6	*Q* =	=IF(B6="","",SUM(BA:BA))
7	*P* =	=IF(B6="","",CHIDIST(BZ6,COUNT(G:G)-1))
8	I^2=	=IF(B6="","",IF((BZ6-(COUNT(AJ:AJ)-1))/BZ6*100<0,0,(BZ6-(COUNT(AJ:AJ)-1))/BZ6*100))
9	=IF(B5="","",IF(AP7>0.05,"建议选择固定效应模型","建议选择随机效应模型"))	
10	固定效应模型结果	
11	OR_{MH}=	=IF(B6="","",SUM(AM:AM)/SUM(AL:AL))
12	SE=	=IF(B6="","",SQRT((SUM(AP:AP)/(SUM(AN:AN)^2)+(SUM(AQ:AQ)+SUM(AR:AR))/(SUM(AN:AN)*SUM(AO:AO))+SUM(AS:AS)/SUM(AO:AO)^2)/2))
13	*Z*=	=IF(B6="","",ABS(LN(BZ11)/BZ12))
14	*P*=	=IF(B6="","",2*(1-NORMSDIST(BZ13)))))
15	95%CI=	=IF(B5="","",FIXED(EXP((LN(AP10)-1.96*AP11)),2)&"~"&FIXED(EXP(LN(AP10)+1.96*AP 11),2))
16	随机效应模型结果	
17	OR_{MH}=	=IF(B6="","",EXP(SUM(AZ:AZ)/SUM(AY:AY)))
18	*SE*=	=IF(B6="","",SQRT(1/(SUM(AY:AY))))
19	*Z*=	=IF(B6="","",ABS(LN(BZ17)/BZ18))
20	*P*=	=IF(B6="","",2*(1-NORMSDIST(BZ19)))
21	95%CI=	=IF(B6="","",FIXED(EXP((LN(CA22)-1.96*CA23)),2)&"~"&FIXED(EXP(LN(CA22)+1.96*CA23),2))
22	失安全系数	
23	N=	=IF(B6="","",(SUM(BB:BB)/1.64)^2-COUNT(BB:BB))
24	Egger's 检验	
25	*a*=	=IF(B6="","",INTERCEPT(BC6:BC1007,BD6:BD1007))
26	*b*=	=IF(B6="","",SLOPE(BC6:BC1007,BD6:BD1007))
27	t_a=	=IF(B6="","",BZ25/(SQRT(((SUM(BE:BE)-SUM(BC:BC)^2/COUNT(BC:BC))-(SUM(BG:BG)-SUM(BD:BD)*SUM(BC:BC)/COUNT(BD:BD))^2/(SUM(BF:BF)-SUM(BD:BD)^2/COUNT(BD:BD)))/(COUNT(BC:BC)-2))*SQRT(1/COUNT(BD:BD)+(SUM(BD:BD)/COUNT(BD:BD))^2/SUM(BH:BH))))
28	*P*=	=IF(G6="","",TDIST(ABS(BZ27),COUNT(BD:BD)-2,2))
29	Macaskill's 检验	
30	*a*=	=IF(B6="","",(SUM(BN:BN)-BZ31*SUM(BM:BM))/SUM(BK:BK))
31	*b*=	=IF(B6="","",(SUM(BL:BL)-SUM(BM:BM)*SUM(BN:BN)/SUM(BK:BK))/(SUM(BO:BO)-(SUM(BM:BM))^2/SUM(BK:BK)))
32	t_b=	=IF(B6="","",SQRT(BZ31*((SUM(BL:BL)-SUM(BM:BM)*SUM(BN:BN)/SUM(BK:BK)))/(((SUM(BP:BP)-(SUM(BN:BN))^2/SUM(BK:BK))-BZ31*((SUM(BL:BL)-SUM(BM:BM)*SUM(BN:BN)/SUM(BK:BK))))/(COUNT(BI:BI)-2))))
33	*P*=	=IF(B6="","",TDIST(ABS(BZ32),COUNT(BI:BI)-2,2))

3. *RR* 值资料 Meta 分析 Excel 程序

RR 值的 Meta 分析 Excel 程序计算方法主要采用的是 Mantel – Hasenzel 法。

（1）Excel 操作界面见图 15 – 8。

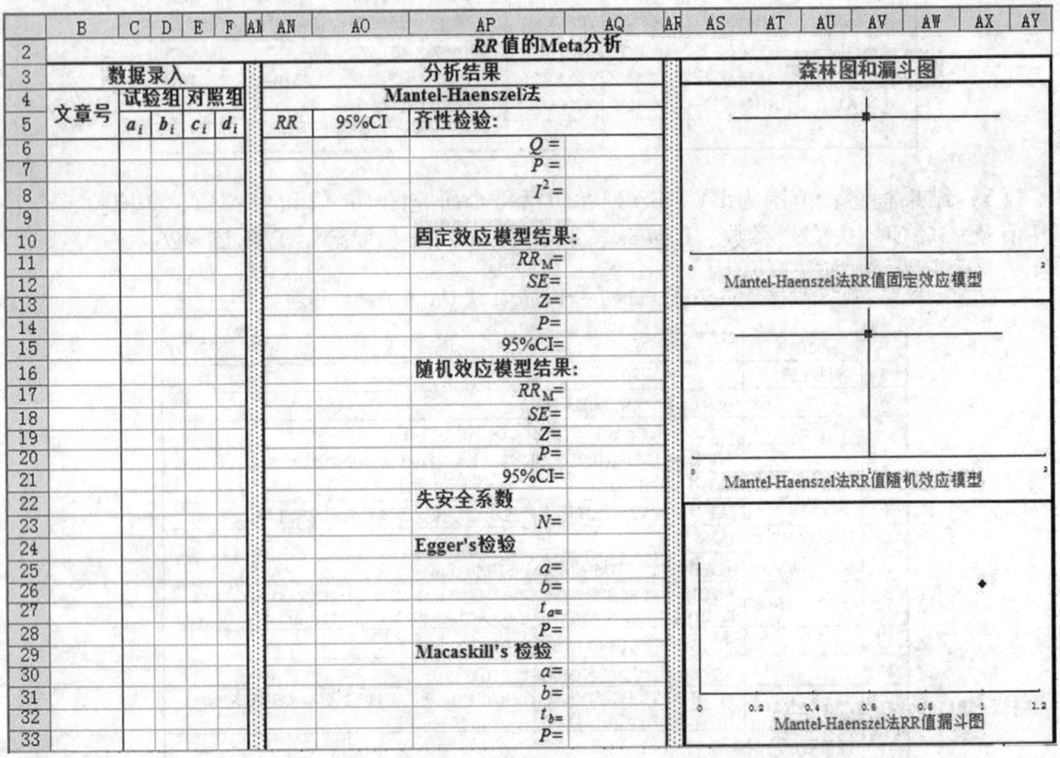

图 15 – 8　*RR* 值 Meta 分析 Excel 程序的操作界面

（2）文章号编程同 *P*、*u*、*t*、*F*、χ^2 值资料 Meta 分析的编程。

（3）各研究的 *RR* 值和标准误的计算程序：范围为 G ~ L 列，当 *a*、*c* 任意一值出现 0 时，四个值均需加上 0.50，实现 *a*、*b*、*c*、*d* 四值的转换，但 *a* 和 *c*，*b* 和 *d* 不能同时为 0。各研究的 *RR* 值和标准误的计算程序见表 15 – 27。

表 15－27 Mantel－Hasenzel 法各研究的 *RR* 值和标准误的计算程序

	G	H	I	J	K	L
5	*a*	*b*	*c*	*d*	*RR*	SE
6	=IF(B6="","",IF(OR(AND(C6=0,E6=0),AND(D6=0,F6=0)),"",IF(OR(C6=0,E6=0),C6+0.5,C6)))	=IF(B6="","",IF(OR(AND(C6=0,E6=0),AND(D6=0,F6=0)),"",IF(OR(C6=0,E6=0),D6+0.5,D6)))	=IF(B6="","",IF(OR(AND(C6=0,E6=0),AND(D6=0,F6=0)),"",IF(OR(C6=0,E6=0),E6+0.5,E6)))	=IF(B6="","",IF(OR(AND(C6=0,E6=0),AND(D6=0,F6=0)),"",IF(OR(C6=0,E6=0),F6+0.5,F6)))	=IF(G6="","",(G6/(G6+H6))/(I6/(I6+J6)))	=IF(G6="","",SQRT(1/G6+1/I6-1/(G6+H6)-1/(I6+J6)))
7	=IF(B7="","",IF(OR(AND(C7=0,E7=0),AND(D7=0,F7=0)),"",IF(OR(C7=0,E7=0),C7+0.5,C7)))	=IF(B7="","",IF(OR(AND(C7=0,E7=0),AND(D7=0,F7=0)),"",IF(OR(C7=0,E7=0),D7+0.5,D7)))	=IF(B7="","",IF(OR(AND(C7=0,E7=0),AND(D7=0,F7=0)),"",IF(OR(C7=0,E7=0),E7+0.5,E7)))	=IF(B7="","",IF(OR(AND(C7=0,E7=0),AND(D7=0,F7=0)),"",IF(OR(C7=0,E7=0),F7+0.5,F7)))	=IF(G7="","",(G7/(G7+H7))/(I7/(I7+J7)))	=IF(G7="","",SQRT(1/G7+1/I7-1/(G7+H7)-1/(I7+J7)))
…	…	…	…	…	…	…

（4）固定效应模型和随机效应模型中间变量的计算程序：范围为 M～V 列，M 列为固定效应模型中每个研究的权重，O～Q 列为固定效应模型中计算合并效应量标准误时所需的各类变量，R～T 列为计算校正系数所需的各变量，U 列为随机效应模型中每个研究的权重。见表 15－28 及表 15－29。

表 15－28 Mantel－Hasenzel 法 *RR* 值固定效应模型的中间变量计算程序

	M	N	O	P	Q
5	w_i	w_iRR	*P*	*R*	*S*
6	=IF(G6="","",I6*(G6+H6)/(G6+H6+I6+J6))	=IF(G6="","",M6*K6)	=IF(G6="","",(((G6+H6)*(I6+J6)*(G6+I6)-G6*I6*(G6+H6+I6+J6))/((G6+H6+I6+J6)^2))	=IF(G6="","",G6*(I6+J6)/(G6+H6+I6+J6))	=IF(G6="","",I6*(G6+H6)/(G6+H6+I6+J6))
7	=IF(G7="","",I7*(G7+H7)/(G7+H7+I7+J7))	=IF(G7="","",M7*K7)	=IF(G7="","",(((G7+H7)*(I7+J7)*(G7+I7)-G7*I7*(G7+H7+I7+J7))/((G7+H7+I7+J7)^2))	=IF(G7="","",G7*(I7+J7)/(G7+H7+I7+J7))	=IF(G7="","",I7*(G7+H7)/(G7+H7+I7+J7))
…	…	…	…	…	…

表 15－29 Mantel－Hasenzel 法 *RR* 值随机效应模型的中间变量计算程序

	R	S	T	U	V
5	w_i	w_i^2	*D*	w_i'	w_i'ln*OR*
6	=IF(G6="","",1/(L6^2))	=IF(G6="","",R6^2)	=IF(B6="","",IF(AV6<COUNT(G:G),0,(AV6-(COUNT(G:G)-1))*(SUM(R:R)/(SUM(R:R)*SUM(R:R)-SUM(S:S)))))	=IF(G6="","",1/($T$6+L6^2))	=IF(G6="","",U6*LN(K6))
7	=IF(G7="","",1/(L7^2))	=IF(G7="","",R7^2)	=IF(B7="","",IF(AV7<COUNT(G:G),0,(AV7-(COUNT(G:G)-1))*(SUM(R:R)/(SUM(R:R)*SUM(R:R)-SUM(S:S)))))	=IF(G7="","",1/($T$6+L7^2))	=IF(G7="","",U7*LN(K7))
…	…	…	…	…	…

（5）异质性检验和发表偏倚检验计算程序：范围为 W ~ AL 列，其中异质性检验的中间变量的计算为 W 列，失安全系数为 X 列，Egger's 检验为 Y ~ AD 列，Macaskill's 检验为 AE ~ AL 列。见表 15 - 30 及表 15 - 31。

表 15 - 30　Mantel - Hasenzel 法 *RR* 值异质性检验和发表偏倚检验计算程序（1）

	W	X	Y	Z	AA	AB	AC	AD
5	$w_i(\ln RR-\ln RR_{MH})^2$	Z	y	x	y^2	x^2	xy	$x-\bar{x}$
6	=IF(G6="","",R6*(LN(K6)-LN($AQ$11))^2)	=IF(G6="","",SQRT((G6*J6-H6*I6)^2*(G6+H6+I6+J6)/((G6+H6)*(I6+J6)*(G6+I6)*(H6+J6))))	=IF(G6="","",LN(K6)/L6)	=IF(G6="","",1/L6)	=IF(G6="",""，Y6^2)	=IF(G6="","",Z6^2)	=IF(G6="","",Y6*Z6)	=IF(G6="","",(Z6-SUM(Z:Z)/COUNT(Z:Z))^2)
7	=IF(G7="","",R7*(LN(K7)-LN($AQ$11))^2)	=IF(G7="","",SQRT((G7*J7-H7*I7)^2*(G7+H7+I7+J7)/((G7+H7)*(I7+J7)*(G7+I7)*(H7+J7))))	=IF(G7="","",LN(K7)/L7)	=IF(G7="","",1/L7)	=IF(G7="","",Y7^2)	=IF(G7="","",Z7^2)	=IF(G7="","",Y7*Z7)	=IF(G7="","",(Z7-SUM(Z:Z)/COUNT(Z:Z))^2)
…	…	…	…	…	…	…	…	…

表 15 - 31　Mantel - Hasenzel 法 *RR* 值异质性检验和发表偏倚检验计算程序（2）

	AE	AF	AG	AH	AI	AJ	AK	AL
5	y	x	w	wxy	wx	wy	wx^2	wy^2
6	=IF(G6="","",LN(K6))	=IF(G6="","",G6+H6+I6+J6)	=IF(G6="","",1/(L6^2))	=IF(G6="","",AG6*AE6*AF6)	=IF(G6="","",AG6*AF6)	=IF(G6="","",AG6*AE6)	=IF(G6="","",AG6*AF6^2)	=IF(G6="","",AG6*(AE6^2))
7	=IF(G7="","",LN(K7))	=IF(G7="","",G7+H7+I7+J7)	=IF(G7="","",1/(L7^2))	=IF(G7="","",AG7*AE7*AF7)	=IF(G7="","",AG7*AF7)	=IF(G7="","",AG7*AE7)	=IF(G7="","",AG7*AF7^2)	=IF(G7="","",AG7*(AE7^2))
…	…	…	…	…	…	…	…	…

（6）Mantel - Hasenzel 法 *RR* 值的结果程序：范围为 AP ~ AQ 列，包括每个研究的 *RR* 值和 95% CI（编写程序同 *OR* 值，略）、*Q* 检验、合并 *RR* 值及 95% CI、失安全系数、Egger's 检验、Macaskill's 检验。见表 15 - 32。

表 15－32 Mantel－Hasenzel 法 *RR* 值的结果程序

	AP	AQ
5	齐性检验	
6	*Q*=	=IF(B6="","",SUM(W:W))
7	*P*=	=IF(B6="","",CHIDIST(AR6,COUNT(G:G)-1))
8	I^2=	=IF(B6="","",IF((AQ6-(COUNT(K:K)-1))/AQ6*100<0,0,(AQ6-(COUNT(K:K)-1))/AQ6*100))
9	=IF(B6="","",IF(AP7>0.05,"建议选择固定效应模型","建议选择随机效应模型"))	
10	固定效应模型结果	
11	RR_{MH}=	=IF(B6="","",SUM(N:N)/SUM(M:M))
12	*SE*=	=IF(B6="","",SQRT(SUM(O:O)/(SUM(P:P)*SUM(Q:Q))))
13	*Z*=	=IF(B6="","",ABS(LN(AQ11)/AQ12))
14	*P*=	=IF(B6="","",2*(1-NORMSDIST(AQ13)))
15	95%CI=	=IF(B6="","",FIXED(EXP(LN(AQ11)-1.96*AQ12),2)&"~"&FIXED(EXP(LN(AQ11)+1.96*AQ12),2))
16	随机效应模型结果	
17	RR_{MH}=	=IF(B6="","",EXP(SUM(V:V)/SUM(U:U)))
18	*SE*=	=IF(B6="","",1/SQRT(SUM(U:U)))
19	*Z*=	=IF(B6="","",ABS(LN(AQ17)/AQ18))
20	*P*=	= IF(B6="","",2*(1-NORMSDIST(AQ19)))
21	95%CI=	=IF(B6="","",FIXED(EXP(LN(AQ17)-1.96*AQ18),2)&"~"&FIXED(EXP(LN(AQ17)+1.96*AQ18),2))
22	失安全系数	
23	*N*=	=IF(B6="","",(SUM(X:X)/1.64)^2-COUNT(X:X))
24	Egger's 检验	
25	*a*=	=IF(B6="","",INTERCEPT(Y6:Y100,Z6:Z100))
26	*b*=	=IF(B6="","",SLOPE(Y6:Y100,Z6:Z100))
27	t_a=	=IF(B6="","",AQ25/(SQRT(((SUM(AA:AA)-SUM(Y:Y)^2/COUNT(Y:Y))-(SUM(AC:AC)-SUM(Z:Z)*SUM(Y:Y)/COUNT(Z:Z))^2/(SUM(AB:AB)-SUM(Z:Z)^2/COUNT(Z:Z)))/(COUNT(Y:Y)-2))*SQRT(1/COUNT(Z:Z)+(SUM(Z:Z)/COUNT(Z:Z))^2/SUM(AD:AD))))
28	*P*=	=IF(B6="","",TDIST(ABS(AQ27),COUNT(Y:Y)-2,2))
29	Macaskill's 检验	
30	*a*=	=IF(B6="","",(SUM(AJ:AJ)-AQ31*SUM(AI:AI))/SUM(AG:AG))
31	*b*=	=IF(B6="","",(SUM(AH:AH)-SUM(AI:AI)*SUM(AJ:AJ)/SUM(AG:AG))/(SUM(AK:AK)-(SUM(AI:AI))^2/SUM(AG:AG)))
32	t_b=	=IF(B6="","",SQRT(AQ31*((SUM(AH:AH)-SUM(AI:AI)*SUM(AJ:AJ)/SUM(AG:AG)))/(((SUM(AL:AL)-(SUM(AJ:AJ))^2/SUM(AG:AG))-AQ31*((SUM(AH:AH)-SUM(AI:AI)*SUM(AJ:AJ)/SUM(AG:AG))))/(COUNT(AE:AE)-2))))
33	*P*=	=IF(B6="","",TDIST(AQ32,COUNT(AE:AE)-2,2))

4. *RD* 值资料 Meta 分析 Excel 程序

RD 值的 Meta 分析 Excel 程序统计方法采用的主要是 Mantel－Hasenzel 法。

（1）Excel 操作界面见图 15－9。

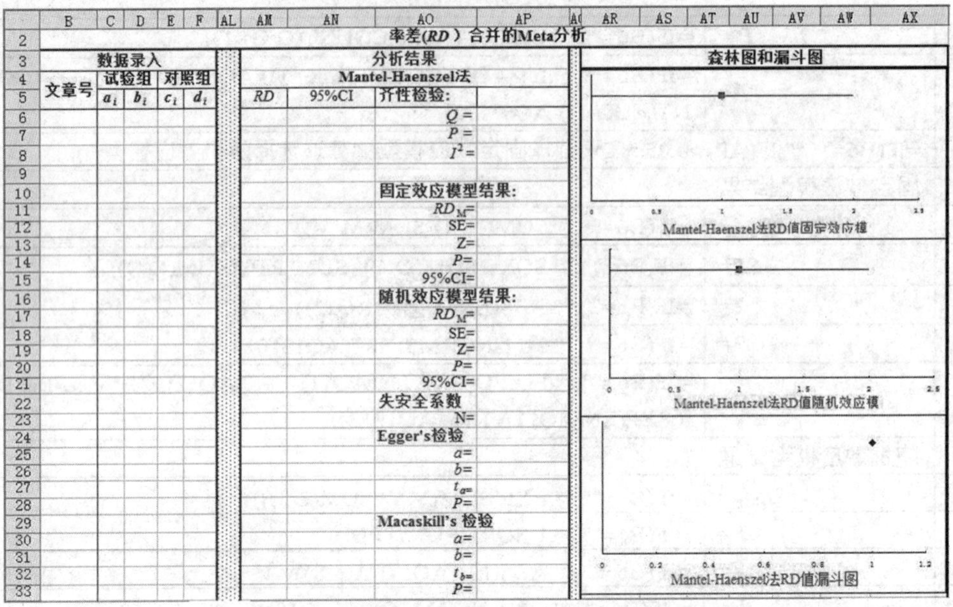

图 15－9　*RD* 值 Meta 分析 Excel 程序的操作界面

（2）文章号编程同 P、u、t、F、χ^2 值资料 Meta 分析的编程。

（3）*RD* 值中间变量的计算程序：范围为 G～AK 列，G～J 列为 a、b、c、d 的转换，K～P 列为固定效应模型，Q～U 列为随机效应模型，V 列为异质性检验，W 列为失安全系数，Y～AC 列为 Egger's 检验，AD～AK 列为 Macaskill's 检验。见表 15－33、表 15－34、表 15－35 及表 15－36。

表 15－33　Mantel－Hasenzel 法 *RD* 值固定效应模型的中间变量计算程序（1）

	G	H	I	J	K	L
5	a_i	b_i	c_i	d_i	*RD*	*SE*
6	=IF(B6="","",IF(OR(C6=0,D6=0,E6=0,F6=0),C6+0.5,C6))	=IF(B6="","",IF(OR(C6=0,D6=0,E6=0,F6=0),D6+0.5,D6))	=IF(B6="","",IF(OR(C6=0,D6=0,E6=0,F6=0),E6+0.5,E6))	=IF(B6="","",IF(OR(C6=0,D6=0,E6=0,F6=0),F6+0.5,F6))	=IF(G6="","",(G6/(G6+H6)-I6/(I6+J6)))	=IF(G6="","",SQRT((G6*H6/(G6+H6)^3+I6*J6/(I6+J6)^3)))
7	=IF(B7="","",IF(OR(C7=0,D7=0,E7=0,F7=0),C7+0.5,C7))	=IF(B7="","",IF(OR(C7=0,D7=0,E7=0,F7=0),D7+0.5,D7))	=IF(B7="","",IF(OR(C7=0,D7=0,E7=0,F7=0),E7+0.5,E7))	=IF(B7="","",IF(OR(C7=0,D7=0,E7=0,F7=0),F7+0.5,F7))	=IF(G7="","",(G7/(G7+H7)-I7/(I7+J7)))	=IF(G7="","",SQRT((G7*H7/(G7+H7)^3+I7*J7/(I7+J7)^3)))
…	…	…	…	…	…	…

表 15 - 34 Mantel - Hasenzel 法 *RD* 值固定效应模型的中间变量计算程序（2）

	M	N	O	P
5	*w*	*wRD*	*J*	*K*
6	=IJ(G6="","",(G6+H6)*(I6+J6)/(G6+H6+I6+J6))	=IJ(G6="","",K6*M6)	=IJ(G6="","",(G6*H6*((I6+J6)^3)+I6*J6*((G6+H6)^3))/((G6+H6)*(I6+J6)*(G6+H6+I6+J6)^2))	=IJ(G6="","",(G6+H6)*(I6+J6)/(G6+H6+I6+J6))
7	=IJ(G7="","",(G7+H7)*(I7+J7)/(G7+H7+I7+J7))	=IJ(G7="","",K7*M7)	=IJ(G7="","",(G7*H7*((I7+J7)^3)+I7*J7*((G7+H7)^3))/((G7+H7)*(I7+J7)*(G7+H7+I7+J7)^2))	=IJ(G7="","",(G7+H7)*(I7+J7)/(G7+H7+I7+J7))
…	…	…	…	…

表 15 - 35 Mantel - Hasenzel 法 *RD* 值随机效应模型、异质性检验和失安全系数中间变量计算程序

	Q	R	S	T	U	V	W
5	*w*	w^2	*D*	*w**	*w*RD*	*w(RD-RDM)*	*Z*
6	=IF(G6="","",1/L6^2)	=IF(G6="","",Q6^2)	=IF(G6="","",IF(AU6<COUNT(G:G),0,(AU6-(COUNT(G:G)-1))*(SUM(Q:Q)/(SUM(Q:Q)*SUM(Q:Q)-SUM(R:R)))))	=IF(G6="","",1/($S$6+L6^2))	=IF(G6="","",T6*K6)	=IF(G6="","",(1/L6^2)*(K6-$AP$10)^2)	=IF(G6="","",SQRT((G6*J6-H6*I6)^2*(G6+H6+I6+J6)/((G6+H6)*(I6+J6)*(G6+I6)*(H6+J6))))
7	=IF(G7="","",1/L7^2)	=IF(I7="","",Q7^2)		=IF(G7="","",1/($S$6+L7^2))	=IF(G7="","",T7*K7)	=IF(G7="","",(1/L7^2)*(K7-$AP$10)^2)	=IF(G7="","",SQRT((G7*J7-H7*I7)^2*(G7+H7+I7+J7)/((G7+H7)*(I7+J7)*(G7+I7)*(H7+J7))))
…	…	…	…	…	…	…	…

表 15 - 36 Mantel - Hasenzel 法 *RD* 值发表偏倚检验计算程序

	X	Y	Z	AA	AB	AC	AD	AE	AF	AG	AH	AI	AJ	AK
5	*y*	*x*	y^2	x^2	*xy*	$x-\bar{x}$	*y*	*x*	*w*	*wxy*	*wx*	*wy*	wx^2	wy^2
6	=IF(G6="","",K6/L6)	=IF(G6="","",1/L6)	=IF(G6="","",X6^2)	=IF(G6="","",Y6^2)	=IF(G6="","",X6*Y6)	=IF(G6="","",(Y6-SUM(Y:Y)/COUNT(Y:Y))^2)	=IF(G6="","",K6)	=IF(G6="","",G6+H6+I6+J6)	=IF(G6="","",1/(L6^2))	=IF(G6="","",AG6*AD6*AE6)	=IF(G6="","",AG6*AE6)	=IF(G6="","",AG6*AD6)	=IF(G6="","",AG6*AE6^2)	=IF(G6="","",AG6*(AD6^2))
7	=IF(G7="","",K7/L7)	=IF(G7="","",1/L7)	=IF(G7="","",X7^2)	=IF(G7="","",Y7^2)	=IF(F7="","",X7*Y7)	=IF(F7="","",(Y7-SUM(Y:Y)/COUNT(Y:Y))^2)	=IF(F7="","",K7)	=IF(F7="","",G7+H7+I7+J7)	=IF(F7="","",1/(L7^2))	=IF(F7="","",AF7*AD7*AE7)	=IF(F7="","",AF7*AE7)	=IF(F7="","",AF7*AD7)	=IF(F7="","",AF7*AE7^2)	=IF(F7="","",AF7*(AD7^2))
…	…	…	…	…	…	…	…	…	…	…	…	…	…	…

（4）Mantel－Hasenzel 法 *RD* 值的结果程序：范围为 AO～AP 列，包括每个研究的 *RD* 值和95% CI（编写同 *OR* 值，略）、*Q* 检验、合并 *RD* 值及95% CI、失安全系数、Egger's 检验、Macaskill's 检验。见表 15－37。

表 15－37　Mantel－Hasenzel 法 *RD* 值的结果程序

	AO	AP
5	齐性检验	
6	Q=	=IF(B6="","",SUM(CK:CK))
7	P=	=IF(B6="","",CHIDIST(CM6,COUNT(BQ:BQ)-1))
8	I^2=	=IF(B6="","",IF((AB6-(COUNT(K:K)-1))/AB6*100<0,0,(AB6-(COUNT(K:K)-1))/AB6*100))
9	=IF(B6="","",IF(AB7>0.05,"建议选择固定效应模型","建议选择随机效应模型"))	
10	固定效应模型结果	
11	RD_{MH}=	=IF(B6="","",SUM(N:N)/SUM(M:M))
12	SE=	=IF(B6="","",SQRT((SUM(O:O)/(SUM(P:P))^2)))
13	Z=	=IF(B6="","",AB10/AB11)
14	P=	=IF(B6="","",2*(1-NORMSDIST(ABS(AB12))))
15	95%CI=	=IF(B6="","",FIXED(AB10-1.96*AB11,2)&"~"&FIXED(AB10+1.96*AB11,2))
16	随机效应模型结果	
17	RD_{MH}=	=IF(B6="","",SUM(U:U)/SUM(T:T))
18	SE=	=IF(B6="","",1/SQRT(SUM(T:T)))
19	Z=	=IF(B6="","",ABS(AB16/AB17))
20	P=	=IF(B6="","",2*(1-NORMSDIST(ABS(AB18))))
21	95%CI=	=IF(B6="","",FIXED(AB16-1.96*AB17,2)&"~"&FIXED(AB16+1.96*AB17,2))
22	失安全系数	
23	N=	=IF(B6="","",(SUM(W:W)/1.64)^2-COUNT(W:W))
24	Egger's 检验	
25	a=	=IF(B6="","",INTERCEPT(X6:X100,Y6:Y100))
26	b=	=IF(B6="","",SLOPE(X6:X100,Y6:Y100))
27	t_a=	=IF(B6="","",AP25/(SQRT((((SUM(Z:Z)-SUM(X:X)^2/COUNT(X:X))-(SUM(AB:AB)-SUM(Y:Y)*SUM(X:X)/COUNT(Y:Y))^2/(SUM(AA:AA)-SUM(Y:Y)^2/COUNT(Y:Y)))/(COUNT(X:X)-2))*SQRT(1/COUNT(Y:Y)+(SUM(Y:Y)/COUNT(Y:Y))^2/SUM(AC:AC))))
28	P=	=IF(B6="","",TDIST(ABS(AP27),COUNT(X:X)-2,2))
29	Macaskill's 检验	
30	a=	=IF(B6="","",(SUM(AI:AI)-AP31*SUM(AH:AH))/SUM(AF:AF))
31	b=	=IF(B6="","",(SUM(AG:AG)-SUM(AH:AH)*SUM(AI:AI)/SUM(AF:AF))/(SUM(AJ:AJ)-(SUM(AH:AH))^2/SUM(AF:AF)))
32	t_b=	=IF(B6="","",SQRT(AP31*((SUM(AG:AG)-SUM(AH:AH)*SUM(AI:AI)/SUM(AF:AF))/(((SUM(AK:AK)-(SUM(AI:AI))^2/SUM(AF:AF))-AP31*((SUM(AG:AG)-SUM(AH:AH)*SUM(AI:AI)/SUM(AF:AF))))/(COUNT(AD:AD)-2))))
33	P=	=IF(B6="","",TDIST(AP32,COUNT(AD:AD)-2,2))

四、结果显示

（1）*OR* 值 Peto 法及 Mantei – Haenszel 法 Meta 分析结果见图 15 – 10。

OR值的Meta分析

数据录入					分析结果							
	试验组		对照组		Peto法				Mantel-Haenszel法			
文章号	a_i	b_i	c_i	d_i	OR	95%CI	齐性检验		OR	95%CI	齐性检验	
1	27	19	25	45	2.51	0.48～2.13	$Q=$	31.54	2.56	1.19～5.49	$Q=$	31.75
2	34	25	29	30	1.40	0.37～1.57	$P=$	0.04	1.41	0.68～2.91	$P=$	0.03
3	39	29	42	63	2.00	0.09～0.30	$I^2=$	39.77	2.02	1.09～3.75	$I^2=$	40.15
4	82	40	60	62	2.09	0.03～0.07	合并效应量		2.12	1.26～3.56	建议选择随机效应模型	
5	56	50	39	67	1.91	0.00～0.00	$OR_P=$	1.49	1.92	1.11～3.33	固定效应模型结果:	
6	43	13	65	34	1.69	0.44～1.82	$SE=$	0.06	1.73	0.82～3.65	$OR_M=$	1.49
7	97	67	90	91	1.46	0.69～1.60	$Z=$	6.65	1.46	0.96～2.24	$SE=$	0.06
8	125	104	117	80	0.82	1.56～3.36	$P=$	0.00	0.82	0.56～1.21	$Z=$	6.31
9	45	18	24	23	2.37	0.55～2.61	95%CI=	1.33～1.68	2.40	1.09～5.28	$P=$	0.00
10	82	70	79	73	1.08	0.39～0.95	失安全系数		1.08	0.69～1.70	95%CI=	1.32～1.69
11	127	90	95	105	1.56	1.51～3.26	$N=$	472.75	1.56	1.06～2.30	随机效应模型结果:	
12	101	79	102	122	1.52	1.31～2.87	Egger's检验		1.53	1.03～2.27	$OR_M=$	1.54
13	108	78	75	64	1.18	0.47～1.13	$a=$	2.24	1.18	0.76～1.84	$SE=$	0.08
14	57	42	27	39	1.94	0.12～0.41	$b=$	-0.19	1.96	1.04～3.69	$Z=$	5.32
15	56	35	51	40	1.25	0.04～0.12	$t_a=$	1.94	1.25	0.69～2.27	$P=$	0.00
16	45	32	45	62	1.92	0.04～0.13	$P=$	0.07	1.94	1.07～3.51	95%CI=	1.31～1.80
17	23	35	33	29	0.58	0.37～1.54	Macaskill's 检验		0.58	0.28～1.19	失安全系数	
18	59	39	61	77	1.89	0.01～0.04	$a=$	0.79	1.91	1.13～3.23	$N=$	472.75
19	69	39	53	55	1.82	0.00～0.00	$b=$	0.00	1.84	1.07～3.16	Egger's检验	
20	40	16	19	23	2.95	0.68～3.46	$t_b=$	2.15	3.03	1.31～7.01	$a=$	2.27
							$P=$	0.05			$b=$	-0.20
											$t_a=$	2.03
											$P=$	0.06
											Macaskill's 检验	
											$a=$	0.80
											$b=$	0.00
											$t_b=$	2.16
											$P=$	0.04

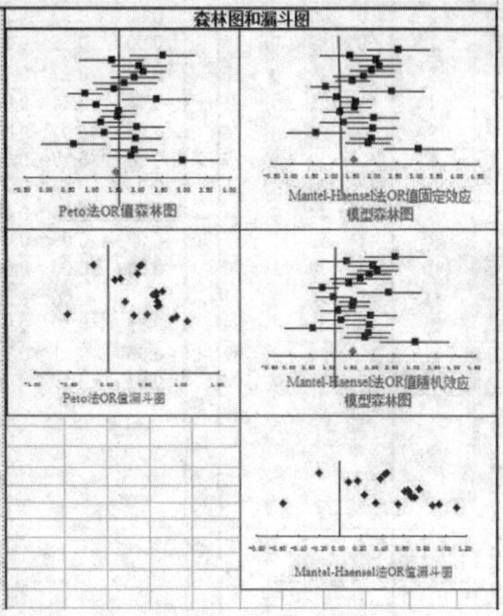

图 15 – 10　*OR* 值资料 Meta 分析 Excel 程序计算实例

（2）*RR* 值 Meta 分析结果见图 15 – 11。

RR值的Meta分析

数据录入					分析结果			
	试验组		对照组		Mantel-Haenszel法			
文章号	a_i	b_i	c_i	d_i	RR	95%CI	齐性检验:	
1	4	8	5	7	0.80	0.28～2.27	$Q=$	19.80
2	19	45	32	28	0.56	0.36～0.87	$P=$	0.02
3	1	11	6	6	0.17	0.02～1.18	$I^2=$	54.55
4	4	1	2	3	2.00	0.63～6.38	建议选择固定效应模型	
5	4	6	4	6	1.00	0.34～2.93	固定效应模型结果:	
6	1	4	1	0	0.20	0.03～1.15	$RR_M=$	0.80
7	6	2	5	0	0.75	0.50～1.12	$SE=$	0.11
8	19	10	20	13	1.08	0.74～1.58	$Z=$	2.12
9	14	1	9	4	1.35	0.92～1.98	$P=$	0.03
10	3	3	4	1	0.63	0.25～1.56	95%CI=	0.65～0.98
11	5	0	5	0			随机效应模型结果:	
							$RR_M=$	0.89
							$SE=$	0.09
							$Z=$	1.26
							$P=$	0.21
							95%CI=	0.74～1.07
							失安全系数	
							$N=$	47.97
							Egger's检验	
							$a=$	-1.02
							$b=$	0.15
							$t_a=$	-1.12
							$P=$	0.30
							Macaskill's 检验	
							$a=$	0.04
							$b=$	0.00
							$t_b=$	1.00
							$P=$	0.35

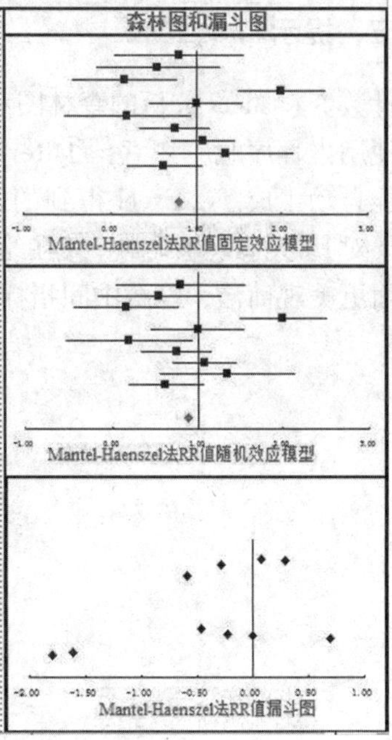

图 15 – 11　*RR* 值资料 Meta 分析 Excel 程序计算实例

（3）*RD* 值 Meta 分析结果见图 15－12。

	B	C	D	E	F	AM	AN	AO	AP
2	率差(*RD*）合并的Meta分析								
3	数据录入					分析结果			
4	文章号	试验组		对照组		Mantel-Haenszel法			
5		a_i	b_i	c_i	d_i	*RD*	95%CI	齐性检验:	
6	1	0	6	0	6	0.00	-0.27～0.27	*Q* =	7.13
7	2	0	9	0	10	0.00	-0.18～0.19	*P* =	0.90
8	3	0	10	0	10	0.00	-0.17～0.17	I^2 =	0.00
9	4	1	21	3	21	-0.08	-0.24～0.08	建议选择固定效应模型	
10	5	0	26	0	26	0.00	-0.07～0.07	固定效应模型结果:	
11	6	0	30	2	29	-0.06	-0.17～0.04	RD_M=	-0.003186295
12	7	17	26	14	29	0.07	-0.13～0.27	SE=	0.012752995
13	8	0	44	0	44	0.00	-0.04～0.04	Z=	0
14	9	1	59	1	55	0.00	-0.05～0.05	*P*=	6.09972E-11
15	10	3	70	3	70	0.00	-0.06～0.06	95%CI=	43.99～-43.99
16	11	3	74	3	71	0.00	-0.06～0.06	随机效应模型结果:	
17	12	4	85	7	84	-0.03	-0.10～0.04	RD_M=	-0.004891125
18	13	10	89	4	89	0.06	-0.01～0.13	SE=	0.01010883
19	14	5	106	9	102	-0.04	-0.10～0.03	Z=	0.061626519
20								*P*=	0
21								95%CI=	48.08～-51.20
22								失安全系数	
23								N=	1.601801675
24								Egger's检验	
25								*a*=	-0.127631624
26								*b*=	-0.000561032
27								t_{a}=	-0.275343662
28								*P*=	0.787736
29								Macaskill's 检验	
30								*a*=	-0.00620498
31								*b*=	1.03354E-05
32								t_{b}=	0.070777829
33								*P*=	0.944740461

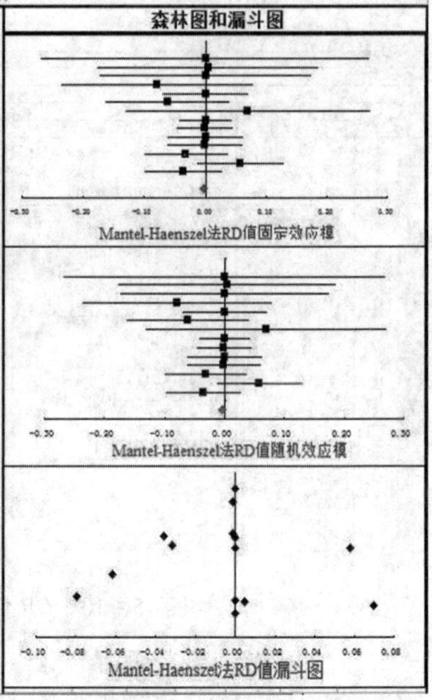

图 15－12　*RD* 值资料 Meta 分析 Excel 程序计算实例

五、提示

计数资料 Meta 分析的森林图和漏斗图的绘制方法及注意事项同计量资料。

使用本程序时应注意：①RevMan4. 2 软件得到的 $d_{合并}$ 点面积代表权重大小，而 Excel 则不能自动生成。②Excel 得到的森林图和漏斗图 X、Y 轴刻度默认自动设置，可根据实际需要对其进行适当调整。③在绘制森林图和漏斗图时，Excel 不识别隐藏数字，因此为使界面更美观简洁，隐藏中间指标的同时，将绘图所需数字区域通过相应函数转移其他空白列。

第十六章　实验对象的随机化分组

随机化分组是使每一个实验对象都有同等机会进入实验组或对照组，是实验设计中普遍遵循的一个基本原则，在医学研究中有着较为广泛的应用。根据分组设计目的的不同，常见的随机化分组可分为完全随机化设计、配对设计、配伍组设计的随机化分组等。

第一节　完全随机化设计的随机化分组

完全随机设计是将实验对象随机地分配到实验组与对照组（或几个对比组中），其设计和统计处理都比较简单，但实验效率较低。由于实验的内容和要求不同，各组例数可以相等或不等。

一、实例

【例16－1】设有小白鼠15只，试把它们随机分配到甲、乙、丙3组中。

二、步骤与方法

随机化分组的步骤：

①对 n 个实验对象从1至 n 顺序编号。

②利用随机函数，对应编号生成随机数字。

③对随机数字排序，生成排序号。

④随机数字的排序号除以实际分组数，去整取余数作为分组号。

⑤显示分组结果，完成实验对象的分组。

三、Excel 程序

1. 建立表格结构、输入实验对象编号

Excel 工作表包括对象编号（B列）、随机数字（C列）、排序（D列）、分组数（2～10组，分占E～M列）；15只小白鼠分别编为1，2，…，15号，在B4～B18区域中依次输入1，2，…，15，见图16－1。

	B	C	D	E	F	G	H	I	J	K	L	M
1		实验设计的随机化分组										
2	对象编号	随机数字	排序	分组数								
3				2组	3组	4组	5组	6组	7组	8组	9组	10组
4	1											
5	2											
6	3											
7	4											
8	5											
9	6											
10	7											
11	8											
12	9											
13	10											
14	11											
15	12											
16	13											
17	14											
18	15											

图 16－1　完全随机化设计分组的表格结构与编号

2. 实验设计随机化分组

产生随机数字，对随机数字排序，并运用随机数字分组，见表 16－1。

表 16－1　实验设计随机化分组的程序

	B	C	D	E	F	…	M
2	编号	随机数字	排序	分组数			
3				2 组	3 组	…	10 组
4	1	=IF(B4>0,INT(10000*RAND()),"")	=IF(B4>0,RANK($C4,$C:$C,1),"")	=IF(B4="","",2*(D4/2-INT(D4/2))+1)	=IF(B4="","",3*(D4/3-INT(D4/3))+1)	…	=IF(B4="","",10*(D4/10-INT(D4/10))+1)
5	2	=IF(B5>0,INT(10000*RAND()),"")	=IF(B5>0,RANK($C5,$C:$C,1),"")	=IF(B5="","",2*(D5/2-INT(D5/2))+1)	=IF(B5="","",3*(D5/3-INT(D5/3))+1)	…	=IF(B5="","",10*(D5/10-INT(D5/10))+1)
6	3	=IF(B6>0,INT(10000*RAND()),"")	=IF(B6>0,RANK($C6,$C:$C,1),"")	=IF(B6="","",2*(D6/2-INT(D6/2))+1)	=IF(B6="","",3*(D6/3-INT(D6/3))+1)	…	=IF(B6="","",10*(D6/10-INT(D6/10))+1)
…	…	…	…	…	…	…	…
18	15	=IF(B18>0,INT(10000*RAND()),"")	=IF(B18>0,RANK($C18,$C:$C,1),"")	=IF(B18="","",2*(D18/2-INT(D18/2))+1)	=IF(B18="","",3*(D18/3-INT(D18/3))+1)	…	=IF(B18="","",10*(D18/10-INT(D18/10))+1)

注：更多分组，仿上编程。

四、结果显示

本例分 3 组，取工作表中分组数为“3 组”，栏下对应的显示结果见表 16－2。

表 16－2　实验设计的随机化分组结果

	B	C	D	E	F	G	H	I	J	K	L	M
2	对象编号	随机数字	排序	分组数								
3				2 组	3 组	4 组	5 组	6 组	7 组	8 组	9 组	10 组
4	1	8494	13	2	2	2	4	2	7	6	5	4
5	2	5942	10	1	2	3	1	5	4	3	2	1
6	3	1509	3	2	1	4	4	4	4	4	4	4
7	4	6636	11	2	3	4	2	6	5	4	3	2
8	5	4894	8	1	3	1	4	3	2	1	9	9
9	6	4599	7	2	2	4	3	2	1	8	8	8
10	7	9342	15	2	1	4	1	4	2	8	7	6
11	8	1409	2	1	3	3	3	3	3	3	3	3
12	9	2034	4	1	2	1	5	5	5	5	5	5
13	10	7152	12	1	1	1	3	1	6	5	4	3
14	11	9220	14	1	3	3	5	3	1	7	6	5
15	12	3772	6	1	1	3	2	1	7	7	7	7
16	13	5504	9	2	1	2	5	4	3	2	1	10
17	14	2867	5	2	3	2	1	6	6	6	6	6
18	15	550	1	2	2	2	2	2	2	2	2	2

如果事先规定分组号 1 为甲组、2 为乙组、3 为丙组，则分组结果见表 16－3。

表 16－3　15 只小白鼠分 3 个组的完全随机设计分配结果

动物编号：	1	2	3	4	5	6	7	8	9	10	11	12	13	14	15
分组序号：	2	2	1	3	3	2	1	3	2	1	3	1	1	3	2
分组结果：	乙	乙	甲	丙	丙	乙	甲	丙	乙	甲	丙	甲	甲	丙	乙

可见，分到甲组的为 3、7、10、12、13 号动物，分到乙组的为 1、2、6、9、15 号动物，其余分到丙组。

五、提示

多组数在满足组数≤n 的前提下，可增至任意组，但一般工作中多为 10 组以内，故此处仅设 2～10 组。如果对更多的实验对象分组，可以同时选定 C4∶M4 区域，垂直下拉到需要的对象编号为止。

第二节　配对设计的随机化分组

配对设计是将受试对象按某些特征或条件配成对子，然后分别把每对中的两个受试对象随机分配到两处理组。这种设计的优点是同一对子的两个对象间的变异较小，对子间的对象具有较大的差异，这样有利于控制非处理因素的影响，从而减少实验误差，提高实验效率。受试对象配对的特征或条件主要是指年龄、性别、体重、环境条件等非处理因素，不能将处理因素作为配对条件。如在动物实验中，常把窝别或性别相同、原始体重相近的两只动物配成对子；在人群试验中，常把性别相同、年龄相近、生活或工作条件相似的两人配成对子。

一、实例

【例 16－2】取 20 只小白鼠，按体重、窝别配成 10 对，试将其分配到甲组、乙组中。

二、步骤与方法

步骤同完全随机化分组。

三、Excel 程序

配对设计的随机化分组程序的表格结构、随机数字及排序与完全随机化分组相同；不同的是在 B4 ~ B13 区域中依次输入的是对子号：1，2，…，10，分组数只需要 2 组，见图 16－2。

	B	C	D	E
1	实验设计的随机化分组			
2	对象编号	随机数字	排序	分组数
3				2组
7	4			
8	5			
9	6			
10	7			
11	8			
12	9			
13	10			

图 16－2　配对设计分组的表格结构与编号

四、结果显示

工作表中分组数为“2 组”栏下对应的分组序号为：1，2，1，1，2，1，2，1，2，2。见表 16－4。

表 16-4　配对设计随机化分组的结果

	B	C	D	E
2	对象编号	随机数字	排序	分组数
3				2 组
4	1	8845	10	1
5	2	3070	3	2
6	3	7064	8	1
7	4	5879	6	1
8	5	4820	5	2
9	6	3271	4	1
10	7	825	1	2
11	8	1770	2	1
12	9	6544	7	2
13	10	7318	9	2

如果事先规定，分组数显示的序号（对子中的对象编号）都分配到甲组，即如果分组序号为“1”，那么第 x 对中的第 1 个对象（x.1）分配到甲组；如果序号为“2”，那么第 x 对中的第 2 个实验对象（x.2）分配到甲组（x =1，2，…，10）。则分组结果如下：

甲组：1.1，2.2，3.1，4.1，5.2，6.1，7.2，8.1，9.2，10.2

乙组：1.2，2.1，3.2，4.2，5.1，6.2，7.1，8.2，9.1，10.1

五、提示

（1）如果有更多的实验对象分组，可以同时选定 C4∶E4 区域，垂直下拉至需要的对象编号即可。

（2）分组方法是配伍组设计随机化分组的特例，也可适用于交叉设计的随机化分组。

第三节　配伍组设计的随机化分组

配伍组设计实际上是配对设计的扩展。配对设计是将多方面条件近似的受试对象配成对子，配伍组设计是将多方面条件相同或相近的受试对象配成区组（亦称配伍组）。各区组的受试对象数量取决于处理的数量，如一个实验安排了 4 种不同处理方式，那么各区组就有 4 个受试对象。这种设计使区组内各受试对象均衡，区组之间受试对象的差异较大，这样利用区组控制非处理因素的影响，从而提高了实验效率。

一、实例

【例 16-3】将 12 只小鼠按体重相近原则配成 3 个区组，每个区组内的 4 只小鼠再随机分配到甲、乙、丙、丁饲料不同的 4 个组中。

二、步骤与方法

步骤：①区组中实验对象编号：如本例第 1 区组的实验对象（4 只小鼠）编为 1.1，1.2，1.3，1.4；第 2 区组的 4 只小鼠编为 2.1，2.2，2.3，2.4；以此类推。②利用随机函数，对应编号生成随机数字。③对随机数字排序、生成排序号。④随机数字的排序号除以区组中实验对象数（本例为4），去整取余数作为分组号。⑤显示分组结果，完成实验对象的分组。

三、Excel 程序

配伍组设计的随机化分组程序类同完全随机化设计；不同之处是，在对象编号区域每次只输入1个区组的实验对象编号，抄录分组结果（分组数为区组中实验对象数）。如输入第1个区组的实验对象编号，抄录分组数为“4组”的分组结果，见图16－3。以此类推，直至最后一个区组。

	B	C	D	E	F	G	H	I	J	K	L	M
1		实验设计的随机化分组										
2	对象编号	随机数	排序	分组数								
3				2组	3组	4组	5组	6组	7组	8组	9组	10组
4	1	370	2	1	3	3	3	3	3	3	3	3
5	2	6895	26	1	3	4	2	3	6	3	9	7
6	3	66	1	2	2	1	2	2	2	2	2	2
7	4	3172	12	1	1	2	3	1	6	5	4	3

图16－3　配伍组设计随机化分组的显示结果

四、结果显示

输入各区组实验对象编号后，抄录相应分组数“4组”下显示的分组序号。如果事先规定分组序号为1的是甲组、序号为2的是乙组、序号为3的是丙组、序号为4的是丁组，分配结果见表16－5。

表16－5　12只小鼠分3个区组的配伍组设计分配结果

动物编号：	1.1	1.2	1.3	1.4	2.1	2.2	2.3	2.4	3.1	3.2	3.3	3.4
分组序号：	3	4	1	2	4	2	3	1	1	3	4	2
分组结果：	丙	丁	甲	乙	丁	乙	丙	甲	甲	丙	丁	乙

五、提示

每次输入1个区组的实验对象编号，依次抄录相应的分组序号，然后清空编号区域的数字再输入第2个区组的对象编号，抄录相应的分组序号，以此类推，直至最后一个区组。

第十七章 统计图表

统计图表包括统计表和统计图，是统计分析的基础。统计表（statistical table）是列出统计分析内容的表格形式，概括地展示各指标间的数量关系，便于计算、分析和对比。统计图（statistical graph）是用点的位置、曲线的走势、直条的长短或面积的大小等形式，直观地呈现所研究事物的数量关系。本章主要介绍常用的统计图，包括条图、箱式图、线图、散点图、饼图、圆环图和雷达图等。

第一节 Excel 作图基础

一、Excel 绘图的特点

1. 功能强大

Excel 2003 提供了 14 种标准图表类型，其中 20 种自定义图表类型可以套用；每种标准图表类型中还含有几种子图表类型。

2. 修饰后图形美观

用户可以根据自己的需要对图表区、绘图区、数据系列、坐标轴、图表标题、图例等的格式进行修改调整，使图表符合要求。

3. 图与数据关系密切

Excel 中改变作图的数据，其图形将发生相应变化，被引用的数据在图中可直接查看。

二、统计图的结构

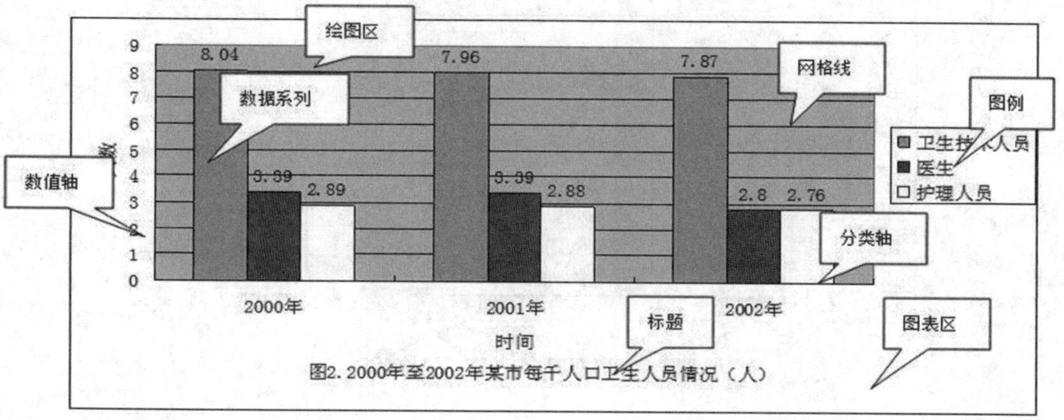

图 17－1　统计图的一般结构

图 17－1 的整个区域为图表区，在图表区中由坐标轴围成的区域为绘图区。图表标题是用来说明图表内容的；网格线是坐标轴上刻度线的延伸，穿过绘图区，用于方便查看和计算数据；坐标轴是用于界定图表绘图区的线条，用作度量的参照框架：Y 轴通常为数值轴并包含有带刻度的数据，X 轴通常为分类轴并包含有分类名称。在坐标轴上可以添加标题。图例是一个方框，用于标识图表中的数据系列和分类制定的图案及颜色。

三、创建图表

快速创建图表可以用 F11 按钮。

一般创建图表可以单击菜单中的“插入”，选择“图表”；或单击工具栏中的“图表向导”图标。

创建图表的一般步骤：

（1）新建 Excel 工作表，输入数据，选择要作图的数据区域，见图 17－2。

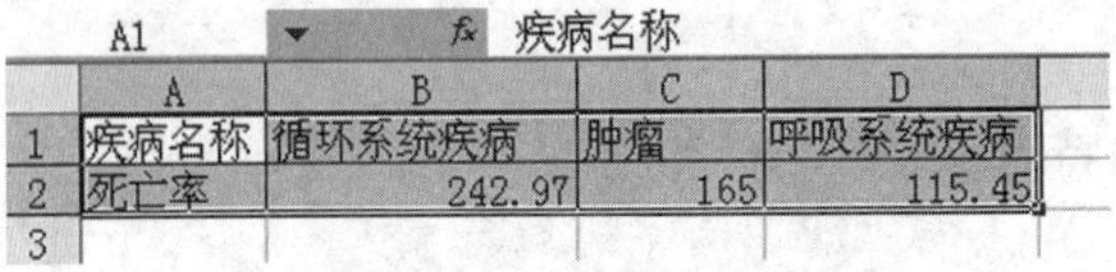
A1　fx 疾病名称

	A	B	C	D
1	疾病名称	循环系统疾病	肿瘤	呼吸系统疾病
2	死亡率	242.97	165	115.45
3				

图 17－2　数据输入格式

（2）选择“插入”中的“图表”，见图 17－3。

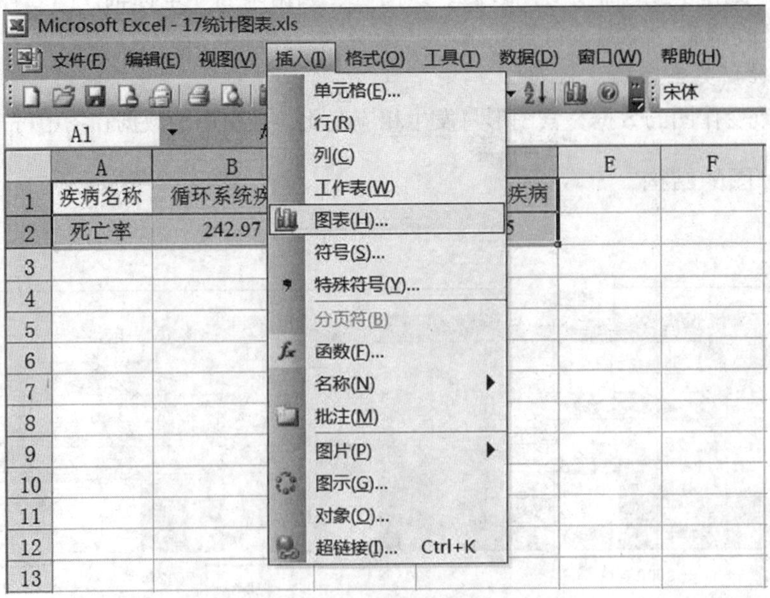

图 17－3　打开“图表”对话框

（3）弹出“图表向导－4 步骤之 1－图表类型”的对话框。根据自己的需要，选择图表类型，单击“下一步”，见图 17－4。

图 17－4　“图表向导－4 步骤之 1－图表类型”对话框

（4）出现“图表向导－4 步骤之 2－图表源数据”对话框（之前没有选中数据区域的时候，此时可以拖动鼠标在工作表中选中所需作图的区域）。选择“系列”（系统默认产生在“行”），并可以通过“添加”、“删除”系列进行调整，单击“下一步”，见图 17－5 和图 17－6。

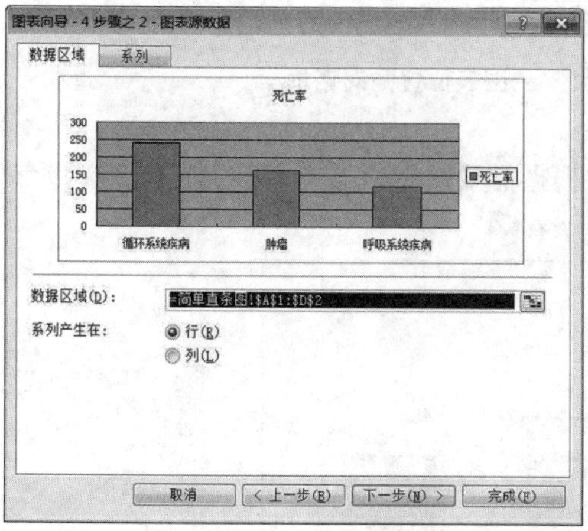

图 17－5　确定数据区域

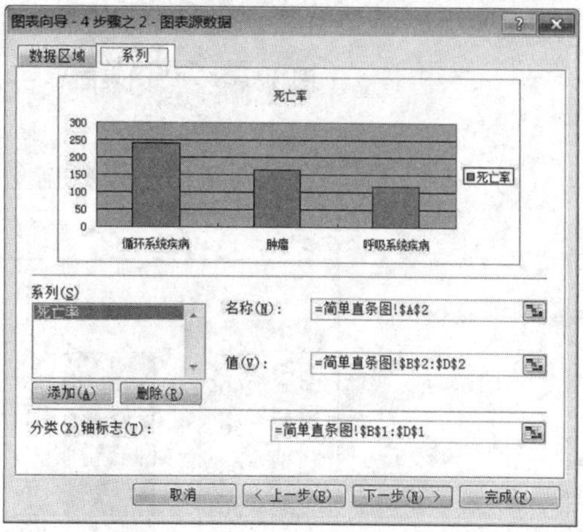

图 17－6　确定系列

（5）弹出“图表向导－4 步骤之 3－图表选项”。对数据图表中各种元素进行设置后，单击“下一步”，见图 17－7。

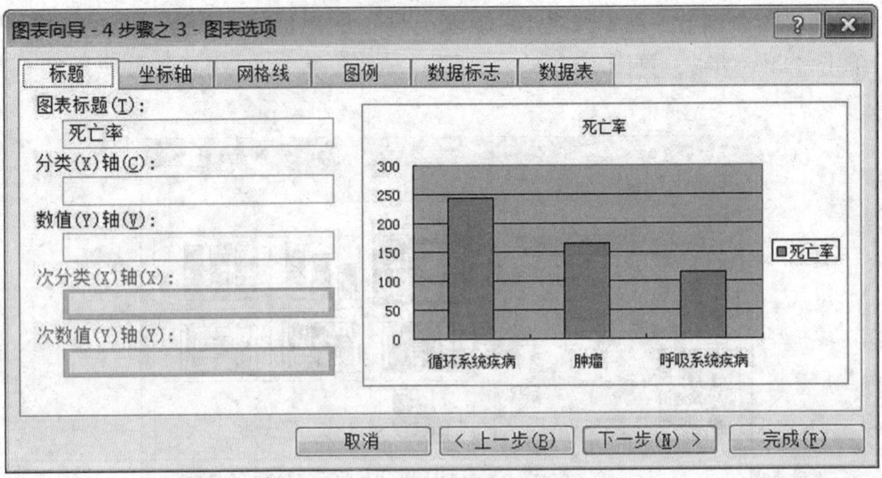

图 17－7　“图表向导－4 步骤之 3－图表选项”对话框

（6）出现“图表向导－4 步骤之 4－图表位置”对话框，可以选择数据图表单独存在于一个工作表中，即“作为新工作表插入”；同时也可以选择数据与图表同时显示，即“作为其中的对象插入”，见图 17－8。

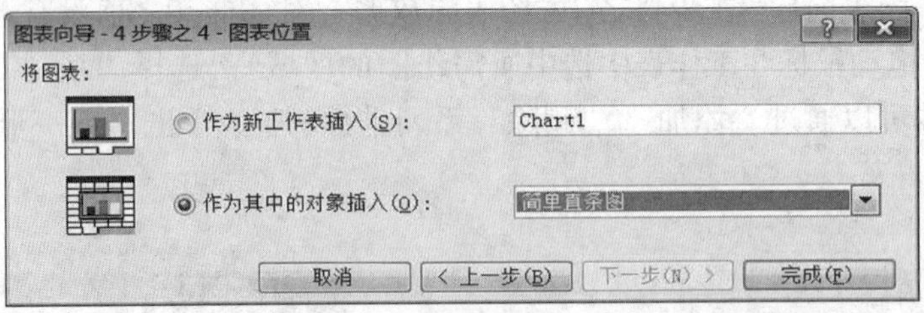

图 17－8　“图表向导－4 步骤之 4－图表位置”对话框

（7）单击“完成”，创建出一张数据图表并根据需要对图表进行调整，见图 17－9。

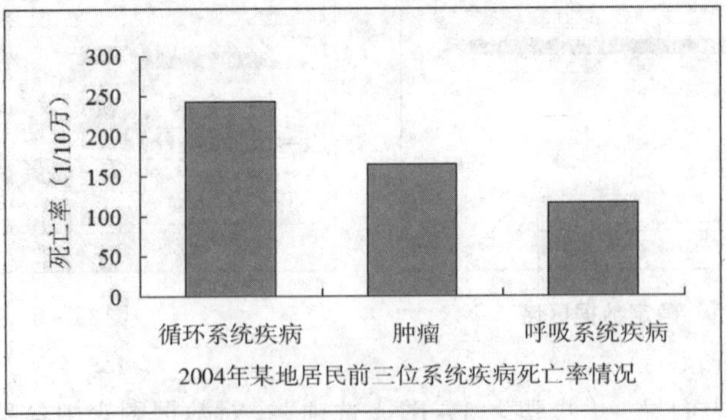

图 17－9　完成图表

四、统计图表的编辑

对于创建的统计图，还可以继续对其图表类型、数据来源、图表选项、图表位置进行调整、修改。对于数据系列、绘图区、图表区、坐标轴、坐标轴标题、图表标题、图例、网格线等格式可进行编辑，达到修正或美化统计图的目的。可以选择“视图”中“工具栏”的“图表”，见图 17－10；或在所需修改的地方直接左键双击或右键选择打开菜单（不容易选择的区域可以在“图表”工具栏的下拉菜单中选择，见图 17－11）。下面主要针对图 17－9 进行修改。

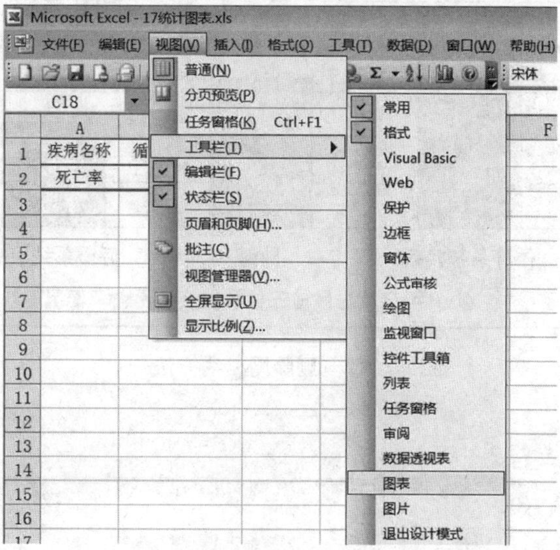

图 17－10　打开“图表”工具栏的方法一

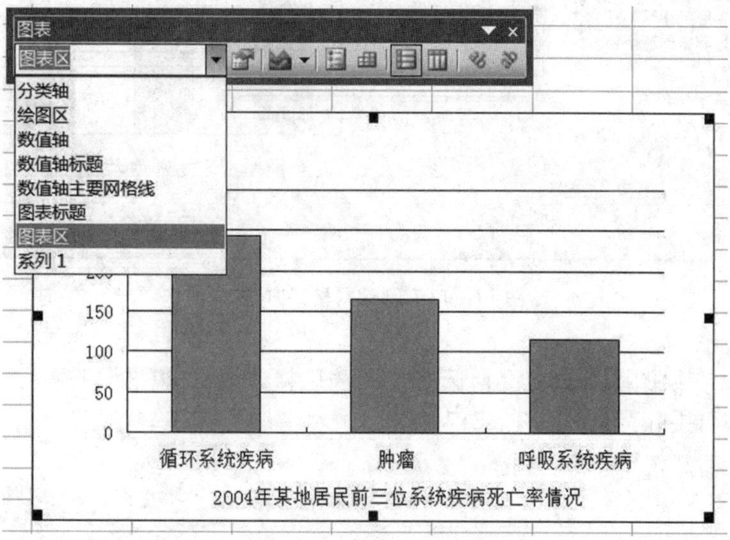

图 17－11　打开“图表”工具栏的方法二

1. 删除“网格线”及“背景色”

网格线：一般的科研统计图不需要网格线，可以把它删去。删除网格线有两种方法：一是右键点击任意一条网格线，选择“清除”，见图 17－12；二是在图标区或绘图区点击右键，选择“图表选项”，选取图表选项对话框中的网格线，不选择任何网格线，见图 17－13。

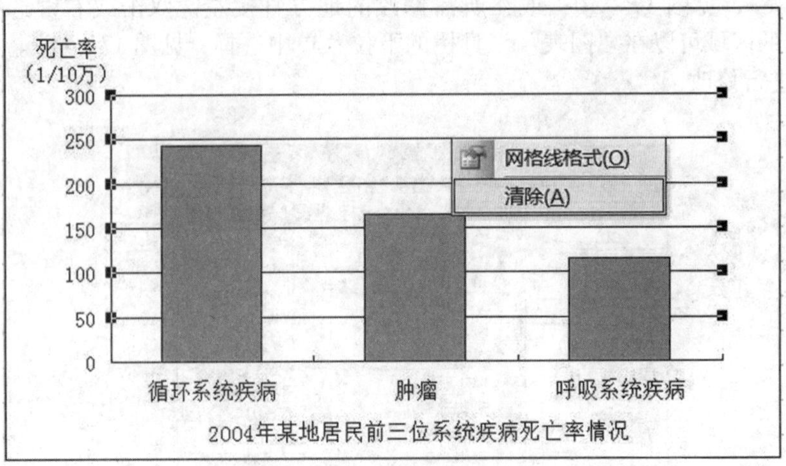

图 17－12 删除网格线方法一

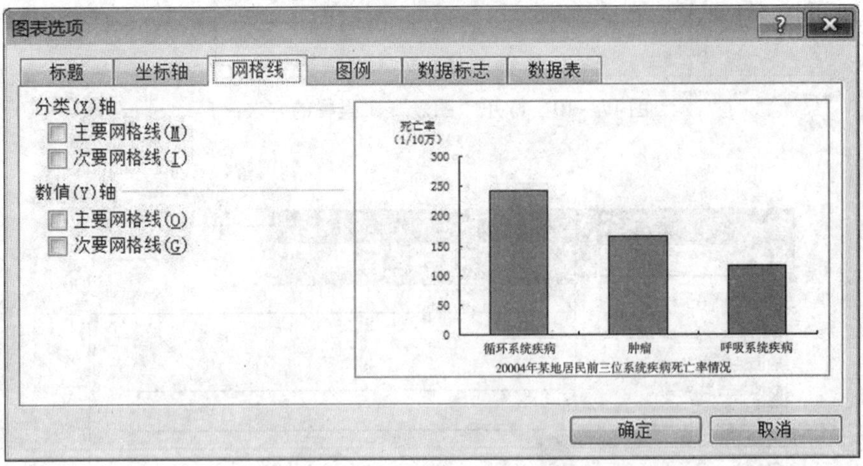

图 17－13 删除网格线方法二

背景颜色：在绘图区点击右键，选取“图表区格式”，“边框”选择“无”，“区域”选择“无”，即可去除背景色，见图 17－14。

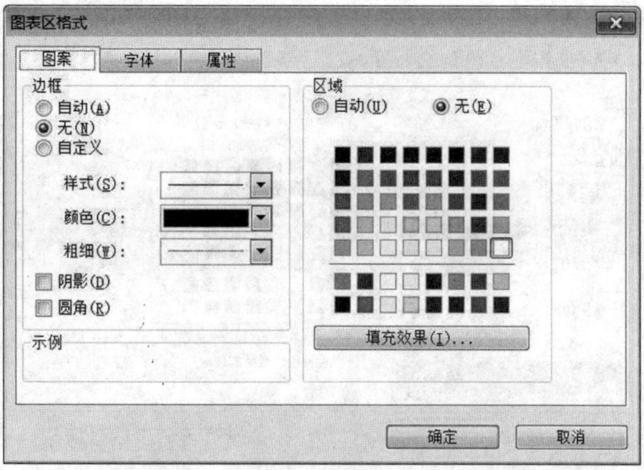

图 17－14　“图表区格式”对话框

2. 修改坐标轴

双击坐标轴及其刻度均可立即弹出“坐标轴格式”对话框，可以设定主要、次要刻度线的类型，刻度线标签的位置，刻度的大小，刻度线标签的字体，刻度中数字的类型等，见图 17－15。

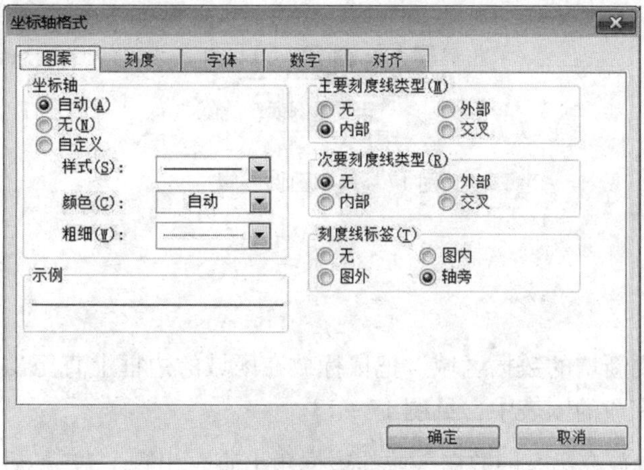

图 17－15　“坐标轴格式”对话框

3. 修改数据系列格式

双击绘图区中任意一个要修改的系列，即弹出“数据系列格式”对话框，可以对此系列的图案、坐标轴、误差线、数据标志、系列次序、选项等进行设置，见图 17－16。

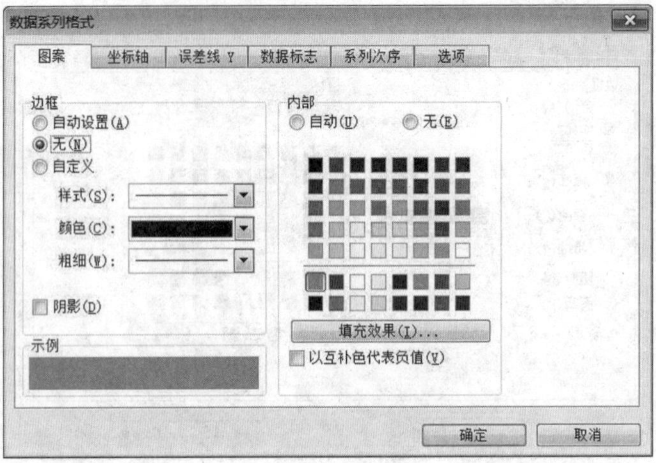

图 17－16　“数据系列格式”对话框

4．编辑图例和坐标轴标题、图表标题

单击图例，图例周围出现 8 个黑点，鼠标放在黑点上会显示出双箭头，向各个方向拖动可以改变图例框的形状或排列形式，或按住鼠标可以将其拖动到任意位置。右键单击图例也可对其格式进行修改，见图 17－17。

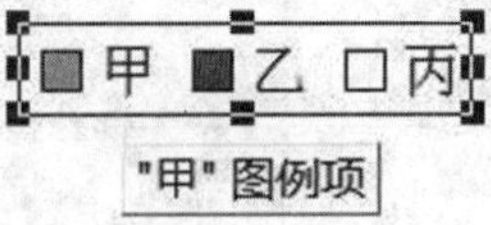

图 17－17　图例编辑

五、增加数据

方法一：选中要新增的数据区域，把鼠标放在区域的边框上直至出现“✥”，然后拖动这个区域到已经完成的图表中，见图 17－18。

方法二：将鼠标放在已有的数据区域的边框角上直至出现“↔”后拖动扩大到需要新增的数据区域范围，见图 17－19。在已有的图（见图 17－20）中会自动增加新数据图，见图 17－21。

	A	B	C	D
1	疾病名称	循环系统疾病	肿瘤	呼吸系统疾病
2	2004死亡率	242.97	165	115.45
3	2005死亡率	231.3	125	109.8

图 17－18　选中增加的数据区域

	A	B	C	D
1	疾病名称	循环系统疾病	肿瘤	呼吸系统疾病
2	2004死亡率	242.97	165	115.45
3	2005死亡率	231.3	125	109.8

图 17－19　把数据框拖拽至新增的数据区域

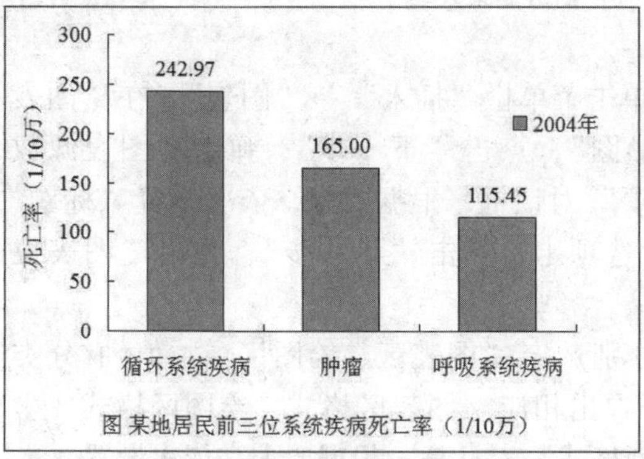

图 某地居民前三位系统疾病死亡率（1/10万）

图 17－20　原有数据系列的图表

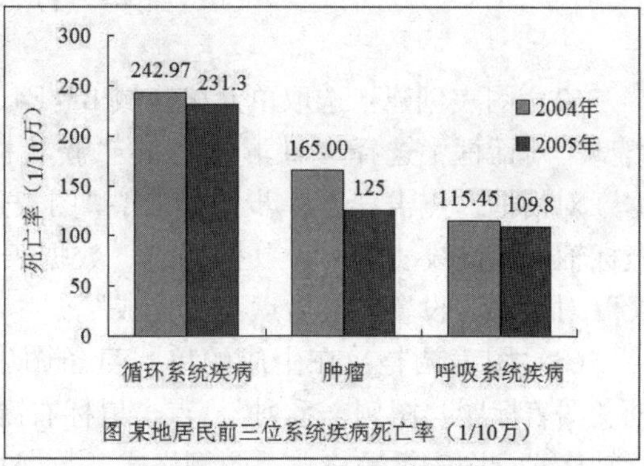

图 某地居民前三位系统疾病死亡率（1/10万）

图 17－21　新增数据系列后的图表

第二节　常用统计图的绘制

一、直条图

直条图，也称条图，是用等宽直条的长短来表示各统计量的大小，适用于彼此独立的、性质相似的间断性的统计量指标间的比较，一般分为单式直条图和复式直条图两种。

（一）直条图

直条图中被比较的事物如果是一组资料时，使用单式直条图。单式直条图适用于统计事项仅按一种特征进行分类的情况，是用同类的直方长条来比较若干统计事项之间数量关系的一种图示方法。

【例 17－1】2004 年某地居民前三位系统疾病死亡率资料（表 17－1）。

表 17－1　2004 年某地居民前三位系统疾病死亡率（1/10 万）

疾病名称	循环系统疾病	肿瘤	呼吸系统疾病
死亡率	242. 97	165. 00	115. 45

1. 制作步骤

制作步骤如下：

（1）数据录入：将数据录入 Excel，如图 17－22 所示。

	B	C	D	E
2	某地居民前三位系统疾病死亡率（1/10万）			
3	疾病名称	循环系统疾病	肿瘤	呼吸系统疾病
4	2004年	242.97	165.00	115.45

图 17－22 【例 17－1】的数据录入

（2）图表创建：选取单元格区域 B3:E4，单击菜单栏“插入”→“图表”，在“图表类型”对话框中选择“柱形图”→“簇状柱形图”，点击“下一步”；弹出“图表源数据”对话框，点击“下一步”；弹出“图表选项”对话框，根据要求，依次设置“标题、坐标轴、网格线、图例、数据标志、数据表”选项卡，点击“下一步”；弹出“图表位置”对话框，设置完成后点击“完成”。

（3）图表调整：在生成的单式直条图中分别选定“图表区、绘图区、数值轴/分类轴、图表标题、图例、系列”，点击鼠标右键，弹出相应“图表区格式、绘图区格式、坐标轴格式、图表标题格式、图例格式、数据系列格式”对话框，根据要求，依次设置。

2. 结果

绘图结果见图 17－23。

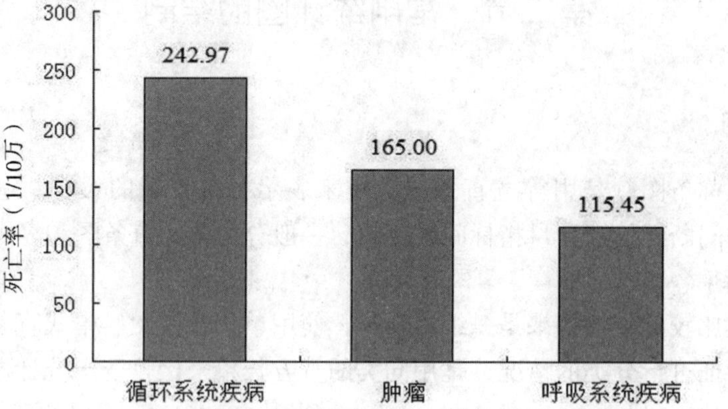

图 17－23 2004 年某地居民前三位系统疾病死亡率

（二）复式直条图

直条图中被比较的事物如果是两组或两组以上的资料时，使用复式直条图。复式直条图用于同一指标，不同时点（时期）、不同单位的比较，用一组直条（包括两个以上的直条其间不留空隙）代表两个标志，复式直条图的制图要求与单式直条图相同，但每组的直条一般不宜过多，同组直条间不留空隙，组内各直条排列次序要前后一致。

【例 17－2】2000 年至 2002 年某市每千人口卫生人员情况资料，见表 17－2。

表 17－2　2000 年至 2002 年某市每千人口卫生人员情况（人）

人员类型	2000 年	2001 年	2002 年
卫生技术人员	8.04	7.96	7.87
医生	3.39	3.39	2.80
护理人员	2.89	2.88	2.76

1. 制作步骤

制作步骤如下：

（1）数据录入：将数据录入 Excel，如图 17－24 所示。

	B	C	D	E
2	2000年至2002年某市每千人口卫生人员情况（人）			
3	人员类型	2000年	2001年	2002年
4	卫生技术人员	8.04	7.96	7.87
5	医生	3.39	3.39	2.80
6	护理人员	2.89	2.88	2.76

图 17－24　【例 17－2】的数据录入

（2）图表创建：选取单元格区域 B3:E6，单击菜单栏“插入”→“图表”，在“图表类型”对话框中选择“柱形图”→“簇状柱形图”，点击“下一步”；弹出“图表源数据”对话框，点击“下一步”；弹出“图表选项”对话框，根据要求，依次设置“标题、坐标轴、网格线、图例、数据标志、数据表”选项卡，点击“下一步”；弹出“图表位置”对话框，设置完成后点击“完成”。

（3）图表调整：在生成的复式直条图中分别选定“图表区、绘图区、数值轴/分类轴、图表标题、图例、系列”，点击鼠标右键，弹出相应“图表区格式、绘图区格式、坐标轴格式、图表标题格式、图例格式、数据系列格式”对话框，根据要求，依次设置。

2. 结果

绘图结果见图 17－25。

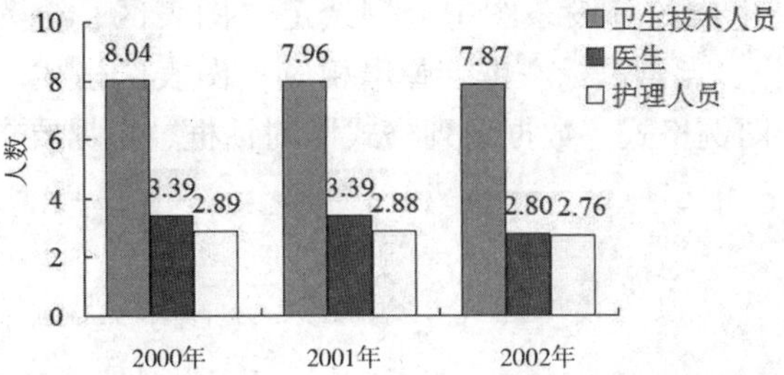

图 17－25　2000 年至 2002 年某地每千人口卫生人员情况（人）

二、分段条图

分段条图是以条形的全长代表某个变量的整体，各分段的长短代表各组成部分在整体中所占比例的统计图，每一段之间没有间隙，并用不同线条或颜色表示。用以比较事物的全部与其中一部分的数量。

【例 17－3】某年三家不同医院医务人员感冒与非感冒人数的资料见表 17－3。

表 17－3　某年三家不同医院医务人员感冒与非感冒人数情况（人）

地点	感冒人数	非感冒人数	总数
甲院	80	150	230
乙院	70	50	120
丙院	120	20	140

1. 制作步骤

制作步骤如下：

（1）数据录入：将数据录入 Excel，如图 17－26 所示。

	B	C	D	E
2	某年三家不同医院医务人员感冒与非感冒人数情况（人）			
3	地点	感冒人数	非感冒人数	总数
4	甲院	80	150	230
5	乙院	70	50	120
6	丙院	120	20	140

图 17－26　【例 17－3】的数据录入

（2）图表创建：选取单元格区域 B3:D6，单击菜单栏"插入"→"图表"，在"图表类型"对话框中选择"柱形图"→"堆积柱形图"，点击"下一步"；弹出"图表源数据"对话框，点击"下一步"；弹出"图表选项"对话框，根据要求，依次设置"标题、坐标轴、网格线、图例、数据标志、数据表"选项卡，点击"下一步"；弹出"图表位置"对话框，设置完成后点击"完成"。

（3）图表调整：在生成的分段条图中分别选定"图表区、绘图区、数值轴/分类轴、图表标题、图例、系列"，点击鼠标右键，弹出相应"图表区格式、绘图区格式、坐标轴格式、图表标题格式、图例格式、数据系列格式"对话框，根据要求，依次设置。

2. 结果

绘图结果见图 17－27。

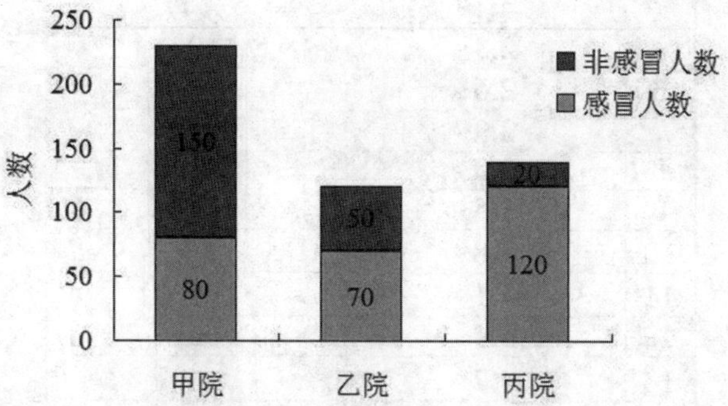

图 17－27　某年三家不同医院医务人员感冒与非感冒人数情况

三、直方图

直方图是以各直方面积描述各组频数的多少，面积的总和相当于各组频数之和，适合表示数值变量资料的频数分布。

直方图的横轴尺度是数值变量值，纵轴是频数。绘图时，以各矩形面积表示频数。横轴表示自变量，组距必须相等，各直条间不留空隙。纵轴表示频数。纵轴与横轴尺度的起点，均不需从 0 开始。

根据资料类型，直方图可分为原始数据直方图和频数资料直方图。

（一）原始数据作直方图

公式和作图过程请参照第三章的表 3－2 和表 3－3，此处不作赘述。

（二）频数资料作直方图

【例 17－4】从某单位 1999 年的职工体检资料中获得的血清总胆固醇（mmol/L）的测量结果如下：

表 17－4　1999 年某单位职工血清总胆固醇频数分布

组段（mmol/L）	2.3～	2.6～	2.9～	3.2～	3.5～	3.8～	4.1～	4.4～	4.7～	5.0～	5.3～	5.6～	5.9～
频数	0	1	1	1	3	4	5	6	6	3	2	1	1

1. 制作步骤

（1）数据录入：将数据录入 Excel，如图 17－28 所示。

	B	C
2	1999年某单位职工血清总胆固醇数据	
3	频数分布表	
4	组段	频数
5	2.3~	0
6	2.6~	1
7	2.9~	1
8	3.2~	1
9	3.5~	3
10	3.8~	4
11	4.1~	5
12	4.4~	6
13	4.7~	6
14	5.0~	3
15	5.3~	2
16	5.6~	1
17	5.9~	1

图 17－28　【例 17－4】的数据录入及频数分布表生成

（2）图表创建：选取单元格区域 D4: E17，单击菜单栏“插入”→“图表”，在“图表类型”对话框中选择“柱形图”→“簇状柱形图”，点击“下一步”；弹出“图表源数据”对话框，点击“下一步”；弹出“图表选项”对话框，根据要求，依次设置“标题、坐标轴、网格线、图例、数据标志、数据表”选项卡，点击“下一步”；弹出“图表位置”对话框，设置完成后点击“完成”。

（3）图表调整：在生成的简单直条图中分别选定“图表区、绘图区、数值轴/分类轴、图表标题、图例、系列”，点击鼠标右键，弹出相应“图表区格式、绘图区格式、坐标轴格式、图表标题格式、图例格式、数据系列格式”对话框，根据要求，依次设置。

注：需将“数据系列格式”→“选项”→“分类间距”设置为“0”，如图 17－29 所示。

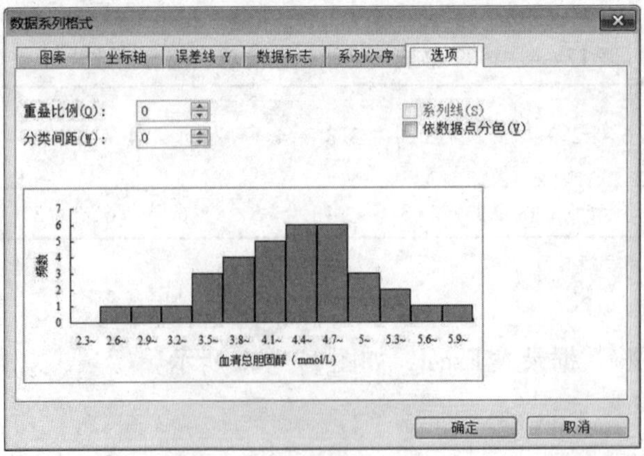

图 17－29　直方图“数据系列格式”－“选项”对话框

2. 结果

结果见图 17－30。

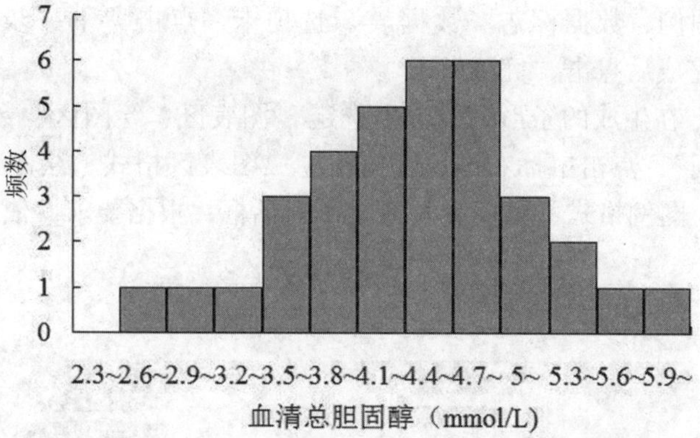

图 17－30 1999 年某单位职工血清总胆固醇频数分布

四、百分条图

百分条图是用一个矩形直条的总面积（100%）表示事物的全部，将此矩形划分成若干个小的矩形，表示各个组成部分，各个组成部分的面积之和为 1。

百分条图适合作多个构成比的比较，将不同组别、不同时间或不同地区的某分类指标的构成比平行地绘制成多个百分条图，可以方便地比较其构成比的差异。

【例 17－5】胃癌按病例组织学可划分为分化型癌、低分化腺癌、未分化型癌，某地这几种类型男性患者的构成比分别为 52.3%、27.8%、19.9%，女性患者的构成比分别为 30.2%、18.1%、51.7%。见表 17－5。

表 17－5 男女胃癌患者病理组织学类型构成（%）比较

类型	分化型癌	低分化腺癌	未分化型癌	合计
男	52.3	27.8	19.9	100.0
女	30.2	18.1	51.7	100.0

1. 制作步骤

制作步骤如下：

（1）数据录入：将数据录入 Excel，如图 17－31 所示。

	B	C	D	E	F
2	男女胃癌患者病理组织学类型构成（%）比较				
3		分化型癌	低分化腺癌	未分化型	合计
4	男	52.3	27.8	19.9	100
5	女	30.2	18.1	51.7	100

图 17－31 【例 17－5】的数据录入

（2）图表创建：选取单元格区域 B3:E5，单击菜单栏"插入"→"图表"，在"图表类型"对话框中选择"条形图"→"堆积条形图"，点击"下一步"；弹出"图表源数据"对话框，点击"下一步"；弹出"图表选项"对话框，根据要求，依次设置"标题、坐标轴、网格线、图例、数据标志、数据表"选项卡，点击"下一步"；弹出"图表位置"对话框，设置完成后点击"完成"。

（3）图表调整：在生成的条形图中分别选定"图表区、绘图区、数值轴/分类轴、图表标题、图例、系列"，点击鼠标右键，弹出相应"图表区格式、绘图区格式、坐标轴格式、图表标题格式、图例格式、数据系列格式"对话框，根据要求，依次设置。

2. 结果

绘图结果见图 17-32。

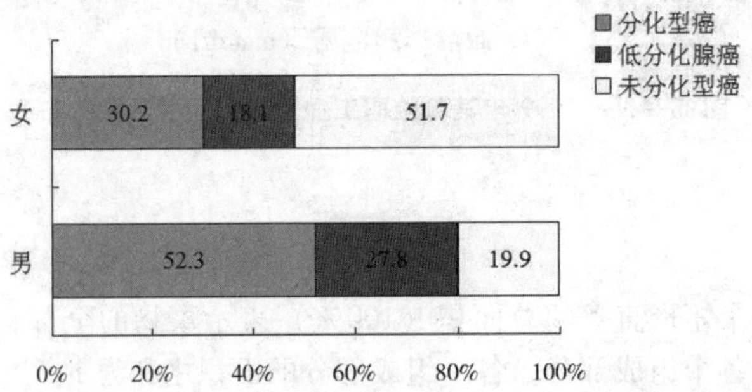

图 17-32　男女胃癌患者病理组织学类型构成（%）比情况

五、箱式图与误差条图

（一）箱式图

箱式图用于反映一组或多组连续型变量分布的中心位置和离散情况。箱式图的中心位置为中位数（P_{50}），"箱"的范围为四分位间距（P_{25} ~ P_{75}），两端连线分别为最大值与最小值。

箱式图使用 5 个统计量反映原始数据的分布特征，即数据分布中心位置、分布、偏度、变异范围和异常值。适合多组数据分布的比较。

【例 17-6】某研究者分别采用安慰剂、新药 10mg、新药 20mg 治疗 3 个随机分组的阻塞性肺病病人，每组 100 例，治疗两周后测量最大呼气量。每组测量后计算获得的最小值（P_0）、25% 百分位数（P_{25}）、中位数（P_{50}）、75% 百分位数（P_{75}）、最大值（P_{100}），见表 17-6。

表 17－6　患者接受不同疗法两周后最大呼气量情况（L）

类型	安慰剂	新药 10mg	新药 20mg
P_0	1. 10	1. 26	1. 12
P_{25}	2. 32	2. 21	2. 23
P_{50}	2. 79	2. 72	2. 77
P_{75}	2. 35	3. 22	3. 49
P_{100}	4. 40	4. 38	5. 23

1. 制作步骤

制作步骤如下：

（1）数据录入：将数据录入 Excel，如图 17－33 所示。

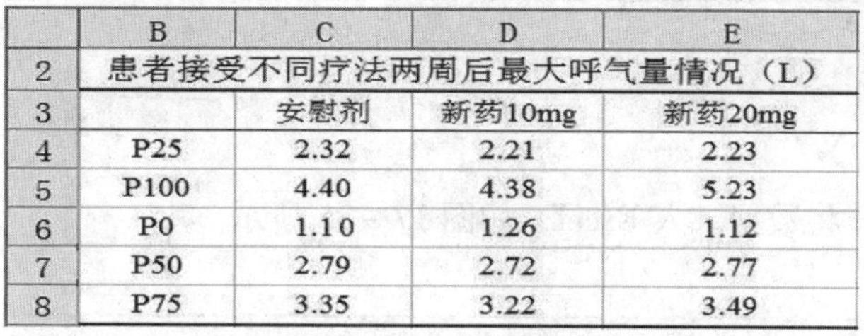

	B	C	D	E
2	患者接受不同疗法两周后最大呼气量情况（L）			
3		安慰剂	新药10mg	新药20mg
4	P25	2.32	2.21	2.23
5	P100	4.40	4.38	5.23
6	P0	1.10	1.26	1.12
7	P50	2.79	2.72	2.77
8	P75	3.35	3.22	3.49

图 17－33　【例 17－6】的数据录入

（2）图表创建：选取单元格区域 B3∶E8，单击菜单栏“插入”→“图表”，在“图表类型”对话框中选择“股价图”→“开盘－盘高－盘低－收盘图”，点击“下一步”；弹出“图表源数据”对话框，点击“下一步”；弹出“图表选项”对话框，根据要求，依次设置“标题、坐标轴、网格线、图例、数据标志、数据表”选项卡，点击“下一步”；弹出“图表位置”对话框，设置完成后点击“完成”。

（3）图表美化：在生成的箱式图中分别选定“图表区、绘图区、数值轴/分类轴、图表标题、图例、系列”，点击鼠标右键，弹出相应“图表区格式、绘图区格式、坐标轴格式、图表标题格式、图例格式、数据系列格式”对话框，根据要求，依次设置。

2. 结果

绘图结果见图 17－34。

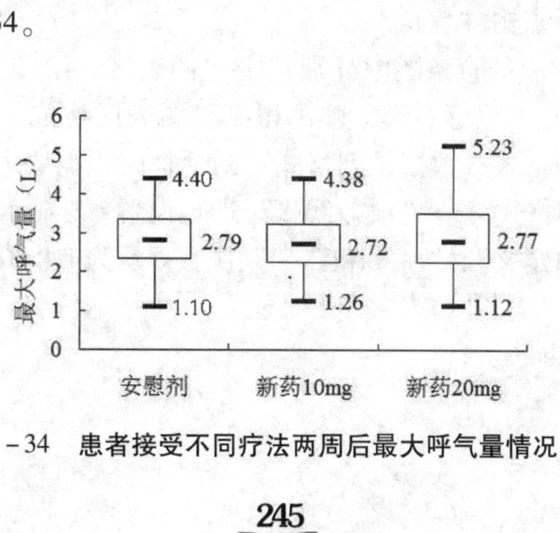

图 17－34　患者接受不同疗法两周后最大呼气量情况（L）

（二）误差条图

误差条图是在用条图或线图表示均数的基础上，在图中附上标准差的范围，以此反映数据个体值分布情况的一种统计图。

【例 17－7】四种营养素喂养小白鼠三周后所增体重（克）的均数、标准差数据见表 17－7。

表 17－7　四种营养素喂养小白鼠三周后体重增加情况（克）

营养素	均数	标准差
A	33.90	9.69
B	54.68	9.65
C	59.82	11.25
D	75.66	16.66

1. 制作步骤

制作步骤如下：

（1）数据录入：将数据录入 Excel，如图 17－35 所示。

	B	C	D
2	四种营养素喂养小白鼠三周后体重增加情况（克）		
3	营养素	均数	标准差
4	A	33.90	8.69
5	B	54.68	9.65
6	C	59.82	11.25
7	D	75.66	16.66

图 17－35　【例 17－7】的数据录入

（2）图表创建：选取单元格区域 B3: E7，单击菜单栏“插入”→“图表”，在“图表类型”对话框中选择“柱形图”→“簇状柱形图”，点击“下一步”；弹出“图表源数据”对话框，点击“下一步”；弹出“图表选项”对话框，根据要求，依次设置“标题、坐标轴、网格线、图例、数据标志、数据表”选项卡，点击“下一步”；弹出“图表位置”对话框，设置完成后点击“完成”。

（3）图表调整：在生成的直条图中分别选定“图表区、绘图区、数值轴/分类轴、图表标题、图例、系列”，点击鼠标右键，弹出相应“图表区格式、绘图区格式、坐标轴格式、图表标题格式、图例格式、数据系列格式”对话框，根据要求，依次设置。

注：需对“数据系列格式”→“误差线 Y”进行设置：“显示方式”设置为“正负偏差”；“误差量”选择“自定义”，“＋”和“－”源数据均为 D4: D7，如图 17－36 所示。

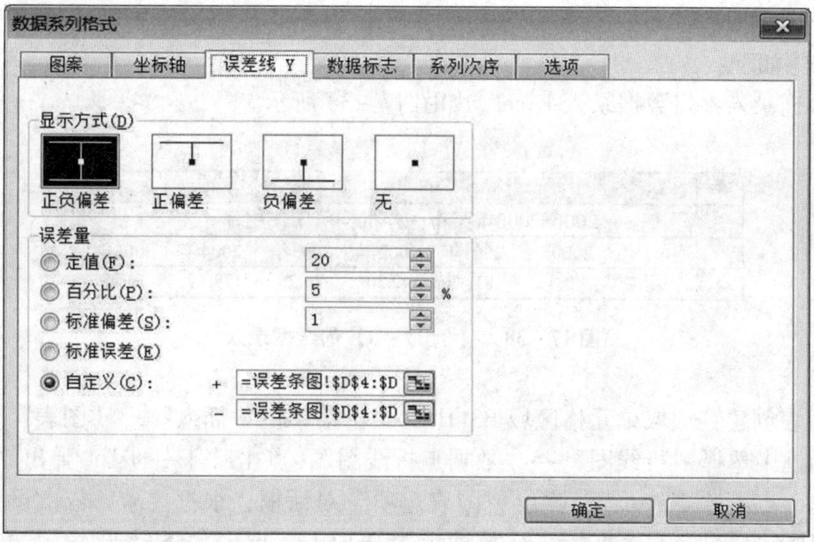

图 17－36　误差条图的“数据系列格式” － “误差线 Y”对话框

2. 结果

绘图结果见图 17－37。

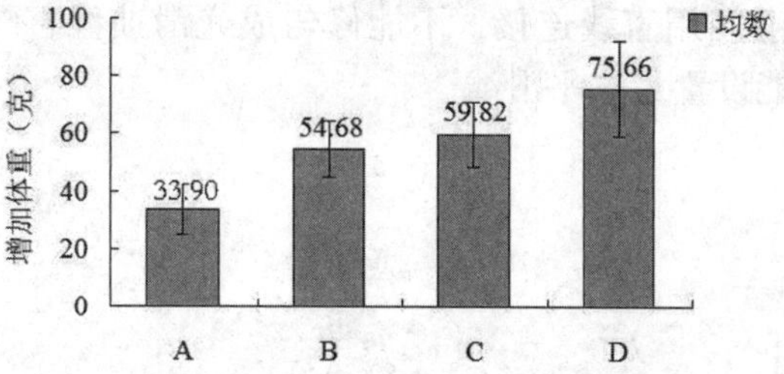

图 17－37　四种营养素喂养小白鼠三周后体重增加情况

六、线图

（一）普通线图

线图是用点和点之间的连线表示统计指标的变化趋势的统计图，其纵、横轴均为算术尺度。

线图是用线段的升降来表示数值的变化，适合于描述某统计量随另一连续性数值变量变化而变化的趋势，最常用于描述统计量随时间变化而变化的趋势。

纵横轴尺度一般从 0 开始，也可不从 0 开始，一般纵横比例为 5∶7 左右。

【例 17－8】2000 年至 2005 年某市医疗机构病床使用率，如表 17－8 所示。

表 17－8　2000 年至 2005 年某市医疗机构病床使用率（%）

年份	2000 年	2001 年	2002 年	2003 年	2004 年	2005 年
使用率	79.44	81.40	82.30	76.29	79.89	79.82

1. 制作步骤

制作步骤如下：

（1）数据录入：将数据录入 Excel，如图 17－38 所示。

	B	C	D	E	F	G	H
2	2000-2005年某市医疗机构病床使用率（%）						
3		2000年	2001年	2002年	2003年	2004年	2005年
4	使用率	79.44	81.40	42.30	76.29	79.89	79.82

图 17－38 【例 17－8】的数据录入

（2）图表创建：选取单元格区域 B3: H4，单击菜单栏“插入”→“图表”，在“图表类型”对话框中选择“折线图”→“数据点折线图”，点击“下一步”；弹出“图表源数据”对话框，点击“下一步”；弹出“图表选项”对话框，根据要求，依次设置“标题、坐标轴、网格线、图例、数据标志、数据表”选项卡，点击“下一步”；弹出“图表位置”对话框，设置完成后点击“完成”。

（3）图表调整：在生成的折线图中分别选定“图表区、绘图区、数值轴/分类轴、图表标题、图例、系列”，点击鼠标右键，弹出相应“图表区格式、绘图区格式、坐标轴格式、图表标题格式、图例格式、数据系列格式”对话框，根据要求，依次设置。

注：各测定值标记点间用直线连接，不能修匀成光滑曲线，故“数据系列格式”→“图案”→“线形”不能设置为“平滑线”。

2. 结果

结果见图 17－39。

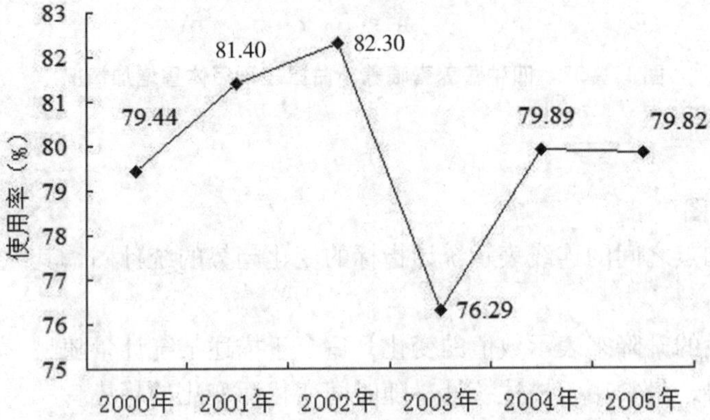

图 17－39 2000 年至 2005 年某市医疗机构病床使用率（%）

（二）半对数线图

半对数线图是线图的一种特殊形式，适用于表示事物发展速度，特别适宜作不同指标变化速度的比较。其纵轴为对数尺度，横轴为算术尺度。

【例 17－9】1991 年至 2001 年某市婴儿死亡率与孕产妇死亡率见表 17－9。

表 17－9　1991 年至 2001 年某市婴儿死亡率与孕产妇死亡率（‰）

对象	1991	1992	1993	1994	1995	1996	1997	1998	1999	2000	2001
婴儿	14.27	18.83	16.23	14.97	16.65	16.18	16.15	13.98	11.82	10.88	8.15
孕产妇	0.32	0.37	0.34	0.30	0.30	0.31	0.27	0.26	0.29	0.18	0.23

1．制作步骤

制作步骤如下：

（1）数据录入：将数据录入 Excel，如图 17－40 所示。

	B	C	D	E	F	G	H	I	J	K	L	M
2	1991-2001年某市婴儿死亡率与孕产妇死亡率（‰）											
3	年份	1991年	1992年	1993年	1994年	1995年	1996年	1997年	1998年	1999年	2000年	2001年
4	婴儿	14.27	18.83	16.23	14.97	16.65	16.18	16.15	13.98	11.82	10.88	8.15
5	孕产妇	0.32	0.37	0.34	0.30	0.30	0.31	0.27	0.26	0.29	0.18	0.23

图 17－40　【例 17－9】的数据录入

（2）图表创建：选取单元格区域 B3:M5，单击菜单栏“插入”→“图表”，在“图表类型”对话框中选择“折线图”→“数据点折线图”，点击“下一步”；弹出“图表源数据”对话框，点击“下一步”；弹出“图表选项”对话框，根据要求，依次设置“标题、坐标轴、网格线、图例、数据标志、数据表”选项卡，点击“下一步”；弹出“图表位置”对话框，设置完成后点击“完成”。

（3）图表调整：在生成的折线图中分别选定“图表区、绘图区、数值轴/分类轴、图表标题、图例、系列”，点击鼠标右键，弹出相应“图表区格式、绘图区格式、坐标轴格式、图表标题格式、图例格式、数据系列格式”对话框，根据要求，依次设置。

注：需对“坐标轴格式”→“刻度”进行设置：“数值（Y）轴刻度”中“最小值”取 0.1，其余可默认；选定“对数刻度”项，如图 17－41 所示。

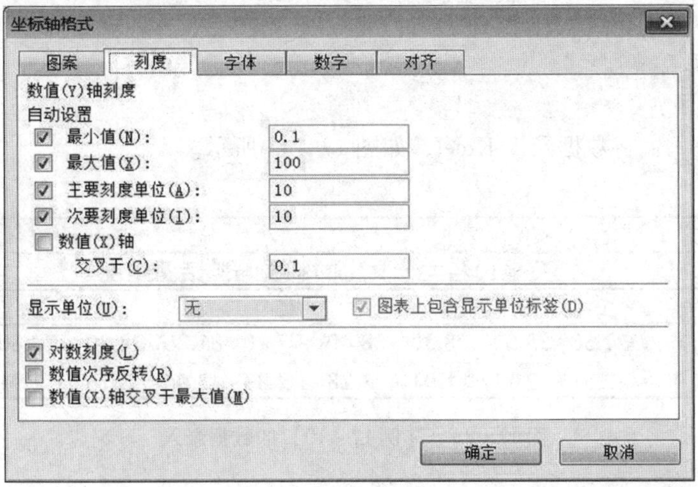

图 17－41　半对数线图的“坐标轴格式”－“刻度”对话框

2. 结果

绘图结果见图 17－42。

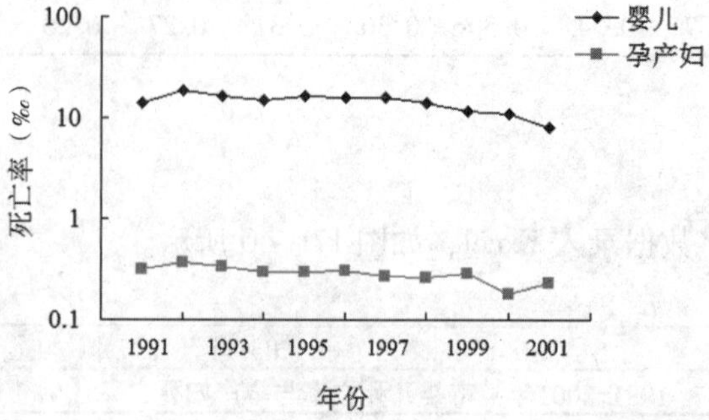

图 17－42　某市 1991 年至 2001 年婴儿与孕产妇死亡率

七、散点图

散点图是表现两个变量或多个变量之间有无相关关系的统计图，又称散点分布图，是以一个变量为横坐标，另一变量为纵坐标，利用散点（坐标点）的分布形态反映变量统计关系的一种图形。特点是能直观表现出影响因素和预测对象之间的总体关系趋势。

【例 17－10】某地 10 名大一女生的胸围（cm）与肺活量（L）数据如下表 17－10 所示。

表 17－10　某地 10 名大一女生胸围与肺活量情况

学生编号	1	2	3	4	5	6	7	8	9	10
胸围（cm）	72.50	83.90	78.30	88.40	77.10	81.70	78.30	74.80	73.70	79.40
肺活量（L）	2.51	3.11	1.91	3.28	2.83	2.86	3.16	1.91	2.98	3.28

1. 制作步骤

制作步骤如下：

（1）数据录入：将数据录入 Excel，如图 17－43 所示。

	B	C	D	E	F	G	H	I	J	K	L
2	某地10名大一女生的胸围与肺活量情况										
3	学生编号	1	2	3	4	5	6	7	8	9	10
4	胸围（cm）	72.50	83.90	78.30	88.40	77.10	81.70	78.30	74.80	73.70	79.40
5	肺活量（L）	2.51	3.11	1.91	3.28	2.83	2.86	3.16	1.91	2.98	3.28

图 17－43　【例 17－10】的数据录入

（2）图表创建：选取单元格区域 B3:L5，单击菜单栏“插入”→“图表”，在“图表类型”对话框中选择“XY 散点图”→“散点图”，点击“下一步”；弹出“图表源数据”对话框，点击“下一步”；弹出“图表选项”对话框，根据要求，依次设置“标题、坐标轴、网格线、图例、数据标志、数据表”选项卡，点击“下一步”；弹出“图表位置”对话框，设置完成后点击“完成”。

(3) 图表调整：在生成的散点图中分别选定“图表区、绘图区、数值轴/分类轴、图表标题、图例、系列”，点击鼠标右键，弹出相应“图表区格式、绘图区格式、坐标轴格式、图表标题格式、图例格式、数据系列格式”对话框，根据要求，依次设置。

2. 结果

结果见图 17－44。

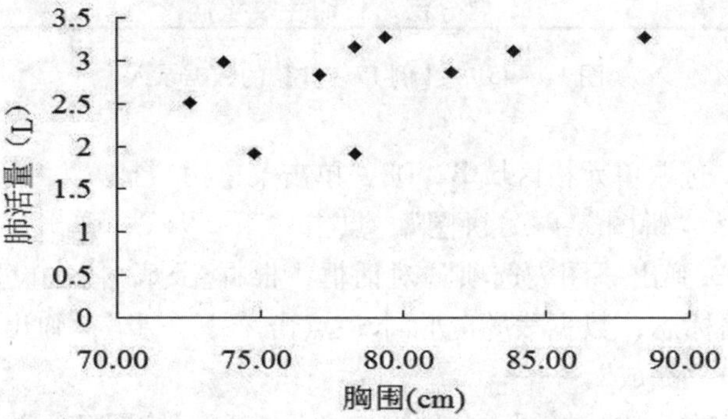

图 17－44 某地 10 名大一女生胸围与肺活量情况

八、饼图与圆环图

饼图、圆环图是用来描述百分比构成情况的一种统计图。

(一) 饼图

饼图也称圆图，是以圆形总面积为 100%，将其事物内部各构成部分所占的比例用若干相应扇面面积表示的图形。

【例 17－11】2005 年广州市居民前五种顺位疾病死亡构成情况，见表 17－11，试作饼图。

表 17－11 2005 年广州市居民前五种顺位疾病死亡构成比（%）

顺位	病因	死亡率构成比
1	循环系统疾病	41
2	肿瘤	29
3	呼吸系统疾病	21
4	损伤及中毒	5
5	内分泌、代谢免疫疾病	4

1. 制作步骤

制作步骤如下：

(1) 数据录入：将数据录入 Excel，如图 17－45 所示。

	B	C	D
2	2005年广州市居民前五种顺位疾病死亡构成比（%）		
3	顺位	病因	死亡率
4	1	循环系统疾病	41
5	2	肿瘤	29
6	3	呼吸系统疾病	21
7	4	损伤及中毒	5
8	5	内分泌、代谢免疫疾病	4

图 17－45 【例 17－11】的数据录入

(2) 图表创建：选取单元格区域 B2: D8，单击菜单栏"插入"→"图表"，在"图表类型"对话框中选择"饼图"→"饼图"，点击"下一步"；弹出"图表源数据"对话框，点击"下一步"；弹出"图表选项"对话框，根据要求，依次设置"标题、坐标轴、网格线、图例、数据标志、数据表"选项卡，点击"下一步"；弹出"图表位置"对话框，设置完成后点击"完成"。

(3) 图表调整：在生成的饼图中分别选定"图表区、绘图区、数值轴/分类轴、图表标题、图例、系列"，点击鼠标右键，弹出相应"图表区格式、绘图区格式、坐标轴格式、图表标题格式、图例格式、数据系列格式"对话框，根据要求，依次设置。

2. 结果

结果见图 17－46。

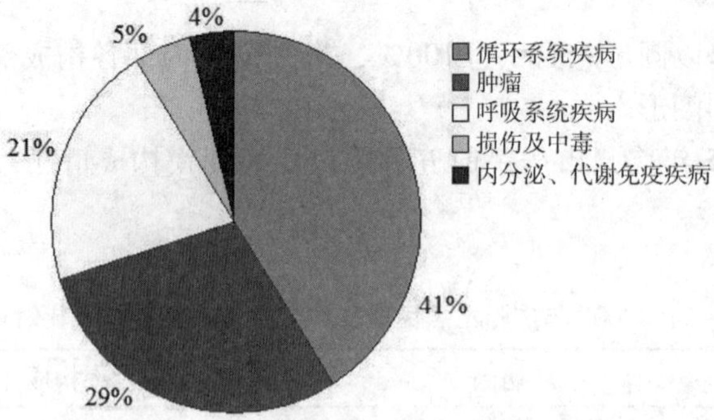

图 17－46 2005 年广州市居民前五种顺位疾病死亡构成比

(二) 圆环图

圆环图显示各个部分与整体之间的关系，它可以包含多个数据系列，但饼图只有一个数据系列。

使用【例 17－11】数据，绘制圆环图。

1. 制作步骤

制作步骤如下：

（1）数据录入：将数据录入 Excel，如图 17－45 所示。

（2）图表创建：选取单元格区域 B2: D8，单击菜单栏“插入”→“图表”，在“图表类型”对话框中选择“圆环图”→“圆环图”，点击“下一步”；弹出“图表源数据”对话框，点击“下一步”；弹出“图表选项”对话框，根据要求，依次设置“标题、坐标轴、网格线、图例、数据标志、数据表”选项卡，点击“下一步”；弹出“图表位置”对话框，设置完成后点击“完成”。

（3）图表调整：在生成的圆环图中分别选定“图表区、绘图区、数值轴/分类轴、图表标题、图例、系列”，点击鼠标右键，弹出相应“图表区格式、绘图区格式、坐标轴格式、图表标题格式、图例格式、数据系列格式”对话框，根据要求，依次设置。

2. 结果

绘图结果见图 17－47。

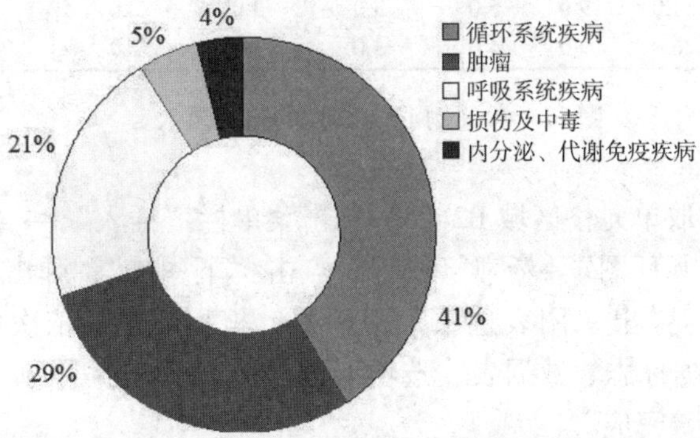

图 17－47　2005 年广州市居民前五种顺位疾病死亡构成比

（三）复式圆环图

复式圆环图可以在一个图表中根据作者的需要，显示不同种组合的圆环图。

【例 17－12】2004—2005 年广州市十种疾病死亡情况，见表 17－12，试作复试圆环图。

表 17－12　2004—2005 年广州市十种疾病死亡构成比（%）

编号	病因	2004 年	2005 年
1	循环系统疾病	39.0	38.0
2	肿瘤	27.0	26.0
3	呼吸系统疾病	19.0	19.0
4	损伤及中毒	5.0	4.0
5	内分泌和代谢免疫疾病	3.0	3.0
6	消化系统疾病	3.0	3.0

（续上表）

编号	病因	2004 年	2005 年
7	泌尿和生殖系统疾病	2.0	2.0
8	传染病和寄生虫疾病	1.0	1.0
9	神经系统疾病	0.6	0.6
10	精神疾病	0.4	0.4

1. 制作步骤

制作步骤如下：

（1）数据录入：将数据录入 Excel，如图 17－48 所示。

	B	C	D	E	F	G	H	I	J	K	L
2	2004—2005年广州市十种疾病死亡率构成比（%）										
3	病因	循环系统疾病	肿瘤	呼吸系统疾病	损伤及中毒	内分泌和代谢免疫疾病	消化系统疾病	泌尿和生殖系统疾病	传染病和寄生虫疾病	神经系统疾病	精神疾病
4	2004死亡率	39.0	27.0	19.0	5.0	3.0	3.0	2.0	1.0	0.6	0.4
5	2005死亡率	38.0	26.0	19.0	4.0	3.0	3.0	2.0	1.0	0.6	0.4

图 17－48【例 17－12】的数据录入

（2）图表创建：选取单元格区域 B2: L5，单击菜单栏“插入”→“图表”，在“图表类型”对话框中选择“圆环图”→“圆环图”，点击“下一步”；弹出“图表源数据”对话框，点击“下一步”；弹出“图表选项”对话框，根据要求，依次设置“标题、坐标轴、网格线、图例、数据标志、数据表”选项卡，点击“下一步”；弹出“图表位置”对话框，设置完成后点击“完成”。

（3）图表调整：在生成的圆环图中分别选定“图表区、绘图区、数值轴/分类轴、图表标题、图例、系列”，点击鼠标右键，弹出相应“图表区格式、绘图区格式、坐标轴格式、图表标题格式、图例格式、数据系列格式”对话框，根据要求，依次设置。

2. 结果

结果见图 17－49。

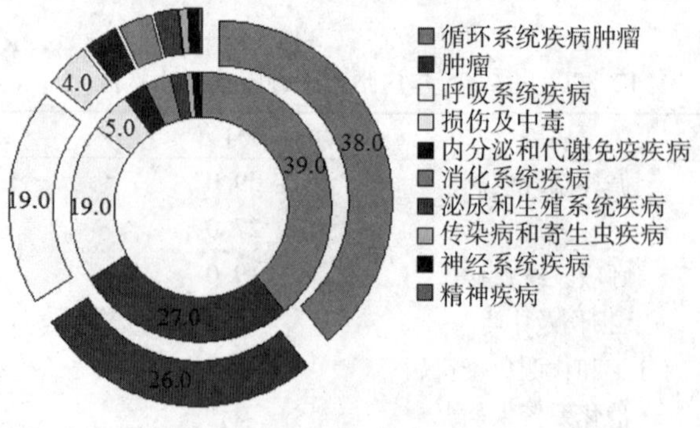

图 17－49　2004—2005 年广州市十种疾病死亡率百分构成比

九、雷达图

雷达图可比较多个单位不同指标的数据特征，如最大值、最小值等。

【例 17－13】为了反映医院管理的质量，某市调查了几所医院的 6 项指标（指标值越大表示质量越高），其中三所医院的调查结果见表 17－13，请绘制雷达图反映三所医院的管理质量。

表 17－13　三家医院的质量管理指标达标率（%）

指标	医院 1	医院 2	医院 3
治疗有效率	88.1	93.6	94.0
重患收治率	15.4	9.5	3.1
医疗制度执行率	74.7	61.9	50.0
护理制度执行率	54.7	27.4	20.0
膳食供应优良率	41.3	34.0	20.0
病床使用率	95.0	89.4	95.6

1. 制作步骤

制作步骤如下：

（1）数据录入：将数据录入 Excel，如图 17－50 所示。

	B	C	D	E
2	三家医院的质量管理指标达标率			
3	指标	医院1	医院2	医院3
4	治疗有效率（%）	88.1	93.6	94.0
5	重患收治率（%）	15.4	9.5	3.1
6	医疗制度执行率	74.7	61.9	50.0
7	护理制度执行率	54.7	27.4	20.0
8	膳食供应优良率	41.3	34.0	20.0
9	病床使用率（%）	95.0	89.4	95.6

图 17－50　【例 17－13】的数据录入

（2）图表创建：选取单元格区域 B2: E9，单击菜单栏“插入”→“图表”，在“图表类型”对话框中选择“雷达图”→“数据点雷达图”，点击“下一步”；弹出“图表源数据”对话框，点击“下一步”；弹出“图表选项”对话框，根据要求，依次设置“标题、坐标轴、网格线、图例、数据标志、数据表”选项卡，点击“下一步”；弹出“图表位置”对话框，设置完成后点击“完成”。

（3）图表调整：在生成的雷达图中分别选定“图表区、绘图区、数值轴/分类轴、图表标题、图例、系列”，点击鼠标右键，弹出相应“图表区格式、绘图区格式、坐标轴格式、图表标题格式、图例格式、数据系列格式”对话框，根据要求，依次设置。

2. 结果

绘图结果见图 17－51。

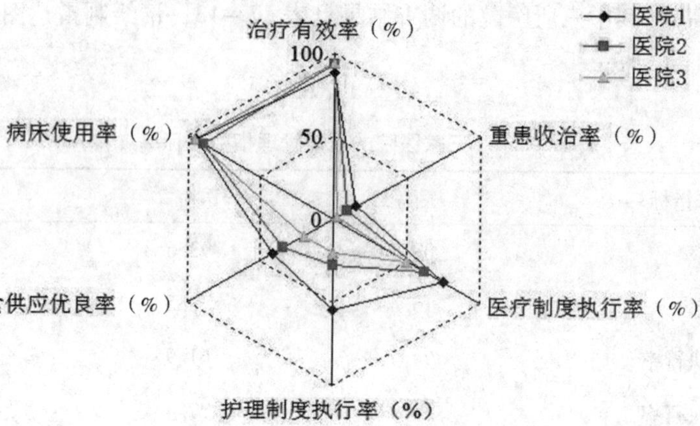

图 17－51　三家医院的质量管理指标达标率雷达图

第十八章　寿命表

寿命表亦称生命表（life table），是根据特定人群的年龄组死亡率编制出来的一种统计表，反映该人群的生命或死亡过程。

根据编制目的和资料来源不同，寿命表可分为以下两类：

1. 现时寿命表（current life table）

现时寿命表简称寿命表，是从一个横断面看问题，概括了各年龄组死亡的水平。假定同时出生的"一代人"，按照某人群现时人口实际年龄组死亡率陆续死去，直到死完为止，计算出"这一代人"在不同年龄组的尚存人数、死亡人数、生存人年数及预期寿命等指标。根据年龄分组不同，可分为完全寿命表（complete life table）和简略寿命表（abridged life table）。

2. 定群寿命表（cohort life table）

定群寿命表亦称队列寿命表，它是对某特定人群中的每一个人，从进入该特定人群到最后一个人死亡，记录实际死亡过程，计算该人群在不同时间的生存概率和预期寿命。

第一节　简略寿命表

简略寿命表（abridged life table）一般以日历年度的人口资料为依据，习惯上组距为5岁（0岁作为一个独立的组）。简略寿命表具有年龄分组少，每个年龄组人口数较多，年龄组死亡率较稳定的特点。

一、实例

【例18-1】据某地2007年女性居民年龄组人口数及实际死亡人数（见图18-1）编制简略寿命表，以评价该地女性人口寿命水平。

二、公式

1. 年龄组（x ~）

寿命表中的年龄"x ~"指刚满年龄（exact age），如"1 ~"即刚满一岁的儿童。

2. 年龄组死亡概率（${}_nq_x$）

年龄组死亡概率（age - specific probability of dying）表示同时出生的一代人，刚满 x 岁的尚存者在今后 n 年内死亡的可能性，它是寿命表中的关键指标，需根据年龄组死亡率计算。

年龄组死亡率（${}_nm_x$）表示某年龄组人口在 n 年内的平均死亡水平，它根据各年龄组实际的平均人口数（${}_nP_x$）和各年龄组实际的死亡数（${}_nD_x$）计算：

$$ {}_n m_x = \frac{{}_n D_x}{{}_n P_x} $$

编制寿命表时，一般用婴儿死亡率或校正婴儿死亡率作为 0 岁组死亡概率的估计值，最后一个年龄组（$x = w$）的死亡概率为 1，其他各年龄组中，当年龄组距 $n \leqslant 5$ 时，${}_n q_x$ 与 ${}_n m_x$ 近似函数关系：

$$ {}_n q_x = \begin{cases} m_0 , & x = 0 \\ \dfrac{2n_n m_x}{2 + n_n m_x} , & 0 < x < w \\ 1 , & x = w \end{cases} $$

计算 x 岁尚存在者在今后 n 年的生存概率：

$$ {}_n P_x = 1 - {}_n q_x $$

3．尚存人数（l_x）

尚存人数表示同时出生的一代人中活满 x 岁的人数。

4．死亡人数（${}_n d_x$）

死亡人数亦称寿命表死亡人数，表示同时出生的一代人活满 x 岁时，在今后 n 年内死亡的人数。

尚存人数与死亡人数的计算式如下：

$$ {}_n d_x = l_x \times {}_n q_x $$

$$ l_{x+n} = l_x - {}_n d_x $$

5．生存人年数（${}_n L_x$）

生存人年数指 x 岁尚存者在今后 n 年内的生存人年数，即 l 曲线，$x \sim (x + n)$ 间的面积。生存人年数的计算概括为：

$$ {}_n L_x = \begin{cases} l_1 + a_0 d_0 , & x = 0 \\ \dfrac{n}{2} \ (l_x + l_{x+n}) , & 0 < x < w \\ \dfrac{l_w}{m_w} , & x = w \end{cases} $$

L_0 应将 0 ~ 岁组死亡者的平均存活年数计算在内，a_0 为每个死亡婴儿平均存活年数，可根据世界卫生组织提供的婴儿死亡率与 a_0 关系的经验系数推算。

生存总人年数（T_x）是指活满 x 岁者今后尚能生存的总人年数，即 x 岁及以上各年龄组生存人年数（${}_n L_x$）的总和。

$$ T_x = \sum {}_n L_x $$

生存总人年数由下向上累计。

6．预期寿命（e_x）

预期寿命指活满 x 岁者今后尚能存活的年数（即岁数）。

$$ e_x = \frac{T_x}{l_x} $$

在寿命表中，我们把出生时的预期寿命 e_0 称为平均寿命（average length）。

三、Excel 程序

1．录入原始数据

设定在 Excel 工作表中 B3、D3 和 E3 单元格分别输入“年龄组（岁）”、“平均人口数”和“死亡数”指标，录入原始数据见图 18－1 第 B～E 列。

2．编写程序

程序见表 18－1。

表 18－1　简略寿命表的编制程序

	F	G	H	I	J	K	L
3	死亡率	死亡概率	生存人数	死亡人数	生存人年数	生存总人年数	预期寿命
4	${}_nm_x$	${}_nq_x$	l_x	${}_nd_x$	${}_nL_x$	T_x	e_x
8	=IF(B8<>"",E8/D8,"")	=IF(AND(B9<>"",D8<>""),IF(B8=0,F8,2*(B9-B8)*F8/(2+(B9-B8)*F8)),IF(AND(B9="",D8<>""),1,""))	=IF(AND(B8=0,D8<>""),100000,IF(AND(B8<>0,D8<>""),H7-I7,""))	=IF(B8<>"",H8*G8,"")	=IF(AND(B9<>"",D8<>""),IF(B8=0,H9+0.15*I8,(B9-B8)/2*(H8+H9)),IF(AND(B9="",D8<>""),H8/F8,""))	=IF(AND(B9<>"",D8<>""),K9+J8,IF(AND(B9="",D8<>""),J8,""))	=IF(B8<>"",K8/H8,"")
9	=IF(B9<>"",E9/D9,"")	=IF(AND(B10<>"",D9<>""),IF(B9=0,F9,2*(B10-B9)*F9/(2+(B10-B9)*F9)),IF(AND(B10="",D9<>""),1,""))	=IF(AND(B9=0,D9<>""),100000,IF(AND(B9<>0,D9<>""),H8-I8,""))	=IF(B9<>"",H9*G9,"")	=IF(AND(B10<>"",D9<>""),IF(B9=0,H10+0.15*I9,(B10-B9)/2*(H9+H10)),IF(AND(B10="",D9<>""),H9/F9,""))	=IF(AND(B10<>"",D9<>""),K10+J9,IF(AND(B10="",D9<>""),J9,""))	=IF(B9<>"",K9/H9,"")
…	…	…	…	…	…	…	…
25	=IF(B25<>"",E25/D25,"")	=IF(AND(B26<>"",D25<>""),IF(B25=0,F25,2*(B26-B25)*F25/(2+(B26-B25)*F25)),IF(AND(B26="",D25<>""),1,""))	=IF(AND(B25=0,D25<>""),100000,IF(AND(B25<>0,D25<>""),H24-I24,""))	=IF(B25<>"",H25*G25,"")	=IF(AND(B26<>"",D25<>""),IF(B25=0,H26+0.15*I25,(B26-B25)/2*(H25+H26)),IF(AND(B26="",D25<>""),H25/F25,""))	=IF(AND(B26<>"",D25<>""),K26+J25,IF(AND(B26="",D25<>""),J25,""))	=IF(B25<>"",K25/H25,"")

四、结果显示

程序操作界面及结果显示如图 18－1 所示。

	B	C	D	E	F	G	H	I	J	K	L
2	现时简略寿命表										
3	年龄组（岁）		平均人口数	死亡数	死亡率	死亡概率	生存人数	死亡人数	生存人年数	生存总人年数	预期寿命
4	X~		${}_nP_x$	${}_nD_x$	${}_nm_x$	${}_nq_x$	l_x	${}_nd_x$	${}_nL_x$	T_x	e_x
5	(1)		(2)	(3)	(4)	(5)	(6)	(7)	(8)	(9)	(10)
8	0	~	21865	256	0.011708	0.011708	100000	1171	99005	7145629	71.46
9	1	~	44255	58	0.001311	0.005229	98829	517	394283	7046624	71.30
10	5	~	76411	45	0.000589	0.002940	98312	289	490840	6652341	67.67
11	10	~	98446	60	0.000609	0.003043	98023	298	489371	6161502	62.86
12	15	~	113452	96	0.000846	0.004222	97725	413	487594	5672130	58.04
13	20	~	127784	131	0.001025	0.005113	97313	498	485319	5184536	53.28
14	25	~	118925	128	0.001076	0.005367	96815	520	482776	4699217	48.54
15	30	~	99523	100	0.001005	0.005011	96295	483	480270	4216442	43.79
16	35	~	76224	92	0.001207	0.006017	95813	576	477623	3736171	38.99
17	40	~	59686	135	0.002262	0.011246	95236	1071	473504	3258548	34.22
18	45	~	66580	252	0.003785	0.018747	94165	1765	466413	2785044	29.58
19	50	~	55413	356	0.006424	0.031615	92400	2921	454697	2318631	25.09
20	55	~	44331	682	0.015384	0.074072	89479	6628	430824	1863934	20.83
21	60	~	33294	888	0.026671	0.125021	82851	10358	388359	1433109	17.30
22	65	~	29448	1025	0.034807	0.160104	72493	11606	333448	1044750	14.41
23	70	~	18686	956	0.051161	0.226798	60886	13809	269910	711302	11.68
24	75	~	10282	998	0.097063	0.390546	47077	18386	189423	441393	9.38
25	80	~	8984	1023	0.113869	1.000000	28692	28692	251970	251970	8.78

图 18－1　简略寿命表的显示结果

第二节　去死因寿命表

研究某种死因对居民死亡的影响，较为合理的方法是利用去死因寿命表（cause eliminated life table）分析某种或某类死因对预期寿命的影响程度。显然，如果去除了对生命威胁较大的死因，预期寿命就会延长更多。去死因寿命表的优点有：①预期寿命、尚存人数等的损失量可以综合说明某类死因对人群生命的影响程度；②去死因寿命表指标不受人口年龄结构的影响；③既能综合说明某死因对全人口的作用，又能分别反映某死因对各年龄组人口的作用。

一、实例

【例 18－2】根据【例 18－1】的数据，由其中某地女性心脑血管疾病死亡人数（见图 18－2）编制该地 2007 年女性去心脑血管疾病死亡的寿命表。

二、公式

去死因寿命表中各项指标的意义与全死因寿命表相同，为了区别，在有关符号的右上角加标记“i”表示某死因，用“$-i$”表示去某死因。编制去死因寿命表的关键是去某死因后各年龄组生存概率（$_nP_x^{-i}$）的计算，其他各指标的计算类似全死因寿命表方法。

1．生存概率（$_nP_x$）

$$_nP_x = 1 - {_nq_x}$$

2．心脑血管疾病死亡数（$_nD_x^i$）

3．去心脑血管疾病后死亡人数占全死因死亡人数的比例（$_nr_x^{-i}$）

$$_nr_x^{-i} = \frac{_nD_x - {_nD_x^i}}{_nD_x} = 1 - \frac{_ND_n^i}{_ND_x}$$

4．去心脑血管疾病死亡的生存概率（$_nP_x^{-i}$）

$$_nP_x^{-i} = ({_nP_x})^{_nr_x^{-i}}$$

5．去心脑血管疾病死亡后的尚存人数（l_x^{-i}）

$$l_{x+n}^{-i} = l_x^{-i}\ {_nP_x^{-i}}$$

6．去心脑血管疾病死亡后的死亡人数（$_nd_x^{-i}$）

$$_nd_x^{-i} = l_x^{-i} - l_{x+n}^{-i} \text{或} {_nd_x^{-i}} = l_x^{-i}(1 - {_nP_x^{-i}})$$

7．去心脑血管疾病死亡后生存人年数（$_nL_x^{-i}$）

$$_nL_x^{-i} = \begin{cases} l_1 + a_0 d_0^{-i}, & x = 0 \\ \frac{n}{2}(l_x^{-i} + l_{x+n}^{-i}), & 0 < x < w \\ \frac{l_x^{-i}}{m_x^{-i}}, & x = w \end{cases}$$

8．去心脑血管疾病死亡后的生存总人年数（$_nT_x^{-i}$）

$$_nT_x^{-i} = \sum {_nL_x^{-i}}$$

9．去心脑血管疾病死亡后各年龄尚存者的预期寿命（e_x^{-i}）

$$e_x^{-i} = \sum \frac{_nT_x^{-i}}{l_x^{-i}}$$

三、Excel 程序

1．录入原始数据

设定在 Excel 工作表中 N3、P3、Q3 和 R3 单元格分别输入“年龄组（岁）”、“平均人口数”、“全死因死亡数”和“某病死亡数”指标，录入原始数据见图 18－2 第 N～R 列。

2．编写程序

程序见表 18－2 和表 18－3。

表 18－2　去死因寿命表的编制程序（1）

	T	U	V	W	X	Y	Z	AA
3	全部死因							
4	死亡率	死亡概率	生存概率	生存人数	死亡人数	生存人年数	生存总人年数	预期寿命
5	$_nm_x$	$_nq_x$	$_nP_x$	l_x	$_nd_x$	$_nL_x$	T_x	e_x
9	=IF(N8<>"" =IF(N9<>"",Q9/P9,"")	=IF(AND(N9<>"",P8<>""),IF(N8=0, =IF(AND(N10<>"",P9<>""),IF(N9=0,T9,2*(N10-N9)*T9/(2+(N10-N9)*T9)),IF(AND(N10="",P9<>""),1,""))	=IF(N8<>"" =IF(N9<>"",1-U9,"")	=IF(AND(N8=0,P8<>""),100 =IF(AND(N9=0,P9<>""),100000,IF(AND(N9<>0,P9<>""),W8-X8,""))	=IF(N8<>"" =IF(N9<>"",W9*U9,"")	=IF(AND(N9<>"",P8<>""),IF(N8=0,W9+0 =IF(AND(N10<>"",P9<>""),IF(N9=0,W10+0.15*X9,(N10-N9)/2*(W9+W10)),IF(AND(N10="",P9<>""),W9/T9,""))	=IF(AND(N9<>"",P8<>"") =IF(AND(N10<>"",P9<>""),Z10+Y9,IF(AND(N10="",P9<>""),Y9,""))	=IF(N8<> =IF(N9<>"",Z9/W9,"")
…	…	…	…	…	…	…	…	…
25	=IF(N26<>"",Q26/P6,"")	=IF(AND(N27<>"",P26<>""),IF(N26=0,T26,2*(N27-N26)*T26/(2+(N27-N26)*T26)),IF(AND(N27="",P26<>""),1,""))	=IF(N26<>"",1-U26,"")	=IF(AND(N26=0,P26<>""),100000,IF(AND(N26<>0,P26<>""),W25-X25,""))	=IF(N26<>"",W26*U26,"")	=IF(AND(N27<>"",P26<>""),IF(N26=0,W27+0.15*X26,(N27-N26)/2*(W26+W27)),IF(AND(N27="",P26<>""),W26/T26,""))	=IF(AND(N27<>"",P26<>""),Z27+Y26,IF(AND(N27="",P26<>""),Y26,""))	=IF(N26<>"",Z26/W26,"")

表 18－3　去死因寿命表的编制程序（2）

	AC	AD	AE	AF	AG	AH	AI	AJ
3	去死因后							
4	生存概率	尚存人数	死亡人数	生存人年数	生存总人年数	预期寿命	寿命绝对损失	寿命相对损失(%)
5	$_nP'_x$	l'_x	$_nd'_x$	$_nL'_x$	T'_x	e'_x	e'_x-e_x	$100(e'_x/e_x-1)$
8	=IF(N8<>"",V8^S8,"")	=IF(AND(N8=0,P8<>""),100000,IF(AND(N8<>0,P8<>""),AD7-AE7,""))	=IF(N8<>"",(1-AC8)*AD8,"")	=IF(AND(N9<>"",P8<>""),IF(N8=0,AD9+0.15*AE8,(N9-N8)/2*(AD8+AD9)),IF(AND(N9="",P8<>""),AD8/((Q8-R8)/P8),""))	=IF(AND(N9<>"",P8<>""),AG9+AF8,IF(AND(N9="",P8<>""),AF8,""))	=IF(N8<>"",AG8/AD8,"")	=IF(N8<>"",AH8-AA8,"")	=IF(N8<>"",(AH8-AA8)/AA8*100,"")
9	=IF(N9<>"",V9^S9,"")	=IF(AND(N9=0,P9<>""),100000,IF(AND(N9<>0,P9<>""),AD8-AE8,""))	=IF(N9<>"",(1-AC9)*AD9,"")	=IF(AND(N10<>"",P9<>""),IF(N9=0,AD10+0.15*AE9,(N10-N9)/2*(AD9+AD10)),IF(AND(N10="",P9<>""),AD9/((Q9-R9)/P9),""))	=IF(AND(N10<>"",P9<>""),AG10+AF9,IF(AND(N10="",P9<>""),AF9,""))	=IF(N9<>"",AG9/AD9,"")	=IF(N9<>"",AH9-AA9,"")	=IF(N9<>"",(AH9-AA9)/AA9*100,"")
…	…	…	…	…	…	…	…	…

四、结果显示

程序操作界面及结果显示如图 18－2 和图 18－3 所示。

	N	O	P	Q	R	S	T	U	V	W	X	Y	Z	AA
2	去死因简略寿命表													
3	年龄组(岁)		平均人口数	全死因死亡数	某病死亡数	去某病死因后死亡数占全部死亡数的比例	全部死因							
4							死亡率	死亡概率	生存概率	生存人数	死亡人数	生存人年数	生存总人年数	预期寿命
5	X~		$_nP_x$	$_nD_x$	$_nD'_x$	$_nr'_x$	$_nm_x$	$_nq_x$	$_nP_x$	l_x	$_nd_x$	$_nL_x$	T_x	e_x
8	0	~	21865	256	1	0.996094	0.011708	0.011708	0.988292	100000	1171	99005	7145629	71.46
9	1	~	44255	58	2	0.965517	0.001311	0.005229	0.994771	98829	517	394283	7046624	71.30
10	5	~	76411	45	7	0.844444	0.000589	0.002940	0.997060	98312	289	490840	6652341	67.67
11	10	~	98446	60	11	0.816667	0.000609	0.003043	0.996957	98023	298	489371	6161502	62.86
12	15	~	113452	96	13	0.864583	0.000846	0.004222	0.995778	97725	413	487594	5672130	58.04
13	20	~	127784	131	20	0.847328	0.001025	0.005113	0.994887	97313	498	485319	5184536	53.28
14	25	~	118925	128	34	0.734375	0.001076	0.005367	0.994633	96815	520	482776	4699217	48.54
15	30	~	99523	100	46	0.540000	0.001005	0.005011	0.994989	96295	483	480270	4216442	43.79
16	35	~	76224	92	60	0.347826	0.001207	0.006017	0.993983	95813	576	477623	3736171	38.99
17	40	~	59686	135	82	0.392593	0.002262	0.011246	0.988754	95236	1071	473504	3258548	34.22
18	45	~	66580	252	117	0.535714	0.003785	0.018747	0.981253	94165	1765	466413	2785044	29.58
19	50	~	55413	356	176	0.505618	0.006424	0.031615	0.968385	92400	2921	454697	2318631	25.09
20	55	~	44331	682	225	0.670088	0.015384	0.074072	0.925928	89479	6628	430824	1863934	20.83
21	60	~	33294	888	340	0.617117	0.026671	0.125021	0.874979	82851	10358	388359	1433109	17.30
22	65	~	29448	1025	320	0.687805	0.034807	0.160104	0.839896	72493	11606	333448	1044750	14.41
23	70	~	18686	956	220	0.769874	0.051161	0.226798	0.773202	60886	13809	269910	711302	11.68
24	75	~	10282	998	115	0.884770	0.097063	0.390546	0.609454	47077	18386	189423	441393	9.38
25	80	~	8984	1023	26	0.974585	0.113869	1.000000	0.000000	28692	28692	251970	251970	8.78

图 18－2 去死因寿命表的结果（1）

	AC	AD	AE	AF	AG	AH	AI	AJ
2	去死因简略寿命表							
3	去死因后						寿命绝对损失	寿命相对损失(%)
4	生存概率	尚存人数	死亡人数	生存人年数	生存总人年数	预期寿命		
5	$_nP'_x$	l'_x	$_nd'_x$	$_nL'_x$	T'_x	e'_x	e'_x-e_x	$100(e'_x/e_x$-1)
8	0.988337	100000	1166	99009	7508615	75.09	3.63	5.080
9	0.994951	98834	499	394337	7409606	74.97	3.67	5.146
10	0.997517	98335	244	491063	7015269	71.34	3.68	5.432
11	0.997514	98091	244	489843	6524206	66.51	3.65	5.814
12	0.996349	97847	357	488340	6034363	61.67	3.63	6.254
13	0.995666	97489	423	486391	5546022	56.89	3.61	6.778
14	0.996056	97067	383	484378	5059632	52.13	3.59	7.390
15	0.997291	96684	262	482766	4575254	47.32	3.54	8.074
16	0.997903	96422	202	481605	4092488	42.44	3.45	8.845
17	0.995570	96220	426	480034	3610883	37.53	3.31	9.680
18	0.989913	95794	966	476553	3130849	32.68	3.11	10.506
19	0.983888	94827	1528	470317	2654296	27.99	2.90	11.547
20	0.949738	93300	4689	454774	2183979	23.41	2.58	12.372
21	0.920886	88610	7010	425525	1729205	19.51	2.22	12.819
22	0.886915	81600	9228	384930	1303680	15.98	1.56	10.857
23	0.820351	72372	13002	329356	918751	12.69	1.01	8.666
24	0.645242	59370	21062	244197	589394	9.93	0.55	5.882
25	0.000000	38308	38308	345197	345197	9.01	0.23	2.608

图 18－3 去死因寿命表的结果（2）

第三节　健康期望寿命表

为了避免单独采用死亡和残疾指标在健康测定中的不足，将功能状态以及独立生活自理能力用于健康定义之中，Katz 等在 1983 年首次提出健康期望寿命（active life expectancy，ALE）的概念。以生活自理能力丧失为健康判定终点，依寿命表原理计算能够维持良好的日常生活活动功能的年限。生活自理能力（activities of daily living，ADL）指正常人生存所必须具备的、日常生活所必须完成的活动，如吃饭、穿衣、洗澡、上下床、如厕及走动一段距离。若上述 6 项中有一项及以上需要别人帮助才能完成，该个体为 ADL 依赖。

一、实例

【例 18－3】同【例 18－1】数据，根据相关指标编制该地女性居民健康期望寿命表。

二、公式

1. 年龄组去 ADL 依赖人年数（${}_nh_x$）

$${}_nh_x = {}_nL_x\ (1 - {}_nR_x)$$

2. 年龄组去 ADL 依赖累积生存人年数（H_x）

$$H_x = \sum {}_nh_x$$

3. 年龄组去 ADL 依赖期望寿命（E_x）——健康期望寿命

$$E_x = \frac{H_x}{l_x}$$

三、Excel 程序

1. 录入原始数据

设定在 Excel 工作表中 AL3、AN3 和 AU3 单元格分别输入“年龄组”、“死亡率”和“ADL 依赖率”指标，录入原始数据见图 18－4 第 AL、AN、AU 列。

2. 编写程序

见表 18－4 和表 18－5。

表 18－4　健康期望寿命表的编制程序（1）

	AO	AP	AQ	AR	AS	AT
3	死亡概率	尚存人数	死亡人数	生存人年数	生存总人年数	预期寿命
4	$_nq_x$	l_x	$_nd_x$	$_nL_x$	T_x	e_x
8	=IF(AND(AL9<>"",AN8<>""),2*(AL9-AL8)*AN8/(2+(AL9-AL8)*AN8),IF(AND(AL9="",AN8<>""),1,""))	=IF(AL8<>"",AP7-AQ7,"")	=IF(AND(AL8<>"",AL8=0),AP8*AN8,IF(AND(AL8<>"",AL8>0),AP8*AO8,""))	=IF(AND(AL9<>"",AN8<>""),IF(AL8=0,AP9+0.15*AQ8,(AL9-AL8)/2*(AP8+AP9)),IF(AND(AL9="",AN8<>""),AP8/AN8,""))	=IF(AND(AL9<>"",AN8<>""),AR8+AS9,IF(AND(AL9="",AN8<>""),AR8,""))	=IF(AL8<>"",AS8/AP8,"")
9	=IF(AND(AL10<>"",AN9<>""),2*(AL10-AL9)*AN9/(2+(AL10-AL9)*AN9),IF(AND(AL10="",AN9<>""),1,""))	=IF(AL9<>"",AP8-AQ8,"")	=IF(AND(AL9<>"",AL9=0),AP9*AN9,IF(AND(AL9<>"",AL9>0),AP9*AO9,""))	=IF(AND(AL10<>"",AN9<>""),IF(AL9=0,AP10+0.15*AQ9,(AL10-AL9)/2*(AP9+AP10)),IF(AND(AL10="",AN9<>""),AP9/AN9,""))	=IF(AND(AL10<>"",AN9<>""),AR9+AS10,IF(AND(AL10="",AN9<>""),AR9,""))	=IF(AL9<>"",AS9/AP9,"")
…	…	…	…	…	…	…
25	=IF(AND(AL26<>"",AN25<>""),2*(AL26-AL25)*AN25/(2+(AL26-AL25)*AN25),IF(AND(AL26="",AN25<>""),1,""))	=IF(AL25<>"",AP24-AQ24,"")	=IF(AND(AL25<>"",AL25=0),AP25*AN25,IF(AND(AL25<>"",AL25>0),AP25*AO25,""))	=IF(AND(AL26<>"",AN25<>""),IF(AL25=0,AP26+0.15*AQ25,(AL26-AL25)/2*(AP25+AP26)),IF(AND(AL26="",AN25<>""),AP25/AN25,""))	=IF(AND(AL26<>"",AN25<>""),AR25+AS26,IF(AND(AL26="",AN25<>""),AR25,""))	=IF(AL25<>"",AS25/AP25,"")

表 18－5　健康期望寿命表的编制程序（2）

	AV	AW	AX	AY
3	无依赖生存人年数	无依赖累计生存人年数	健康预期寿命	预期寿命差值
4	$_nh_x$	H_x	E_x	e_x-E_x
8	=IF(AL8<>"",AR8*(1-AU8),"")	=IF(AND(AL9<>"",AN8<>""),AV8+AW9,IF(AND(AL9="",AN8<>""),AV8,""))	=IF(AL8<>"",AW8/AP8,"")	=IF(AL8<>"",AT8-AX8,"")
9	=IF(AL9<>"",AR9*(1-AU9),"")	=IF(AND(AL10<>"",AN9<>""),AV9+AW10,IF(AND(AL10="",AN9<>""),AV9,""))	=IF(AL9<>"",AW9/AP9,"")	=IF(AL9<>"",AT9-AX9,"")
…	…	…	…	…
25	=IF(AL25<>"",AR25*(1-AU25),"")	=IF(AND(AL26<>"",AN25<>""),AV25+AW26,IF(AND(AL26="",AN25<>""),AV25,""))	=IF(AL25<>"",AW25/AP25,"")	=IF(AL25<>"",AT25-AX25,"")

四、结果显示

程序操作界面及结果显示如图 18 -4 所示。

	AL	AM	AN	AO	AP	AQ	AR	AS	AT	AU	AV	AW	AX	AY
2		健康预期寿命表（Sullivan法）												
3	年龄组		死亡率	死亡概率	尚存人数	死亡人数	生存人年数	生存总人年数	预期寿命	ADL依赖率	无依赖生存人年数	无依赖累计生存人年数	健康预期寿命	预期寿命差值
4	X~		${}_nm_x$	${}_nq_x$	l_x	${}_nd_x$	${}_nL_x$	T_x	e_x	R_x	${}_nh_x$	H_x	E_x	e_x-E_x
5	(1)		(2)	(3)	(4)	(5)	(6)	(7)	(8)	(9)	(10)	(11)	(12)	(13)
8	0	~	0.011708	0.011640	100000	1171	99005	7145629	71.46	0.043	94748	5197060	51.97	19.49
9	1	~	0.001311	0.005229	98829	517	394283	7046624	71.30	0.062	369838	5102312	51.63	19.67
10	5	~	0.000589	0.002940	98312	289	490840	6652341	67.67	0.096	443719	4732475	48.14	19.53
11	10	~	0.000609	0.003043	98023	298	489371	6161502	62.86	0.088	446307	4288756	43.75	19.11
12	15	~	0.000846	0.004222	97725	413	487594	5672130	58.04	0.073	452000	3842449	39.32	18.72
13	20	~	0.001025	0.005113	97313	498	485319	5184536	53.28	0.121	426595	3390449	34.84	18.44
14	25	~	0.001076	0.005367	96815	520	482776	4699217	48.54	0.138	416153	2963854	30.61	17.92
15	30	~	0.001005	0.005011	96295	483	480270	4216442	43.79	0.205	381815	2547701	26.46	17.33
16	35	~	0.001207	0.006017	95813	576	477623	3736171	38.99	0.259	353919	2165886	22.61	16.39
17	40	~	0.002262	0.011246	95236	1071	473504	3258548	34.22	0.323	320562	1811968	19.03	15.19
18	45	~	0.003785	0.018747	94165	1765	466413	2785044	29.58	0.308	322758	1491406	15.84	13.74
19	50	~	0.006424	0.031615	92400	2921	454697	2318631	25.09	0.384	280093	1168647	12.65	12.45
20	55	~	0.015384	0.074072	89479	6628	430824	1863934	20.83	0.427	246862	888554	9.93	10.90
21	60	~	0.026671	0.125021	82851	10358	388359	1433109	17.30	0.464	208161	641692	7.75	9.55
22	65	~	0.034807	0.160104	72493	11606	333448	1044750	14.41	0.503	165724	433531	5.98	8.43
23	70	~	0.051161	0.226798	60886	13809	269910	711302	11.68	0.538	124698	267808	4.40	7.28
24	75	~	0.097063	0.390546	47077	18386	189423	441393	9.38	0.597	76337	143109	3.04	6.34
25	80	~	0.113869	1.000000	28692	28692	251970	251970	8.78	0.735	66772	66772	2.33	6.45

图 18 -4　健康期望寿命表的结果

第十九章　灰色序列预测模型

灰色系列预测模型（Gray series prediction model，GM）是一种以时间序列资料为基础，通过建立有规律的转换生成数列的回归方程，并对某现象的动态发展趋势进行预测的分析方法。GM（1，1）表示1阶、1个变量的微分方程模型，是GM模型中应用较多的一种。

一、实例

【例19－1】某市连续17年的年度性病报告发病资料如下（人），资料见表19－1，试应用GM模型预测后3年的性病发病情况。

表19－1　某市17年的年度性病报告发病数（人）

年份（年）	1983	1984	1985	1986	1987	1988	1989	1990	1991
发病数（人）	55	65	67	463	1680	3276	5851	3118	6066
年份（年）	1992	1993	1994	1995	1996	1997	1998	1999	
发病数（人）	5382	6998	7270	8992	11488	10099	12691	11006	

二、公式

设由 $n+1$ 个原始数据组成的原始数列为 X_t（$t=0$，1，2，3，…，n），其模型的建立步骤如下：

1．累加生成 Y_t

原始数列 X_t 的累加生成数列为 Y_t：

$$Y_t=\sum_{i=0}^{t}X_t \qquad (t=0,1,2,\cdots,n)$$

2．均值生成

对累加生成数列 Y_t 按下列公式生成均值：

$$Z_t=(Y_t+Y_{t-1})/2 \qquad (t=1,2,\cdots,n)$$

3．建立GM（1，1）模型

Y_t 估计值 $\hat{Y}_t$ 的1阶线形微分方程：

$$\frac{d\hat{Y}_t}{dt}+\alpha\hat{Y}_t=\mu$$

此式即为GM（1，1）模型，按微分方程的求解方法得到：

$$\hat{Y}_t=(X_0-\frac{\mu}{\alpha})e^{-\alpha t}+\frac{\mu}{\alpha} \qquad (t=0,1,2,\cdots,n)$$

式中 X_0 为初始时刻（$t=0$ 时）的原始数据，μ、α 为待定系数，根据最小二乘法估计参数向量，按矩阵运算法则得到其表达式为：

$$\mu=[(\sum_{t=1}^{n}Z_t^2)(\sum_{t=1}^{n}X_t)-(\sum_{t=1}^{n}Z_t)(\sum_{t=1}^{n}X_tZ_t)]/[n(\sum_{t=1}^{n}Z_t^2)-(\sum_{t=1}^{n}Z_t)^2]$$

$$\alpha=[(\sum_{t=1}^{n}X_t)(\sum_{t=1}^{n}Z_t)-n(\sum_{t=1}^{n}X_tZ_t)]/[n(\sum_{t=1}^{n}Z_t^2)-(\sum_{t=1}^{n}Z_t)^2]$$

4. 计算 X_t 的估计值 $\hat{X}_t$

$$\hat{X}_t=\hat{Y}_t-\hat{Y}_{t-1}\qquad(t=1,\ 2,\ \cdots,\ n)$$

5. 计算后验差比值 C 和小误差概率 P

设数列 X_t 和数列 $\delta_t=X_t-\hat{X}_t(t=1,\ 2,\ \cdots,\ n)$ 的标准差分别为 S_1 和 S_2：

$$S_1=\sqrt{\frac{\sum_{t=1}^{n}(X_t-\overline{X})^2}{n}}\qquad（其中\ \overline{X}=\frac{\sum_{t=1}^{n}X_t}{n}）$$

$$S_2=\sqrt{\frac{\sum_{t=1}^{n}(\delta_t-\overline{\delta})^2}{n}}\qquad（其中\ \overline{\delta}=\frac{\sum_{t=1}^{n}\delta_t}{n}）$$

$$C=S_2/S_1$$

$$p=p(|\delta_t-\overline{\delta}|<0.6745\ S_1)=\frac{\sum k}{n}$$

（其中 $\sum k$ 为 $|\delta_t-\overline{\delta}|<0.6745\ S_1$ 的总例数）

6. 外推预测

根据 C、P 值的计算结果，按表 19－2 的方法进行预测精度等级判定：

表 19－2　预测精度的等级判定

预测精度等级	P 值	C 值
好	>0.95	<0.35
合格	>0.80	<0.50
基本合格	>0.70	<0.65
不合格	$\leqslant 0.70$	$\geqslant 0.50$

若预测精度的等级达到一定的要求，可按下式进行外推预测：

$$\hat{X}_t=\hat{Y}_t-\hat{Y}_{t-1}\qquad(t=n+1,\ n+2,\ \cdots,\ n+k)$$

三、Excel 程序

1. 建立表格结构，输入数据

表格结构包括 t、X_t、X_{t-0}、Y_t、Z_t、Z_t^2、X_tZ_t、$\hat{Y}_t$、$\hat{X}_t$、δ_t、$|\delta_t-\overline{\delta}|$、$k$ 值，$\sum X_{t-0}$、$\sum Z_t$、$\sum Z_t^2$、$\sum X_tZ_t$、D、α、μ、$\overline{\delta}$、S_1、S_2、$0.6745S_1$、$C=S_1/S_2$、$\sum k$、p 值以及评价等级和提示；在 C3～C19 单元格依次录入原始数据，见图 19－1。

	B	C	D	E	F	G	H	I	J	K	L	M	N	O
1	GM（1,1）模型的EXCEL计算表													
2	t	X_t	X_{t-0}	Y_t	Z_t	Z_t^2	X_tZ_t	$\hat{Y}_t$	$\hat{X}_t$	δ_t	$\lvert\delta_t-\bar{\delta}\rvert$	k	评价指标与结果	
3	0	55											$\sum X_{t-0}$	
4	1	65											$\sum Z_T$	
5	2	67											$\sum Z_T^2$	
6	3	463											$\sum Z_T X_t$	
7	4	1680											D	
8	5	3276											a	
9	6	5851											μ	
10	7	3118											$\bar{\delta}$	
11	8	6066											S_1	
12	9	5382											S_2	
13	10	6998											$0.6745S_1$	
14	11	7270											$C=S_2/S_1$	
15	12	8992											$\sum k$	
16	13	11488											p	
17	14	10099											评价等级	
18	15	12694											提示：	
19	16	11006												

图 19－1　GM（1，1）模型的表格结构与数据

2．依据录入的数据和预测的年数，计算 t 值（0，1，…，n，$n+1$，$n+2$，$n+3$）本例设置 20 年数据，预测 3 年，即在 B3～B25 单元格编程，见表 19－3。

表 19－3　GM（1，1）模型 t 值的计算程序

	B
2	t
3	0
4	=IF(OR(C4<>"",C3<>"",C2<>"",C1<>""),B3+1,IF(OR(C4<>"",C3<>"",C2<>""),COUNT(C:C)+2,IF(OR(C4<>"",C3<>""),COUNT(C:C)+1,IF(OR(C4<>""),COUNT(C:C),""))))
5	=IF(OR(C5<>"",C4<>"",C3<>"",C2<>""),B4+1,IF(OR(C5<>"",C4<>"",C3<>""),COUNT(C:C)+2,IF(OR(C5<>"",C4<>""),COUNT(C:C)+1,IF(OR(C5<>""),COUNT(C:C),""))))
6	=IF(OR(C6<>"",C5<>"",C4<>"",C3<>""),B5+1,IF(OR(C6<>"",C5<>"",C4<>""),COUNT(C:C)+2,IF(OR(C6<>"",C5<>""),COUNT(C:C)+1,IF(OR(C6<>""),COUNT(C:C),""))))
…	…

3．X_{t-0}、Y_t、Z_t、Z_t^2、X_tZ_t 的计算

见表 19－4。

表 19－4　GM（1，1）模型 X_{t-0}、Y_t、Z_t、Z_t^2、X_tZ_t 值的计算程序

	D	E	F	G	H
2	X_{t-0}	Y_t	Z_t	Z_t^2	X_tZ_t
3	=IF(AND(B3>0,C3<>""),C3,"")	=IF(C3<>"",ROUND((E2+C3),3),"")	=IF(D3<>"",(E2+E3)/2,"")	=IF(D3<>"",POWER(F3,2),"")	=IF(D3<>"",C3*F3,"")
4	=IF(AND(B4>0,C4<>""),C4,"")	=IF(C4<>"",ROUND((E3+C4),3),"")	=IF(D4<>"",(E3+E4)/2,"")	=IF(D4<>"",POWER(F4,2),"")	=IF(D4<>"",C4*F4,"")
5	=IF(AND(B5>0,C5<>""),C5,"")	=IF(C5<>"",ROUND((E4+C5),3),"")	=IF(D5<>"",(E4+E5)/2,"")	=IF(D5<>"",POWER(F5,2),"")	=IF(D5<>"",C5*F5,"")
6	=IF(AND(B6>0,C6<>""),C6,"")	=IF(C6<>"",ROUND((E5+C6),3),"")	=IF(D6<>"",(E5+E6)/2,"")	=IF(D6<>"",POWER(F6,2),"")	=IF(D6<>"",C6*F6,"")
…	…	…	…	…	…

4．$\hat{Y}_t$、$\hat{X}_t$ 的计算

见表 19－5。

表 19－5　GM（1，1）模型 $\hat{Y}_t$、$\hat{X}_t$ 值的计算程序

	I	J
2	$\hat{Y}_t$	$\hat{X}_t$
3	=IF(B3<>"",ROUND(($C$3-O$9/O$8)*EXP(-O$8*B3)+O$9/O$8,2),"")	=IF(B3<>"",IF(B3=0,"",I3-I2),"")
4	=IF(B4<>"",ROUND(($C$3-O$9/O$8)*EXP(-O$8*B4)+O$9/O$8,2),"")	=IF(B4<>"",IF(B4=0,0,I4-I3),"")
5	=IF(B5<>"",ROUND(($C$3-O$9/O$8)*EXP(-O$8*B5)+O$9/O$8,2),"")	=IF(B5<>"",IF(B5=0,0,I5-I4),"")
6	=IF(B6<>"",ROUND(($C$3-O$9/O$8)*EXP(-O$8*B6)+O$9/O$8,2),"")	=IF(B6<>"",IF(B6=0,0,I6-I5),"")
…	…	…

5. δ_t、$\vert\delta_t-\bar{\delta}\vert$、$k$ 值的计算

见表 19－6。

表 19－6　GM（1,1）模型 δ_t、$\vert\delta_t-\bar{\delta}\vert$、$k$ 值的计算程序

	K	L	M
2	δ_t	$\vert\delta_t-\bar{\delta}\vert$	k
3	=IF(AND(B3>0,C3<>""),ROUND((C3-J3),4),"")	=IF(AND(B3>0,C3<>""),ROUND(ABS(K3-$O$10),2),"")	=IF(AND(B3>0,C3<>""),IF(L3<$O$13,1,0),"")
4	=IF(AND(B4>0,C4<>""),ROUND((C4-J4),4),"")	=IF(AND(B4>0,C4<>""),ROUND(ABS(K4-$O$10),2),"")	=IF(AND(B4>0,C4<>""),IF(L4<$O$13,1,0),"")
5	=IF(AND(B5>0,C5<>""),ROUND((C5-J5),4),"")	=IF(AND(B5>0,C5<>""),ROUND(ABS(K5-$O$10),2),"")	=IF(AND(B5>0,C5<>""),IF(L5<$O$13,1,0),"")
6	=IF(AND(B6>0,C6<>""),ROUND((C6-J6),4),"")	=IF(AND(B6>0,C6<>""),ROUND(ABS(K6-$O$10),2),"")	=IF(AND(B6>0,C6<>""),IF(L6<$O$13,1,0),"")
…	…	…	…

6. 其他评价指标与结果

见表 19－7。

表 19－7　GM（1,1）模型其他评价指标的计算程序

	N	O
2	评价指标与结果	
3	ΣX_{t-0}	=SUM(D:D)
4	$\sum Z_t$	=SUM(F:F)
5	$\sum Z_t^2$	=SUM(G:G)
6	$\sum Z_t X_t$	=SUM(H:H)
7	D	=ROUND((COUNT(D:D)*O5-POWER(O4,2)),4)
8	a	=ROUND((O3*O4-COUNT(D:D)*O6)/O7,4)
9	μ	=ROUND((O5*O3-O4*O6)/O7,4)
10	$\bar{\delta}$	=ROUND(AVERAGE(K:K),4)
11	S_1	=ROUND(STDEVP(D:D),4)
12	S_2	=ROUND(STDEVP(K:K),4)
13	$0.6745S_1$	=ROUND(0.6745*O11,4)
14	$c=S_2/S_1$	=ROUND((O12/O11),6)
15	$\sum k$	=SUM(M:M)
16	p	=ROUND((O15/COUNT(D:D)),4)
17	评价等级	=IF(AND(O16>0.95,O14<0.35),"优秀",IF(AND(O16>0.8,O14<0.5),"合格",IF(AND(O16>0.7,O14<0.65),"基本合格","不合格")))
18	提示:	J 列最后 3 行是预测结果

四、结果显示

程序操作界面及结果显示如图 19－2 所示。

	B	C	D	E	F	G	H	I	J	K	L	M	N	O
1	GM（1.1）模型的EXCEL计算表													
2	t	X_t	X_{t-0}	Y_t	Z_t	Z_t^2	X_tZ_t	$\hat{Y}_t$	$\hat{X}_t$	δ_t	$\lvert\delta_t-\bar{\delta}\rvert$	k	评价指标与结果	
3	0	55		55				55					$\sum X_{t-0}$	94515
4	1	65	65	120	87.5	7656.3	5687.5	2257.64	2203	-2137.64	950.16	1	$\sum Z_t$	466701.5
5	2	67	67	187	153.5	23562.3	10284.5	4771.35	2514	-2446.71	1259.23	1	$\sum Z_t^2$	26591588837
6	3	463	463	650	418.5	175142.3	193765.5	7640.05	2869	-2405.7	1218.22	1	$\sum Z_tX_t$	4471740938
7	4	1680	1680	2330	1490.0	2220100.0	2503200.0	10913.87	3274	-1593.82	406.34	1	D	207655131293.75
8	5	3276	3276	5606	3968.0	15745024.0	12999168.0	14650.03	3736	-460.16	727.32	1	α	-0.1321
9	6	5851	5851	11457	8531.5	72786492.3	49917806.5	18913.82	4264	1587.21	2774.69	0	μ	2053.0955
10	7	3118	3118	14575	13016.0	169416256.0	40583888.0	23779.75	4866	-1747.93	560.45	1	$\bar{\delta}$	-1187.4775
11	8	6066	6066	20641	17608.0	310041664.0	106810128.0	29332.86	5553	512.89	1700.37	1	S_1	4062.7332
12	9	5382	5382	26023	23332.0	544382224.0	125572824.0	35670.19	6337	-955.33	232.15	1	S_2	1503.2211
13	10	6998	6998	33021	29522.0	871548484.0	206594956.0	42902.5	7232	-234.31	953.17	1	$0.6745S_1$	2740.3135
14	11	7270	7270	40291	36656.0	1343662336.0	266489120.0	51156.17	8254	-983.67	203.81	1	$C=S_2/S_1$	0.370002
15	12	8992	8992	49283	44787.0	2005875369.0	402724704.0	60575.45	9419	-427.28	760.2	1	$\sum k$	14
16	13	11488	11488	60771	55027.0	3027970729.0	632150176.0	71324.94	10749	738.51	1925.99	1	p	0.875
17	14	10099	10099	70870	65820.5	4332338220.3	664721229.5	83592.5	12268	-2168.56	981.08	1	评价等级	合格
18	15	12694	12694	83564	77217.0	5962465089.0	980192598.0	97592.51	14000	-1306.01	118.53	1	提示：	J列最后3行是预测结果
19	16	11006	11006	94570	89067.0	7932930489.0	980271402.0	113569.64	15977	-4971.13	3783.65	0		
20	17							131803.09	18233					
21	18							152611.52	20808					
22	19							176358.57	23747					

图 19－2　GM（1，1）模型的计算结果

本例 GM（1，1）模型预测后 3 年的性病发病数分别为 18233 人、20808 人、23747 人，C 值 0.370002，P 值 0.875，评价等级“合格”。

五、提示

（1）GM（1，1）模型的应用可分为模型建立、模型检验（包括后验差检验、残差大小检验、关联度检验）、模型修正三部分。本例只介绍了模型建立和后验差评价，其余没有述及。

（2）本程序只设置了 20 个序列数据，预测 3 年的结果。如果原始序列数据超过了 20 个，可以通过下拉复制功能操作；预测 3 年以上的结果，只需适当更改时间序列 t 值、Y_t 估计值 $\hat{Y}_t$、X_t 估计值 $\hat{X}_t$ 即可。

第二十章 德尔菲法

德尔菲（Delphi）法是美国兰德公司于20世纪50年代末开发的一种专家调查法，其核心是采取匿名方式征求专家的意见，领导小组对每一轮的意见都进行汇总整理，作为参考资料再寄发给每位专家，供专家分析判断，提出新的论证意见，如此多次反复，意见逐步统一，得到比较一致的且可靠性较大的结论或方案。

第一节 专家情况、意见集中、协调、权威程度及按指标重要性评分计算权重

不同类型 Delphi 法资料的统计处理方法虽不完全相同，但评价指标相对重要性类型资料的分析处理基本包括了其他问题类型的统计分析方法，如预测事件时间问题的统计分析可通过计算专家意见的四分位数实现，择优选择方案问题则可通过求解专家评分的算术均数和满分比完成。故以评价指标相对重要性类型资料为例介绍 Delphi 法统计分析方法，基本可分为 3 部分：专家情况的描述、指标评分情况的统计分析及指标权重的计算。

1. 专家情况的描述

（1）对专家的性别、年龄、职务、专业、文化程度、从事专业的年限等进行描述性分析，以了解专家的基本情况，说明参加该项目专家的专业水平、经验丰富程度等。

（2）分析专家的积极情况，即咨询表的回收率。包括不同专业、文化程度、从事专业年限专家的问卷回收情况。

（3）计算专家的权威程度。专家权威程度取决于判断系数和熟悉程度，二者的算术均值即为权威程度。专家的权威程度越大，说明其判断的科学性越大，其结果可信度越高。

2. 指标评分情况的统计分析

（1）分析专家意见的集中程度。主要统计指标有算术均数、标准差、满分比、等级总和、等级均值、中位数、四分位数等，其中指标的均数、满分比、等级总和、等级均值、中位数越大，说明该指标越重要，反之，越不重要。

（2）分析专家意见的协调程度。常用指标有变异系数、协调系数（又称肯德尔和谐系数，Kendall coefficient of concordance）。协调系数在 0 至 1 之间，一般随着咨询次数的增加，其数值会逐渐变大。变异系数越小、协调系数越大，说明专家的意见越一致。协调系数可按公式进行检验，如检验结果有显著性，则认为专家意见的协调性好，反之则认为评估或预测结论的可信度差，结果不可取。

3. 指标权重的计算

（1）根据专家对指标的重要性评分计算权重，如不考虑专家权威程度，可选用直接估

计法、百分权重法、秩和比法、对比排序法和专家排序法；如考虑专家熟悉程度，可选用改进比例分配法；如考虑专家权威程度，可选用加权均值法。

（2）专家直接评定指标权重，如直接打分法、层次分析法、优序图法。此类方法让专家直接估计指标的权重，其中层次分析法较为准确可靠，但从操作简便性来说，直接打分法和优序图法较好。层次分析法不适用于大样本调查，重新调整不符合一致性检验的问卷会费时费力。

一项 Delphi 法研究可以根据实际情况应用上述权重方法中的一种或若干种，较为常见的是运用不同权重计算方法求出不同等级指标的权重。

一、实例

【例 20－1】某应用 Delphi 法建立评价体系课题的第一轮调查数据。该问卷包括 8 个一级指标和 70 个二级指标，咨询内容为条目重要性评价、条目判断依据及影响程度和对条目的熟悉程度。要求对资料进行分析，见表 20－1。

表 20－1　某 Delphi 法调查的专家咨询表（一类指标）

咨询项目	条目重要性评价					条目判断主要依据及影响程度				对条目的熟悉程度				
	很重要	比较重要	一般重要	不太重要	不重要	判断主要依据	影响程度			很熟悉	比较熟悉	一般熟悉	不太熟悉	不熟悉
						理论依据（a）	大	中	小					
						实践经验（b）	大	中	小					
						国内外资料（c）	大	中	小					
	5	4	3	2	1	直觉（d）	大	中	小	5	4	3	2	1
A1						a___	b___	c___	d___					
A2						a___	b___	c___	d___					
A3						a___	b___	c___	d___					
A4						a___	b___	c___	d___					
A5						a___	b___	c___	d___					
A6						a___	b___	c___	d___					
A7						a___	b___	c___	d___					

二、公式

1. 专家意见集中程度

（1）均数：

$$M_j = \frac{1}{m_j}\sum_{i=1}^{m} C_{ij}$$

式中：M_j 表示 j 指标评价得分的均数，m_j 表示参加 j 指标评价的专家数，C_{ij} 表示 i 专家对 j 指标的评分值。

（2）满分比：

$$K_j = \frac{m'_j}{m_j}$$

式中：K_j 表示 j 指标评价的满分比，m'_j 表示给满分的专家数，m_j 表示参加 j 指标评价的专家数。

（3）等级和：

$$S_j = \sum_{i=1}^{m} R_{ij}$$

式中：S_j 表示 j 指标评分的等级和，R_{ij} 表示 i 专家对 j 指标的评分秩次。

将同一专家对不同指标的评分从低到高编秩，相同评分取平均秩，再将同一指标的评分秩次相加即为等级和。

（4）等级均值：

$$M_{sj} = \frac{1}{n}\sum_{j=1}^{n} S_j$$

式中：M_{sj} 表示 j 指标评分的等级均值，S_j 表示 j 指标评分的等级和，n 表示参加 j 指标评价的专家数。

2．专家意见协调程度

(1) 变异度：

$$V_j = \frac{\sigma_j}{M_j}$$

式中：σ_j 表示 j 指标评分的标准差，M_j 表示 j 指标评分均数。

（2）协调系数 W：

①计算 j 指标的评分等级和；

②计算 j 指标的等级均值；

③计算协调系数 W：

$$d_i = S_j - M_{sj}$$

$$\sum_{j=1}^{n} d_j^2 = \sum_{j=1}^{n} (S_j - M_{sj})^2$$

当所有专家就全部指标给出相同的评价时，W 的计算为：

$$W = \sum_{j=1}^{n} d_j^2 \Big/ \sum_{j=1}^{n} d_j^2 \ (\max)$$

当专家对各指标没有给出相同评价时，W 的计算为：

$$W = \frac{12}{m^2 - (n^3 - n)}\sum_{j=1}^{n} d_j^2$$

式中：n 表示指标数，m 表示专家总数。

当有相同等级时，上式的分母要减去修正系数 T_i：

$$W = \frac{12}{m^2 - (n^3 - n) - m\sum_{i=1}^{m} T_i}\sum_{j=1}^{n} d_j^2$$

式中：T_i 表示相同等级指标，$T_i = \sum_{i=1}^{L} (t_i^3 - t_i)$；$L$ 表示 i 专家在评价中相同的评价组

数；t_i 表示在 L 组中的相同等级数。

④协调程度的显著性检验——χ^2 检验

假设专家的意见按正态分布，则评估或预测的结果要进行显著性检验，按泊松（R. Pearson）χ^2 准则公式计算 χ_R^2 值：

$$\chi_R^2 = \frac{1}{mn(n+1) - \frac{1}{n-1}\sum_{i=1}^{m} T_i} \sum_{j=1}^{n} d_j^2$$

或

$$\chi_R^2 = m(n-1)W/12$$

自由度：$df = n-1$

根据自由度和显著性水平 α，从 χ^2 值表中查得 χ^2 值，如果 $\chi_R^2 > \chi^2$，则认为协调系数经检验后有显著性，说明专家意见协调性好，结果可取。反之，χ_R^2 越小，专家意见非偶然性协调的概率越大。

3. 权威程度

$$C_r = \frac{C_a + C_s}{2}$$

式中：C_a 为专家判断系数，C_s 为专家对指标的熟悉程度。

4. 计算指标权重

(1) 直接估计法：

$$W_j = \frac{M_j}{\sum M_{rj}}$$

式中：M_j 为 j 指标的指标重要性评分均值，M_{rj} 为 j 指标所在的一级指标中包括的所有二级指标的重要性评分均值。

(2) 加权均值法：

$$W'_j = \frac{\overline{X}_j C_j}{\sum \overline{X}_j C_{rj}}$$

式中：C_{rj} 为 j 指标的专家的权威系数，C_r 为 j 指标所在的一级指标中包括的所有二级指标中的权威系数。

(3) 秩和比法：

$$W_j = \frac{\overline{R}_j}{\sum_{j=1}^{n} \overline{R}_j}$$

式中：$\overline{R}_j$ 表示 j 指标的平均秩，n 表示指标数。

(4) 改进的比例分配法：

①计算专家对每个二级指标重要程度评分的均值；

②计算专家对每个二级指标熟悉程度的均值；

③把二级指标重要程度均值与熟悉程度均值的乘积作分子，该二级指标所归属的一级指标下包含的所有二级指标重要程度均值与熟悉程度均值的乘积的累加之和作分母，两者的比值即为该二级指标的权重系数。计算公式为：

$$W_{pj} = \frac{\overline{X}_{pj} \times \overline{\lambda}_{pj}}{\sum_{j=1}^{n} \overline{X}_{pj} \times \overline{\lambda}_{pj}}$$

式中：p 表示第 p 个一级指标；n 表示归属于第 p 个一级指标下的二级指标个数；$\overline{X}_{pj}$ 表示归属于第 p 个一级指标下的第 j 个二级指标的重要程度均值，即 M_j；$\overline{\lambda}_{pj}$ 表示归属于第 p 个一级指标下的第 j 个二级指标的专家权重均值。

（5）百分权重值法：

$$S_j = \sum_{i=1}^{n} B_i N_i$$

式中：j 为 1，2，…，m 被评价指标数；i 为 1，2，…，n 评价的等级数；S_j 为第 j 个指标的等级分总和；B_i 为排在第 i 等级的得分；N_i 表示某指标在第 i 等级的专家打分频数。

$$W_j = \frac{S_j}{N\sum_{i=1}^{n} B_i}$$

式中：W_j 为第 j 个指标的百分权重值，N 表示对该问题作出回答的频数。

（6）对比排序法：

将每名专家各指标按重要程度升序编秩（最不重要为 1，依次递增），同等重要的取平均秩。

$$W'_j = \frac{\sum f_k - \log_m k}{n}$$

其中，f 为 k 的频数，m 为指标数，n 为专家数。再进行归一化处理，公式为：

$$W_j = W'_j / \sum W'_j$$

（7）专家排序法：

根据各指标的重要程度降序编秩（最重要为 1，依次递增），权重分配的计算公式为：

$$W_j = 2\ [m(1+n) - R_j]\ /\ [mn(1+n)];\ j = 1,\ 2,\ \cdots,\ n$$

式中：m 为专家人数，n 为因素个数，R_j 为 j 指标的秩和。

三、Excel 程序

统计分析程序分为数据输入和结果显示两部分区域，数据输入区域位于界面左侧，统计结果显示区域位于界面右侧。程序的使用方法为：在数据输入区输入数据后，即可在结果显示区读取统计计算结果。

根据文献建议的 Delphi 法专家数为 15 ~ 50 名，考虑专家可能拒绝调查或中途退出，因此实际操作中需要多预选一些专家，程序设置专家数最多为 60 名。Delphi 法函询问题的设置一般采用分层指标，即从专业上定义若干个上级指标下分别包含下级指标，由于 Delphi 法的总问题数量不宜超过 50 个，而且同类指标（即同一个上级指标的下级指标）之间存在相互比较以设定权重的问题，因此同类指标不宜设置过多。在实际应用中，同类指标一般不超过 10 个，故程序设定同类指标数最多为 15 个。计算同一级或同一轮咨询的协调系数时，考虑在函询早期问题数量可能较多，程序将问题数最多设为 100 个。指标级数则没有限制。

（一）数据输入区

数据输入区域包括专家情况、指标评分、专家权威情况及专家直接评定指标权重法 4 部分。

1. 专家情况

首先将专家的职称、职务、文化程度、专业及机构按类别进行赋值，并输入对应类别专家的问卷发放数，如下图 B6: P20 部分。输入文字的同时左端的序号自动生成，如下图的专家职称为“教授”者定义为“1”，录入该项数据后程序按该定义进行统计，见图 20－1。

	B	C	D	E	F	G	H	I	J	K	L	M	N	O	P
1	**数据输入区域**														
2	说明：规定专家的职称、职务等变量的赋值（如在“职称”列下“1”对应的右边单元格输入“教授”，则在数据录入时职称项输入“1”即表示该专家职称为教授）；问卷数是指发放给该类别专家的问卷发放数。														
4	**变量赋值及发放问卷数**														
5		职称	问卷数		职务	问卷数		文化程度	问卷数		专业	问卷数		机构	问卷数
6	1	教授	23	1	主任	20	1	博士	12	1	心理学	3	1	高校	31
7	2	副教授	8	2	副主任	3	2	硕士	17	2	营养与食品	3			
8				3	院长	3	3	本科	2	3	青少年卫生	4			
9				4	副院长	5				4	护理	2			
10										5	流行病	10			
11										6	卫生管理	2			
12										7	青少年行为医学	1			
13										8	学生身心危机	1			
14										9	健康教育	4			
15										10	社会医学	1			
16															
17															
18															
19															
20															

图 20－1　专家基本情况赋值及发放问卷数输入区

根据变量赋值录入专家情况数据，见图 20－2。

	专家	年龄	职称	职务	专业	从业年限	文化程度	机构
22	说明：分类变量按变量赋值表的赋值情况进行数据录入，年龄、从业年限直接录入。							
23	**专家情况数据录入**							
25	1	40	2	1	1	15	1	1
26	2	54	1	2	5	30	2	1
27	3	55	1	1	5	30	1	1
28	4	63	1	1	5	40	1	1
29		39	2	1	4	14	2	1
30		52	1	3	3	28	1	1
31		53	1	1	2	28	2	1
32		40	2	3	9	15	1	1
33		38	2	[illegible]	[illegible]	13	2	1
34		51	1	1	5	26	2	1
35		51	1	1	2	26	1	1
36	12	39	2	1	8	14	2	1
37	13	48	1	1	6	23	1	1
38	14	41	1	4	3	16	1	1
39	15	51	1	3	10	26	1	1
40	16	58	1	1	9	33	2	1
41	17	47	1	4	5	23	2	1
42	18	41	1	2	5	16	1	1
43	19	50	1	1	7	25	2	1
44	20	55	1	4	9	30	1	1

自动生成专家序号

专家情况数据输入区域

图 20－2　专家基本情况录入区

2. 指标评分及专家权威程度

定义上级、下级指标的名称和指标满分值后，输入每个指标的重要性评分，见图 20－3。

图 20－3　同类指标评分输入区

根据实际情况定义判断依据的来源，如输入“理论分析”、“实践经验”、“国内外资料”、“直觉”等，最多可定义 6 个，然后分别输入熟悉程度及判断依据的数据，见图 20－4 和图 20－5。

图 20－4　专家权威程度输入区

	Q	R/S	T	U	V	W	X	Y	Z	AA	AB	AC
133		说明：输入所有指标评分后，如需计算同级指标或一轮所有指标的专家意见协调情况，则复制同级或所有指标的专家评分表数据至下表。										
134		指标评分表										
135		指标名称	专家1	专家2	专家3	专家4	专家5	专家6	专家7	专家8	专家9	专家10
136		剧烈运动前做热身	3	4	5	3	4	4	4	4	5	3
137		每周至少做三次较剧烈的运动	4	4	3	5	4	4	3	3	5	4
138		每天坚持30~60分钟有氧运动	4	3	3	5	4	5	4	3	4	5
139		饭后马上运动	4	2	5	4	5	4	2	4	4	3
140		运动时注意补水	3	3	5	4	5	5	4	4	4	3
141		睡前半小时运动	2	4	4	4	4	3	2	4	4	2
142		去不安全场所游泳	3	复制同一级或一轮的指标重要性评分至本表					1	2	5	5
143		你每天吃早餐吗?	5	5	4	5	5	4	5	5	4	5
144		你每天按时吃三餐吗?	4	4	5	4	5	4	5	5	4	5
145		你每天喝1200ml左右的水吗?	4	3	3	5	5	4	5	4	4	2
146		你每天食用奶类及其制品吗?	3	4	3	5	3	4	5	3	4	4
147		你每天食用豆类及其制品吗?	3	3	3	5	3	4	5	3	4	3
148		你每天食用富含纤维素的食物吗?	3	3	3	4	4	5	4	4	4	4
149		你日常膳食以谷物为主，注意搭配吗?	3	4	4	4	4	5	5	3	4	4
150		你会有意识选择清淡少盐的食物吗?	4	5	4	5	3	4	5	3	4	4
151		你暴饮暴食吗?	4	3	5	5	5	4	4	4	4	4
152		你睡前饱食吗?	3	2	5	5	4	4	3	4	4	3

图 20－5　同一级或同一轮指标评分输入区

3．编写程序

程序见表 20－2、表 20－3 和表 20－4。

表 20－2　专家情况变量赋值及问卷发放数输入表的程序

	B	C	D	E	F	G	…	N	O	P
5	职称		问卷数	职务		问卷数	…	机构		问卷数
6	=IF(C6<>"",1,"")	定义赋值	录入对应的问卷发放数	=IF(F6<>"",1,"")	定义赋值	录入对应的问卷发放数	…	=IF(O6<>"",1,"")	定义赋值	录入对应的问卷发放数
7	=IF(C7<>"",2,"")			=IF(F7<>"",2,"")			…	=IF(O7<>"",2,"")		
8	=IF(C8<>"",3,"")			=IF(F8<>"",3,"")			…	=IF(O8<>"",3,"")		
…	…			…			…	…		
20	=IF(C20<>"",15,"")			=IF(F20<>"",15,"")			…	=IF(O20<>"",15,"")		

表 20－3　专家基本情况数据输入表的程序

	B	C	D	E	F	G	H	I	J	K	L	M	N	O	P
24	专家	年龄		职称		职务		专业		从业年限		文化程度		机构	
25	=IF(C25<>"",1,"")	数据录入区域													
26	=IF(C26<>"",B25+1,"")														
…	…														
84	=IF(C84<>"",B83+1,"")														

表 20-4　专家权威程度数据输入表的程序

	R	S	T	U	V	W	X	Y	…	CA
24	专家判断依据为：		1	2	3	4	5	6		
25			定义判断依据来源							
26	指标名称	权威程度指标	专家 1	专家 2	专家 3	专家 4	专家 5	专家 6	…	专家 60
27	=IF(R6<>"",R6,"")	=IF(R6<>"","熟悉程度","")								
28		=IF(AND(R6<>"",T25<>""),T25,"")								
29		=IF(AND(R6<>"",U25<>""),U25,"")								
30		=IF(AND(R6<>"",V25<>""),V25,"")								
…		…								
33		=IF(AND(R6<>"",Y25<>""),Y25,"")								
34	=IF(R7<>"",R7,"")	=IF(R7<>"",S27,"")	数据录入区域							
35		=IF(R7<>"",S28,"")								
36		=IF(R7<>"",S29,"")								
…		…								
40		=IF(R7<>"",S33,"")								
…	…	…								
125	=IF(R20<>"",R20,"")	=IF(R20<>"",S118,"")								
126		=IF(R20<>"",S119,"")								
…		…								
131		=IF(R20<>"",S124,"")								

（二）结果显示区

编写程序见表 20-5 至表 20-10。

EN3 单元格显示专家人数，输入程序：=IF（B25 < > “”，COUNT（B25:B84），0），EN4 单元格显示指标数，输入程序：=15-COUNTBLANK（R6:R20）。

表 20-5　专家基本情况结果显示区的程序（年龄、从业年限）

	EN	EO	EP	EQ	ER	ES
5	年龄（岁）	人数	%	从业年限	人数	%
6	=IF(C25<>"","20～","")	=IF(C25<>"",COUNTIF(C25:C84,">=20")-COUNTIF(C25:C84,">=30"),"")	=IF(EN6<>"",EO6*100/EO3,"")	=IF(K25<>"","5～","")	=IF(K25<>"",COUNTIF(K25:K84,">=5")-COUNTIF(K25:K84,">=10"),"")	=IF(EQ6<>"",ER6*100/EO3,"")
7	=IF(C25<>"","30～","")	=IF(C25<>"",COUNTIF(C25:C84,">=30")-COUNTIF(C25:C84,">=40"),"")	=IF(EN7<>"",EO7*100/EO3,"")	=IF(K25<>"","10～","")	=IF(K25<>"",COUNTIF(K25:K84,">=10")-COUNTIF(K25:K84,">=15"),"")	=IF(EQ7<>"",ER7*100/EO3,"")
…	…	…	…	…	…	…
11	=IF(C25<>"","70～","")	=IF(C25<>"",COUNTIF(C25:C74,">=70"),"")	=IF(EN11<>"",EO11*100/EO3,"")	=IF(K25<>"","30～","")	=IF(K25<>"",COUNTIF(K25:K84,">=30"),"")	=IF(EQ11<>"",ER11*100/EO3,"")

表 20－6　专家基本情况结果显示区的程序（职称、职务、文化程度、专业、机构）

	ET	EU	EV	EW	EX	EY	…	FF	FG	FH
5	职称	人数	%	职务	人数	%	…	机构	人数	%
6	=IF(C6<>"",C6,"")	=IF(ET6<>"",COUNTIF(E25:E84,"1"),"")	=IF(ET6<>"",EU6*100/EO3,"")	=IF(F6<>"",F6,"")	=IF(EW6<>"",COUNTIF(G25:G84,"1"),"")	=IF(EW6<>"",EX6*100/EO3,"")	…	=IF(O6<>"",O6,"")	=IF(FF6<>"",COUNTIF(O25:O84,"1"),"")	=IF(FF6<>"",FG6*100/EO3,"")
7	=IF(C7<>"",C7,"")	=IF(ET7<>"",COUNTIF(E25:E84,"2"),"")	=IF(ET7<>"",EU7*100/EO3,"")	=IF(F7<>"",F7,"")	=IF(EW7<>"",COUNTIF(G25:G84,"2"),"")	=IF(EW7<>"",EX7*100/EO3,"")	…	=IF(O7<>"",O7,"")	=IF(FF7<>"",COUNTIF(O25:O84,"2"),"")	=IF(FF7<>"",FG7*100/EO3,"")
…	…	…	…	…	…	…	…	…	…	…
11	=IF(C20<>"",C20,"")	=IF(ET20<>"",COUNTIF(E25:E84,"15"),"")	=IF(ET20<>"",EU20*100/EO3,"")	=IF(F20<>"",F20,"")	=IF(EW20<>"",COUNTIF(G25:G84,"15"),"")	=IF(EW20<>"",EX20*100/EO3,"")	…	=IF(O20<>"",O20,"")	=IF(FF20<>"",COUNTIF(O25:O84,"15"),"")	=IF(FF20<>"",FG20*100/EO3,"")

EN23 单元格显示总回收率，输入程序：=（EO3/EO24）＊100&"％，EN24 单元格显示问卷发放数，输入：＝SUM（M6：M22）。

表 20－7　专家积极系数结果显示区的程序

	EN	EO	EP	EQ	…	EV	EW
25	职称	回收率(%)	职务	回收率(%)	…	机构	回收率(%)
26	=ET6	=IF(D6<>"",EU6*100/D6,"")	=EW6	=IF(G6<>"",EX6*100/G6,"")	…	=FF6	=IF(P6<>"",FG6*100/P6,"")
27	=ET7	=IF(D7<>"",EU7*100/D7,"")	=EW7	=IF(G7<>"",EX7*100/G7,"")	…	=FF7	=IF(P7<>"",FG7*100/P7,"")
28	=ET8	=IF(D8<>"",EU8*100/D8,"")	=EW8	=IF(G8<>"",EX8*100/G8,"")	…	=FF8	=IF(P8<>"",FG8*100/P8,"")
…	…	…	…	…	…	…	…
40	=ET20	=IF(D20<>"",EU20*100/D20,"")	=EW20	=IF(G20<>"",EX20*100/G20,"")	…	=FF20	=IF(P20<>"",FG20*100/P20,"")

表 20－8　同类指标评分集中程度结果显示区的程序

	EN	EO	EP	EQ	ER	ES	ET	EU	EV	EW
43	上级指标	回答人数	集中程度							
44			评分均数	标准差	中位数	P_{25}~P_{75}	变异系数	满分比(%)	等级和	秩次均值
45	=IF(T4<>"",T4,"")	=IF(EO49<>"",AVERAGE(EO49:EO63),"")	=IF(T6<>"",AVERAGE(EP49:EP63),"")	=IF(T6<>"",STDEV(T6:CA20),"")	=IF(T6<>"",PERCENTILE(T6:CA20,0.5),"")	=IF(T6<>"",ROUND(QUARTILE(T6:CA20,3)-QUARTILE(T6:CA20,1),0),"")	=IF(T6<>"",EQ45/EP45,"")	=IF(T6<>"",COUNTIF(T6:CA20,W4)*100/COUNT(T6:CA20),"")	=IF(T6<>"",SUM(EV49:EV63),"")	=IF(T6<>"",AVERAGE(EW49:EW63),"")
46										
47	下级指标	回答人数	集中程度							
48			评分均数	标准差	中位数	P_{25}~P_{75}	变异系数	满分比(%)	等级和	等级均值
49	=IF(R6<>"",R6,"")	=IF(T6<>"",COUNT(T6:CA6),"")	=IF(T6<>"",AVERAGE(T6:CA6),"")	=IF(T6<>"",STDEV(T6:CA6),"")	=IF(T6<>"",PERCENTILE(T6:CA6,0.5),"")	=IF(T6<>"",ROUND(QUARTILE(T6:CA6,3)-QUARTILE(T6:CA6,1),0),"")	=IF(T6<>"",EQ49/EP49,"")	=IF(T6<>"",COUNTIF(T6:CA6,W4)*100/EO49,"")	=IF(FQ6<>"",SUM(FQ6:HX6),"")	=IF(FQ6<>"",AVERAGE(FQ6:HX6),"")
50	=IF(R7<>"",R7,"")	=IF(T7<>"",COUNT(T7:CA7),"")	=IF(T7<>"",AVERAGE(T7:CA7),"")	=IF(T7<>"",STDEV(T7:CA7),"")	=IF(T7<>"",PERCENTILE(T7:CA7,0.5),"")	=IF(T7<>"",ROUND(QUARTILE(T7:CA7,3)-QUARTILE(T7:CA7,1),0),"")	=IF(T7<>"",EQ50/EP50,"")	=IF(T7<>"",COUNTIF(T7:CA7,W4)*100/EO50,"")	=IF(FQ7<>"",SUM(FQ7:HX7),"")	=IF(FQ7<>"",AVERAGE(FQ7:HX7),"")
…	…	…	…	…	…	…	…	…	…	…
63	=IF(R20<>"",R20,"")	=IF(T20<>"",COUNT(T20:CA20),"")	=IF(T20<>"",AVERAGE(T20:CA20),"")	=IF(T20<>"",STDEV(T20:CA20),"")	=IF(T20<>"",PERCENTILE(T20:CA20,0.5),"")	=IF(T20<>"",ROUND(QUARTILE(T20:CA20,3)-QUARTILE(T20:CA20,1),0),"")	=IF(T20<>"",EQ63/EP63,"")	=IF(T20<>"",COUNTIF(T20:CA20,W4)*100/EO63,"")	=IF(FQ20<>"",SUM(FQ20:HX20),"")	=IF(FQ20<>"",AVERAGE(FQ20:HX20),"")

表 20－9　专家的权威程度、同类指标的协调程度以及按指标重要性评分计算权重法结果显示区的程序表

	EX	EY	EZ	FA	FB	FC	FD	FE	FF	FG
43	上级指标权威程度			上级指标协调程度						
44	判断依据	熟悉程度	权威系数	$\sum d^2$	w	校正系数	w_c	x^2	P	
45	=IF(EX49<>"",AVERAGE(EX49:EX63),"")	=IF(EY49<>"",AVERAGE(EY49:EY63),"")	=IF(AND(EX45<>"",EY45<>""),(EX45+EY45)/2,"")	=IF(EV49<>"",VAR(EV49:EV63)*(EO4-1),"")	=IF(FA45<>"",12*FA45/((EO3^2)*((EO4^3)-EO4)),"")	=IF(T6<>"",SUM(((FQ41:HX69)^3)-(FQ41:HX69)),"")	=IF(FC45<>"",12*FA45/(((EO3^2)*((EO4^3)-EO4))-(EO3*FC45)),"")	=IF(FD45<>"",EO3*(EO4-1)*FD45/12,"")	=IF(FE45<>"",CHIDIST(FE45,EO4-1),"")	
46										
47	下级指标权威程度			下级指标权重						
48	判断依据	熟悉程度	权威系数	直接估计法	加权均值法	百分权重法	秩和比法	改进比例分配法	对比排序法	专家排序法
49	=IF(T28<>"",SUM(T28:CA33)/EO49,"")	=IF(T27<>"",AVERAGE(T27:CA27),"")	=IF(AND(EX49<>"",EY49<>""),(EX49+EY49)/2,"")	=IF(EP49<>"",EP49/SUM(EP49:EP63),"")	=IF(EZ49<>"",EP49*EZ49/SUMPRODUCT(EP49:EP63,EZ49:EZ63),"")	=IF(AND(T6<>""),SUM(T6:CA6)/SUM(T6:CA20),"")	=IF(EW49<>"",EW49/SUM(EW49:EW63),"")	=IF(EY49<>"",EP49*EY49/SUMPRODUCT(EP49:EP63,EY49:EY63),"")	=IF(GW72<>"",GW72/SUM(GW72:GW86),"")	=IF(T6<>"",2*(EO49*(1+EO4)-HY24)/(EO49*EO4*(1+EO4)),"")
…	…	…	…	…	…	…	…	…	…	…
63	=IF(T126<>"",SUM(T126:CA131)/EO63,"")	=IF(T125<>"",AVERAGE(T125:CA125),"")	=IF(AND(EX63<>"",EY63<>""),(EX63+EY63)/2,"")	=IF(EP63<>"",EP63/SUM(EP49:EP63),"")	=IF(EZ63<>"",EP63*EZ63/SUMPRODUCT(EP49:EP63,EZ49:EZ63),"")	=IF(AND(T20<>""),SUM(T20:CA20)/SUM(T6:CA20),"")	=IF(EW63<>"",EW63/SUM(EW49:EW63),"")	=IF(EY63<>"",EP63*EY63/SUMPRODUCT(EP49:EP63,EY49:EY63),"")	=IF(GW86<>"",GW86/SUM(GW72:GW86),"")	=IF(T20<>"",2*(EO63*(1+EO4)-HY38)/(EO63*EO4*(1+EO4)),"")

表 20－10　同一级或同一轮指标协调程度结果显示区的程序

	EN	EO	EP	EQ	ER	ES	ET	EU	EV	EW
66	指标	等级秩和	等级均值	n	$\sum d^2$	校正系数	w	w_c	x^2	P
67	=IF(R136<>"",R136,"")	=IF(FQ155<>"",SUM(FQ155:HX155),"")	=IF(FQ155<>"",AVERAGE(FQ155:HX155),"")	=IF(EO67<>"",COUNT(EO67:EO166),"")	=IF(EO67<>"",VAR(EO67:EO166)*(EQ67-1),"")	=IF(T136<>"",SUM(((FQ257:HX455)^3)-(FQ257:HX455)),"")	=IF(ER67<>"",12*ER67/((EO3^2)*((EQ67^3)-EQ67)),"")	=IF(ER67<>"",12*ER67/(((EO3^2)*((EQ67^3)-EQ67))-(EO3*ES67)),"")	=IF(EU67<>"",EO3*(EQ67-1)*EU67/12,"")	=IF(EV67<>"",CHIDIST(EV67,EQ67-1),"")
68	=IF(R137<>"",R137,"")	=IF(FQ156<>"",SUM(FQ156:HX156),"")	=IF(FQ156<>"",AVERAGE(FQ156:HX156),"")							
69	=IF(R138<>"",R138,"")	=IF(FQ157<>"",SUM(FQ157:HX157),"")	=IF(FQ157<>"",AVERAGE(FQ157:HX157),"")							
…	…	…	…							
166	=IF(R235<>"",R235,"")	=IF(FQ254<>"",SUM(FQ254:HX254),"")	=IF(FQ254<>"",AVERAGE(FQ254:HX254),"")							

（三）中间运算区

程序的中间运算变量置于 FP～HY 列的中间运算区，设为隐藏，需要查看时取消隐藏即可。该部分包括指标评分的秩次表、指标相同评分频数表、专家相同评分频数表以及层

次分析法、比例分配法的中间运算变量。

当存在相同的指标得分时，计算专家意见协调系数需考虑校正系数，即求每名专家对不同指标出现相同评分的频数。程序的同类指标数最大值为15，故评分秩次的频数分布为1～15，间距为0.5的频数表。此部分程序为数组公式，分为同一类指标以及同一级或同一轮指标两部分，见表20－11至表20－14。

表20－11　每名专家的相同评分频数表程序（同类指标）

	FP	FQ	FR	FS	…	HX
41	1	{=FREQUENCY(FQ6:FQ20,FP41:FP69)}	{=FREQUENCY(FR6:FR20,FP41:FP69)}	{=FREQUENCY(FS6:FS20,FP41:FP69)}	…	{=FREQUENCY(HX6:HX20,FP41:FP69)}
42	1.5	…	…	…	…	…
43	2	…	…	…	…	…
…	…	…	…	…	…	…
69	15	{=FREQUENCY(FQ6:FQ20,FP41:FP69)}	{=FREQUENCY(FR6:FR20,FP41:FP69)}	{=FREQUENCY(FS6:FS20,FP41:FP69)}	…	{=FREQUENCY(HX6:HX20,FP41:FP69)}

表20－12　指标评分秩次（升序）的程序（同类指标）

	FP	FQ	FR	FS	…	HX	HY
5	指标名称	专家1	专家2	专家3	…	专家60	指标秩和
6	=IF(R6<>"",R6,"")	=IF(T6<>"",RANK(T6,T6:T20,1)+(COUNT(T6:T20)+1-RANK(T6,T6:T20)-RANK(T6,T6:T20,1))/2,"")	=IF(U6<>"",RANK(U6,U6:U20,1)+(COUNT(U6:U20)+1-RANK(U6,U6:U20)-RANK(U6,U6:U20,1))/2,"")	=IF(V6<>"",RANK(V6,V6:V20,1)+(COUNT(V6:V20)+1-RANK(V6,V6:V20)-RANK(V6,V6:V20,1))/2,"")	…	=IF(CA6<>"",RANK(CA6,CA6:CA20,1)+(COUNT(CA6:CA20)+1-RANK(CA6,CA6:CA20)-RANK(CA6,CA6:CA20,1))/2,"")	=IF(T6<>"",SUM(FQ6:HX6),"")
7	=IF(R7<>"",R7,"")	=IF(T7<>"",RANK(T7,T6:T20,1)+(COUNT(T6:T20)+1-RANK(T7,T6:T20)-RANK(T7,T6:T20,1))/2,"")	=IF(U7<>"",RANK(U7,U6:U20,1)+(COUNT(U6:U20)+1-RANK(U7,U6:U20)-RANK(U7,U6:U20,1))/2,"")	=IF(V7<>"",RANK(V7,V6:V20,1)+(COUNT(V6:V20)+1-RANK(V7,V6:V20)-RANK(V7,V6:V20,1))/2,"")	…	=IF(CA7<>"",RANK(CA7,CA6:CA20,1)+(COUNT(CA6:CA20)+1-RANK(CA7,CA6:CA20)-RANK(CA7,CA6:CA20,1))/2,"")	=IF(T7<>"",SUM(FQ7:HX7),"")
8	=IF(R8<>"",R8,"")	=IF(T8<>"",RANK(T8,T6:T20,1)+(COUNT(T6:T20)+1-RANK(T8,T6:T20)-RANK(T8,T6:T20,1))/2,"")	=IF(U8<>"",RANK(U8,U6:U20,1)+(COUNT(U6:U20)+1-RANK(U8,U6:U20)-RANK(U8,U6:U20,1))/2,"")	=IF(V8<>"",RANK(V8,V6:V20,1)+(COUNT(V6:V20)+1-RANK(V8,V6:V20)-RANK(V8,V6:V20,1))/2,"")	…	=IF(CA8<>"",RANK(CA8,CA6:CA20,1)+(COUNT(CA6:CA20)+1-RANK(CA8,CA6:CA20)-RANK(CA8,CA6:CA20,1))/2,"")	=IF(T8<>"",SUM(FQ8:HX8),"")
…	…	…	…	…	…	…	…
20	=IF(R20<>"",R20,"")	=IF(T20<>"",RANK(T20,T6:T20,1)+(COUNT(T6:T20)+1-RANK(T20,T6:T20)-RANK(T20,T6:T20,1))/2,"")	=IF(U20<>"",RANK(U20,U6:U20,1)+(COUNT(U6:U20)+1-RANK(U20,U6:U20)-RANK(U20,U6:U20,1))/2,"")	=IF(V20<>"",RANK(V20,V6:V20,1)+(COUNT(V6:V20)+1-RANK(V20,V6:V20)-RANK(V20,V6:V20,1))/2,"")	…	=IF(CA20<>"",RANK(CA20,CA6:CA20,1)+(COUNT(CA6:CA20)+1-RANK(CA20,CA6:CA20)-RANK(CA20,CA6:CA20,1))/2,"")	=IF(T20<>"",SUM(FQ20:HX20),"")

表 20－13　每名专家的相同评分频数表程序（同一级或同一轮指标）

	FP	FQ	FR	FS	…	HX
257	1	{=FREQUENCY(FQ155:FQ254,FP257:FP455)}	{=FREQUENCY(FR155:FR254,FP257:FP455)}	{=FREQUENCY(FS155:FS254,FP257:FP455)}	…	{=FREQUENCY(HX155:HX254,FP257:FP455)}
258	1.5	…	…	…	…	…
259	2	…	…	…	…	…
…	…	…	…	…	…	…
455	100	{=FREQUENCY(FQ155:FQ254,FP257:FP455)}	{=FREQUENCY(FR155:FR254,FP257:FP455)}	{=FREQUENCY(FS155:FS254,FP257:FP455)}	…	{=FREQUENCY(HX155:HX254,FP257:FP455)}

表 20－14　指标评分秩次（升序）的程序（同一级或同一轮指标）

	FP	FQ	FR	FS	…	HX
155	=IF(R136<>"",R136,"")	=IF(T136<>"",RANK(T136,T136:T235,1)+(COUNT(T136:T235)+1-RANK(T136,T136:T235)-RANK(T136,T136:T235,1))/2,"")	=IF(U136<>"",RANK(U136,U136:U235,1)+(COUNT(U136:U235)+1-RANK(U136,U136:U235)-RANK(U136,U136:U235,1))/2,"")	=IF(V136<>"",RANK(V136,V136:V235,1)+(COUNT(V136:V235)+1-RANK(V136,V136:V235)-RANK(V136,V136:V235,1))/2,"")	…	=IF(CA136<>"",RANK(CA136,CA136:CA235,1)+(COUNT(CA136:CA235)+1-RANK(CA136,CA136:CA235)-RANK(CA136,CA136:CA235,1))/2,"")
156	=IF(R137<>"",R137,"")	=IF(T137<>"",RANK(T137,T136:T235,1)+(COUNT(T136:T235)+1-RANK(T137,T136:T235)-RANK(T137,T136:T235,1))/2,"")	=IF(U137<>"",RANK(U137,U136:U235,1)+(COUNT(U136:U235)+1-RANK(U137,U136:U235)-RANK(U137,U136:U235,1))/2,"")	=IF(V137<>"",RANK(V137,V136:V235,1)+(COUNT(V136:V235)+1-RANK(V137,V136:V235)-RANK(V137,V136:V235,1))/2,"")	…	=IF(CA137<>"",RANK(CA137,CA136:CA235,1)+(COUNT(CA136:CA235)+1-RANK(CA137,CA136:CA235)-RANK(CA137,CA136:CA235,1))/2,"")
157	=IF(R138<>"",R138,"")	=IF(T138<>"",RANK(T138,T136:T235,1)+(COUNT(T136:T235)+1-RANK(T138,T136:T235)-RANK(T138,T136:T235,1))/2,"")	=IF(U138<>"",RANK(U138,U136:U235,1)+(COUNT(U136:U235)+1-RANK(U138,U136:U235)-RANK(U138,U136:U235,1))/2,"")	=IF(V138<>"",RANK(V138,V136:V235,1)+(COUNT(V136:V235)+1-RANK(V138,V136:V235)-RANK(V138,V136:V235,1))/2,"")	…	=IF(CA138<>"",RANK(CA138,CA136:CA235,1)+(COUNT(CA136:CA235)+1-RANK(CA138,CA136:CA235)-RANK(CA138,CA136:CA235,1))/2,"")
…	…	…	…	…	…	…
254	=IF(R235<>"",R235,"")	=IF(T235<>"",RANK(T235,T136:T235,1)+(COUNT(T136:T235)+1-RANK(T235,T136:T235)-RANK(T235,T136:T235,1))/2,"")	=IF(U235<>"",RANK(U235,U136:U235,1)+(COUNT(U136:U235)+1-RANK(U235,U136:U235)-RANK(U235,U136:U235,1))/2,"")	=IF(V235<>"",RANK(V235,V136:V235,1)+(COUNT(V136:V235)+1-RANK(V235,V136:V235)-RANK(V235,V136:V235,1))/2,"")	…	=IF(CA235<>"",RANK(CA235,CA136:CA235,1)+(COUNT(CA136:CA235)+1-RANK(CA235,CA136:CA235)-RANK(CA235,CA136:CA235,1))/2,"")

权重方法中的专家排序法需先求得每个指标的降序秩次，即每位专家对不同指标的评分按降序进行排秩，相同分数取平均秩次，见表 20－15。

计算改进比例分配法需先求得每个指标评分秩次的频数，程序的同类指标数最大值为

15，故评分秩次的频数分布为1～15，间距为0.5的频数表。此部分程序为数组公式，见表20－16。

表20－15　指标评分秩次（降序）的程序（同类指标）

	FP	FQ	FR	FS	…	HX	HY
5	指标名称	专家1	专家2	专家3	…	专家60	指标秩和
6	=IF(R6<>"",R6,"")	=IF(T6<>"",RANK(T6,T6:T20)+(COUNT(T6:T20)+1-RANK(T6,T6:T20)-RANK(T6,T6:T20,1))/2,"")	=IF(U6<>"",RANK(U6,U6:U20)+(COUNT(U6:U20)+1-RANK(U6,U6:U20)-RANK(U6,U6:U20,1))/2,"")	=IF(V6<>"",RANK(V6,V6:V20)+(COUNT(V6:V20)+1-RANK(V6,V6:V20)-RANK(V6,V6:V20,1))/2,"")	…	=IF(CA6<>"",RANK(CA6,CA6:CA20)+(COUNT(CA6:CA20)+1-RANK(CA6,CA6:CA20)-RANK(CA6,CA6:CA20,1))/2,"")	=IF(T6<>"",SUM(FQ24:HX24),"")
7	=IF(R7<>"",R7,"")	=IF(T7<>"",RANK(T7,T6:T20)+(COUNT(T6:T20)+1-RANK(T7,T6:T20)-RANK(T7,T6:T20,1))/2,"")	=IF(U7<>"",RANK(U7,U6:U20)+(COUNT(U6:U20)+1-RANK(U7,U6:U20)-RANK(U7,U6:U20,1))/2,"")	=IF(V7<>"",RANK(V7,V6:V20)+(COUNT(V6:V20)+1-RANK(V7,V6:V20)-RANK(V7,V6:V20,1))/2,"")	…	=IF(CA7<>"",RANK(CA7,CA6:CA20)+(COUNT(CA6:CA20)+1-RANK(CA7,CA6:CA20)-RANK(CA7,CA6:CA20,1))/2,"")	=IF(T7<>"",SUM(FQ25:HX25),"")
8	=IF(R8<>"",R8,"")	=IF(T8<>"",RANK(T8,T6:T20)+(COUNT(T6:T20)+1-RANK(T8,T6:T20)-RANK(T8,T6:T20,1))/2,"")	=IF(U8<>"",RANK(U8,U6:U20)+(COUNT(U6:U20)+1-RANK(U8,U6:U20)-RANK(U8,U6:U20,1))/2,"")	=IF(V8<>"",RANK(V8,V6:V20)+(COUNT(V6:V20)+1-RANK(V8,V6:V20)-RANK(V8,V6:V20,1))/2,"")	…	=IF(CA8<>"",RANK(CA8,CA6:CA20)+(COUNT(CA6:CA20)+1-RANK(CA8,CA6:CA20)-RANK(CA8,CA6:CA20,1))/2,"")	=IF(T8<>"",SUM(FQ26:HX26),"")
…	…	…	…	…	…	…	…
20	=IF(R20<>"",R20,"")	=IF(T20<>"",RANK(T20,T6:T20)+(COUNT(T6:T20)+1-RANK(T20,T6:T20)-RANK(T20,T6:T20,1))/2,"")	=IF(U20<>"",RANK(U20,U6:U20)+(COUNT(U6:U20)+1-RANK(U20,U6:U20)-RANK(U20,U6:U20,1))/2,"")	=IF(V20<>"",RANK(V20,V6:V20)+(COUNT(V6:V20)+1-RANK(V20,V6:V20)-RANK(V20,V6:V20,1))/2,"")	…	=IF(CA20<>"",RANK(CA20,CA6:CA20)+(COUNT(CA6:CA20)+1-RANK(CA20,CA6:CA20)-RANK(CA20,CA6:CA20,1))/2,"")	=IF(T20<>"",SUM(FQ38:HX38),"")

表20－16　每个指标的评分频数表程序（同类指标）

	FP	FQ	FR	FS	…	GE
72	1	{=FREQUENCY(FQ6:HX6,FP72:FP100)}	{=FREQUENCY(FQ7:HX7,FP72:FP100)}	{=FREQUENCY(FQ8:HX8,FP72:FP100)}	…	{=FREQUENCY(FQ20:HX20,FP72:FP100)}
73	1.5	…	…	…	…	…
74	2	…	…	…	…	…
…	…	…	…	…	…	…
100	15	{=FREQUENCY(FQ6:HX6,FP72:FP100)}	{=FREQUENCY(FQ7:HX7,FP72:FP100)}	{=FREQUENCY(FQ8:HX8,FP72:FP100)}	…	{=FREQUENCY(FQ20:HX20,FP72:FP100)}

求得每个指标评分秩次的频数后，计算以下几个中间变量：$\log_m k$，$\sum f_k \times \log_m k$，$\sum f_k \times \log_m k/n$。其中$m$为指标数，$n$为专家数，$k$为1～15，间距为0.5的秩次范围，$f_k$为每个指标评分秩次的频数，见表20－17和表20－18。

表 20－17 比例分配法中间计算变量的程序（1）

	GG	GH	GI	…	GU
72	=IF(FQ72<>0,LOG(FP72,EO4),"")	=IF(FR72<>0,LOG(FP72,EO4),"")	=IF(FS72<>0,LOG(FP72,EO4),"")	…	=IF(FU72<>0,LOG(FP72,EO4),"")
73	=IF(FQ73<>0,LOG(FP73,EO4),"")	=IF(FR73<>0,LOG(FP73,EO4),"")	=IF(FS73<>0,LOG(FP73,EO4),"")	…	=IF(FU73<>0,LOG(FP73,EO4),"")
74	=IF(FQ74<>0,LOG(FP74,EO4),"")	=IF(FR74<>0,LOG(FP74,EO4),"")	=IF(FS74<>0,LOG(FP74,EO4),"")	…	=IF(FU74<>0,LOG(FP74,EO4),"")
…	…	…	…	…	……
100	=IF(FQ100<>0,LOG(FP100,EO4),"")	=IF(FR100<>0,LOG(FP100,EO4),"")	=IF(FS100<>0,LOG(FP100,EO4),"")	…	=IF(GE100<>0,LOG(FP100,EO4),"")
101	∑fk*LOGmK				
102	=SUMPRODUCT(FQ72:FQ100,GG72:GG100)	=SUMPRODUCT(FR72:FR100,GH72:GH100)	=SUMPRODUCT(FS72:FS100,GI72:GI100)	…	=SUMPRODUCT(FU72:FU100,GK72:GK100)

表 20－18 比例分配法中间计算变量的程序（2）

	GV	GW
72	{=TRANSPOSE(GG102:GU102)}	=IF(GV72<>0,GV72/EO49,"")
…	…	…
86	{=TRANSPOSE(GG102:GU102)}	=IF(GV74<>0,GV74/EO51,"")

四、结果显示

结果显示区包括专家基本情况，积极系数，专家意见集中程度、协调程度及专家对指标赋分法计算的权重等，见图 20－6 至图 20－10。

	EM	EN	EO	EP	EQ	ER	ES	ET	EU	EV	EW	EX	EY	EZ	FA	FB	FC	FD	FE	FF	FG	FH
1		结果显示区域																				
2													专家基本情况									
3		专家人数：	31																			
4		指标数：	7																			
5		年龄（岁）	人数	%	从业年限	人数	%	职称	人数	%	职务	人数	%	文化程度	人数	%	专业	人数	%	机构	人数	%
6		20～	0	0.0	5～	0	0.0	教授	21	67.7	主任	18	58.1	博士	12	38.7	心理学	3	9.7	高校	22	71.0
7		30～	3	9.7	10～	3	9.7	副教授	5	16.1	副主任	3	9.7	硕士	17	54.8	营养与食品	3	9.7	研究所	6	19.4
8		40～	10	32.3	15～	7	22.6	研究员	2	6.5	院长	3	9.7	本科	2	6.5	青少年卫生	6	19.4	健康教育所	3	9.7
9		50～	17	54.8	20～	4	12.9	副研究员	3	9.7	副院长	5	16.1				护理	2	6.5			
10		60～	1	3.2	25～	10	32.3				所长	1	3.2				流行病	10	32.3			
11		70～	0	0.0	30～	7	22.6				副所长	1	3.2				卫生管理	2	6.5			
12																	健康教育	4	12.9			
13																	社会医学	1	3.2			
14																						
15																						
16																						
17																						
18																						
19																						
20																						

图 20－6 专家基本情况的结果显示区

积极系数

总回收率：100%

问卷发放数：31

职称	回收率(%)	职务	回收率(%)	文化程度	回收率(%)	专业	回收率(%)	机构	回收率(%)
教授	100.0	主任	100.0	博士	100.0	心理学	100.0	高校	100.0
副教授	100.0	副主任	100.0	硕士	100.0	营养与食品	100.0	研究所	100.0
研究员	100.0	院长	100.0	本科	100.0	青少年卫生	100.0	健康教育所	100.0
副研究员	100.0	副院长	100.0			护理	100.0		
		所长	100.0			流行病	100.0		
		副所长	100.0			卫生管理	100.0		
						健康教育	100.0		
						社会医学	100.0		

图 20－7　专家积极系数的结果显示区

同类指标的专家意见集中程度、协调程度及专家对指标赋分法计算的权重

上级指标	回答人数	集中程度							
		评分均数	标准差	中位数	$P_{25}\sim P_{75}$	变异系数	满分比(%)	等级和	等级均值
运动锻炼行为	30.9	3.93	1.13	4.00	1.00	0.29	24.54	861.00	3.99

下级指标	回答人数	集中程度							
		评分均数	标准差	中位数	$P_{25}\sim P_{75}$	变异系数	满分比(%)	等级和	等级均值
剧烈运动前做热身	30	3.93	0.98	4.00	2.00	0.25	30.00	137.00	4.57
每周至少做三次较剧烈的运动	31	4.06	0.77	4.00	2.00	0.19	32.26	146.00	4.71
每天坚持30~60分钟有氧运动	31	4.19	0.75	4.00	1.00	0.18	38.71	154.50	4.98
饭后马上运动	31	3.35	1.33	4.00	2.00	0.40	22.58	114.00	3.68
运动时注意补水	31	3.84	0.93	4.00	2.00	0.24	25.81	132.50	4.27
睡前半小时运动	31	2.94	0.93	3.00	2.00	0.32	0.00	80.50	2.60
去不安全场所游泳	31	3.06	1.44	3.00	2.00	0.47	22.58	96.50	3.11

图 20－8　同类指标的专家意见集中程度的结果显示区

	EX	EY	EZ	FA	FB	FC	FD	FE	FF	FG
42	同类指标的专家意见集中程度、协调程度及专家对指标赋分法计算的权重									
43	权威程度			协调程度						
44	判断依据	熟悉程度	权威系数	Σd^2	w	校正系数	w_c	x^2	P	
45	0.80	0.82	0.81	4397	0.16	1656	0.19	3.01	0.807	
46										
47	权威程度			权重						
48	判断依据	熟悉程度	权威系数	直接估计法	加权均值法	百分权重法	秩和比法	改进比例分配法	对比排序法	专家排序法
49	0.82	0.85	0.83	0.15	0.16	0.15	0.16	0.16	0.16	0.16
50	0.80	0.82	0.81	0.16	0.16	0.16	0.17	0.16	0.17	0.17
51	0.83	0.85	0.84	0.17	0.17	0.17	0.18	0.17	0.18	0.18
52	0.81	0.84	0.82	0.13	0.13	0.13	0.13	0.13	0.13	0.13
53	0.81	0.83	0.82	0.15	0.15	0.15	0.15	0.15	0.16	0.15
54	0.72	0.74	0.73	0.12	0.10	0.12	0.09	0.10	0.10	0.09
55	0.78	0.81	0.80	0.12	0.12	0.12	0.11	0.12	0.11	0.11
56										
57										
58										
59										
60										
61										
62										
63										

图 20－9　专家权威程度、同类指标的协调程度及对指标赋分法计算的权重结果显示区

	EM	EN	EO	EP	EQ	ER	ES	ET	EU	EV	EW
65		同一级或同一轮所有指标的专家意见协调程度									
66		指标	等级秩和	等级均值	n	Σd^2	校正系数	w	w_c	x^2	P
67		剧烈运动前做热身	946.00	31.53	70	4047961	2073060	0.15	0.18	32.64	1.000
68		每周至少做三次较剧烈的运动	1052.50	33.95							
69		每天坚持30~60分钟有氧运动	1119.00	36.10							
70		饭后马上运动	745.50	24.05							
71		运动时注意补水	916.50	29.56							
72		睡前半小时运动	414.00	13.35							
73		去不安全场所游泳	608.00	19.61							
74		你每天吃早餐吗?	1597.50	51.53							
75		你每天按时吃三餐吗?	1487.50	47.98							
76		你每天喝1200ml左右的水吗?	1177.00	37.97							
77		你每天食用奶类及其制品吗?	1013.50	32.69							
78		你每天食用豆类及其制品吗?	880.50	28.40							
79		你每天食用富含纤维素的食物吗?	1219.00	39.32							
80		你日常膳食以谷物为主，注意搭配吗?	1220.50	39.37							
81		你会有意识选择清淡少盐的食物吗?	1237.00	39.90							
82		你暴饮暴食吗?	1036.00	33.42							
83		你睡前饱食吗?	728.00	23.48							
84		购买食品时会注意包装上的营养成分说明吗?	637.50	20.56							
85		购买食品时会注意包装上的有效日期吗?	1120.50	36.15							
86		你会助人为乐，帮助有需要的同学吗?	1242.00	40.06							

图 20－10　同一级或同一轮所有指标的专家意见协调程度的结果显示区

第二节　专家直接评定权重

一、实例

【例 20 - 2】某应用 Delphi 法建立评价体系课题的第二轮调查数据，该问卷包括 4 个一级指标和 13 个二级指标，采用层次分析法（见表 20 - 19）计算一级指标的权重，直接打分法计算二级指标的权重。层次分析法要求专家对指标的重要性进行两两比较，根据填写说明在表 20 - 20 的斜线上方空格填写。直接打分法要求专家评定指标的权重，数字 1 ~ 5表示指标权重从小到大，见表 20 - 21。

表 20 - 19　某 Delphi 法调查的层次分析法填写说明

对比打分	相对重要程度
1	同等重要
3	略为重要
5	基本重要
7	确实重要
9	绝对重要
2，4，6，8	两相邻程度的中间值
1/3	不重要
1/5	很不重要
1/7	非常不重要
1/9	绝对不重要
1/2，1/4，1/6，1/8	两相邻程度的中间值

表 20 - 20　某 Delphi 法调查的层次分析法咨询表

咨询项目	A	B	C	D
A				
B				
C				
D				

表 20－21　某 Delphi 法调查的直接打分法咨询表（一类指标）

咨询项目	评定二级指标权重				
	5	4	3	2	1
A1					
A2					
A3					
A4					

二、公式

1. 直接打分法

$$W_j = \frac{1}{m}\sum_{i=1}^{n} C_{ij}$$

式中：m 为参加评价 j 指标的专家人数，C_{ij} 为专家对 j 指标给出的权重值。

2. 优序图法

$$W_j = T_j / T$$

表格格子的总数为：

$$T = \frac{n\ (n-1)}{2}$$

式中：T_j 为每个指标的得分值，即每行或每列格子数字的和；T 为表格格子数字的总和。

3. 层次分析法

初始权重：

$$W'_i = \sqrt[m]{a_{i1} \cdot a_{i2} \cdot \cdots \cdot a_{im}}$$

归一化权重：

$$W_i = W'_i / \sum_{i=1}^{m} W'_i$$

一致性指标：

$$CI = \frac{\lambda_{\max} - m}{m-1}$$

式中：

$$\lambda_{\max} = \sum_{i=1}^{m} \lambda_i / m \qquad \lambda_i = \sum a_{ij} w_j / w_i$$

其中，m 为受检验层次的子目标数，$\lambda_{\max}$ 为最大特征根，λ_i 为该层子目标成对比较判断优选矩阵的特征根。一般认为，当 $CI < 0.10$ 时，可能无逻辑混乱，即计算的各项权重可以接受。

为度量不同阶判断矩阵是否具有满意的一致性，还需引入判断矩阵的平均随机一致性

指标 *RI* 值，见表 20－22。

表 20－22　1～9 阶平均随机一致性指标 *RI* 值的取值

阶数	1	2	3	4	5	6	7	8	9
RI	0.00	0.00	0.58	0.90	1.12	1.24	1.32	1.14	1.45

当阶数大于 2 时，判断矩阵一致性指标 *CI* 与同阶评价随机一致性指标 *RI* 之比为随机一致性比率，记为 *CR*：$CR = CI/RI$，当 $CR < 0.10$ 时，即认为判断矩阵具有满意的一致性，否则需要调整判断矩阵。

三、Excel 程序

专家直接评定权重输入区域的第一部分为直接打分法，录入专家直接估计指标权重的数据，即可得到该方法计算的指标权重，见图 20－11。

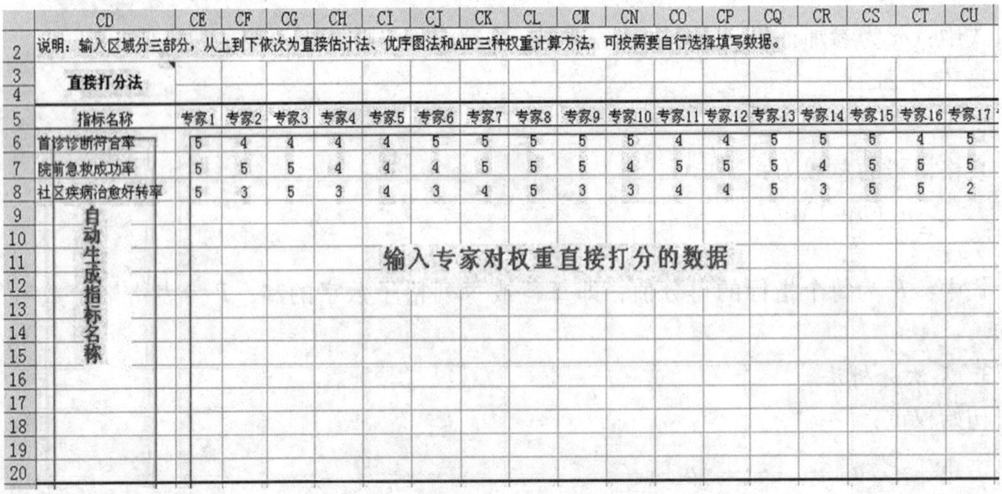
说明：输入区域分三部分，从上到下依次为直接估计法、优序图法和AHP三种权重计算方法，可按需要自行选择填写数据。

直接打分法

CD	CE	CF	CG	CH	CI	CJ	CK	CL	CM	CN	CO	CP	CQ	CR	CS	CT	CU
指标名称	专家1	专家2	专家3	专家4	专家5	专家6	专家7	专家8	专家9	专家10	专家11	专家12	专家13	专家14	专家15	专家16	专家17
首诊诊断符合率	5	4	4	4	4	5	5	5	5	5	4	4	5	5	5	4	5
院前急救成功率	5	5	5	4	4	4	5	5	5	4	5	5	5	4	5	5	5
社区疾病治愈好转率	5	3	5	3	4	3	4	5	3	3	4	4	5	3	5	5	2

图 20－11　直接打分法的数据输入区

第二部分为优序图法，由两个表格组成，上表为数据输入区，下表为数据累加结果显示区。在上表斜线上方输入数据，下方的数据自动填充，输入同时进行互补检验，即沿斜线对称的两个数据之和为 1。

具体输入方法为：在上表斜线上方输入数据，每输完一位专家的数据点击“累加”按钮，上表的数据即累加至下表；每输完一位专家的数据，点击“清除”按钮来清空上表的数据，再输入下一位专家的数据。如想撤消累加至下表的数据，点击“恢复”按钮，但必须在清除上表数据前操作。程序提供总和检验的结果，如 CT25 单元格显示“输入有误”，则需检查数据输入是否出错，见图 20－12。

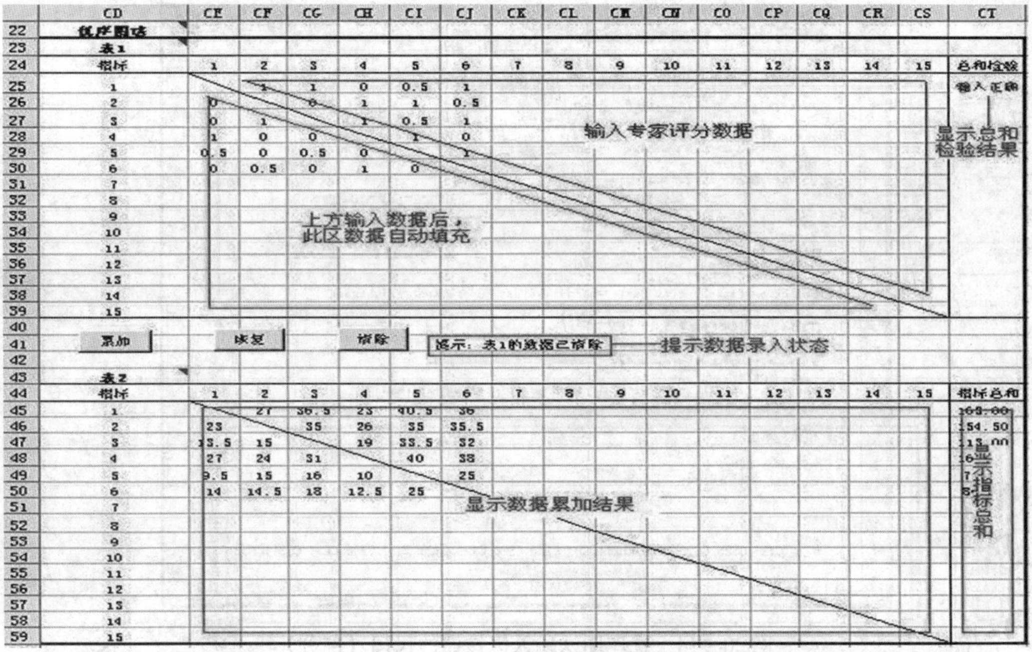

图 20 – 12　优序图法的数据输入及累加结果显示区

该部分按钮的制作采用宏录制，按钮控件的添加与上文介绍的方法相同，以下介绍录制过程操作。录制“累加”按钮的宏程序，先复制上表的数据，选择性粘贴至下表，在“选择性粘贴”选项卡中选择“数值”及“加”，然后确定（见图 20 – 13）；录制“恢复”按钮的宏程序，同样复制上表的数据，选择性粘贴至下表，粘贴方式选择“数值”及“减”；录制“清除”按钮的宏程序，则清除上表斜线上方的数据。每个操作之后在按钮右侧的空格中输入作为数据录入状态提示的文本，然后停止录制。如前文介绍，操作过程已自动由代码记录下来，见图 20 – 14。

图 20 – 13　选择性粘贴对话框

```
Delphi法资料统计分析程序(5.8).xls - 模块3 (代码)
(通用)                                   按钮1_单击

    ActiveCell.FormulaR1C1 = "提示：表1的数据已累加至表2"
    Range("CD43").Select
    ActiveWindow.SmallScroll Down:=-9
End Sub
Sub 按钮2_单击()
'
' 按钮2_单击 Macro
' 宏由 User 录制，时间: 2009-5-9
'

'
    Range("CE25:CS39").Select
    Selection.Copy
    ActiveWindow.SmallScroll Down:=18
    Range("CE45:CS59").Select
    Selection.PasteSpecial Paste:=xlPasteValues, Operation:=xlSubtract, _
        SkipBlanks:=False, Transpose:=False
    ActiveWindow.SmallScroll Down:=-12
    Range("CI41").Select
    Application.CutCopyMode = False
    ActiveCell.FormulaR1C1 = ""
    Range("CK41").Select
    ActiveCell.FormulaR1C1 = "提示：表2的数据已恢复至累加表1数据前"
    Range("CD43").Select
End Sub
Sub 按钮3_单击()
'
' 按钮3_单击 Macro
' 宏由 User 录制，时间: 2009-5-9
'

'
    Range( _
        "CF25:CS25,CG26:CS26,CH27:CS27,CI28:CS28,CJ29:CS29,CK30:CS30,CL31:CS31,CM32:CS32,
        ).Select
```

图 20-14　优序图法输入区按钮的代码（部分）

第三部分为层次分析法（AHP）。层次分析法两两比较的指标一般不能超过 9 个，当指标个数大于 4 个以后，专家的判断会发生逻辑错误，AHP 法构建的矩阵出现一致性矛盾的概率大大增加。因此，本程序的 AHP 指标数最大设为 9。使用时在输入区中依次录入每位专家的数据即可，见图 20-15。

	CY	CZ	DA	DB	DC	DD	DE	DF	DG	DH	DI	DJ	DK	DL	DM	DN	DO	DP	DQ	DR
22	AHP法																			
23	专家1										专家2									
24	指标	1	2	3	4	5	6	7	8	9	指标	1	2	3	4	5	6	7	8	9
25	1	1.00	1.00	0.50	3.00						1	1.00	1.00	0.50	4.00					
26	2	1.00	1.00	1.00	5.00						2	1.00	1.00	0.33	4.00					
27	3	2.00	1.00	1.00	5.00						3	2.00	3.00	1.00	4.00					
28	4	0.33	0.20	0.2	判断矩阵数据输入区						4	0.25	0.25	0.25	1.00					
29	5										5									
30	6										6									
31	7										7									
32	8										8									
33	9										9									
34	专家5										专家6									
35	指标	1	2	3	4	5	6	7	8	9	指标	1	2	3	4	5	6	7	8	9
36	1	1.00	0.50	0.25	3.00						1	1.00	0.33	0.25	2.00					
37	2	2.00	1.00	1.00	4.00						2	3.00	1.00	2.00	4.00					
38	3	4.00	1.00	1.00	6.00						3	4.00	0.50	1.00	3.00					
39	4	0.33	0.25	0.17	1.00						4	0.50	0.25	0.33	1.00					
40	5										5									
41	6										6									
42	7										7									
43	8										8									
44	9										9									

图 20-15　层次分析法数据输入区

（一）数据输入区

编写程序见表 20－23。

表 20－23　专家直接打分法输入表的程序

	CD	CE	CF	CG	CH	EL
5	指标名称	专家 1	专家 2	专家 3	…	专家 60
6	=IF(R6<>"",R6,"")	数据录入区域				
7	=IF(R7<>"",R7,"")					
8	=IF(R8<>"",R8,"")					
…	…					
20	=IF(R20<>"",R20,"")					

优序表法采用数组公式，数组公式可以同时进行多个计算并返回一种或多种结果。数组公式对两组或多组被称为数组参数的数值进行运算，每个数组参数必须有相同数量的行和列。数组公式输入后以组合键“Shift + Ctrl + Enter”确认，确认后可见公式自动加上了“｛｝”，见表 20－24。

表 20－24　优序表法输入表的程序

	CD	CE	CF	CG	…	CQ	CR	CS	CT
24	指标	1	2	3	…	13	14	15	总和检验
25	1	空格							=IF(FM8<>"",IF(SUM(CE25:CS39)=(EO4*(EO4-1))/2,"输入正确","输入有误"),"")
26	2	{=IF(TRANSPOSE(CF25:CS25)="","",1-TRANSPOSE(CF25:CS25))}	空格			数据录入区域			
27	3	…	{=IF(TRANSPOSE(CG26:CS26)="","",1-TRANSPOSE(CG26:CS26))}	空格					
28	4	…	…	{=IF(TRANSPOSE(CH27:CS27)="","",1-TRANSPOSE(CH27:CS27))}	空格				
…	…	…	…	…	…	空格			
38	…	…	…	…	…	{=IF(TRANSPOSE(CJ29:CS29)="","",1-TRANSPOSE(CJ29:CS29))}	空格		
39	15	{=IF(TRANSPOSE(CF25:CS25)="","",1-TRANSPOSE(CF25:CS25))}	{=IF(TRANSPOSE(CG26:CS26)="","",1-TRANSPOSE(CG26:CS26))}	{=IF(TRANSPOSE(CH27:CS27)="","",1-TRANSPOSE(CH27:CS27))}	…	{=IF(TRANSPOSE(CJ29:CS29)="","",1-TRANSPOSE(CJ29:CS29))}	{=IF(CS38<>"",CS38,"")}	空格	

（二）结果显示区

编写程序见表 20－25 和表 20－26。

表 20－25　专家直接评定权重法结果显示区的程序

	FJ	FK	FL	FM
5	指标名称	权重		
6				
7		直接打分法	AHP	优序表法
8	=IF(R6<>"",R6,"")	=IF(CE6<>"",AVERAGE(CE6:EL6),"")	=IF(FQ118<>"",AVERAGE(FQ118:HX118),"")	=IF(CT45<>"",CT45/SUM(CT45:CT59),"")
9	=IF(R7<>"",R7,"")	=IF(CE7<>"",AVERAGE(CE7:EL7),"")	=IF(FQ119<>"",AVERAGE(FQ119:HX119),"")	=IF(CT46<>"",CT46/SUM(CT45:CT59),"")
10	=IF(R8<>"",R8,"")	=IF(CE8<>"",AVERAGE(CE8:EL8),"")	=IF(FQ120<>"",AVERAGE(FQ120:HX120),"")	=IF(CT47<>"",CT47/SUM(CT45:CT59),"")
…	…	…	…	…
16	=IF(R14<>"",R14,"")	=IF(CE14<>"",AVERAGE(CE14:EL14),"")	=IF(FQ126<>"",AVERAGE(FQ126:HX126),"")	=IF(CT53<>"",CT53/SUM(CT45:CT59),"")
…	…	…	…	…
22	=IF(R20<>"",R20,"")	=IF(CE20<>"",AVERAGE(CE20:EL20),"")		=IF(CT59<>"",CT59/SUM(CT45:CT59),"")

表 20－26　AHP 法一致性检验结果显示区的程序

	FJ	FK	FL	FM	FN
26	专家序号	λ_{max}	*CI*	*CR*	检验结果
27	=IF(FK26<>"",1,"")	{=TRANSPOSE(FQ139:HX139)}	=IF(FK26<>"",(FK26-EO4)/(EO4-1),"")	=IF(FL26<>"",FL26/VLOOKUP(EO4,FP143:FQ151,2),"")	=IF(FM26<>"",IF(FM26<0.1,"无逻辑错误","有逻辑错误"),"")
28	=IF(FK27<>"",1,"")	{=TRANSPOSE(FQ139:HX139)}	=IF(FK27<>"",(FK27-EO4)/(EO4-1),"")	=IF(FL27<>"",FL27/VLOOKUP(EO4,FP143:FQ151,2),"")	=IF(FM27<>"",IF(FM27<0.1,"无逻辑错误","有逻辑错误"),"")
29	=IF(FK28<>"",1,"")	{=TRANSPOSE(FQ139:HX139)}	=IF(FK28<>"",(FK28-EO4)/(EO4-1),"")	=IF(FL28<>"",FL28/VLOOKUP(EO4,FP143:FQ151,2),"")	=IF(FM28<>"",IF(FM28<0.1,"无逻辑错误","有逻辑错误"),"")
…	…	…	…	…	…
85	=IF(FK85<>"",1,"")	{=TRANSPOSE(FQ139:HX139)}	=IF(FK85<>"",(FK85-EO4)/(EO4-1),"")	=IF(FL85<>"",FL85/VLOOKUP(EO4,FP143:FQ151,2),"")	=IF(FM85<>"",IF(FM85<0.1,"无逻辑错误","有逻辑错误"),"")

（三）中间运算区

层次分析法的中间运算变量有：初始权重 W'、归一化权重 W、λ、λ_{max}。其中 W' 和 λ 选取的数据区域为 AHP 法的数据输入区，见表 20－27 至表 20－29。

表 20－27　AHP 法初始权重 W' 的计算程序

	FP	FQ	FR	FS	…	HX
105	指标名称	专家 1	专家 2	专家 3	…	专家 60
106	=IF(R6<>"",R6,"")	=IF(CZ25<>"",POWER(PRODUCT(CZ25:DH25),1/EO4),"")	=IF(DJ25<>"",POWER(PRODUCT(DJ25:DR25),1/EO4),"")	=IF(DT25<>"",POWER(PRODUCT(DT25:EB25),1/EO4),"")	…	=IF(ED179<>"",POWER(PRODUCT(ED179:EL179),1/EO4),"")
107	=IF(R7<>"",R7,"")	=IF(CZ26<>"",POWER(PRODUCT(CZ26:DH26),1/EO4),"")	=IF(DJ26<>"",POWER(PRODUCT(DJ26:DR26),1/EO4),"")	=IF(DT26<>"",POWER(PRODUCT(DT26:EB26),1/EO4),"")	…	=IF(ED180<>"",POWER(PRODUCT(ED180:EL180),1/EO4),"")
108	=IF(R8<>"",R8,"")	=IF(CZ27<>"",POWER(PRODUCT(CZ27:DH27),1/EO4),"")	=IF(DJ27<>"",POWER(PRODUCT(DJ27:DR27),1/EO4),"")	=IF(DT27<>"",POWER(PRODUCT(DT27:EB27),1/EO4),"")	…	=IF(ED181<>"",POWER(PRODUCT(ED181:EL181),1/EO4),"")
…	…	…	…	…	…	…
114	=IF(R14<>"",R14,"")	=IF(CZ33<>"",POWER(PRODUCT(CZ33:DH33),1/EO4),"")	=IF(DJ33<>"",POWER(PRODUCT(DJ33:DR33),1/EO4),"")	=IF(DT33<>"",POWER(PRODUCT(DT33:EB33),1/EO4),"")	…	=IF(ED187<>"",POWER(PRODUCT(ED187:EL187),1/EO4),"")

表 20－28　AHP 法归一化权重 W 的计算程序表

	FP	FQ	FR	FS	…	HX
117	指标名称	专家 1	专家 2	专家 3	…	专家 60
118	=IF(R6<>"",R6,"")	=IF(FQ106<>"",FQ106/SUM(FQ106:FQ114),"")	=IF(FR106<>"",FR106/SUM(FR106:FR114),"")	=IF(FS106<>"",FS106/SUM(FS106:FS114),"")	…	=IF(HX106<>"",HX106/SUM(HX106:HX114),"")
119	=IF(R7<>"",R7,"")	=IF(FQ107<>"",FQ107/SUM(FQ106:FQ114),"")	=IF(FR107<>"",FR107/SUM(FR106:FR114),"")	=IF(FS107<>"",FS107/SUM(FS106:FS114),"")	…	=IF(HX107<>"",HX107/SUM(HX106:HX114),"")
120	=IF(R8<>"",R8,"")	=IF(FQ108<>"",FQ108/SUM(FQ106:FQ114),"")	=IF(FR108<>"",FR108/SUM(FR106:FR114),"")	=IF(FS108<>"",FS108/SUM(FS106:FS114),"")	…	=IF(HX108<>"",HX108/SUM(HX106:HX114),"")
…	…	…	…	…	…	…
126	=IF(R14<>"",R14,"")	=IF(FQ114<>"",FQ114/SUM(FQ106:FQ114),"")	=IF(FR114<>"",FR114/SUM(FR106:FR114),"")	=IF(FS114<>"",FS114/SUM(FS106:FS114),"")	…	=IF(HX114<>"",HX114/SUM(HX106:HX114),"")

表 20－29　AHP 法 λ、λ_{max}的计算程序

	FP	FQ	FR	FS	…	HX
129	指标名称	专家 1	专家 2	专家 3	…	专家 60
130	=IF(R6<>"",R6,"")	=IF(CZ25<>"",SUMPRODUCT(TRANSPOSE(CZ25:DH25),FQ118:FQ126)/FQ118,"")	=IF(DJ25<>"",SUMPRODUCT(TRANSPOSE(DJ25:DR25),FR118:FR126)/FR118,"")	=IF(DT25<>"",SUMPRODUCT(TRANSPOSE(DT25:EB25),FS118:FS126)/FS118,"")	…	=IF(ED179<>"",SUMPRODUCT(TRANSPOSE(ED179:EL179),HX118:HX126)/HX118,"")
131	=IF(R7<>"",R7,"")	=IF(CZ26<>"",SUMPRODUCT(TRANSPOSE(CZ26:DH26),FQ118:FQ126)/FQ119,"")	=IF(DJ26<>"",SUMPRODUCT(TRANSPOSE(DJ26:DR26),FR118:FR126)/FR119,"")	=IF(DT26<>"",SUMPRODUCT(TRANSPOSE(DT26:EB26),FS118:FS126)/FS119,"")	…	=IF(ED180<>"",SUMPRODUCT(TRANSPOSE(ED180:EL180),HX118:HX126)/HX119,"")
132	=IF(R8<>"",R8,"")	=IF(CZ27<>"",SUMPRODUCT(TRANSPOSE(CZ27:DH27),FQ118:FQ126)/FQ120,"")	=IF(DJ27<>"",SUMPRODUCT(TRANSPOSE(DJ27:DR27),FR118:FR126)/FR120,"")	=IF(DT27<>"",SUMPRODUCT(TRANSPOSE(DT27:EB27),FS118:FS126)/FS120,"")	…	=IF(ED181<>"",SUMPRODUCT(TRANSPOSE(ED181:EL181),HX118:HX126)/HX120,"")
…	…	…	…	…	…	…
138	=IF(R14<>"",R14,"")	=IF(CZ33<>"",SUMPRODUCT(TRANSPOSE(CZ33:DH33),FQ118:FQ126)/FQ126,"")	=IF(DJ33<>"",SUMPRODUCT(TRANSPOSE(DJ33:DR33),FR118:FR126)/FR126,"")	=IF(DT33<>"",SUMPRODUCT(TRANSPOSE(DT33:EB33),FS118:FS126)/FS126,"")	…	=IF(ED187<>"",SUMPRODUCT(TRANSPOSE(ED187:EL187),HX118:HX126)/HX126,"")
139	λ_{max}	=IF(FQ130<>"",AVERAGE(FQ130:FQ138),"")	=IF(FR130<>"",AVERAGE(FR130:FR138),"")	=IF(FS130<>"",AVERAGE(FS130:FS138),"")	…	=IF(HX130<>"",AVERAGE(HX130:HX138),"")

将 1～9 阶平均随机一致性指标 *RI* 的取值录入程序中，用于 *RI* 取值以计算 *CR*，见表 20－30。

表 20－30　1～9 阶平均随机一致性指标 *RI* 的取值

	EP	EQ
141	1~9 阶 *RI* 的取值	
142	阶数	RI
143	1	0.00
144	2	0.00
145	3	0.58
146	4	0.90
147	5	1.12
148	6	1.24
149	7	1.32
150	8	1.41
151	9	1.45

四、结果显示

结果显示见图 20－16。

	FI	FJ	FK	FL	FM
4		专家直接评定权重法计算的权重			
5		指标名称	权重		
6					
7			直接打分法	AHP	优序图法
8		剧烈运动前做热身	0.15	0.16	0.16
9		每周至少做三次较剧烈的运动	0.16	0.17	0.16
10		每天坚持30~60分钟有氧运动	0.17	0.18	0.17
11		饭后马上运动	0.13	0.13	0.13
12		运动时注意补水	0.15	0.15	0.15
13		睡前半小时运动	0.12	0.09	0.10
14		去不安全场所游泳	0.12	0.11	0.12
15					
16					
17					
18					
19					
20					
21					
22					

图 20－16　专家直接评定权重法的结果显示区

程序提供层次分析法的一致性检验，如果某位专家的检验结果显示“有逻辑错误”，则该名专家的判断矩阵不符合要求，需将问卷返回给该专家作修改，见图 20－17。

	FI	FJ	FK	FL	FM	FN
24		AHP一致性检验				
25		专家序号	λ_{max}	CI	CR	检验结果
26		1	4.05	0.02	0.02	无逻辑错误
27		2	4.12	0.04	0.04	无逻辑错误
28		3	4.17	0.06	0.06	无逻辑错误
29		4	4.05	0.02	0.02	无逻辑错误
30		5	4.08	0.03	0.03	无逻辑错误
31		6	4.14	0.05	0.05	无逻辑错误
32		7	4.24	0.08	0.09	无逻辑错误
33		8	4.21	0.07	0.08	无逻辑错误
34		9	4.08	0.03	0.03	无逻辑错误
35		10	4.14	0.05	0.05	无逻辑错误
36		11	4.16	0.05	0.06	无逻辑错误
37		12	4.01	0.00	0.00	无逻辑错误
38		13	4.08	0.03	0.03	无逻辑错误
39		14	4.02	0.01	0.01	无逻辑错误
40		15	4.00	0.00	0.00	无逻辑错误
41		16	4.27	0.09	0.10	无逻辑错误
42		17	4.05	0.02	0.02	无逻辑错误
43		18	4.00	0.00	0.00	无逻辑错误
44		19	4.25	0.08	0.09	无逻辑错误
45		20	4.27	0.09	0.10	无逻辑错误
46		21	4.25	0.08	0.09	无逻辑错误
47		22	4.03	0.01	0.01	无逻辑错误

图 20－17　AHP 一致性检验的结果显示区

参考文献

1. 刘筱娴主编．医学统计学．北京：科学出版社，2000.
2. 方积乾主编．现代医学统计学．北京：人民卫生出版社，2000.
3. 余松林主编．医学统计学．北京：人民卫生出版社，2002.
4. 宇传华．颜杰编著．Excel 与数据分析．北京：电子工业出版社，2002.
5. 王成春．萧雅云编著．Excel2002 函数应用秘笈．北京：中国铁道出版社，2002.
6. 倪宗瓒主编．医学统计学．北京：高等教育出版社，2003.
7. 方积乾主编．卫生统计学（第 5 版）．北京：人民卫生出版社，2004.
8. 颜虹主编．医学统计学（第 2 版）．北京：人民卫生出版社，2005.
9. 孙振球主编．医学统计学（第 2 版）．北京：人民卫生出版社，2006.
10. 金丕焕主编．医用统计方法（第 2 版）．上海：复旦大学出版社，2006.
11. 李朋．Excel 统计分析．北京：科学出版社，2006.
12. John Walkenbach 著．Excel2003 公式与函数的应用．邱燕明等译．北京：电子工业出版社，2006.
13. John Walkenbach 著．Excel2003 高级 VBA 编程．盖江南等译．北京：电子工业出版社，2006.
14. John Walkenbach 著．中文版 Excel2003. 陈缅等译．北京：电子工业出版社，2006.
15. John Wakenbach 著．Excel 应用技巧．尚红昕等译．北京：电子工业出版社，2006.
16. 刘桂芬主编．医学统计学（第 2 版）．北京：中国协和医科大学出版社，2007.
17. 方积乾主编．卫生统计学（第 6 版）．北京：人民卫生出版社，2008.
18. 孙振球主编．医学统计学（第 3 版）．北京：人民卫生出版社，2010.

后　记

在我搁笔付梓之际，一种释然而又忐忑的心情油然而生……似乎正体验着母亲般那种经过“十月怀胎，一朝分娩”的艰辛后轻松、期待后担心的复杂感受！

十余年前，我开始尝试在 Excel 中编写统计计算程序，目的很简单——为统计分析省点时间，说白了为了计算“偷懒”。那时，我是一名专业统计学的教师，时常碰到统计咨询和统计计算的问题，特别是计算，需要花费时间去解决，更清楚其中很多的重复性工作浪费了许多人许多宝贵的时间。为此，寻找或开发一种录入数据即得统计结果的工具或技术，是我编写 Excel 程序的本意和初衷，也成为我后来较长一段时间的努力方向和追求目标。

参照有关统计学教材的内容，编写了相关 Excel 的计算程序和作为该程序“源代码”或操作指南的配套教材，希望成为读者学习统计学和 Excel 的参考书或工具书。无求贡献什么，只愿把自认为能为大众统计计算节省点时间、节省点心力的东西奉献出来——权当一名普通教师的责任和心意。

今天，它面世了，尽管凝聚有编者十多年的心血和汗水，汇集有多届研究生们的智慧和辛劳，但能否遂愿，实不敢妄言，我仍将努力求真、求是！

陈青山

2012 年 8 月